习之 编著

吴晗年谱 著述篇

上

北京出版集团公司
北京教育出版社

图书在版编目（CIP）数据

吴晗年谱. 著述篇：全2册／习之编著. — 北京：
北京教育出版社，2017.9
ISBN 978 - 7 - 5522 - 4251 - 5

Ⅰ. ①吴… Ⅱ. ①习… Ⅲ. ①吴晗（1909 - 1969）—
年谱 Ⅳ. ①K825.81

中国版本图书馆 CIP 数据核字（2017）第 189949 号

责任编辑：严　艳
责任印制：宋　超
责任校对：魏旭辉
封面设计：金　山


吴晗年谱　著述篇　全2册
WU HAN NIANPU　ZHUSHUPIAN　QUAN 2 CE
习之　编著

*

北 京 出 版 集 团 公 司
北 京 教 育 出 版 社　出版
（北京北三环中路6号）
邮政编码：100120

网　　址：www.bph.com.cn
北 京 出 版 集 团 公 司 总 发 行
新 华 书 店 经 销
北京京华虎彩印刷有限公司印刷

*

880 毫米 ×1230 毫米　　32 开本　　25.25 印张　　300 千字
2017 年 9 月第 1 版　　2017 年 9 月第 1 次印刷
ISBN 978 - 7 - 5522 - 4251 - 5
定价：180.00 元（全2册）
如有印装质量问题，由本社负责调换
质量监督电话：010 - 58572393

# 目录

上

下

# 序

　　年谱是按年、月、日逐项记录谱主的人生经历、功业事迹及其时代背景，是史学的重要体裁之一。清代著名学者章学诚说："年谱，一人之书也；族谱，一家之史也；方志，一州之书也；地理，天下之书也。四部之书治，而天下记载各有统率矣。"可见，年谱虽是记载某一个人的生平事迹，但同其他类型的史籍一样，也具有重要的学术和社会价值。

　　习之先生编著的《吴晗年谱·著述篇》是其多卷本分类《吴晗年谱》中的一部。这部年谱记述了吴晗从六岁（1915）至五十七岁（1966）五十余年间的一千三百余次著述活动，既有学术著述活动，也有政务著述活动，在每次著述活动之下，加有按语，予以评说。它旁征博引，拾遗补阙，考据辨析，披沙拣金，是迄今为止最为全面完整的吴晗著述年谱，必将成为了解和研究吴晗治学道路、学术地位和革命历程、政务活动的必读著作。

　　拜读这部书稿，一位杰出的史学家、社会活动家的光彩形象不禁又浮现在我的眼前。吴晗先生是我国现代明史研究的开拓者。在20世纪三四十年代，他积极拥护梁启超倡导的"新史学"。此后，又以马克思主义为指导，对明代经济、社会、政治、军事、民族、文化、中外关系等进行了创新性研究，取得卓越成就。正是他的一系列明史研究论著，对现代明史研究起到了开辟作用，为后来者奠定了良好的基础。从 20 世纪 30 年代至今日，明史领域许多问题的研究都是在他开创的基础上进行的；凡是研究明史的人，都不能不阅读他的著作。他是名副其实的一代宗师。

吴晗先生是新中国历史科学的出色建设者。他的学术贡献并不只限于明史研究，而是扩展到整个历史学科和其他文化领域。早在 20 世纪 30 年代，他就是我国现代最早的史学界民间学术团体"史学研究会"的创始人之一，还是我国现代最早的报纸史学专刊《益世报·史学》的主编。新中国成立以后，他更对历史科学的建设和其他文化事业的发展倾注了大量的心血，其中最著名的是主持新中国史学三大工程的实施。所谓史学"三大工程"，即毛泽东主席提出的标点《资治通鉴》、标点"二十四史"和改绘杨守敬《历代舆地图》。他以极大的热忱、出众的组织才能和丰富的学识，同专家们一道，使这三大工程取得了优异成绩。他还热情参与重大学术理论问题的讨论和争鸣，对资本主义萌芽、农民起义、历史主义、历史人物评价、道德与继承、清官、历史剧以及学风、治学方法等问题都撰文发表了见解，对历史学的发展起到了促进作用。

吴晗先生是文史知识普及的大力倡导者。在新中国学术大师中，他是最注重文史知识普及的一位，为弘扬中华民族优秀历史文化传统、提高民族素质、繁荣社会主义文化做出了巨大的努力。他主编的"中国历史小丛书""外国历史小丛书""地理小丛书""语文小丛书"等是"文革"前编辑出版的几部大型文史通俗读物，发行量之高，读者面之广，罕有与之相媲美者。他不仅是文史知识普及的倡导者、组织者，还是亲自实践者，一生撰写了大量的普及性读物，即使是学术著作，也都写得行云流水；虽然学术底蕴深厚，但读来并不感到艰涩难解，难怪人们又称赞他为著名散文家。尤其值得提出的是，他倡导的知识普及，既注重通俗性，又注重科学性，是二者的有机统一，因此具有强大的生命力，与当下那些戏说历史的所谓的通俗读物截然两样。他主编的"中国历史小丛书"堪称普及读物的楷模。

吴晗先生还是一位勇敢的革命者、忠诚的共产主义战士。彭真同志对他的一生做了这样精辟的概括："吴晗同志从一个勤奋治学、追求真理、不断进步的历史学家和爱国的民主主义者转变成为共产主义者的道路是本世纪我国知识分子前进的光明大道。"大体来说，1937年前后，他已由一位酷爱文史的少年修炼成为年轻的明史专家；1937年至1948年年底，他先后在昆明和北平进行了长期顽强的民主斗争，锻炼成为一位有"猛虎"之称的民主革命斗士；1948年年底至1949年年初，经过共产党的培养和革命斗争的磨砺，他基本上完成了由爱国民主主义者到共产主义者的转变；1949年至1966年，他一直担任北京市副市长，殚精竭虑，鞠躬尽瘁，为新中国的革命和建设，特别是北京的文化、教育、卫生事业做出了重要贡献，立下了不可磨灭的功绩。

吴晗先生的一生是在史学园地上辛勤劳作的一生，是在追求光明的道路上不断前进的一生。无论是作为历史学家，还是作为社会活动家，吴晗都是非常优秀的，这就决定了为他编写年谱是很有必要、很值得的。

我于 1962 年迈入门墙，有幸成为吴晗先生的弟子。作为他的学生，面对他精深丰厚、难以企及的学识，每有"仰之弥高、钻之弥坚"之感，也曾有过为先师编撰年谱的念头，但始终未敢执笔，而现在习之先生则完成了这一艰巨的工程，不能不令我敬佩和感激。尤为难能可贵的是，习之先生退休前是一家国企的厂长，并非专业史学家。他出于对吴晗先生的敬重和对文化事业的热爱，以带病之躯，不畏艰辛，锲而不舍，历时数载，终于撰成多卷本《吴晗年谱》，堪称学界之佳话。他为这部《吴晗年谱·著述篇》向我索要序文，我虽不敏，但为他编著《吴晗年谱》的事迹所感动，还是草成此文，聊以为序。

张显清

2015 年 5 月 1 日

张显清，1937 年生，原籍河北省兴隆县。中国社会科学院荣誉学部委员，中国明史学会名誉会长。1962 年北京大学历史系毕业后师从吴晗先生研习明史。历任中国社会科学院博士生导师、院党委办公室主任、院学术咨询委员会委员、考古研究所党委书记、中国地方志指导小组成员、中国明史学会会长等职务。

# 自序

　　继 2013 年出版的《吴晗年谱·外事篇》、2014 年出版的《吴晗年谱·政务篇》之后，今年，我的第三部较为详细地反映吴晗生平活动的史学专著《吴晗年谱·著述篇》（以下简称《著述篇》）又将由北京出版集团出版了。

　　这本《著述篇》所记录的，是从 1915 年吴晗六岁"立地成诗"之时起，至 1966 年 2 月 23 日他给侄儿吴昆写出的最后一封信函止，长达五十多年的时间里所发生的有史可查的吴晗的著述活动约一千三百余次。虽然吴晗的著述活动肯定远远不止这个数，但它仍不失为迄今为止最为全面、真实地反映吴晗著述活动的史学专著。

　　这本《著述篇》除了涵盖常君实先生主编的《吴晗全集》第一卷至第十卷中业已介绍过的吴晗的著述外，还有《吴晗全集》所没有收集得到的吴晗遗著近三百篇的有关信息。这近三百篇遗著中有些是散落在历年的《人民日报》《北京日报》《光明日报》《北京晚报》，以及民盟中央的机关刊物《中央盟讯》、民盟北京市委的机关刊物《北京盟讯》上；有些则是散落在北京市档案馆馆藏的档案文献中；还有一些则是散落在《清华周刊》《益世报》《文史杂志》《时与文》，以及其他一些民国时期的报纸杂志上；甚至还有一些是散落在其他学者的专著中。

这近三百篇遗著中有一部分是吴晗的学术性文稿，其中包含了吴晗的史学论文、史学小品、读史札记、小说、读后感、时评、信函，甚至还有诗词。这些都不失为吴晗研究的重要的历史资料。限于篇幅，本书也只对其做了一些简要的介绍。其全部内容，则将在以后结集出版，需要阅读全文内容的读者敬请期待。

这些遗著中还有一部分是吴晗的职务文稿。它们有的是发表在《人民日报》《北京日报》《光明日报》《北京盟讯》上的政论文章和民盟盟务工作的文章；有的是吴晗在出席中央以及北京市的重要会议上的报告、讲话；有的则是吴晗撰写的工作计划、工作总结。这些文稿，有的是全文，有的是摘录，有的是他人的记录稿。限于篇幅，本书只对其做简要介绍，其全部内容，也将在今后出版。

这本《著述篇》有四个特点值得读者注意：

第一，在《吴晗全集》中，有近百篇文章没有标注写作或发表的时间和媒体，绝大部分的文章没有标注发表时的署名，编者在编撰本书时，对这个问题做了较为全面认真的查询、考证和描述，尽可能弥补《吴晗全集》的这一微瑕。

第二，在《吴晗全集》中，有一百多处史事失实的地方。这些地方大都是写作、发表时间的错误，出版媒体错误，出版期刊的期数错误，甚至还包括一些史事的错误，等等。编者在考证原件后，予以纠正，尽可能弥补了《吴晗全集》的又一微瑕。

第三，在以往评介吴晗著述的文章和专著中，对吴晗在新中国成立后历次政治运动中的一些"激进"文章和言论，不是采取回避的态度，就是采取攻讦的手段，或采用粉饰的方法。编者在本书中秉持尊重历史、忠于事实的原则，全部都如实地、"原汁原味"地予以反映。这不论是对于研究吴晗，还是研究我国那一段特殊年代的历史都起着还原真实的作用。

第四，这本《著述篇》对吴晗逝世后到2015年止，各有关出版社出版或收录吴晗遗著的情况也做了较为详细的描述。虽然统计不甚全面，但可以大体得知，在吴晗逝世后的近五十年中，先后有四十余家出版社出版了吴晗的遗著一百多版次，有些出版社（如人民出版社、中华书局、三联书店）都先后出版、再版十次以上，总计印刷量近九十万册，这些数据还只是以我个人的力量统计的不完全数据，这在我国的出版史上，应该说是个人的文史类图书创下的最高纪录了！

另外还有一点必须向读者交代。在1937年1月至5月的天津《益世报·史学》副刊上，先后发表过四篇署名"袁震"的史学论文。这四篇论文分别是1937年1月24日第四十六期的《于谦》、1937年3月21日第五十期的《宗泽与孟珙》、1937年4月26日第五十二期的《文天祥》、1937年5月30日第五十四期的《戚继光》。经编者考证，这四篇史学论文肯定不是出自袁震之手，而是吴晗借用袁震的名字发表的。理由是：第一，在这短短的四个多月的时间内连续发表四篇史学论文，是当时身患重病的袁震的身体状况所不允许的。当时袁震患上了肺病和骨结核病，成天被一副石膏壳固定在病床上。在这种饮食起居不能自理，完全靠吴晗和她的姐妹护理的状态，如何能够撰写出这样四篇史学专著来？甚至在发表上述文章后的两个多月，袁震还被固定在病床上，无法同吴晗一起去云南大学赴任，只得和姐姐袁溥之一起留在北平治病。第二，吴晗当时虽然已经被清华大学聘为讲师，每月收入有一百二十五块大洋，生活境遇逐渐改善。但由于他不但要承担自己弟弟吴春曦的学杂生活费用，还要负责袁震姐妹的生活费用，特别是袁震的医药费用，以致经济状况仍然拮据，常常捉襟见肘。唯一的解决办法就是拼命写稿、发表，以赚取稿费。但他考虑到过多使用自己的名字发表文章，恐招来非议，所以采取了借用袁震名字的办法。第三，吴晗也间或有用袁震的名字为自己服务的习惯，他的笔名中有一个就是"震"，他的信函中也常以"弟震"自称。第四，吴晗在《于谦》一文的"附记"中说："袁女士此作，乃应张荫麟君'国史新编'小学教科书那部分的要求而写的。"史料记载："1935 年，张荫麟由傅斯年推荐，国民政府教育部委托，主编高中及小学历史教科书。他组织一些专家共同编写。汉代以前由他亲自执笔，唐代以后计划由吴晗负责，千家驹写鸦片战争后的社会变化，王芸生写中日战争。"这四篇文章显然就是吴晗当时应张荫麟的要求而写的了。

在这本史学专著即将出版之际，我要衷心地感谢北京出版集团的责任编辑严艳女士。她及她的同事们为本书的编撰、出版付出了艰辛的努力，为本书的最后修改稿提出了许多有益的建议。

最后，我还要衷心地感谢吴晗先生的高足张显清先生。他虽已年近耄耋，但还是非常乐意地答应了我请其写序的"不情之请"，为本书增色添彩。

勾之

2015 年 3 月 28 日

于北京市海淀区定慧东里

# 1915 年

**本年** 年仅六岁就有了"立地成诗"的美誉。

【按】据说，这首诗是吴晗六岁时所作。六岁那年的一天晚上，吴晗的母亲为客人们准备好了饭菜。用饭之际，客人们就小吴晗的诗文教育谈论起来，问他能否当场作首诗。刚刚能看见桌面的小吴晗，踮起脚来把目光投向桌子的周围。他想到了母亲布菜时说的那些自谦的客气话，想到了父亲对金华美酒的喜爱，想到了自己和那些在地里干活的伯父家的堂兄弟们在一起玩耍的情景，脱口吟诵道："桌中无菜市上有，饮酒何必杏花村。人人都说读书好，吾谓耕者比我高。"客人听罢，大为吃惊，连连称赞说："小贤侄的诗才和见解均可称奇，了不起啊！"

这首诗应该是吴晗的著述史上有据可考的最早的诗文了。它最早出自于 1984 年吴晗的大妹妹吴浦月的纪念文章《吴晗的青少年时代》。而后，1987 年 5 月王宏志著的《吴晗》，1996 年 4 月美籍学者马紫梅著的《时代之子吴晗》，2004 年王宏志、金若年合著的《吴晗画传》，2005 年 3 月刘光永著的《清官梦——吴晗传》等书籍中均有记叙。

　　这首诗2009年3月收入中国人民大学出版社出版的《吴晗全集》第十卷。

　　本条引自王宏志著:《吴晗》第3页。

# 1929 年

**本年** 作《中国古籍上之南洋诸国研究地名索引》。

【按】吴晗在 1930 年 3 月 19 日给胡适的第一封信中介绍："去年我作了一篇《中国古籍上之南洋诸国研究地名索引》，是预备做南洋诸国研究的初步工作材料，是把'二十四史'、稗史、唐人宋人笔记小说等等有关于南洋的图书汇集起来的分析，做成一个索引。到今年开学的时候，我又找到几部书，预备把它重新编制一下。"

这篇文章应该是他著述史上有据可考的最早的学术论文了，但遗憾的是这篇文章编者迄今无法查找到原文。

本条引自《吴晗全集》第十卷第 124 页。

# 1930 年

**春** 作《西汉经济状况》论文，很得胡适的赏识。

【按】据罗尔纲在他的《师门五年记·胡适琐记》一书中叙述："吴晗于1929年秋考入中国公学一年级，就选了校长胡适每周上午在大礼堂开的两小时中国文化史课。这个课程规定学期终时，学生须交论文一篇，那时讲的是西汉经济。吴晗把胡适的讲授记录起来辑成一篇论文，卖给书店，得了几十元稿费。"

这篇论文大约四万五千字，经胡适介绍后，于1930年上半年卖给了上海大东书局，但令人不解的是，上海大东书局一直到1940年2月才正式出版，书名还是胡适题写的。为什么相隔十年才得以出版，个中原因不得而知，还有待考证。

后有人评价这篇论文说："经过了六十年，此书从今天看，虽算不上上乘之作，但在当时历史条件下，史学界所热衷的是什么考据钻牛角尖，而忽视经济史的研究，此文至今仍不失其光彩。他在当时下苦功夫写出这样一篇有如此深度的文章，说明他在青年时史学基础十分深厚。"

这篇文章是吴晗著述史上有据可考的现存最早的学术论文了。

这篇文章 1987 年 8 月收入光明日报出版社出版的《吴晗史论集》；1988 年 3 月收入北京出版社出版的《吴晗文集》第一卷；2009 年 3 月收入中国人民大学出版社出版的《吴晗全集》第一卷。

本条引自王宏志、金若年著：《吴晗画传》第 9 页及罗尔纲著：《师门五年记·胡适琐记》第 135 页。

**3 月 19 日**　第一次致函胡适。

【按】吴晗在信中主要谈他准备"做一篇《佛国记》考或研究"的文章，并将自己拟出的提纲也写在信中。在信的最后，他说："明知先生现在很忙，不过除了先生以外，我实在想不出一个比先生更能用科学的方法来解决和指导路径的人。希望先生能花几分钟的工夫给我一个回信。"

这封信是吴晗著述史上有据可考的现存最早的信函了。最初发表在"文革"初期的 1966 年第 3 期的《历史研究》杂志上，当时是作为批判吴晗的罪证来公开发表的；1993 年 12 月收入中国人事出版社出版的《吴晗自传书信文集》；2009 年 3 月收入中国人民大学出版社出版的《吴晗全集》第十卷。

本条引自《吴晗全集》第十卷第 124 页。

**5 月 29 日**　《昆仑奴考》写作完毕。

【按】这篇文章后于 1930 年 10 月在《现代学生》一卷一期发表。

【按】昆仑奴，我国历史上的"昆仑奴"就是来自西贡外海昆仑岛（今昆山岛）上的亚洲马来黑人。在唐朝，长安已经是一座国际化大都市了，各种肤色的人满街走，见怪不怪。当时流传的一句行话，叫作"昆仑奴，新罗婢"。新罗的婢女等同于今天的菲佣，受过专业训练，乖巧能干；而昆仑奴各个体壮如牛，性情温良，踏实耿直，贵族豪门都抢着要。

本条引自《吴晗全集》第一卷第 181 页。

**6 月 29 日**　第二次致函胡适。

【按】吴晗这封信的内容主要是谈《红楼梦》的作者曹雪芹的家世。吴晗知道胡适此时正在研究"红学"，这是他对胡适研究课题的第二轮追进。另外，他打听到胡适要离开中国公学，去北平任教的传闻。所以他在信的最后说，"我下半年要转学到北平燕大去读历史系去，想请先生写一封介绍信，不知道可以吗？"

这封信最初发表在"文革"初期的 1966 年第 3 期的《历史研究》杂志上，当时是作为批判吴晗的罪证来公开发表的；1993 年 12 月收入中国人事出版社出版的《吴晗自传书信文集》；2009 年 3 月收入中国人民大学出版社出版的《吴晗全集》第十卷中。

本条引自《吴晗全集》第十卷第 127 页。

**8 月** 为《延芬室稿·志学编》作跋文。

【按】吴晗在他 1930 年 12 月 28 日第三次写给胡适的信函中说道："永忠的《延芬室稿》的一部分——《志学编》（删定本），二月前我曾替它作了一篇跋……"

吴晗为《延芬室稿·志学编》写的这篇"跋文"是否发表或发表在何处，编者迄今没有考证得到。

【按】《延芬室稿》是清宗室文人永忠的诗文集。永忠对他自己的诗文很是珍视，他的诗文编年细致、脉络清晰，而且常标有小注，因此往往有补史之功。

本条引自《吴晗文集》第十卷第 124 页。

**10 月** 《昆仑奴考》在《现代学生》一卷一期发表。

【按】文章署名为"吴春晗"。

这篇文章是目前可考的吴晗最早在媒体上发表的文章。

1987 年 8 月收入光明日报出版社出版的《吴晗史论集》；1988 年 3 月收入北京出版社出版的《吴晗文集》第一卷；2009 年 3 月收入中国人民大学出版社出版的《吴晗全集》第一卷。

【按】《现代学生》，大东书局于 1930 年 10 月创刊。在创刊号上发表的文章第一篇是胡适的《健儿歌》，第二篇是蔡元培的《怎样才配称做现代学生》，吴春晗（吴晗的原名）的《昆仑奴考》排在第十五篇。本期共发表文章二十七篇。《现代学生》刊载这篇文章时，吴晗已追随他心目中的学术偶像胡适离开上海到达北平了。

本条引自《现代学生》一卷一期。

**12月28日** 第三次致函胡适。

【按】这封信的内容主要是告知他在《延芬室稿》一书中找到一些可以证实胡适推断曹雪芹生卒年代的材料及他已请图书馆（此时吴晗已到燕京大学图书馆做临时工。——编者注）购得内有沔阳卢氏《湖北先正遗书》本的明陈文烛的《二酉园文集》等事。

信的末尾标注"二十八晚"，《历史研究》杂志上发表时，标注的时间是"1930年×月28日"，编者将其定为1930年12月28日，理由有以下三点：1. 本信仍是讨论有关《红楼梦》的事情，应于前一封信（1930年6月29日）之后，且相距不远；2. 本信"明陈文烛的《二酉园文集》有沔阳卢氏《湖北先正遗书》本，已请图书馆购得，附闻"的话，应是在他到北平经顾颉刚介绍到燕京大学图书馆做临时工（9月30日）之后一段时间；3. 吴晗给胡适的第四封信是在1931年5月。

这封信最初发表在"文革"初期的1966年第3期的《历史研究》杂志上，当时是作为批判吴晗的罪证来公开发表的；1993年12月收入中国人事出版社出版的《吴晗自传书信文集》；2009年3月收入中国人民大学出版社出版的《吴晗全集》第十卷。

本条引自《吴晗全集》第十卷第129页。

# 1931 年

**1月3日** 《明正德本〈李征伯存稿〉跋尾》在燕京大学图书馆中日文编考室写作完毕。

【按】这篇文章后发表于 1931 年 3 月 15 日的《燕京大学图书馆报》第五期。

【按】吴晗此时已经由燕京大学的顾颉刚教授介绍在燕京大学图书馆中日文编考室做临时工。他此时一边准备转学考试，一边利用燕京大学的藏书进行学术研究，在《燕京大学图书馆报》上发表了一批有价值的学术论文。

这份临时工的工作，对他日后翻译日本学者足立喜六的《汉唐之尺度及里程考》一文和内藤虎次郎的《地理学家朱思本》一文打下了基础。

【按】李征伯，即李兆先（1475—1501），字征伯，号领庵，湖南茶陵人，明朝大学士李文正（李东阳）的公子。

【按】《李征伯存稿》，明李兆先撰，共十三卷。是集凡诗赋杂文十一卷，又《东行稿》一卷，乃其自京师赴山东之作，附录一卷，为李东阳所作李兆先墓志文及同时诸人慰问诗。

本条引自《吴晗全集》第一卷第 253 页。

**1月15日** 《跋明嘉靖本〈甘泉先生文集〉》在《燕京大学图书馆报》第一期发表。

【按】文章署名为"春晗"。

这篇文章1984年9月收入人民出版社出版的《吴晗史学论著选集》第一卷；2009年3月收入中国人民大学出版社出版的《吴晗全集》第一卷。

【按】甘泉先生，即湛若水（1466—1560），初名雨，字元明，号甘泉。湛若水青年从学于陈献章（白沙），中年与王阳明共同提倡圣人之学。其门人虽不及王氏之盛，但源远流长，为明代儒学重要流派。除了思想外，湛氏对明代书院教育有重要影响，其著作亦为研究明代政治社会的重要资料。湛若水著作甚富，专书不计，文集的刻本流传于今的有《甘泉先生文录类选》《甘泉先生文集》《泉翁大全集》《甘泉先生续编大全》等。

【按】《甘泉先生文集》共四十卷，明嘉靖十五年（1536）江都刻本，分内外二篇，内篇二十八卷，外篇十二卷，共三十六册。

本条引自《燕京大学图书馆报》第一期。

**2月** 《黛莎与格利》在《现代学生》一卷五期发表。

【按】文章署名为"吴春晗"。

这篇文章是吴晗未曾结集发表的遗著之一。

【按】"黛莎"与"格利"，是苏联作家革拉特珂夫1925年创作的一部反映苏联国民经济恢复时期的长篇小说《士敏土》中的男女二主人公。《士敏土》被鲁迅先生推介给中国读者。士敏土是英语 cement 的音译，中文即"水泥"。全书以阶级敌人的破坏，对知识分子的团结，与官僚主义的斗争，对新型两性关系的认识和对传统家庭观念的颠覆等内容为整体框架。该书的译者董绍明先生认为"《士敏土》是伟大的真实的史诗"；高尔基则称赞它"第一次坚定地采取了和辉煌地照出了当代最有意义的主题——劳动"；该书的推介者鲁迅先生则认为，小说《士敏土》不仅是革拉特珂夫的名篇，也是"新俄文学永久的碑碣"。

本条引自《现代学生》一卷五期。

**3 月 15 日**　《明正德本〈李征伯存稿〉跋尾》在《燕京大学图书馆报》第五期发表。

【按】文章署名为"吴春晗"。

吴晗在文后题记"一九三一，一，三十，读后跋于编考室"。吴晗这里所提及的"编考室"，即燕京大学图书馆中日文编考室。

这篇文章 1987 年 8 月收入光明日报出版社出版的《吴晗史论集》；2009 年 3 月收入中国人民大学出版社出版的《吴晗全集》第一卷。

本条引自《燕京大学图书馆报》1931 年第五期。

**3月21日**　《跋〈断缘梦〉杂剧》写作完毕。

【按】这篇文章后于 1932 年 5 月 7 日发表在《清华周刊》第三十七卷第九、十期（合刊）。

吴晗在文后题记"一九三一，三，二一，义乌吴晗记于海甸"。吴晗此处提及的"海甸"即现在北京海淀区，当时燕京大学的所在地。海淀，在许多历史文献中亦称"海甸"或"海店"。

本条引自《吴晗全集》第一卷第 330 页。

**本月**　找到《婺书》中吴之器撰的《胡应麟传》。

【按】吴晗在 5 月 5 日给胡适的第四封信中曾说："在两个月以前，找到一篇《婺书》中吴之器撰的《胡应麟传》。"

吴晗看到吴之器所撰的《胡应麟传》中解决了顾颉刚先生在《四部正讹序》中所提及的胡应麟的卒年问题，他便利用燕京大学图书馆馆藏的《少室山房全集》和《弇州四部稿》，费了将近半个月的工夫在两书中辑出关于胡应麟生平的事历，另外翻了一些和胡应麟同时代人的诗文集和地志，以及《明诗综》《金华艺文志》《全浙诗话》一类书，和中海图书馆所藏的《太函集》《二酉园诗集》诸书，之后，编撰成了一篇三四万字的《胡应麟年谱》。

【按】《婺书》八卷，四册一函。明吴之器撰，明崇祯十四年（1641）刻本。盖传世极稀，史料价值极高。

【按】吴之器，字赐如，号神岳，婺州（今浙江义乌）人，崇祯十五年（1642）举人，家有抱瓮园，之器辟一区为明月斋，有藏书十余橱，坐卧其间，把卷吟诵，如是者十年，四十三岁时编成《婺书》。

　　本条引自《吴晗全集》第十卷第132页。

**本月**　致函杨志冰。

【按】吴晗在信中告知他的小学老师杨志冰，他已将杨著的《俗原》一书交顾颉刚审阅。并有三件事拟求老师帮忙办理：一、请老师为其向义乌朱一新先生的家人借用朱一新先生的《拙庵丛稿》一书，拟将此书重印出版；二、顾颉刚先生拟为朱一新先生作一评传及年谱，请老师代他为顾颉刚查找"朱家有关一新先生之文件如宗谱中之传略或所存手稿及其他杂件暇诗"等；三、请老师为其向胡应麟后裔借读明兰溪胡应麟著的《少室山房类稿笔丛》一书。

【按】本信函是一个"原件残缺"的史料，没有结尾，更没有撰写时间，《吴晗全集》上标注的时间为"1930年×月×日"，编者认为，这封信标注为"1930年"显然有误。编者根据手头有关的资料考证，此信的写作时间应该在1931年年初，故将此信编排于此。理由为：1. 吴晗在1931年5月5日给胡适的一封信函中，曾谈及他两个月之前开始撰写《胡应麟年谱》一事；2. 这封信中为我们提供了两个信息：一是吴晗在写这封信之前，曾经为顾颉刚在自己家乡求得一本义乌朱一新先生的著作《拙庵丛稿》；二是吴晗拟与顾颉刚一起为朱一新撰写年谱。我们知道：吴晗是1930年8月从上海追随胡适来到北平的，后经罗尔纲介绍认识顾颉刚。当时的吴晗与顾颉刚，一个是刚读大学一年级的学生，一个是燕京大学的著名教授，从初识初交，到忘年之交（当时吴晗二十一岁，顾颉刚三十八岁，可合作撰写著作）大概需要多长时间？吴晗与顾颉刚，从刚认识，到答应帮其在家乡求得一古籍，从写信回家求助觅书，到找到这本书，将书寄到北平，以当时的邮递水平，大概要多长时间？而从吴晗到北平之时起至1930年年底，总共也就四个多月的时间，因此编者认为这封信只有写于1931年才说得过去；3. 杨志冰先生的儿子杨祖震在《对吴晗同志的回忆》一文中曾说，吴晗"把我父的旧作《俗原》介绍给顾颉刚教授主编的历史刊物中登载"，吴晗在信中就是说的这件事。从考证史料得知，杨祖震所说的"顾颉刚教授主编的历史刊物"其实是原国立北平女子师范大学研究所创办的民俗刊物《礼俗》，该刊物系1931年4月1日创刊，杨志冰的《俗原》就是在该刊物上连续发表并专册出版的。吴晗在信中说的"交颉刚先生审阅"的杨志冰先生的"旧作《俗原》"也就是于《礼俗》创刊前不久的1931年3月前后交给顾颉刚先生审阅的。

这封信2009年3月收入中国人民大学出版社出版的《吴晗全集》第十卷。

本条引自《吴晗全集》第十卷第111页。

**4月下旬初**　开始编撰《胡应麟年谱》。

【按】吴晗开始编撰《胡应麟年谱》的准确时间目前尚无确

切的史料。编者认为是 4 月下旬初的依据是吴晗 1931 年 5
月 5 日给胡适的信函。他的信中虽然也没有说具体的时
间，但他对胡适说"费了将近半个月的工夫在二书中辑出
关于胡氏生平的事历……草成了一篇将近三四万字的《胡
应麟年谱》"，编者据此推算出吴晗开始编撰《胡应麟年
谱》的时间为 4 月下旬初。

【按】胡应麟（1551—1602），字元瑞，号少室山人，别号
石羊生。明朝著名学者、诗人和文艺批评家，他在文献
学、史学、诗学、小说及戏剧学方面都有突出成就。

本条引自《吴晗全集》第十卷第 132 页。

**5 月初**　《胡应麟年谱》一书的初稿撰写完毕。

【按】吴晗的《胡应麟年谱》初稿撰写完毕的时间目前也尚
无史料可查。编者的依据就是吴晗 1931 年 5 月 5 日给胡适
的信函，他虽也没有说具体的时间，但他对胡适说"费了
将近半个月的工夫在二书中辑出关于胡氏生平的事历……
草成了一篇将近三四万字的《胡应麟年谱》"，编者据此推
算出吴晗完成编撰《胡应麟年谱》的时间为 5 月初。

本条引自《吴晗全集》第十卷第 132 页。

**5 月 5 日**　第四次致函胡适。

【按】1931 年 5 月 5 日，吴晗给胡适写了第四封信。在这封
信中，吴晗献上了精心写作的学术专著《胡应麟年谱》，
希望能得到胡适的指教。在信的最后，吴晗怕胡适记不得自

己，就自我介绍说："我是1929年进中国公学的学生，去年先生离开中公后，我也立刻到北平来转燕京大学，不料到北平后燕京又不许我入学，因为我在中公的英文成绩是C，虽然在转学时他们曾寄入学允许证来。后来顾刚先生介绍我到燕大图书馆中日文编考室做事。现在我又要想下半年到北京大学史学系插班，因为恐蹈去年的覆辙，就辞了燕大的职务，先时预备功课，所以现在有时间来写这篇年谱。"

这封信最初发表在"文革"初期的1966年第3期的《历史研究》杂志上，当时是作为批判吴晗的罪证来公开发表的；1993年12月收入中国人事出版社出版的《吴晗自传书信文集》；2009年3月收入中国人民大学出版社出版的《吴晗全集》第十卷。

本条引自苏双碧等主编：《吴晗自传书信文集》第70～71页。

**5月7日**　《跋〈断缘梦〉杂剧》在《清华周刊》第三十七卷第九、十期（合刊）发表。

【按】文章署名"梧轩"。

这篇文章1984年9月收入人民出版社出版的《吴晗史学论著选集》第一卷；1988年3月收入北京出版社出版的《吴晗文集》第一卷；2009年3月收入中国人民大学出版社出版的《吴晗全集》第一卷。

本条引自《清华周刊》第三十七卷第九、十期（合刊）。

**5 月 19 日**　第五次致函胡适。

【按】吴晗在信中说，"上次你说的北大的旁听生制度，我已去问明，据说现在没有这种制度了。我对于英文、西洋史、逻辑等尚有办法可想——英文现在能够看书，就是文法不明了——就是数学要抱佛脚，也来不及了。这真是一个致命的打击"。

胡适在收到吴晗 5 月 5 日写的第四封信和《胡应麟年谱》书稿的第二天，就立即回了信，对《胡应麟年谱》十分赞赏，还约吴晗星期日有空到他家去谈谈。从此吴晗经常登门向胡适请教，成为为数不多的几个与胡适关系密切的学生之一。吴晗在他给胡适写的第五封信中所提及的"上次"，即是指的 5 月 10 日星期天去胡适家中第一次拜见胡适的那一次。在那天，胡适听取完吴晗的自我现状的汇报后，曾提出过要他利用"北大的旁听生制度"一事。

这封信最初发表在"文革"初期的 1966 年第 3 期的《历史研究》杂志上，当时是作为批判吴晗的罪证来公开发表的；1993 年 12 月收入中国人事出版社出版的《吴晗自传书信文集》；2009 年 3 月收入中国人民大学出版社出版的《吴晗全集》第十卷。

　　　　本条引自《吴晗全集》第七卷第 135 页。

**6 月 23 日**　致函杨志冰。

【按】吴晗在信中告知他的小学老师杨志冰，"昨午由平返校，今晨即往谒颉刚先生，当即取得《礼俗》五册，内五册接载吾师《俗原》之一部《礼俗》一卷"。吴晗在信中还说，"曦弟于18日到平，得讯后当与成兄往迎，相偕返校"。

这封信的原件，落款处只标注了"廿三日"，《吴晗全集》将其标注为"1930 年×月23 日"。编者认为显然有误，依据手头的资料，将其考证为"1931 年 6 月 23 日"。理由为：1. 吴晗到北平后的第二年，便将他的弟弟吴春曦也接来北平，拟让其报考师大附中或辅仁大学附中。众所周知，一般学校的入学考试都在每年的 7 月左右，吴晗的弟弟在 6 月 18 日到北平来准备入学考试，是完全可能的，若是 7 月 18 日，就有点晚了。但 1930 的 6 月，吴晗本人尚在上海，就不可能有接弟弟来北平一说了。因此，吴晗的弟弟吴春曦到北平的日子就只能是 1931 年的 6 月了。而吴晗在信中说"曦弟于 18 日到平"，没有特地注明月份，也就是说吴春曦到达北平的月份也就是吴晗写这封信的月份，换言之，吴晗写这封信的时间也是 6 月，即 1931 年 6 月。2. 吴晗在这封信的开头有这么一段话，"因试事忙琐，师友惠书盈尺，均未能一一致复"。"试事忙琐"，是指他在准备北京大学和清华大学的入学考试。据史料显示，1931 年北京大学的入学考试是在 7 月 13 日至 15 日，清华大学的入学考试是在 7 月 16 日至 22 日，那么吴晗信中的落款"廿三日"，故"因试事忙琐"，也就只能是 1931 年的 6 月 23 日了。

这封信 2009 年 3 月收入中国人民大学出版社出版的《吴晗全集》第十卷。

本条引自《吴晗全集》第十卷第 112 页。

**6 月 25 日** 《跋〈广韵〉校勘记》在北平《华北日报·图学周刊》第十二期发表。

【按】文章署名为"吴春晗"。

这篇文章 1988 年 3 月收入北京出版社出版的《吴晗文集》第一卷；2009 年 3 月收入中国人民大学出版社出版的《吴晗全集》第一卷。

【按】《广韵》全称《大宋重修广韵》，五卷，是我国北宋时代官修的一部韵书，是我国历史上完整保存至今并广为流传的最重要的一部韵书，也是我国宋以前韵书的集大成者。

【按】《华北日报》是中国国民党在北平出版的中央直属党报。1929 年元旦在北平创刊，李石曾任社长，安馥音、沈君默等任总编辑，以刊登政治、经济和党务要闻为主。该报的副刊"图学周刊"是一个以介绍图书评论、图书信息以及图书馆学为主要内容的副刊，每周一刊。

【按】《吴晗全集》的编者在这篇文章末尾标注"原载北平《华北日报·图书馆周刊》"，经本书编者考证，《华北日报》当年没有办过"图书馆周刊"，只办过"图学周刊"，故改之。

本条引自《华北日报·图学周刊》1931 年 6 月 25 日第十二期。

**6月30日**　《跋馆藏明弘治本〈经礼补逸〉》在《燕京大学图书馆报》第十一期发表。

【按】文章署名为"辰伯"。

此文与后一篇《跋〈经礼补逸〉》（1932年5月7日发表于《清华周刊》第三十七卷第九、十期）谈的是同一本书，内容也大致相同，只是文字略有不同，发表的报刊与时间不同而已。

这篇文章1984年9月收入人民出版社出版的《吴晗史学论著选集》第一卷；2009年3月收入中国人民大学出版社出版的《吴晗全集》第一卷。

本条引自《燕京大学图书馆报》1931年第十一期。

**暑期**　《王世贞年谱》写作完毕。

【按】据吴晗自己说，"1931年夏偶然在《娄书》中发现了胡应麟的卒年，趁着手头有书的机会，撷拾了一点材料写了一部《胡少室年谱》，接着又得一休假的机会，读了不少明清人的著述，在钱竹汀的《潜研堂集》中找出一卷《弇州山人年谱》，嫌他写得太简略，不但对于他的思想和学术方面的成就未有提及，就连他的事迹也遗漏不少。因此就随时留神札记，按年增补，重写成一部《王世贞年谱》，大概也有四五万字，约比原书多出十分之八九，这个暑假总不算空过了"。

【按】这部《王世贞年谱》，一名《王凤洲先生年谱》，是吴晗的未刊著作之一。除在吴晗的《〈清明上河图〉与〈金瓶梅〉的故事及其衍变——〈王世贞年谱〉附录之一》中有过提及之外，别处没有该著作的信息，故编者尚未找到其原文。

本条引自《吴晗全集》第一卷第 246 页。

**8 月 8 日**　致函杨志冰。

【按】吴晗得知自己被清华录取的当天，便兴高采烈地致函他的小学老师杨志冰报喜。吴晗在信中说"生本届报考北大、清华二校一摈一取，系 7 月 13 日至 15 日北大考试，项目为党义、英、国、数、中外史、地、博物等门，余项均佳，唯数学已抛荒久，致考零分，以是遂致被摈。清华自 16（日）考至 22 日，考生一千七百八十人，史学系二年仅取五人，考目为党、国、英、中史、西史、论理六门，幸终场。于 8 日发榜录取，入学证亦已正式送来矣"。

这封信的原件，落款处只标注"八日晚十时"，没有标注年月。《吴晗全集》将其标注为"1931 年×月 8 日"，编者认为，此封信函写作月份应为 8 月，理由为：1. 史料有证，当年的清华大学是 9 月 7 日开学报到、注册。吴晗在这里写的"八日晚十时"，所以肯定只能是 8 月了。2. 吴晗在信中还说"月末即可入学"，一般学校开学不可能在 7 月末或 9 月末，因此吴晗在这里写的"月末"肯定只能是 8 月末了。

这封信 2009 年 3 月收入中国人民大学出版社出版的《吴晗全集》第十卷。

本条引自《吴晗全集》第十卷第 115 页。

**8 月 27 日**　《〈清明上河图〉与〈金瓶梅〉的故事及其衍变——〈王世贞年谱〉附录之一》写作完毕。

【按】这篇文章后发表在 12 月 5 日的《清华周刊》第三十六卷第四、五期（合刊）。

【按】王世贞（1526—1590），字元美，号凤洲。明代文学家、文坛盟主、史学巨匠。

本条引自《吴晗全集》第一卷第 246 页。

**同日晚**　致函杨志冰。

【按】吴晗在这封信中告知他的小学老师杨志冰说："前日往见适之先生，云已专函清大校长翁文灏、文学院长冯友兰及史学主任蒋廷黻诸先生，并生所撰之《胡应麟年谱》送交清大，嘱为生在清大觅一位置，已得答复，允为在史学系找一工作，名义为助教，或其他未定工作，为整理大内档案，报酬至少为维持生活云云。适之师父恐生钱不够用，另借四十元为入学后购书之费，并嘱安心入学，一切事渠又设法。盛意深情令生愧怍无地"。

这封信的原件，落款处只标注"二十七日晚"，没有标注年月。《吴晗全集》将其标注为"1931 年 × 月 27 日"，编者认为，此封信函写作月份应为 8 月，理由为：

1. 吴晗在这封信中有这么一段话，"辅仁已开学，定后日送曦入学。清大下月八九号报到，十四号开学"。史料有证，当年的清华大学是 9 月 7 日报到，9 月 14 日开学。那吴晗在信中所说的"下月"就是 8 月了。2. 吴晗在刚刚入学时，曾经胡适等人帮助，在学校内谋得一个勤工俭学的工作，这肯定在吴晗进入清华学习的 1931 年 9 月，所以，这封信就只能是 8 月了。3. 最为有力的证据，是编者近日在清华大学出版社出版的、顾良飞主编的名为《清华大学档案精品集》一书中，看到了那件胡适写给翁文灏等人的信函原件的影印件，信函中胡适的落款日期是"廿，八，十九"，即 1931 年 8 月 19 日。故此，编者就将此谱文安排在此处。

这封信 2009 年 3 月收入中国人民大学出版社出版的《吴晗全集》第十卷。

【按】从胡适写给翁文灏等人的信函可以得知，吴晗在信中说的"专函清大校长翁文灏、文学院长冯友兰及史学主任蒋廷黻诸先生"一语也不甚准确，胡适的信是写给"咏霓"和"子高"的，"咏霓"是时任清华大学校长的翁文灏的字，"子高"是时任清华大学教务长的张子高。该信是翁文灏看完以后再转给张子高的。信函原件的页眉处有翁文灏写给张子高的批字，要张子高将此事与时任文学院院长的冯友兰和时任史学系主任的蒋廷黻二人商量办理，而不是直接写给了冯友兰和蒋廷黻二人。吴晗一语应为耳传之误。

本条引自《吴晗全集》第十卷第 117 页。

**本月**　《〈山海经〉中的古代故事及其系统》在《史学年报》第三期发表。

【**按**】文章署名为"吴晗"。

编者认为，这是目前可考的史料中吴晗第一次使用该名发表作品。

这篇文章1984年9月收入人民出版社出版的《吴晗史学论著选集》第一卷；2009年3月收入中国人民大学出版社出版的《吴晗全集》第一卷。

【**按**】《史学年报》在民国同类型史学期刊中，既是持续出版年限最长者，又是总体水平最高者。以《史学年报》为代表的史学期刊，是中国史学现代转化过程中的重要内容，它们的大量出现，深刻改变了现代中国史学研究的整体形态。

本条引自《史学年报》第三期。

**9月9日晚**　致函杨志冰。

【**按**】吴晗告知杨志冰说："生于7日入学，住宿、交费、注册等手续于当日办妥。9日晨晡教务长张子高先生及史学主任蒋廷黻先生，俱以胡师曾函托关照，对生甚为青睐。"

这封信的原件，落款处只标注"九日晚"，《吴晗全集》将其标注为"1931年×月9日"。编者认为，此封信函写作月份应为9月，理由为：当年的清华大学是9月7

日报到，9 月 14 日开学。那吴晗在信中所说的 7 日就只能是 9 月 7 日了。

这封信 2009 年 3 月收入中国人民大学出版社出版的《吴晗全集》第十卷。

本条引自《吴晗全集》第十卷第 119 页。

**9 月 18 日**  第六次致函胡适。

【按】这封信主要是谈他帮胡适先生借书一事。信中还说，"从尔纲兄处得到先生勉谕的话，非常感激，同时又惭恨自己过去的不长进，我不敢向先生说一些'谢谢'的浮文，只是时时刻刻地警诫自己，使他日不致辜负先生的期望和好意"。

这封信最初发表在"文革"初期的 1966 年第 3 期的《历史研究》杂志上，当时是作为批判吴晗的罪证来公开发表的；1993 年 12 月收入中国人事出版社出版的《吴晗自传书信文集》；2009 年 3 月收入中国人民大学出版社出版的《吴晗全集》第十卷。

本条引自《吴晗全集》第十卷第 137 页。

**9 月 26 日**  第七次致函胡适。

【按】信中说：读了"上次先生所指示的几项，读后恍如在无边的旷野中，黑夜人孤，骤然得着一颗天际明星，光耀所及，四面八方都是坦途。在上星期已托人买了一部崇文本的《明史》，逐日点读，另外做了几千卡片装了几只匣子，分为（1）人名、（2）书名、（3）纪事三种，按类填写。比较复杂的就写上札记簿。准备先把《明史》念完后，再照先生所指示的逐步做去"。

这封信最初发表在"文革"初期的 1966 年第 3 期的《历史研究》杂志上，当时是作为批判吴晗的罪证来公开发表的；1993 年 12 月收入中国人事出版社出版的《吴晗自传书信文集》；2009 年 3 月收入中国人民大学出版社出版的《吴晗全集》第十卷。

本条引自《吴晗全集》第十卷第 138 页。

**本月**　《方帽易戴，饭碗难找》一诗在《清华周刊》第三十五卷第七期发表。

【按】诗的全文如下：

碗铸黄金何处求，似从海市望蜃楼。

书生只道谋生易，毕业方知失业愁。

抢饭偏偏逢捷足，求人处处触霉头。

四年吃罢平安饭，怕听双亲问报酬。

【按】吴晗的这首诗发表于《清华周刊》第三十五卷第七期的信息是来自于《吴晗全集》第十卷第 4 页。但经编者考证，在《清华周刊》第三十五卷第七期中根本找不到这首诗，甚至在前后两年全部的《清华周刊》上也找不到。编者后在网上发现了清华大学校史馆王向田撰写的《叶企孙的教育思想和教学实践》的文章。文中说："一九三〇级一位毕业生曾以'方帽易戴，饭碗难找'为题，写了一首诗"，其后有一个注释说该文引自"《第二级毕业同学消息一束》，《清华副刊》第三十五卷第七期，1931 年 4 月 18 日"。编者还从 1981 年中华书局出版的《清华大学校史稿》一书的第 148 页得到了同样的一个信息，即这首诗是"一九三〇级一位毕业生"写的。上述这两条信息，可以确认这首诗的作者是"一九三〇级一位毕业生"。但吴晗却不是"一九三〇级毕业生"。现有的史料可以证明，这首诗发表的 1931 年 4 月 18 日，吴晗不但不具备大学"毕业生"的资格，就连"企图"转学成为清华大学二年级的"插班生"的入学考试都还没有进行，可见，有关吴晗发表这首诗的真实性，还有待考证。

这首诗 2009 年 3 月收入中国人民大学出版社出版的《吴晗全集》第十卷。

【按】《清华周刊》创刊于清华建校后三年——1914 年 3 月，开始几期叫《清华周报》。初创时只是校内"记录和评论校园生活"的一张小报，后发展成在资历、声誉、发行数量，尤其是文稿的质量和水平等方面都可与国内最著名的刊物相比美，为在国内文化界和学术界都有重要影响和地位的大型综合性杂志了。当时的清华教授和著名校友中，学生时代曾出任过《清华周刊》总编辑的有罗隆基、闻一多、潘光旦、蒋南翔等。当时的清华教授，凡毕业于清华的，几乎全部都担任过《清华周刊》的各种职务。

本条引自《清华周刊》第三十五卷第七期。

**10月3日** 致函杨志冰。

【按】信中说，"顾师颉刚昨交来《礼俗》稿费十元附函内奉上，希即检收，笺笺之费不足给纸墨，然新铜乍试即已奏捷，洛下之祝或足贵，重以此为他日不胫之券，敬为吾师贺"。

这封信的原件，落款处的写作时间只标注"三日"，《吴晗全集》将其标注为"1930年×月3日"。编者认为有误，依据手头的资料，将其考证为"1931年10月3日"，理由为：1. 吴晗在信函中有"近日检得《明史》一帧，朝夕讽读"一句，吴晗进入清华后，遵照胡适、蒋廷黻的指点，建议他专攻明史。于是，吴晗托人买了一部崇文本的《明史》。吴晗进入清华学习的那一年是1931年，那一年清华大学是9月14日开学的。显然，这封信就只能是1931年9月以后写的了。2. 1931年9月26日，吴晗曾给胡适写过一封信，在这封信中吴晗曾这样说："在上星期已托人买了一部崇文本的《明史》，逐日点读"。这与他给杨志冰的信中所说的"近日检得《明史》一帧"，肯定是一回事。那么"近日"就只能是1931年9月了。3. 吴晗在这封信中，还有这么一句话，"又得钱大昕《潜研堂全集》一部，内《弇州山人年谱》一卷已由曦弟分年录帙"，"曦弟"即吴晗的弟弟吴春曦，1931年8月17日被吴晗接来北平读书，故这时间也正好是1931年9月。

这封信2009年3月收入中国人民大学出版社出版的

《吴晗全集》第十卷。

> 本条引自《吴晗全集》第十卷第 114 页。

**12 月 5 日**　《〈清明上河图〉与〈金瓶梅〉的故事及其衍变——〈王世贞年谱〉附录之一》在《清华周刊》第三十六卷第四、五期（合刊）发表。

【按】文章署名为"吴晗"。

> 这篇文章 1984 年 9 月收入人民出版社出版的《吴晗史学论著选集》第一卷；2009 年 3 月收入中国人民大学出版社出版的《吴晗全集》第一卷。

> 本条引自《清华周刊》第三十六卷第四、五期（合刊）。

**12 月 9 日**　致函杨志冰。

【按】信中说，本校同学"日前组织赴京请愿示威，已于二十二日南下，近日抵京。生以特种关系留校服务"。"留校服务"是指半工半读，整理大内档案的事。

> 这封信的原件，落款处的写作时间只标注了"九日晚"，《吴晗全集》将其标注为"1932 年×月 9 日"。编者认为有误，依据手头的资料，将其考证为 1931 年 12 月 9 日，理由是：1. 信函中有"本校同学愤于国是日非，日前组织赴京请愿团，已于二十二日南下，今日抵京"一句，显然是 1931 年"九一八"事变后，清华学生"愤于国是日非"，组织请愿团赴南京请愿。时间不可能迟至 1932 年

的 12 月。2. 清华大学新闻网刊载的《"九一八"事变后清华师生义举》一文介绍了当时清华大学学生会向校方提出"决定全体赴京请愿"的时间是 1931 的 11 月 23 日，与吴晗信中所说的"二十二日"相近。也就是说，清华大学学生赴京请愿肯定是在 1931 年，而不是 1932 年。

这封信 2009 年 3 月收入中国人民大学出版社出版的《吴晗全集》第十卷。

本条引自《吴晗全集》第十卷第 121 页。

**12 月 12 日**　《西王母与西戎——西王母与昆仑山之一》在《清华周刊》第三十六卷第六期发表。

【按】文章署名为"辰伯"。

这篇文章 1988 年 3 月收入北京出版社出版的《吴晗文集》第一卷；2009 年 3 月收入中国人民大学出版社出版的《吴晗全集》第一卷。

【按】西王母之名最早见于中国典籍当为战国末期的作品——《山海经》中的《西山经》。西戎，古代中国命名为西戎的只限于现代山西、陕西、甘肃一带。

本条引自《清华周刊》第三十六卷第六期。

**12 月 15 日**　第八次致函胡适。

【按】吴晗在信中谈到他利用暑假写作的《〈清明上河图〉与〈金瓶梅〉的故事及其衍变——〈王世贞年谱〉附录之一》一文卖给《清华周刊》，换钱买《明史纪事本末》一书等事。

史料中的原件上没有该信的撰写月份，只标明为"十五日"，编者根据该文发表时间推定该信应为 12 月 15 日。

这封信最初发表在"文革"初期的 1966 年第 3 期的《历史研究》杂志上，当时是作为批判吴晗的罪证来公开发表的；1993 年 12 月收入中国人事出版社出版的《吴晗自传书信文集》；2009 年 3 月收入中国人民大学出版社出版的《吴晗全集》第十卷。

本条引自《吴晗全集》第十卷第 142 页。

**12 月 19 日**　《明嘉靖本〈甘泉先生文集〉考证》在《清华周刊》第三十六卷第七期发表。

【按】文章署名为"梧轩"。

这篇文章 1984 年 9 月收入人民出版社出版的《吴晗史学论著选集》第一卷；2009 年 3 月收入中国人民大学出版社出版的《吴晗全集》第一卷。

本条引自《清华周刊》第三十六卷第七期。

**本月**　重新修改自己上半年撰写的《胡应麟年谱》。

【按】吴晗在 1931 年 12 月 15 日给胡适的信中介绍说："近日穷日夜之力，重加编正，已二易稿，将一年中之事迹设法连成一起，小注另提出附于年后，整理结果，前稿弃去者十之五，增入者亦十之五，回顾前稿之纰漏矛盾，不禁汗下，追思前此之遽以是稿呈政于先生，益觉惭惶无地！"

本条引自《吴晗全集》第十卷第 142 页。

　　**本月**　《胡应麟年谱》一书的修改稿完稿之前，曾写信给胡适，希望他能"介绍发表"。

　　【按】信中说，"《胡应麟年谱》……近日……重加编正……届时拟仍呈政于先生，并为介绍发表（《清华周刊》千字只七角稿费），深知冒昧发表之非是，然意在易书，还祈先生谅之"。

　　这封信 2009 年 3 月收入中国人民大学出版社出版的《吴晗全集》第十卷。

　　　　本条引自《吴晗全集》第十卷第 142～143 页。

# 1932 年

**1 月 16 日**　《〈绿野仙踪〉的作者——梧轩杂记之一》在《清华周刊》第三十六卷第十一期发表。

【按】文章署名为"辰伯"。

这篇文章 1988 年 3 月收入北京出版社出版的《吴晗文集》第一卷；2009 年 3 月收入中国人民大学出版社出版的《吴晗全集》第一卷。

【按】《绿野仙踪》是清乾隆年间的一部融神魔、世情、历史为一体的小说，在文学上取得了卓越的成就。郑振铎先生把《绿野仙踪》和《红楼梦》、《儒林外史》并称为清中叶三大小说。

本条引自《清华周刊》第三十六卷第十一期。

**1 月 25 日**　致函杨志冰。

【按】吴晗写这封信的时间正是"九一八""一·二八"事变之后，日本帝国主义加紧侵略中国和南京国民党政府对外妥协投降，对内坚持反共反人民的时代。在学校里，进步学生积极投身于抗日救亡运动，像吴晗这种专心攻读的正直学生，也坐立不安了。他在信中说："平中此来受内外种种甚为痛苦之恶现象所困。凡事都无生气。"

这封信的原件，落款处的写作时间只标注"廿五日夜十时"，《吴晗全集》将其标注为"1932年×月25日"。编者依据手头的资料，将其考证为1932年1月25日，理由是：1. 吴晗在这封信中说"别后总忽忽，倏又易岁"。一年的第一个"廿五日"，应该是1月25日。2. 吴晗在信函中还说"兼以所撰《胡少室年谱》未就，于为忙中为重草润饰一过，以付梓人，此稿才告杀青"。他在1931年12月15日给胡适的信中介绍说，"近日穷日夜之力，重加编正，已二易稿，将一年中之事迹设法连成一起，小注另提出附于年后，整理结果，前稿弃去者十之五，增入者亦十之五"。3. 吴晗在信函中还有"校中大考又届"一句，此处的"大考"，理应是寒假之前的期终考试，时间也应是1月左右。4. 王宏志在《吴晗和〈碧血录〉》一文中也说该信写于"1932年1月25日"。

这封信2009年3月收入中国人民大学出版社出版的《吴晗全集》第十卷。

本条引自《吴晗全集》第十卷第123页。

**1月30日** 第九次致函胡适。

【按】1932年1月28日，日军入侵上海。吴晗的母校中国公学被日军摧毁。吴晗无法保持平静了。1月30日，他在给胡适的信中直率地表达了自己的忧愤："处在现今的时局中，党国领袖卖国，政府卖国，封疆大吏卖国……翻开任何国任何朝代的历史来看，找不出这样一个卑鄙无耻丧心病狂的政府。"愤慨之情，跃然纸上。

这封信最初发表在"文革"初期的 1966 年第 3 期的《历史研究》杂志上，当时是作为批判吴晗的罪证来公开发表的；1993 年 12 月收入中国人事出版社出版的《吴晗自传书信文集》；2009 年 3 月收入中国人民大学出版社出版的《吴晗全集》第十卷。

本条引自《吴晗全集》第十卷第 144 页。

**本月**　整理咸、同、光三朝的《京报》，编成目录。

【按】编辑咸、同、光三朝的《京报》目录，是清华大学历史系安排给吴晗的工作。在"起初几天"，吴晗"倒也感兴趣"，但是后来"渐渐有对外关系和军事种种的记载出现"，使得吴晗"把它和现在的一一比较"，致使吴晗无比"愤怒、扼腕"，但是他仍然认为，"那几个皇帝和大臣只是无能、短见"，而绝不像现在这样"是卖国、屈服！"

这个目录应该是他著述史上最早的著作之一，但遗憾的是，除了他在 1932 年 1 月 30 日给胡适的信函中提过一次外，编者迄今无法查找到它的原文。

【按】咸、同、光三朝，即清代咸丰、同治、光绪三个朝代。《京报》，最初是清朝在北京出版的半官方性质的中文期刊，也称《邸报》，由官方特许经营的报房投递。由于

《京报》只是从政府专设机构中誊抄官方拟向公众传递的
资讯，只能起到公告板的作用，故不能算作现代意义上真
正的报纸。

　　　　　　本条引自《吴晗全集》第十卷第 145 页。

**2 月 25 日**　将发表的《〈绿野仙踪〉的作者——梧轩杂记之
一》寄给杨志冰指正。

【按】吴晗在 2 月 25 日写给他的小学老师杨志冰的信中说：
"外附近作《绿野仙踪》之作者一文，呈正。"

　　　　　　本条引自《吴晗全集》第十卷第 123 页。

**同 2 月 27 日**　《西王母的传说——西王母与昆仑山之一》
在《清华周刊》第三十七卷第一期发表。

【按】文章署名为"吴晗"。

　　　　这篇文章 1987 年 8 月收入光明日报出版社出版的
《吴晗史论集》；1988 年 3 月收入北京出版社出版的《吴晗
文集》第一卷；2009 年 3 月收入中国人民大学出版社出版
的《吴晗全集》第一卷。

　　　　　　本条引自《清华周刊》第三十七卷第一期。

**同日**　《说〈水浒传〉——明史劄记之一》在《清华周刊》
第三十七卷第一期发表。

【按】文章署名为"辰伯"。

　　　　这篇文章 1987 年 8 月收入光明日报出版社出版的

《吴晗史论集》；2009 年 3 月收入中国人民大学出版社出版的《吴晗全集》第一卷。

**【按】**《吴晗全集》第一卷刊载了吴晗的四篇"《明史》札记"，它们分别是：《说〈水浒传〉——〈明史〉札记之一》《乌斯道传——〈明史〉札记之二》《陈献章传——〈明史〉札记之三》《〈日本图纂〉——〈明史〉札记之四》。这四篇文章分别刊载在 1932 年 2 月 27 日的《清华周刊》第三十七卷的第一期和 1932 年 3 月 5 日的《清华周刊》第三十七卷第二期上。经考证，发表在《清华周刊》的这四篇文章与收入《吴晗全集》的四篇文章题目略有不同：1. 发表在《清华周刊》的四篇文章，其副标题都是"明史劄记之一"，而收入《吴晗全集》的四篇文章则按其次序改成为"《明史》札记之一""《明史》札记之二""《明史》札记之三""《明史》札记之四"。2.《清华周刊》的四篇文章，其副标题用"劄记"，而非"札记"。3.《清华周刊》的四篇文章，其副标题中的"明史"二字没有书名号，而《吴晗全集》上全部加上了书名号。当然《吴晗全集》的编者为了符合现代人的阅读习惯，做了上述不损害原意的修改是无可厚非的。但本书编者认为，对于历史文献还是保持原貌为好。如果出于某些具体原因需要稍做不损害原意修改的，最好还是采用诸如"编者注"等形式予以说明为宜。本书编者在撰写年谱时，均是按照《清华周刊》发表的原貌进行介绍的。

　　本条引自《清华周刊》第三十七卷第一期。

同日 《论教授》一文写作完毕。

【按】这篇文章后发表在《清华周刊》第三十七卷第十二期。

本条引自《吴晗全集》第九卷第7页。

同日 《乌斯道传——明史劄记之一》在《清华周刊》第三十七卷第一期发表。

【按】文章署名为"辰伯"。

这篇文章1988年3月收入北京出版社出版的《吴晗文集》第一卷；2009年3月收入中国人民大学出版社出版的《吴晗全集》第一卷。

【按】乌斯道（1314—1390），字继善，号春草。长于诗文，兼精书法，小楷行草，各臻其妙。善画山水，苍劲秀远，在倪、黄之间，亦工写竹。为明初著名学者，有《秋吟稿》《春草斋集》传世。

本条引自《清华周刊》第三十七卷第一期。

同日 《陈献章传——明史劄记之一》在《清华周刊》第三十七卷第一期发表。

【按】文章署名为"辰伯"。

这篇文章1988年3月收入北京出版社出版的《吴晗文集》第一卷；2009年3月收入中国人民大学出版社出版的《吴晗全集》第一卷。

【按】陈献章（1428—1500），明代思想家、教育家、书法

家、诗人，史称江门学派。字公甫，号石斋，别号碧玉老
人等，因曾在白沙村居住，人称白沙先生，著作后被汇编
为《白沙子全集》。

　　　　本条引自《清华周刊》第三十七卷第一期。

**同日**　《关于图书馆》在《清华周刊》第三十七卷第一期
发表。

**【按】**文章署名为"酉生"。

　　　　这篇文章发表在本期《清华周刊》第 115 ~ 119 页的
《校评》栏目下；2009 年 3 月收入中国人民大学出版社出
版的《吴晗全集》第九卷。

　　　　本条引自《清华周刊》第三十七卷第一期。

**3 月 5 日**　《日本图纂——明史劄记之一》在《清华周刊》
第三十七卷第二期发表。

**【按】**文章署名为"辰伯"。

　　　　这篇文章 1984 年 9 月收入人民出版社出版的《吴晗
史学论著选集》第一卷；2009 年 3 月收入中国人民大学出
版社出版的《吴晗全集》第一卷。

　　　　本条引自《清华周刊》第三十七卷第二期。

**同日**　《过去种种》在《清华周刊》第三十七卷第二期
发表。

**【按】**文章署名为"酉生"。

吴晗在这篇文章里称赞清华爱国学生运动是"民族复兴的征兆"，是"最富生命力的奋斗者"，指责国民党反动派是"中国的专杀同胞不作别用的革命军阀"。

这篇文章 2009 年 3 月收入中国人民大学出版社出版的《吴晗全集》第九卷。

本条引自《清华周刊》第三十七卷第二期。

**3 月 26 日**　七律诗《感事》（二首）在《清华周刊》第三十七卷第五期发表。

【按】这两首七律诗署名为"辰伯"。

吴晗当时将这两首诗抄出来分赠给他的一些诗友，其中就有后来成为著名作家的钱锺书。因为当年吴晗和钱锺书过从甚密，时有唱酬，故钱锺书收到吴晗的诗作后，也回赠了一首，称赞吴晗是"精研博综一身兼"。

这两首诗 2009 年 3 月收入中国人民大学出版社出版的《吴晗全集》第十卷。

本条引自《清华周刊》第三十七卷第五期。

**4 月 5 日**　《〈清明上河图〉与〈金瓶梅〉的故事及其衍变——补记》在北平西郊写作完毕。

【按】这篇文章 1932 年 5 月 7 日发表在《清华周刊》第三十七卷第九、十期（合刊）。

本条引自《吴晗全集》第一卷第 251 页。

**4 月 22 日** 《〈两浙藏书家史略〉序言》写作完毕。

【按】这篇文章后发表在 1932 年 5 月 7 日的《清华周刊》第三十七卷第九、十期（合刊）。

据广州图书馆网《吴晗：从图书馆走上史学研究之路》一文介绍，在《两浙藏书家史略》里，吴晗对中华丰富古籍因政治变乱累遭浩劫，而尚能得以传诸后世的不是国家藏书，而是私家藏书，极为惋惜。他还引用了《隋书·牛弘传》自孔子以后的五次焚书活动，又补充了自广陵（扬州）兵变、安史之乱、黄巢进长安、靖康之乱和南宋亡国等多次浩劫，指出："大抵政府收藏，多随政治局面之隆替而兴废，且其采掇，仅凭官司，无论精赝丹黄，即鉴别真赝，品评得失，绝不可得。甚至深幽琼阁，徒饱蠹鱼，日蚀月消，终归湮灭。其不为学者所重也固宜。自即刻兴而私人藏书乃盛，其中风流儒雅，代有闻人，宿史枕经，笃成绝学，甚或连楹充栋，富夸琳琅，部次标签，搜穷二酉，追源溯源，蔚成目录之学。其有裨于时代文化、今邦征献，士夫学者之博古笃学者至大且巨。"吴晗通过公私藏书比较，称赞当年的藏书楼藏书编书刻书，作为保留中华文化遗产之功绩可谓大矣，当然，他也预设：随着今后社会的发展，公共图书馆必然会更发达和完善。

本条引自《吴晗全集》第三卷第 331 页。

**4 月 24 日晚** 第十次致函胡适。

【按】吴晗在信中首先谈到有关将胡适先生的文章送去付印

之事，然后向胡适汇报他和蒋廷黻先生谈及想请黎昔非做《独立周报》的经理人一事。最后汇报他在胡适先生的指点下，近半年来粗读《明史》，发现书中有很多问题，其中"最叫人疑心的是一个胡惟庸事件"。

这封信最初发表在"文革"初期的1966年第3期的《历史研究》杂志上，当时是作为批判吴晗的罪证来公开发表的；1993年12月收入中国人事出版社出版的《吴晗自传书信文集》；2009年3月收入中国人民大学出版社出版的《吴晗全集》第十卷。

> 本条引自《吴晗全集》第十卷第146页。

**本月** 编成《两浙藏书家史略》三卷。

【按】《两浙藏书家史略》是1932年吴晗在清华大学读书时编撰的人物传记，原载《清华周刊》第三十七卷九、十两期《文史专号》。

> 本条引自王宏志、闻立树主编：《怀念吴晗 百年诞辰纪念》第198页。

**5月1日** 《西王母与牛郎织女的故事——西王母与昆仑山之一》在《文学月刊》第三卷第一期发表。

【按】文章署名为"辰伯"。

这一期的《文学月刊》还刊载有马叙伦的《〈文心雕龙〉黄注补正》、林庚的《太阳》、俞平伯的《古槐遇梦》等。

这篇文章 1988 年 3 月收入北京出版社出版的《吴晗文集》第一卷；2009 年 3 月收入中国人民大学出版社出版的《吴晗全集》第一卷。

【按】《文学月刊》由清华大学中文系师生合办的"中国文学会"主办，原名《清华中国文学会月刊》，由著名诗人、北京大学教授林庚等人于 1930 年创办。

《文学月刊》当时的顾问有朱自清、俞平伯、陈寅恪、浦江清、冯友兰、谢冰心、赵元任、郑振铎、罗常培、刘文典等。

本条引自《文学月刊》第三卷第一期。

**5 月 5 日晚**　为《跋〈断缘梦〉杂剧》作补记。

【按】《断缘梦》，晚清梁廷枏的《小四梦》杂剧之一。《小四梦》包括四个南杂剧，即《江梅梦》《圆香梦》《昙花梦》《断缘梦》，因与汤显祖"临川四梦"相对而称之，四剧皆以神灵感梦为主要情节。

本条引自《吴晗全集》第一卷第 331 页。

**5 月 7 日**　《跋〈经礼补逸〉》在《清华周刊》第三十七卷第九、十期（合刊）发表。

【按】文章署名为"梧轩"。

这篇文章 1984 年 9 月收入人民出版社出版的《吴晗史学论著选集》第一卷；1988 年 3 月收入北京出版社出版的《吴晗文集》第一卷；2009 年 3 月收入中国人民大学出

版社出版的《吴晗全集》第一卷。

　　　　本条引自《清华周刊》第三十七卷第九、十
　　　　期（合刊）。


　　**同日**　《〈清明上河图〉与〈金瓶梅〉的故事及其衍变——
补记》在《清华周刊》第三十七卷第九、十期（合刊）发表。

　　【按】文章署名为"辰伯"。

　　　　这篇文章1984年9月收入人民出版社出版的《吴晗
　　史学论著选集》第一卷；2009年3月收入中国人民大学出
　　版社出版的《吴晗全集》第一卷。

　　　　本条引自《清华周刊》第三十七卷第九、十
　　　　期（合刊）。


　　**同日**　《跋〈断缘梦〉杂剧》在《清华周刊》第三十七卷
第九、十期（合刊）发表。

　　【按】文章署名为"梧轩"。

　　　　这篇文章1984年9月收入人民出版社出版的《吴晗
　　史学论著选集》第一卷；1988年3月收入北京出版社出版
　　的《吴晗文集》第一卷；2009年3月收入中国人民大学出
　　版社出版的《吴晗全集》第一卷。

　　　　本条引自《清华周刊》第三十七卷第九、十
　　　　期（合刊）。


　　**同日**　《跋〈一笠庵四种曲〉》在《清华周刊》第三十七卷

第九、十期（合刊）发表。

【按】文章署名为"梧轩"。

这篇文章1988年3月收入北京出版社出版的《吴晗文集》第一卷；2009年3月收入中国人民大学出版社出版的《吴晗全集》第一卷。

【按】《一笠庵四种曲》，又称《一人永占》，八卷八册，即明末清初的戏剧作家李玉写的《一捧雪》《人兽关》《永团圆》《占花魁》。其中《一捧雪》《占花魁》的成就较高。

本条引自《清华周刊》第三十七卷第九、十期（合刊）。

**同日**　《两浙藏书家史略》在《清华周刊》第三十七卷第九、十期（合刊）发表。

【按】文章署名为"辰伯"。

这篇文章1984年9月收入人民出版社出版的《吴晗史学论著选集》第一卷；2009年3月收入中国人民大学出版社出版的《吴晗全集》第三卷。

本条引自《清华周刊》第三十七卷第九、十期（合刊）。

**5月13日**　第十一次致函胡适。

【按】吴晗在信中谈到一北大学友的文章（即《东印度公司之解散与鸦片战争》）及想介绍该学友与胡适见面等事。这位"北大学友"就是吴晗的浙江武义老乡，后为中国人民银行总行顾问、民盟中央副主席的千家驹。吴晗在信中还谈及"生本想暑假中在校多念一点书,不料一星期前接到家信说生父病势转重(一年前已病),嘱一放假便带弟一同回家,现定七月初动身回里。倘有不测,生家除生兄弟二人在平读书外,别无长丁,前途茫茫,真是不堪设想"!

这封信最初发表在"文革"初期的 1966 年第 3 期的《历史研究》杂志上,当时是作为批判吴晗的罪证来公开发表的;1993 年 12 月收入中国人事出版社出版的《吴晗自传书信文集》;2009 年 3 月收入中国人民大学出版社出版的《吴晗全集》第十卷。

本条引自《吴晗全集》第十卷第 149 页。

**同日** 将新出版的《清华周刊·文史专号》寄给胡适先生。

【按】吴晗在信中说:"《文史专号》已出版,兹奉上二册。"在这一期的《清华周刊》上发表有吴晗的五篇文章。

本条引自《吴晗全集》第十卷第 149 页。

**5 月 21 日** 《论教授》在《清华周刊》第三十七卷第十二期发表。

【按】文章署名为"酉生"。

这篇文章 2009 年 3 月收入中国人民大学出版社出版的《吴晗全集》第九卷。

本条引自《清华周刊》第三十七卷第十二期。

同日　《梅龙镇本事考——梧轩杂记之一》《香山碧云寺——梧轩杂记之一》《今古奇观（五）——梧轩杂记之一》在《清华周刊》第三十七卷第十二期发表。

【按】文章署名为"辰伯"。

这三篇文章 1987 年 8 月收入光明日报出版社出版的《吴晗史论集》；2009 年 3 月收入中国人民大学出版社出版的《吴晗全集》第一卷。

【按】《梅龙镇》故事取材于《明史演义》，描写明代正德皇帝微服游历江南时，在梅龙镇上结识了天性活泼的酒家少女李凤姐，两人一见钟情，正德回宫后要迎娶李凤姐，却遭到了皇太后的阻挠，经过种种磨难，有情人终成眷属的故事。

【按】碧云寺位于北京海淀区香山公园北侧，西山余脉聚宝山东麓，是一组布局紧凑、保存完好的园林式寺庙。

本条引自《清华周刊》第三十七卷第十二期。

上半年　《胡惟庸党案考》一文撰写完毕。

【按】这篇文章 1932 年 6 月发表在《燕京学报》第十五期。

【按】据广州图书馆网《吴晗：从图书馆走上史学研究之路》一文介绍：1932 年，即吴晗进入清华大学的第二年，在读《明史》时，发现有关明初丞相胡惟庸党案文字甚多，但亦多有歧异，如贵为丞相、万人之上的胡惟庸竟因对皇帝有点小疙瘩，就与日本勾结，而日本二百个武士来南京，把长枪短炮裹在进贡的大蜡烛里，密信与胡惟庸联手刺杀朱元璋。吴晗认为这显然是个漏洞，于是吴晗将记有"谋反""通倭""通虏"等具体罪状的资料，质疑考信，成日成夜在图书馆的书库里，将寻得的有关文字编制成目录，经过校勘和排比分析，终于把这个朱元璋钦定的大案弄得水落石出，由此写就了至今仍颇有价值的《胡惟庸党案考》。

> 本条引自刘光永著：《清官梦——吴晗传》第 400 页。

**上半年**　担任清华大学学生会主办的《清华周刊》文史栏主任。

【按】在吴晗担任《清华周刊》文史栏目主任期间，冯友兰、陈寅恪、郑振铎、俞平伯这些著名的学者也与吴晗关系密切，他们的一些力作名著也在吴晗主持的文史栏上发表。

> 本条引自刘光永著：《清官梦——吴晗传》第 400 页。

**本年**　开始摘抄有关建州史的资料。

【按】吴晗一连好几年，每逢礼拜日都到国立北平图书馆，摘抄了八十本三百多万字的史料，其中包含很多有关建州女真的历史资料，为后来撰写《朝鲜李朝实录中的中国史料》奠定了扎实的资料基础。

【按】建州，即建州女真。自阿骨打统一女真各部，建立金朝以后，部分女真人迁入中原，逐渐与汉族融合。明初，被分称为建州女真、海西女真和东海女真三部分。建州女真分布在牡丹江、绥芬河及长白山一带。到嘉靖年间，建州女真分布在抚顺关以东。

本条引自《南昌广播电视报》:《吴晗、袁震的忠贞爱情》。

**本年** 开始编撰《朝鲜李朝实录中的中国史料》。

【按】《朝鲜李朝实录中的中国史料》第一册至十二册，直至吴晗逝世十年后的 1980 年 3 月才由中华书局出版。该书全套十二册共计五千三百一十三页，三百三十八万六千字。

【按】《朝鲜王朝实录》又称《李朝实录》，是把自朝鲜王朝始祖太祖至哲宗的二十五代四百七十二年（1392—1863）按年月日记录的编年史，共一千八百九十三卷八百八十八册，是朝鲜最古老且庞大的史书。《朝鲜王朝实录》涵盖朝鲜年代的政治、外交、军事、制度、法律、经济、产业、交通、通信、社会、风俗、美术、工艺、宗教等各个方面的史实，是世界上罕见的宝贵历史记录。它的意义还在于记录历史的真实性和可信性。

本条引自央视网:《〈那一场风花雪月的往事Ⅱ〉之"两情永随"——袁震与吴晗》。

# 1933 年

**2 月 16 日**　小说《还愿》在《昙华》半月刊第一卷第四期发表。

【按】小说署名为"辰仲"。

这篇短篇小说是编者收集到的吴晗创作的唯一的小说，正如《黛莎与格利》是他的唯一纯文学评论一样，具有极高的研究价值。

这篇小说是吴晗未曾结集发表的遗著之一。

【按】《昙华》半月刊是一个小型的文学刊物，专门刊载一些篇幅短小的小说、散文、诗歌和批评的文字，1933 年 1月 1 日在北平创刊，每逢 1 日和 16 日出版。主编是胡适主编的《每周评论》的经理人黎昔非，刊名由胡适题写。遗憾的是，由于当时国内时局所致，《昙华》半月刊出版至1933 年 4 月 1 日的第一卷第七期便因"人员星散，经济困难"而匆忙停刊。

吴晗与黎昔非关系甚密，第一，黎昔非是吴晗的学长。吴晗 1930 年在中国公学读一年级时，黎昔非于这年在中国公学文史系毕业。吴晗 1931 年经考试转入清华大学历史系读二年级时，黎昔非也刚刚成为北大研究院国学研究所的研究生。第二，吴晗和黎昔非同是胡适的得意门生。当时能够到胡适家中被耳提面命的学生除罗尔纲、黎昔非和吴晗外，少有他人。第三，吴晗经常和黎昔非相约一同去胡适那儿，且在胡适遴选黎昔非担任《每周评论》经理的过程中，曾起过穿针引线的作用。编者分析，吴晗这篇小说的创作，与和搞文学研究的黎昔非的接触甚密是有很大的关系的。要不是《昙华》半月刊过早地停刊，估计吴晗还将有不少的小说问世。

　　本条引自《昙华》半月刊第一卷第四期。

**2月17日**　《〈明史〉小评》在清华园写作完毕。

【按】这篇文章1933年5月1日发表在《图书评论》第一卷第九期。

　　本条引自《吴晗全集》第一卷第386页。

**2月20日**　在购买的《碧血录》一书的空白书页上作了题记。

【按】1933年2月的一天，吴晗去游厂甸，偶然在旧书摊上看到一部《碧血录》，价格很便宜，就买了下来。读完之后，在《碧血录》末端的空白书页上题写了买书经过及感想："在厂甸巡礼，凡帙巨者，虽翻阅不忍释，故终不敢一置问。偶于海王村侧一小摊得此书，价才三角，大喜，持归。"并在该书底页写下这么一段话："读完此书，胸中不知是甜是辣，因想及自己将来如何死，若死在床上则未免太笨拙，最好是自己作一主意，想一洒脱干净死法，活得不耐烦便撒手告别，岂不快哉！"

这篇题记2009年3月收入中国人民大学出版社出版的《吴晗全集》第四卷，但仅收录了底页上的一段，而《碧血录》末端白页上的买书经过却没有收录。

本条引自王宏志、闻立树主编：《怀念吴晗　百年诞辰纪念》第584、588页。

**3月14日晚**　《读史杂记——〈明史〉》一文写作完毕。

【按】吴晗在文后注明，他的这篇文章是由他的一篇"旧稿重写"的。改完之后，已是晚上12点了。

这篇文章1933年3月29日发表在《清华周刊》第三十九卷第三期。

本条引自《吴晗全集》第一卷第351页。

**3月15日**　《汉代之巫风》在《清华周刊》第三十九卷第一期发表。

【按】文章署名为"辰伯"。

这篇文章1988年3月收入北京出版社出版的《吴晗文集》第一卷；2009年3月收入中国人民大学出版社出版的《吴晗全集》第一卷。

本条引自《清华周刊》第三十九卷第一期。

**3 月 16 日**　致函夏鼐。

【按】吴晗此日在接到夏鼐的来信后，立即复信夏鼐。在复信中说："来示指出弟文编次不当，卓识精见，语语自学问中得出，清华园内治此，惟兄与弟二人，鲰生何幸，得拜面针……"夏鼐在当日的日记中记述此事说此时的吴晗"大有'天下英雄，惟使君与操耳'之概"。

这封信除夏鼐日记中引用了这一小段外，编者迄今没有找到它的全文。

本条引自夏鼐著：《夏鼐日记》


**同日**　完成翻译日本学者内藤虎次郎的《地理学家朱思本》。

【按】内藤虎次郎（1866—1934），日本著名学者，号湖南。

【按】朱思本（1273—1333），字本初，号贞一，江西临川（今抚州）人。我国元朝道士、诗人、地理学家。

本条引自《吴晗全集》第十卷第 389 页。


**3 月 29 日**　《读史杂记——〈明史〉》在《清华周刊》第三十九卷第三期发表。

【按】文章署名为"辰伯"。

这篇文章 1988 年 3 月收入北京出版社出版的《吴晗文集》第一卷；2009 年 3 月收入中国人民大学出版社出版的《吴晗全集》第一卷。

【按】《清华周刊》发表该文时附有一个"编者按"，说"辰伯先生治明史有年，此文虽仅涉校勘学一方面，数量上仅寥寥十条，然颇多创获。用力之勤，令人拜服"。

本条引自《清华周刊》第三十九卷第三期。

**本月**　译著《地理学家朱思本》在《国立北平图书馆馆刊》第七卷第二号（三、四月号）发表。

【按】文章署名为"吴晗"。

这篇文章2009年3月收入中国人民大学出版社出版的《吴晗全集》第十卷。

【按】《国立北平图书馆馆刊》是抗战前国立北平图书馆（现中国国家图书馆的前身）所编的学术杂志，从1928年5月至1937年2月，共出版十一卷六十一号。其内容包括文史论著、目录校勘、书目题跋、图书评价、书林史话等，保留了大量具有历史价值的珍贵资料。

本条引自《国立北平图书馆馆刊》第七卷第二号（三、四月号）。

**5月1日**　《〈明史〉小评》在《图书评论》第一卷第九期发表。

【按】文章署名为"吴晗"。

这一期的《图书评论》还刊载有顾颉刚的《燕京大学引得编纂处的引得》、金岳霖的《何兆清著理论学大纲》等十六篇文章。

这篇文章1984年9月收入人民出版社出版的《吴晗史学论著选集》第一卷；2009年3月收入中国人民大学出

版社出版的《吴晗全集》第一卷。

　　　　本条引自《图书评论》第一卷第九期。


**5 月 5 日**　《〈江苏藏书家小史〉序言》写作完毕。

【按】这篇文章后发表在 1933 年的《图书馆季刊》第八卷
第一期。

　　　　这篇文章是吴晗在 1933 年清华大学读书时编撰的，
收录藏书家五百多人，序言一篇。

　　　　吴晗在序言中说，"去岁主编《清华周刊·文史》专
号，于忙遽中辑成《两浙藏书家史略》三卷附行刊尾，就
正海内学人，今年春，复承袁守和先生之嘱，更理旧所札
记，辑为《江苏藏书家小史》一书"。

　　　　本条引自《吴晗全集》第三卷第 426 页。


**5 月 8 日**　吴晗的《战国诸子的历史哲学》一文在《清华周
刊》第三十九卷第八期发表。

【按】文章署名为"梧轩"。

　　　　这篇文章 1984 年 9 月收入人民出版社出版的《吴晗
史学论著选集》第一卷；2009 年 3 月收入中国人民大学出
版社出版的《吴晗全集》第一卷。

　　　　本条引自《清华周刊》第三十九卷第八期。


**10 月 10 日**　《〈金瓶梅〉的著作时代及其社会背景》写作
完毕。

【按】这篇文章后发表在 1934 年 1 月 1 日的《文学季刊》
创刊号。

本条引自《吴晗全集》第三卷第 36 页。

# 1934 年

**1 月 1 日**　《〈金瓶梅〉的著作时代及其社会背景》在《文学季刊》创刊号发表。

【按】文章署名为"吴晗"。

该文的发表在清华园内引起很大的震动。当时郑振铎夸奖说："这篇文章好极了！好极了！"

这篇文章 1956 年 2 月收入生活·读书·新知三联书店出版的《读史劄记》；1984 年 9 月收入人民出版社出版的《吴晗史学论著选集》第一卷；2009 年 3 月收入中国人民大学出版社出版的《吴晗全集》第三卷。

【按】《文学季刊》，现代文学期刊，由郑振铎和章靳以主编，北平立达书局出版发行。1934 年 1 月 1 日于北平创刊，至 1935 年 12 月 16 日停刊，共出二卷八期。每期约四十万字。该刊辟有论文、小说、诗选、散文随笔、书报副刊等栏目。有郑振铎、黎锦熙、李健吾、吴晗、贺昌群、李长之、吴世昌、老舍、吴组缃、章靳以、卞之琳、臧克家、丰子恺、林庚、废名、顾颉刚、冰心、季美林等名家为《文学季刊》投稿撰文。

本条引自《文学季刊》创刊号。

**同日**　《文学季刊》创刊，吴晗任编辑。

【按】《文学季刊》由郑振铎、章靳以主编，编辑人有朱自清、郭绍虞、俞平伯、吴晗、李长之、林庚等。

本条引自姜建著：《大地足印——朱自清传记》第 123 页。

**1 月 17 日**　胡适在日记中称赞吴晗考证《金瓶梅》的文章写得甚好。

【按】胡适写道，"读《文学季刊》创刊号中吴春晗所作考证《金瓶梅》的长文。此文甚好，他是中国公学一年生，考进清华史学系，蒋廷黻先生帮助他寻得一件小事，每月可以工读。他的成绩甚好"。

本条引自桑逢康著：《胡适人际关系》第 366 页。

**1 月 18 日**　《盟与誓》写作完毕。

【按】这篇文章后发表在1934 年 4 月 1 日的《文学季刊》第一卷第二期。

本条引自《文学季刊》第一卷第二期。

**1 月 22 日**　《晚明仕宦阶级的生活》写作完毕。

【按】这篇文章后发表在 1935 年 4 月 19 日的《大公报·史地周刊》第三十一期。

本条引自《吴晗全集》第一卷第 479 页。

**本月** 《胡应麟年谱》在《清华学报》第九卷第一期发表。

【按】文章署名为"吴晗"。

这次发表的《胡应麟传》是在 1931 年上半年编写的《胡应麟传》的基础上"重加编正，已二易稿，将一年中之事迹设法连成一起，小注另提出附于年后，整理结果，前稿弃去者十之五，增入者亦十之五"。

这篇文章 1984 年 9 月收入人民出版社出版的《吴晗史学论著选集》第一卷；1987 年 8 月收入光明日报出版社出版的《吴晗史论集》；2009 年 3 月收入中国人民大学出版社出版的《吴晗全集》第一卷。

【按】《清华学报》为文理综合性学术月刊，1915 年 12 月创刊于北京。清华学报社编辑，清华学校印行出版，黎元洪、梁启超等相继题写刊名。1931 年改为国立清华大学出版委员会编辑，学校出版事务所发行。抗日战争期间，随校迁昆明出版，抗战胜利后迁回北平出版。1946年后，内容渐以自然科学为主。从 1915 年至 1948 年，先后共出版二十卷，约九十余期，是 20 世纪 50 年代以前高校历时较久（三十三年）、出版期数较多的文理综合性学报之一。

本条引自《清华学报》第九卷第一期。

**2月1日**　《历史中的小说》写作完毕。

【按】这篇文章后发表于1934年6月的《文学》第六期。

【按】这时的吴晗正倾心于"小说中的历史"与"历史中的小说"这类课题的探索。在研读《明史》时，其中某些文学性的描述，如历史人物的对话，吸引了他的注意力。他以这些情节为根据，创造性地进行了以"历史中的小说"为题目的研究。

本条引自《吴晗全集》第四卷第284页。

**2月23日**　《跋周昭礼〈清波二志〉》写作完毕。

【按】这篇文章后发表在《文学季刊》第一卷第二期。

【按】周昭礼，即周辉。字昭礼，宋代泰州人。

【按】《清波二志》，即《清波杂志》《别志》。《清波杂志》十二卷、《别志》三卷均为周辉所撰。

本条引自《吴晗全集》第一卷第460页。

**本月**　《李继煌译述的高桑氏〈中国文化史〉》在《图书评论》第二卷第五期发表。

【按】文章署名为"吴晗"。

这期还刊载有夏鼐的《萧一山著〈清代通史〉》等十四篇文章。

这篇文章1984年9月收入人民出版社出版的《吴晗史学论著选集》第一卷；2009年3月收入中国人民大学出版社出版的《吴晗全集》第一卷。

【按】《中国文化史》，高桑驹吉著，李继煌译，商务印书馆
1926 年出版。

本条引自《吴晗全集》第一卷第 443 页。

**3 月 1 日**　《清华大学所藏档案的分析》一文写作完毕。

【按】这篇文章后发表在《中国近代经济史研究集刊》。

本条引自《吴晗全集》第一卷第 455 页。

**3 月 13 日**　完成翻译日本学者足立喜六的《汉唐之尺度及里
程考》。

【按】这篇文章后发表在《人文月刊》第五卷第六、七期。

【按】足立喜六（1871—1949），日本学者，土木工程技术
者，数学家，他在 1906 年至 1910 年利用在陕西高等学堂
任教之闲暇，对西安附近的历史遗迹进行了实地考察，并
结合历史文献记载，对汉唐里程、汉唐帝陵、汉唐长安城
及长安附近名胜古迹、道观、寺院、古代碑石进行了广泛
深入的研究之后，撰成了《长安史迹研究》一书，此书是
其研究汉唐长安旧迹的一部专著。

【按】《汉唐之尺度及里程考》系足立喜六所著《长安史迹
研究》的第二章，该章有两节，第一节为"汉唐的尺度"；
第二节为"汉唐的里程"。

本条引自《吴晗全集》第十卷第 409 页。

**本月**　《江苏藏书家小史》在《图书馆季刊》第八卷第一期

发表。

【按】文章署名为"吴春晗"。

这篇文章 1933 年由北平一出版社印成单行本出版，十六开，一百二十二页，为《图书馆学季刊》的抽印本，国立北平圕出版品发行处代售，但具体是哪家出版社出版，编者迄今尚未考证得到。

这篇文章 1984 年 9 月收入人民出版社出版的《吴晗史学论著选集》第一卷；2009 年 3 月收入中国人民大学出版社出版的《吴晗全集》第三卷，改为《江苏藏书家史略》。

【按】《图书馆季刊》，中华图书馆协会编印出版的会刊。1929 年 1 月创刊，1948 年 6 月终刊，由马叙伦等人题写刊名。它是 20 世纪二三十年代中国图书馆学学术期刊的杰出代表。它通过传播西方图书馆学思想，帮助国民树立现代图书馆理念，促进我国新图书分类法的诞生，完善我国图书馆学学科体系，以及在图书馆学人才培养等方面做出了突出的贡献。

本条引自《图书馆季刊》第八卷第一期。

**4月1日**　《跋周昭礼〈清波二志〉》在《文学季刊》第一卷第二期发表。

【按】文章署名为"吴晗"。

这篇文章 1984 年 9 月收入人民出版社出版的《吴晗史学论著选集》第一卷；2009 年 3 月收入中国人民大学出

版社出版的《吴晗全集》第一卷。

　　　　本条引自《文学季刊》第一卷第二期。

**同日**　《盟与誓》在《文学季刊》第一卷第二期发表。

【按】文章署名为"辰伯"。

　　这篇文章1988年3月收入北京出版社出版的《吴晗文集》第一卷；2009年3月收入中国人民大学出版社出版的《吴晗全集》第一卷。

　　　　本条引自《文学季刊》第一卷第二期。

**4 月 16 日**　《梧轩杂记》在《清华周刊》第四十一卷第三、四期（合刊）《文艺专号》上发表。

【按】文章署名为"辰伯"。

　　吴晗一生中曾写过六篇有关"梧轩杂记"的文章（其中五篇收入《吴晗全集》之中），它们分别是《〈绿野仙踪〉的作者——梧轩杂记之一》、《梅龙镇本事考——梧轩杂记之一》、《香山碧云寺——梧轩杂记之一》、《今古奇观（五）——梧轩杂记之一》、《梧轩杂记十则》以及本篇《梧轩杂记》。

　　这篇文章是吴晗未曾结集发表的遗著之一。

　　　　本条引自《清华周刊》第四十一卷第三、四期（合刊）。

**5 月**　《清华大学所藏档案的分析》在《中国近代经济史研

究集刊》第二卷第二期发表。

【按】文章署名为"吴晗"。

《中国近代经济史研究集刊》第二卷第二期是《明清档案专号》，在这一期的《中国近代经济史研究集刊》中，还刊载有徐中舒的《中央研究院历史语言研究所所藏档案分析》、赵泉澄《北京大学所藏档案的分析》以及单士元《故宫博物院文献馆所藏档案的分析》等四篇文章。

这篇文章 1987 年 8 月收入光明日报出版社出版的《吴晗史论集》；2009 年 3 月收入中国人民大学出版社出版的《吴晗全集》第一卷。

【按】《中国近代经济史研究集刊》是经济史学术期刊，1932 年 11 月创刊，陶孟和、汤象龙主编，后为陶孟和、梁方仲主编，期刊后改名为《中国社会经济史研究集刊》，抗日战争爆发后停刊。该刊创办的宗旨是促进中国近代经济史的学术研究，创办集刊的目的就是通过对中国近代社会经济的探讨，扩大中国近代历史的研究范围。其成果对今人仍有裨益。

本条引自《中国近代经济史研究集刊》第二卷第二期。

**6 月**　《历史中的小说》在《文学》第六期《中国文学研究专号》发表。

【按】文章署名为"吴晗"。

这篇文章以《明史》为解剖对象，着力探索历史和小说的关系，见前人之所未见，发前人之所未发。在常人眼中，历史典籍与小说是根本不同的，吴晗却力图证明：历史与小说尽管是两回事，但关系密切，甚至只是名称不同而已。有时，小说文学性描绘的花衣裳下往往比貌似严肃的历史文献更接近历史真实。

这篇文章 2009 年 3 月收入中国人民大学出版社出版的《吴晗全集》第四卷。

【按】《文学》，现代文学期刊，月刊。1933 年 7 月 1 日在上海创刊，由文学社创办，上海生活书店出版，郑振铎任主编。

本条引自《吴晗全集》第四卷第 254 页。

**本月** 《胡惟庸党案考》在《燕京学报》第十五期发表。

【按】文章署名为"吴晗"。

这一期的《燕京学报》还刊载有谭其骧、叶国庆、姚薇元、朱希祖、魏建猷、张荫麟等人的文章。

此时的吴晗虽然是清华大学的学生，但他与时任《燕京学报》编辑委员会主任的顾颉刚教授过从甚密，为忘年之交，故经常在《燕京学报》上发表文章。

这篇文章 1984 年 9 月收入人民出版社出版的《吴晗史学论著选集》第一卷；1987 年 8 月收入光明日报出版社出版的《吴晗史论集》；2009 年 3 月收入中国人民大学出版社出版的《吴晗全集》第二卷。

【按】《燕京学报》是原燕京大学创办的学术刊物之一，

1927 年创刊，早期，容庚为编辑委员会主任，陈垣、顾颉刚、冯友兰等为委员，著名学者王国维、陈寅恪、郭沫若等均在刊物上发表过文章，在学术文化上产生过重要影响。1951 年因燕京大学与北京大学合并而停刊。

本条引自《燕京学报》第十五期。

**本月**　《江苏藏书家小史（续）》在《图书馆学季刊》第八卷第二期发表。

【按】文章署名为"吴春晗"。

这篇文章 1933 年被北平一出版社印成单行本出版，该书十六开，一百二十二页，出版时的作者署名为"吴春晗"。该书为《图书馆学季刊》的抽印本，国立北平图出版品发行处代售，但具体是哪家出版社出版，该书上没有显示，编者迄今也尚未考证得到。

这篇文章 2009 年 3 月收入中国人民大学出版社出版的《吴晗全集》第三卷时改为《江苏藏书家史略》。

本条引自《图书馆季刊》第八卷第二期。

**8 月 15 日**　《中学历史教育》写作完毕。

【按】这篇文章通过对当时四千份大学入学中国史试卷成绩的分析，表达了作者"不禁对中学的历史教育前途悲观"的心情，提出"要求主持教育的人注意下列几件事"：第一是注意课本的编订；第二是养成学生的历史兴趣；第三是教员需任专门人才；第四是应当多预备课外读物；等。

　　　　本条引自《吴晗全集》第九卷第 16 页。


　　**同日**　译著《汉唐之尺度及里程考》在《人文月刊》第五卷第六期发表。

　　【按】文章署名为"吴晗"。

　　这篇文章的全文该期《人文月刊》并未刊载完毕，未完部分在 9 月 15 日的《人文月刊》第五卷第七期续完。

　　这篇文章 2009 年 3 月收入中国人民大学出版社出版的《吴晗全集》第十卷。

　　【按】《人文月刊》原名为《人文》，1930 年 2 月 5 日由上海人文社创刊，每年十册。1933 年第四卷第一期改名为《人文月刊》。1937 年 12 月停刊，1947 年 4 月 30 日在上海复刊，改季刊，1949 年 5 月停刊。

　　　　本条引自《人文月刊》第五卷第六期。


　　**8 月 26 日**　《中学历史教育》在《独立评论》第一百一十五号发表。

　　【按】文章署名为"吴晗"。

　　这期还刊载有傅斯年的《所谓国医》《再论所谓国医》以及胡适的《编辑后记》等六篇文章。

　　这篇文章 2009 年 3 月收入中国人民大学出版社出版的《吴晗全集》第九卷。

　　【按】《独立评论》，中国现代政论杂志，1932 年 5 月 22 日创刊于北平，周刊，胡适任主编，1937 年 7 月 18 日因"七七"事变而终刊，共出二百四十四期。

　　　　本条引自《吴晗全集》第九卷第 16 页。


**同日**　《苦旱的故乡》写作完毕。

【按】这篇文章后发表在《独立评论》第一百一十七号。

　　　　本条引自《吴晗全集》第九卷第 22 页。


**9 月 9 日**　《苦旱的故乡》在《独立评论》第一百一十七号发表。

【按】文章署名为"吴辰仲"。

　　这篇文章 2009 年 3 月收入中国人民大学出版社出版的《吴晗全集》第九卷。

　　　　本条引自《独立评论》第一百一十七号。


**9 月 15 日**　译著《汉唐之尺度及里程考（续完）》在《人文月刊》第五卷第七期发表。

【按】文章署名为"吴晗"。

　　这篇文章 2009 年 3 月收入中国人民大学出版社出版的《吴晗全集》第十卷。

　　　　本条引自《人文月刊》第五卷第七期。


**9 月 20 日**　《关于东北史上一位怪杰的新史料》写作完毕。

【按】这篇文章 1956 年 2 月收入生活·读书·新知三联书

店出版的《读史劄记》时，改名为《朝鲜李朝实录中之李满住》。

【按】李满住（约 1407—1467），原姓古伦氏，别名李月下，建州卫酋长阿哈出之孙，释加奴之子，袭父（释加奴，明赐名李显忠）职为建州都指挥使，为明代建州女真首领，明赐名李思诚。

本条引自《吴晗全集》第三卷第 60 页。

**10 月 19 日**　《晚明"流寇"之社会背景》一至五节在《大公报·史地周刊》第五期发表。

【按】文章署名为"吴晗"。

这篇文章 1984 年 9 月收入人民出版社出版的《吴晗史学论著选集》第一卷；2009 年 3 月收入中国人民大学出版社出版的《吴晗全集》第二卷。

【按】《大公报·史地周刊》1934 年 9 月 21 日创刊。创刊号共三篇文章：《发刊词》、张荫麟的《甲午战前中国之海军》和容庚的《清史稿解禁议》。

【按】这篇文章 2009 年 3 月收入《吴晗全集》第二卷，标题改为《晚明"流寇"之社会背景——"殷鉴不远，在夏后之世"》。编者查证了 1984 年 9 月人民出版社出版的《吴晗史学论著选集》第一卷，书里沿用了《大公报·史地周刊》的标题。在这篇文章里也确有"殷鉴不远，在夏后之世"一句，不过是放在吴晗的署名之下、正文开始之前，具体书写方式是"——殷鉴不远，在夏后之世——"。

其实这种书写方式，吴晗还使用过几次，比如 1946 年 1 月出版的昆明《妇女旬刊》第一卷第七期的《写给政治协商诸代表血染的十二月》就是在题目之后有一个这样的书写方式"——政治协商会议之前——"。

　　本条引自《大公报》1934 年 10 月 19 日第十一版。

**10 月 26 日**　《晚明"流寇"之社会背景》的六至八节在《大公报·史地周刊》第六期发表。

【按】文章署名为"吴晗"。

这篇文章 1984 年 9 月收入人民出版社出版的《吴晗史学论著选集》第一卷；2009 年 3 月收入中国人民大学出版社出版的《吴晗全集》第二卷。

　　本条引自《大公报》1934 年 10 月 26 日第十一版。

**11 月 23 日**　《明末的仕宦阶级》在《大公报·史地周刊》第十期发表。

【按】文章署名为"吴晗"。

这篇文章是吴晗未曾结集发表的遗著之一。

　　本条引自《大公报》1934 年 11 月 23 日第十一版。

**12 月 6 日**　《明代的锦衣卫和东西厂》初稿写作完毕。

【按】这篇文章后发表在《大公报·史地周刊》第十三期。

本条引自《大公报》1934 年 12 月 6 日第十一版。

**12 月 14 日**　《明代的锦衣卫和东西厂》在《大公报·史地周刊》第十三期发表。

【按】文章署名为"吴晗"。

这篇文章 1960 年 6 月收入生活·读书·新知三联书店出版的《灯下集》；1984 年 9 月收入人民出版社出版的《吴晗史学论著选集》第一卷；1988 年 3 月收入北京出版社出版的《吴晗文集》第三卷；2009 年 3 月收入中国人民大学出版社出版的《吴晗全集》第七卷。

本条引自《大公报》1934 年 12 月 14 日第十一版。

## 1935 年

**1 月 10 日**　《"高丽女"考》写作完毕。

【按】这篇文章后发表在天津《益世报·史学》创刊号。

【按】高丽女，高丽贡女制度是元代特殊的文化现象，是高丽王国以一种制度化的形式向元帝国大量献纳本国女子供通婚或役使的国家行为，是元代统治者强权政治、实施民族压迫的一种手段。

本条引自《吴晗全集》第四卷第 249 页。

**1 月 11 日**　《明代的殉葬制度——"美德组成的黄金世界"之一斑》在《大公报·史地周刊》第十七期发表。

【按】文章署名为"吴晗"。

这篇文章 1984 年 9 月收入人民出版社出版的《吴晗史学论著选集》第一卷；1987 年 8 月收入光明日报出版社出版的《吴晗史论集》；2009 年 3 月收入中国人民大学出版社出版的《吴晗全集》第二卷。

【按】"美德组成的黄金世界"语出 1929 年国民党中央宣传部部长叶楚伧的"中国本来是一个由美德筑成的黄金世

界"（转引自《胡适选集》天津人民出版社 1991 年版第
246 页）。

本条引自《大公报》1935 年 1 月 11 日第十
一版。

**3 月 9 日**　《明成祖生母考》写作完毕。

【按】这篇文章后发表在《清华学报》第十卷第三期。

【按】明成祖生母是谁这个问题自朱棣登上皇位便引起了争
议，当时迫于形势，争论只是在民间口耳相传，但这个问
题几百年来一直没有得到解决，反而随着时间的推移更加
扑朔迷离。经过几百年的议论和考证，形成了以下四种说
法：一说是孝慈高皇后，也就是大脚皇后马秀英，朱元璋
的原配夫人；二说是"妃"李氏；三说是元顺帝的妃子洪
吉喇氏；四说是蒙古女人瓮氏。

本条引自《吴晗全集》第二卷第 66 页。

**3 月 17 日**　致函夏鼐。

【按】吴晗致函夏鼐，告知历史系同学的毕业论文业已付
印，不久即可出版。

这封信除在夏鼐的日记提及外，编者迄今没有找到它
的全文。

本条引自夏鼐著：《夏鼐日记》。

**3 月 25 日**　《怎样把科学知识输入民间》在《独立评论》

第一百四十三号发表。

【按】文章署名为"吴辰伸"。

这篇文章 2009 年 3 月收入中国人民大学出版社出版的《吴晗全集》第九卷。

【按】《吴晗全集》中文章末尾标注"原载《独立评论》第一四三号，1934 年"。编者查阅中国国家图书馆的民国期刊库阅览室收藏的《独立评论》第一四三号，发现出版日期为"民国廿四年三月二十五日"，即 1935 年 3 月 25 日。可见《吴晗全集》标注的日期是错误的。

本条引自《独立评论》第一百四十三号。

**4 月 2 日　致函夏鼐。**

【按】信中吴晗又一次谈及夏鼐有关改行（即夏鼐由现代历史专业改为考古专业）一事。

夏鼐原和吴晗同为清华大学历史系的同学，但后因有一公费赴英留学考古专业的名额的"诱惑"，便转攻考古专业了。吴晗对夏鼐此举深感惋惜，多次劝说他不要改行。曾说："昨天你还是预备弄近代史，今日突然要将终身弄考古学，昨夜可以说是你一生事业转变的枢纽，这一个转变实在太大，由近代史一跳而做考古，相差到数千年或数万年了。"

这封信除在《夏鼐日记》中引用过这一小段外，编者迄今没有找到它的全文。

本条引自夏鼐著：《夏鼐日记》。

**4 月 11 日**　致函夏鼐。

【按】信中告知夏鼐，与梅贻琦校长接洽的结果，所托之事疑恐无望。

　　这封信，除在《夏鼐日记》中有提及外，编者迄今没有找到它的全文。

　　本条引自夏鼐著：《夏鼐日记》。

**4 月 19 日**　《晚明仕宦阶级的生活》一文在《大公报·史地周刊》第三十一期发表。

【按】文章署名为"吴晗"。

　　这篇文章 1984 年 9 月收入人民出版社出版的《吴晗史学论著选集》第一卷；1987 年 8 月收入光明日报出版社出版的《吴晗史论集》；1988 年 3 月收入北京出版社出版的《吴晗文集》第一卷；2009 年 3 月收入中国人民大学出版社出版的《吴晗全集》第一卷。

　　本条引自《大公报》1935 年 4 月 19 日第十一版。

**4 月 30 日**　《天津〈益世报·史学〉发刊词》在天津《益世报》的《史学》副刊创刊号发表。

【按】文章没有署名。

　　吴晗在发刊词中说："帝王英雄的传记时代已经过去了，理想中的新史当是属于社会的，民众的。"

　　这篇文章 2009 年 3 月收入中国人民大学出版社出版

的《吴晗全集》第九卷。

【按】天津《益世报》的《史学》副刊于1935年4月30日创刊。吴晗为副刊撰写了发刊词并担任主编。该副刊从1935年4月到1936年4月一共出版二十五期，发表文章四十篇。其中三十三篇是史学研究会的吴晗、罗尔纲、梁方仲等人写的。

【按】天津《益世报》创刊于1915年10月10日，其声名、地位仅次于《大公报》。创办人是天主教天津教区副主教雷鸣远。

本条引自《益世报》1935年4月30日第十一版。

**同日** 《"高丽女"考》在天津《益世报·史学》创刊号发表。

【按】文章署名为"吴晗"。

这篇文章2009年3月收入中国人民大学出版社出版的《吴晗全集》第四卷。

本条引自《益世报》1935年4月30日第十一版。

**5月4日** 致函夏鼐。

【按】告知寿民与梅贻琦校长接洽的结果。吴晗在信中说："梅意见如欲考经济史则必须放弃考古学，因兄为本校学生，如一通融，必将引起各方责备及纠纷也。梅校长并谓，拟别致函劝兄早日决定，如决考经济史则将去年这考古学取消，今年另增一名经济史云云。事已至此，为兄计只能咬牙硬干，如抛去去年已得之物，另寻生路，毕竟不大妥当也，如何？"

这封信，除在《夏鼐日记》中引用过这一小段外，编者迄今没有找到它的全文。

本条引自夏鼐著：《夏鼐日记》。

**5月7日** 《烟草初传入中国的历史》写作完毕。

【按】这篇文章后发表在1935年5月28日的天津《益世报·史学》第三期。

本条引自《吴晗全集》第一卷第484页。

**5月28日** 《烟草初传入中国的历史》在天津《益世报·史学》第三期发表。

【按】文章署名为"吴晗"。

这期还刊载了梁方仲的《明代粮长制度》。

这篇文章1988年3月收入北京出版社出版的《吴晗文集》第一卷；2009年3月收入中国人民大学出版社出版的《吴晗全集》第一卷。

本条引自《益世报》1935年5月28日第十一版。

**6月** 论文《关于东北史上一位怪杰的新史料》在《燕京学

报》第十七期发表。

【按】文章署名为"吴晗"。

同期的还刊登有容庚的《秦始皇刻石考》《鸟书考证补》等八篇文章。

这篇文章1956年2月收入生活·读书·新知三联书店出版的《读史劄记》，改名为《朝鲜李朝实录中之李满住》；1984年9月收入人民出版社出版的《吴晗史学论著选集》第一卷；1987年8月收入光明日报出版社出版的《吴晗史论集》；1988年3月收入北京出版社出版的《吴晗文集》第一卷；2009年3月收入中国人民大学出版社出版的《吴晗全集》第三卷。

本条引自《燕京学报》第十七期。

**7月**　《明成祖生母考》在《清华学报》第十卷第三期发表。

【按】文章署名为"吴晗"。

这篇文章1984年9月收入人民出版社出版的《吴晗史学论著选集》第一卷；1988年3月收入北京出版社出版的《吴晗文集》第一卷；2009年3月收入中国人民大学出版社出版的《吴晗全集》第二卷。

本条引自《清华学报》第十卷第三期。

**本月**　《明成祖生母考》被《清华学报》印成单行本出版。

【按】这本单行本共十六页，末页铅印有"中华民国廿四年七月叁日（即三日。——编者注）"的字样。

　　　　　　本条引自《清华学报》印单行本《明成祖生母考》。


**9 月 18 日**　《十六世纪前之中国与南洋》写作完毕。

【按】这篇文章后发表在 1936 年 1 月的《清华学报》第十一卷第一期。

　　　　　　本条引自《吴晗全集》第二卷第 148 页。


**10 月 1 日**　《明代之农民　上》在天津《益世报·史学》第十二期发表。

【按】文章署名为"吴晗"。

　　这篇文章 1984 年 9 月收入人民出版社出版的《吴晗史学论著选集》第一卷；1987 年 8 月收入光明日报出版社出版的《吴晗史论集》；1988 年 3 月收入北京出版社出版的《吴晗文集》第一卷；2009 年 3 月收入中国人民大学出版社出版的《吴晗全集》第二卷。

　　　　　　本条引自《益世报》1935 年 10 月 1 日第十一版。


**10 月 3 日**　为《明代之农民》作"作者附识"。

【按】"作者附识"原文为："这原是我预备要写的《明代的农民》一文中的一段劄记。因为篇幅的限制，只能先发表这一部分。因为时间的限制，材料未及全盘整理，行文系统未能如意，凌乱破碎之□，自知不免。"

　　　　　　本条引自《益世报》1935 年 10 月 15 日第十一版。

**10 月 15 日**　《明代之农民　下》在天津《益世报·史学》第十三期发表。

【按】文章署名为"吴晗"。

这篇文章 1984 年 9 月收入人民出版社出版的《吴晗史学论著选集》第一卷；1987 年 8 月收入光明日报出版社出版的《吴晗史论集》；1988 年 3 月收入北京出版社出版的《吴晗文集》第一卷；2009 年 3 月收入中国人民大学出版社出版的《吴晗全集》第二卷。

本条引自《益世报》1935 年 10 月 15 日第十一版。

**本月**　《明代靖难之役与国都北迁》在《清华学报》第十卷第四期发表。

【按】文章署名为"吴晗"。

这篇文章 1984 年 9 月收入人民出版社出版的《吴晗史学论著选集》第一卷；1988 年 3 月收入北京出版社出版的《吴晗文集》第一卷；2009 年 3 月收入中国人民大学出版社出版的《吴晗全集》第二卷。

本条引自《清华学报》第十卷第四期。

**11 月 9 日晚**　《元代之社会》写作完毕。

【按】这篇文章后发表在《社会科学》第一卷第三期。

本条引自《吴晗全集》第二卷第 241 页。

# 1936 年

**1 月 23 日** 《廷杖》写作完毕。

【按】这篇文章后发表在《益世报·史学》第二十四期。

【按】廷杖，即是在朝廷上行杖打人，是对朝中的官吏实行的一种惩罚，最早始于东汉，在金朝与元朝普遍实施，明代则实施得最著名。明代的廷杖始于明太祖鞭死开国元勋永嘉侯朱亮祖。朱亮祖父子作威作福，多为不法，罪有应得，但朱元璋却开了廷杖大臣的先例。此后明成祖永乐时期废此不行，但朱棣死后十几年，明英宗就恢复了廷杖。

本条引自《吴晗全集》第二卷第 166 页。

**同日** 《元帝国之崩溃与明之建国》写作完毕。

【按】这篇文章后发表在《清华学报》第十一卷第二期。

本条引自《吴晗全集》第二卷第 295 页。

**本月** 《十六世纪前之中国与南洋》在《清华学报》第十一卷第一期发表。

【按】文章署名为"吴晗"。

同期发表文章的还有金岳霖、王力、陈寅恪、浦江清、闻一多等人。

这篇文章1984年9月收入人民出版社出版的《吴晗史学论著选集》第一卷；1988年3月收入北京出版社出版的《吴晗文集》第一卷；2009年3月收入中国人民大学出版社出版的《吴晗全集》第二卷。

本条引自《清华学报》第十一卷第一期。

**本月**　《十六世纪前之中国与南洋》被《清华学报》抽印为单行本。

【按】单行本名为《十六世纪前之中国与南洋》。

本条引自《清华学报》单行本图片。

**3月1日**　《南人与北人》在《禹贡》第五卷第一期发表。

【按】文章署名为"吴梧轩"。

这篇文章1984年9月收入人民出版社出版的《吴晗史学论著选集》第一卷；1988年3月收入北京出版社出版的《吴晗文集》第一卷；2009年3月收入中国人民大学出版社出版的《吴晗全集》第二卷。

【按】《禹贡》是我国现存最古史书《尚书》中的一篇，全文仅一千一百九十三个字，为我国具有系统性的最早的综合地理著作。

《禹贡》半月刊是顾颉刚于1934年在北平创办的一份学术期刊，至1937年共发行了七卷八十二期，刊物虽存在时间不长，但对中国现代史学的发展有着重要贡献。它既是展现中国近代史学拓荒作品的园地之一，又是推动中国史学近代化的重要刊物之一。

本条引自《禹贡》第五卷第一期。

**3 月 17 日**　《廷杖》在天津《益世报·史学》第二十四期发表。

【按】文章署名为"酉生"。

这篇文章 1988 年 3 月收入北京出版社出版的《吴晗文集》第一卷；2009 年 3 月收入中国人民大学出版社出版的《吴晗全集》第二卷。

【按】《吴晗全集》在末尾处标注：原载天津《益世报·史学》第二十四期，1936 年 3 月 27 日。经编者考证，该期出版日期不是 1936 年 3 月 27 日，而是 1936 年 3 月 17 日。

本条引自《益世报》1936 年 3 月 17 日第十一版。

**3 月 19 日**　《明初卫所制度之崩溃》在南京《中央日报·史学》第三期发表。

【按】文章署名为"吴晗"。

这篇文章 1984 年 9 月收入人民出版社出版的《吴晗史学论著选集》第一卷；1988 年 3 月收入北京出版社出版的《吴晗文集》第一卷；2009 年 3 月收入中国人民大学出版社出版的《吴晗全集》第二卷。

【按】《中央日报·史学》：当年吴晗、汤象龙、罗尔纲、谷霁光、梁方仲等组织成立"史学研究会"主持创办了两家大报的《史学》副刊。一家是天津《益世报》的副刊《史学》，另一家就是南京《中央日报》的《史学》副刊。

【按】卫所制度是明朝最主要的军事制度，为明太祖所创立，其构想来自于隋唐时代的府兵制。明代自京师达于郡县，皆设立卫、所，外统于都司，内统于五军都督府。也就是说，卫、所分属于各省的都指挥使司，各省的都指挥使司又由中央的五军都督府划片管辖。都指挥使司下辖若干个卫，卫下辖一定数量的千户所和百户所。

　　　　本条引自《中央日报·史学》1936 年 3 月 19 日第四版。

**4 月 14 日**　《天津〈益世报·史学〉周年致辞》在天津《益世报》副刊《史学》第二十六期发表。

【按】文章署名为"编者"。

　　这篇文章 2009 年 3 月收入中国人民大学出版社出版的《吴晗全集》第九卷。

【按】《天津〈益世报·史学〉周年致辞》中说："中国史上的问题太多了，我们应该从大处着眼，从小处下手，就个人的兴趣和所学，向每一问题作广博深湛的检讨。"

【按】《吴晗全集》在末尾标注：原载天津《益世报》副刊《史学》第二十二期，1936 年 4 月 14 日。编者查阅中国国家图书馆缩微文献阅览室收藏的天津《益世报》副刊《史

学》，发现本日的《益世报》副刊《史学》不是二十二期
而是二十六期，故予以更改。

本条引自《益世报·史学》1936 年 4 月 14
日第十二版。

**4 月 24 日** 《〈太平天国史纲〉序》写作完毕。

【按】《太平天国史纲》，罗尔纲著，1937 年 1 月由商务印
书馆发行。

吴晗是在当时的北平西郊万寿疗养院十一号写作本
文的。

这篇文章 2009 年 3 月收入中国人民大学出版社出版
的《吴晗全集》第四卷。

本条引自《吴晗全集》第四卷第 287 页。

**本月** 《元帝国之崩溃与明之建国》在《清华学报》第十一
卷第二期发表。

【按】文章署名为"吴晗"。

同期发表文章的还有冯友兰、张荫麟、浦江清、王
力、朱自清等人。

这篇文章 1986 年 1 月收入人民出版社出版的《吴晗
史学论著选集》第二卷；2009 年 3 月收入中国人民大学出
版社出版的《吴晗全集》第二卷。

本条引自《清华学报》第十一卷第二期。

**本月** 《元代之社会》在《社会科学》第一卷第三期发表。

【按】文章署名为"吴晗"。

这篇文章1986年1月收入人民出版社出版的《吴晗史学论著选集》第二卷；2009年3月收入中国人民大学出版社出版的《吴晗全集》第二卷。

【按】《社会科学》为清华大学主办的社科期刊，1935年10月创刊。

本条引自《社会科学》第一卷第三期。

**5月8日** 《〈太平天国史丛考〉序》在平西万寿疗养院写作完毕。

【按】这篇文章2009年3月收入中国人民大学出版社出版的《吴晗全集》第四卷。

【按】《太平天国史丛考》，罗尔纲著，1943年1月由正中书局出版。书中标明"吴晗先生序"。

本条引自《吴晗全集》第四卷第290页。

**5月17日** 致函顾颉刚。

【按】《禹贡》半月刊第五卷第一期《通讯一束（五七至六一）》刊载了许道龄致顾颉刚的一封信，信中对吴晗的《十六世纪前之中国与南洋》一文提出了一些不同的意见。此时的吴晗因病住院，"高卧多暇"，就写下这封信回答许道龄，并请顾颉刚将此函发表于《禹贡》。不久，《禹贡》半月刊上打响了这场发生在20世纪30年代、持续一年多

的、以吴晗和许道龄为主将的关于郑和七次下南洋的性质
和目的的笔战的序幕。这场笔战是我国历史上有关"郑和
研究"的一个重要阶段，直至七十多年后的今天，郑和七
下南洋的性质和目的问题仍然没有得到彻底的解决。也可
以说那场笔战至今也尚未偃旗息鼓。

本条引自《禹贡》半月刊第五卷第七期。

**5 月 24 日**　出席禹贡学会在燕京大学临湖轩举行的成立
大会。

【按】当日中午 12 点，禹贡学会在北平的会员齐聚成府蒋
家胡同三号，同进午餐。下午 2 点半在燕京大学临湖轩召
开成立大会，出席大会的除会员外，还有北平市政府社会
局代表李树华，公安局代表戴福、宋广祥等。

【按】临湖轩，在燕京大学未名湖畔。

本条引自《禹贡》半月刊第五卷第七期。

**6 月 1 日**　致顾颉刚的信（5 月 17 日）刊登在《禹贡》半月
刊第五卷第七期的《通讯一束》栏目。

【按】遵吴晗 5 月 17 日来信所嘱，顾颉刚将吴晗 5 月 17 日
给自己的信刊登在《禹贡》的《通讯一束》专栏上。

　　许道龄致顾颉刚的信函在《禹贡》半月刊上发表后不
久，吴晗就因患肺病住进了地处北平房山的平西万寿疗养
院。直到许道龄致顾颉刚的信发表两个多月后，吴晗才在
平西疗养院的病床上写信给顾颉刚，并请求顾颉刚"将此

函发表于《禹贡》"，《禹贡》如约刊登。这样，这场以吴晗和许道龄为主将的、关于郑和七次下南洋的性质和目的问题的笔战正式"接火"，打响了这场"吴晗与许道龄的笔战"的"遭遇战"。

这封信是吴晗未曾结集发表的遗著之一。

　　　　本条引自顾潮编著：《顾颉刚年谱（增订本)》第283页。

**7月9日**　致函傅斯年。

【按】这封信是给傅斯年的复函。时值吴晗与张荫麟在共同编写高中历史教材时，因意见不一发生争执而闹翻。傅斯年得知后，便来函做"和事佬"。吴晗在信中向傅斯年倾诉了五个方面的内容：1. 起初他并不十分愿意参加这个"共同编写高中历史教材"的团队；2. 他认为张荫麟对宋以后的历史不很熟悉，可能无法合作；3. 他认为张荫麟对他积极为教科书编写所做的工作并不重视，心中甚为不满；4. 张荫麟为人倨傲，待他不公；5. 他是专治明史的，对元、清历史也不甚熟悉，但张荫麟安排了他这一历史时段，这不是自己的长项，但为了友谊，为了编写好"高中历史教材"，他宁愿做出牺牲，"拟专治元史及清史，一二年内绝笔不写一文"。吴晗在这封信中火药味甚浓，大有"割袍断义"之意。后经傅斯年调停、劝解，两人又"友好合作如初"了。

　　　　本条引自《文史哲》2005年第三期。

**11 月 1 日**　致函夏鼐。

【按】信中告知夏鼐，史学研究会承办的《中央日报·史学》副刊决定停办，但将会与社会艺术研究所合办季刊。

这封信，编者迄今没有找到它的全文。

本条引自夏鼐著：《夏鼐日记》。

**同日**　《西班牙内乱的前途》在《清华周刊》第四十五卷第一期发表。

【按】文章署名为"辰仲"。

这篇文章原载《清华周刊》第四十五卷第一期的《时事论坛》栏目。

编者认为，这篇文章是吴晗一生中撰写发表的第一篇时评类文章。吴晗之所以将自己撰文的触角开始伸向"时评"，其中有两个不可或缺的原因：其一是经济上的原因，当时他已结识了后来为自己妻子的女友袁震，他不但要负担自己和在北平辅仁大学附中的弟弟的生活学习费用，还要承担病得不能自理的袁震的生活和医药费用，况且这时袁震的姐姐袁溥之和堂妹袁熙之均先后来到北平和袁震住在一起，她俩也都没有经济来源，一"家"五口的生活、学习包括袁震高昂的治疗费用，全靠吴晗一人承担。虽然他此时已身为讲师，但其收入相对于巨大的支出来说，仍然是捉襟见肘。他只有拼命地写稿，以换取稿费来支撑五口人的生计。所以，扩大自己撰文的内容、形式的领域，也就势在必行了；其二，吴晗在政治上已日趋成熟，开始对时事产生兴趣，对时政的认识也更加深刻了。这也是他走向民主战线，成为一名民主斗士的开始和演练。据编者不完全统计，自此，吴晗先后以笔名"辰仲""吴辰仲"在《清华周刊》上发表了六篇时评类文章。

这篇文章是吴晗未曾结集发表的遗著之一。

本条引自《清华周刊》第四十五卷第一期。

**11 月 15 日**　《十四世纪时之纺织工厂》写作完毕。

【按】这篇文章后发表在《清华周刊》第四十五卷第五期。

吴晗在文章后标注：病后试笔。此前他因肺结核一病在北平西郊的万寿疗养院住院。

本条引自《吴晗全集》第二卷第 297 页。

**11 月 22 日**　《上海日商纱厂工潮》在《清华周刊》第四十五卷第四期发表。

【按】文章署名为"辰仲"。

这篇文章原载《清华周刊》第四十五卷第四期的《时事论坛》栏目。

这篇文章是吴晗未曾结集发表的遗著之一。

本条引自《清华周刊》第四十五卷第四期。

**11 月 29 日**　《侵略集团阵容的强化》在《清华周刊》第四十五卷第五期发表。

【按】文章署名为"辰仲"。

这篇文章原载《清华周刊》第四十五卷第五期的《时事论坛》栏目。

这篇文章是吴晗未曾结集发表的遗著之一。

本条引自《清华周刊》第四十五卷第五期。

**同日** 《十四世纪时之纺织工厂》在《清华周刊》第四十五卷第五期发表。

【**按**】文章署名为"吴晗"。

这篇文章1984年9月收入人民出版社出版的《吴晗史学论著选集》第一卷；1988年3月收入北京出版社出版的《吴晗文集》第一卷；2009年3月收入中国人民大学出版社出版的《吴晗全集》第二卷。

本条引自《清华周刊》第四十五卷第五期。

**12月6日** 《德意日携手与中国》在《清华周刊》第四十五卷第六期发表。

【**按**】文章署名为"辰仲"。

这篇文章原载《清华周刊》第四十五卷第六期的《时事论坛》栏目。

这篇文章是吴晗未曾结集发表的遗著之一。

本条引自《清华周刊》第四十五卷第六期。

**12月20日** 《元明两代之匠户》在天津《益世报·史学》第四十四期发表。

【按】文章署名为"吴晗"。

1939年4月，《云南大学学报》第一类第一期上也刊登了这篇文章。除发表的媒体和时间不同外，后发表的文章只是在文字上稍做增删、润色。

这篇文章1987年8月收入光明日报出版社出版的《吴晗史论集》；1988年3月收入北京出版社出版的《吴晗文集》第一卷；2009年3月收入中国人民大学出版社出版的《吴晗全集》第二卷。

【按】匠户，中国古代从事手工业生产的专业人户。元朝匠户的来源有二：一是蒙古在长期征伐过程中虏获来的工匠以及被逼充当工匠的俘虏；二是从民间征发来的手工工匠和并非工匠的普通百姓。

本条引自《益世报》1936年12月20日第十二版。

**12月21日晚** 《泛美和平会议》写作完毕。

【按】这篇文章后发表在《清华周刊》第四十五卷第八期。

本条引自《清华周刊》第四十五卷第八期。

**12月23日** 《泛美和平会议》在《清华周刊》第四十五卷第八期发表。

【按】文章署名为"辰仲"。

这篇文章原载《清华周刊》第四十五卷第八期的《时事论坛》栏目。

这篇文章是吴晗未曾结集发表的遗著之一。

本条引自《清华周刊》第四十五卷第八期。

**12 月 30 日**　《英义地中海绅士协定》在《清华周刊》第四十五卷第九期发表。

【按】文章署名为"吴辰仲"。

这篇文章原载《清华周刊》第四十五卷第九期的《时事论坛》栏目。

这篇文章是吴晗未曾结集发表的遗著之一。

本条引自《清华周刊》第四十五卷第九期。

## 1937 年

**1 月 24 日**　《于谦》在天津《益世报·史学》第四十六期
发表。

【按】文章署名本为"袁震"。经编者考证，这是一篇吴晗
用女友袁震的名字发表的文章。因为当时重病在身的袁震
尚卧床不起，根本没有能力从事这一类史学研究及撰写论
著的工作。

这篇文章是吴晗未曾结集发表的遗著之一。

本条引自《益世报》1937 年 1 月 24 日第十
二版。

**1 月 25 日**　《梧轩杂记十则》在《清华周刊》第四十五卷
第十二期发表。

【按】文章署名为"吴晗"。

《梧轩杂记十则》的题目分别是：一、明初之旅社；
二、官民器用居室之制；三、风流汉子；四、太学之藏垢
纳污；五、凤阳丐者；六、明初之道俗教育；七、燃料；
八、山西乐户；九、燕云四种人；十、万历末年之士风。

这篇文章 2009 年 3 月收入中国人民大学出版社出版的《吴晗全集》第一卷。

本条引自《清华周刊》第四十五卷第十二期。

**本月** 《后金之兴起　上》在《越风》第二卷第一期发表。

【按】文章署名为"吴晗"。

这期《越风》还刊载有朱希祖的《明海盐小瀛洲诗社考》以及周作人的《记太炎先生学梵文事》等文章。

这篇文章 1986 年 1 月收入人民出版社出版的《吴晗史学论著选集》第二卷；1987 年 8 月收入光明日报出版社出版的《吴晗史论集》；1988 年 3 月收入北京出版社出版的《吴晗文集》第一卷；2009 年 3 月收入中国人民大学出版社出版的《吴晗全集》第二卷。

【按】《越风》，文史掌故刊物，黄萍荪主编，1935 年 10 月于杭州创刊，第一卷为半月刊，自第二卷改月刊，出至 1937 年 4 月第二卷第四期停刊。《越风》的撰稿者有当时国内顶级的学者、作家，如黄侃、叶恭绰、蔡元培、柳亚子、周作人、茅盾、吴稚晖、郁达夫等。

本条引自《越风》第二卷第一期。

**2 月** 《后金之兴起　下》在《越风》第二卷第二期发表。

【按】文章署名为"吴晗"。

这期《越风》还刊载有许寿裳的《章太炎先生革命

文献的一斑》以及陆自在的《中华银行与革命党》等
文章。

这篇文章 1986 年 1 月收入人民出版社出版的《吴晗
史学论著选集》第二卷；1987 年 8 月收入光明日报出版社
出版的《吴晗史论集》；1988 年 3 月收入北京出版社出版
的《吴晗文集》第一卷；2009 年 3 月收入中国人民大学出
版社出版的《吴晗全集》第二卷。

本条引自《越风》第二卷第二期。

**3 月 21 日**　《宗泽与孟珙》在天津《益世报·史学》第五
十期发表。

【按】文章署名本为"袁震"。经编者考证，这也是一篇吴
晗用女友袁震的名字发表的文章。

这期《益世报·史学》还同时刊载有梁方仲的文章
《明代的预备仓》以及何维凝的文章《明代盐军与灶勇》。

这篇文章是吴晗未曾结集发表的遗著之一。

本条引自《益世报》1937 年 3 月 21 日第十
二版。

**本月**　《王茂荫与咸丰时代的新币制》写作完毕。

【按】这篇文章最初发表在 1939 年 6 月的《中国社会经济
史集刊》第六卷第一期。

这篇文章 1956 年 2 月收入生活·读书·新知三联书
店出版的《读史劄记》时改为《王茂荫与咸丰时代的币制

改革》。

【按】王茂荫（1798—1865），清朝货币理论家、财政学家，道光朝进士。曾任户部右侍郎兼管钱法堂事务，著有《王侍郎奏议》十一卷。

本条引自《吴晗全集》第三卷第 84 页。

**本月**　《中国近代经济史研究集刊》（半年刊）更名为《中国社会经济史集刊》（季刊），吴晗任编委。

【按】1932 年 11 月，由社会调查所主办，陶孟和、汤象龙主编的《中国近代经济史研究集刊》（半年刊）创刊，从 1937 年 3 月第五卷第一期起更名为《中国社会经济史集刊》，改为季刊，编辑委员会由朱庆永、谷霁光、吴晗、吴铎、夏鼐、张荫麟、梁方仲、汤象龙、刘隽、罗尔纲等组成。

本条引自汤象龙研究室编：《汤象龙先生百年诞辰文集》第 46 页。

**4 月 26 日**　《文天祥》在天津《益世报·史学》第五十二期发表。

【按】文章署名本为"袁震"。经编者考证，这也是一篇吴晗用女友袁震的名字发表的文章。

这篇文章是吴晗未曾结集发表的遗著之一。

本条引自《益世报》1937 年 4 月 26 日第十二版。

**5月30日**　《戚继光》在天津《益世报·史学》第五十四期发表。

【按】文章署名本为"袁震"。经编者考证，这也是一篇吴晗用女友袁震的名字发表的文章。

这期还同时刊载有曹静华的《清代内官与内务府衙门之分析》。

这篇文章是吴晗未曾结集发表的遗著之一。

本条引自《益世报》1937年5月30日第十二版。

**6月**　《明代的军兵》写作完毕。

【按】这篇文章后发表在《中国社会经济史集刊》第五卷第二期。

本条引自《吴晗全集》第三卷第128页。

**本月**　《明代的军兵》在《中国社会经济史集刊》第五卷第二期发表。

【按】文章署名为"吴晗"。

这一期为《兵制史研究专号》，同期还刊载有张荫麟、梁方仲等四人的文章。

这篇文章1956年2月收入生活·读书·新知三联书店出版的《读史劄记》；1986年1月收入人民出版社出版的《吴晗史学论著选集》第二卷；2009年3月收入中国人

民大学出版社出版的《吴晗全集》第三卷。

　　本条引自《中国社会经济史集刊》第五卷第二期。

## 1938 年

**1 月** 致信顾颉刚。

【按】顾颉刚在 1938 年 1 月 22 日的日记中这样写道："得吴春晗君信，悉云南大学已决聘予，并不强任事务。"

这封信，编者迄今没有找到它的原文。

本条引自中华书局编：《顾颉刚日记》第四卷第 9 页。

**2 月 10 日** 登独石头期间作《七绝》一首。

【按】2 月 5 日起，吴晗、施蛰存及吴春曦一行三人应李埏之邀去路南旅游。吴晗登独石头时听了"赵官"（赵发）的故事后作《七绝》一首：

独石山头树将旗，将军英名妇孺知。

我来已历沧桑劫，犹傍斜阳觅古碑。

这首诗 2009 年 3 月收入中国人民大学出版社出版的《吴晗全集》第十卷。

本条引自王宏志、闻立树主编：《怀念吴晗 百年诞辰纪念》第 62 页。

**3 月下旬** 致信顾颉刚。

【按】顾颉刚在 1938 年 4 月 3 日的日记中写道："接辰伯（即吴晗——编者注）信，谓其允我赴滇，且不必待至暑假，则我当自早日离西北矣。"

早在 1937 年 12 月，云南大学校长熊庆来就想聘请顾颉刚去该校任教，但顾颉刚一直犹豫不决。直到 1938 年 9 月 9 日才离开兰州，10 月到昆明，任云南大学文史系教授。

这封信，编者迄今没有找到它的全文。

本条引自台北联经出版事业股份有限公司出版：《顾颉刚日记》第四卷第 51 页。

**6 月 13 日** 《元明两代之匠户》再次修改完毕。

【按】这篇文章后发表在 1939 年 4 月的《云南大学学报》第一类第一期。

吴晗在本文末尾标注：写作于云南大学。经编者考证，本文最初写于 1936 年的 12 月 14 日，发表于 1936 年的 12 月 20 日的天津《益世报》第四十四期《史学》副刊上。1938 年至 1939 年期间，《云南大学学报》向吴晗索稿，吴晗就将这篇文章稍做增删、润色，交给了《云南大学学报》编辑部。

本条引自《吴晗全集》第二卷第 339 页。

**11月4日** 致信顾颉刚。

【按】顾颉刚在 1938 年 11 月 6 日的日记中这样写道："接辰伯信，知履安、自珍已于 11 月 4 日抵达昆明。"履安，即殷履安，顾颉刚的第二任夫人。自珍，即顾自珍，顾颉刚女儿，顾颉刚原配夫人吴氏所生。

这封信，编者迄今没有找到它的原文。

本条引自中华书局编：《顾颉刚日记》第四卷第 159 页。

# 1939 年

**1 月 15 日**　《晚明士大夫阶级的生活——一个没落时代的象征》在《新动向》第二卷第一期发表。

【**按**】文章署名为"吴晗"。

这篇文章和 1935 年 4 月 19 日发表在《大公报·史地周刊》第三十一期的《晚明仕宦阶级的生活》是同一篇文章，但题目不同。

这期《新动向》杂志还刊载有楚图南的《抗战与中国文化检讨》、冯友兰的《阐教化（新事论之七)》等四篇文章。

【**按**】《新动向》，时事政治刊物，半月刊，主要报道云南及其他地区新闻界动向，传播进步思想，交流信息，并为中国思想界提供交换意见之平台，栏目有论著、通讯、时事、文艺、书评、国内外大事记、插图、漫画等。

本条引自《新动向》第二卷第一期。

**1 月 16 日**　诗赠容琬。

【**按**】赠诗曰："致容琬改陆放翁句，应琬女士属。喋血三年敌国空，吾生犹见九州同。王师克复燕京日，青史难宽二老翁。"

这首诗见于《西南联大师生致容琬诗文册》。该诗文册中有闻一多、陈寅恪、朱自清、威廉·燕卜荪、吴宓、钱穆、蒋梦麟、罗常培、汤用彤、吴晗等大师致容琬女士的诗文手稿七十余篇。这本1938年至1939年间所写的诗文册，集结了师生对容琬的大量赠言，是为联大师生情谊的珍贵纪念，更是研究联大不可多得的珍贵史料。

这首诗是吴晗未曾结集发表的遗著之一。

【按】容琬，是我国著名金石学家、中山大学教授容庚之女，北大哲学系教授容肇祖的侄女。容琬1935年考入北京大学中文系，她系名门之后，北大才女。

本条引自中国收藏网：《西南联大师生致容琬诗文册》图片。

**4 月**　《元明两代之匠户》在《云南大学学报》第一类第一期发表。

【按】文章署名为"吴晗"。

这篇文章1986年1月收入人民出版社出版的《吴晗史学论著选集》第二卷；2009年3月收入中国人民大学出版社出版的《吴晗全集》第二卷。

【按】1922年12月云南大学的前身"东陆大学"建校。1923年，出版了云南大学历史上第一本具有学报性质的《东陆校刊》，1938年《东陆校刊》改名为《云南大学学报》。

【按】《吴晗全集》在这篇文章的末尾处标注：原载《云南大学学报》第一期，1938 年。经编者考证，这是一个失实和不准确的史料。所谓失实，是吴晗这篇文章发表的时间不是 1938 年，而是 1939 年 4 月。所谓不准确，是当时的《云南大学学报》分两类刊印，第一类是社会科学类，第二类是自然科学类。刊载这篇文章的是第一类第一期，而不是第一期，因为自然科学类的《云南大学学报》也有第一期。

本条引自《云南大学学报》第一类第一期。

**5 月 30 日** 《明代汉族之发展》在《中央日报·史学》第三十三期发表。

【按】文章署名为"燕薰"。

这篇文章 1986 年 1 月收入人民出版社出版的《吴晗史学论著选集》第二卷；1987 年 8 月收入光明日报出版社出版的《吴晗史论集》；1988 年 3 月收入北京出版社出版的《吴晗文集》第一卷；2009 年 3 月收入中国人民大学出版社出版的《吴晗全集》第二卷。

【按】《吴晗全集》在这篇文章的末尾处标注：原载《中央日报·史学》第二十三期。编者查阅中国国家图书馆缩微文献阅览室收藏的《中央日报》。当日该报第四版《史学》副刊，非第二十三期，而是第□十三期，查前一期标注的是第三十二期，后一期标注的是第三十四期，则这一期应为第三十三期。

　　　　本条引自《中央日报》1939 年 5 月 30 日第四版。

**6 月**　《王茂荫与咸丰时代的新币制》在《中国社会经济史集刊》第六卷第一期发表。

【按】文章署名为"吴晗"。

　　这篇文章 1956 年 2 月收入生活·读书·新知三联书店出版的《读史劄记》时改名为《王茂荫与咸丰时代的币制改革》；1986 年 1 月收入人民出版社出版的《吴晗史学论著选集》第二卷；2009 年 3 月收入中国人民大学出版社出版的《吴晗全集》第三卷。

　　　　本条引自《中国社会经济史集刊》第六卷第一期。

**本月**　《评梁嘉彬著〈广东十三行考〉》在《中国社会经济史集刊》第六卷第一期发表。

【按】文章署名为"吴晗"。

　　这篇文章 1986 年 1 月收入人民出版社出版的《吴晗史学论著选集》第二卷；1988 年 3 月收入北京出版社出版的《吴晗文集》第一卷。

　　这篇文章发表在《中国社会经济史集刊》的《书评》栏目，所以题目仅有书名《广东十三行考》，2009 年 3 月收入中国人民大学出版社出版的《吴晗全集》第二卷时，为使读者不产生歧义，改名为《评梁嘉彬著〈广东十三行考〉》。

【按】广东十三行，清代设立于广州的经营对外贸易的专业商行，又称洋货行、洋行、外洋行、洋货十三行。名义上虽称"十三"，其实并无定数。

【按】《广东十三行考》，作者梁嘉彬，1937 年由国立编译馆出版发行，是研究十三行的重要著作。梁嘉彬是十三行中的天宝行行商梁亟禧（梁经国）的第六代传人。

　　　　　　　　本条引自《中国社会经济史集刊》第六卷第一期。

**本月**　担任《中国社会经济史集刊》第六卷第一期的主编。

【按】同时担任这一期主编的还有汤象龙。

　　据编者考证，《中国社会经济史集刊》的主编是轮换的。1932 年 11 月的第一卷第一期的主编是陶孟和、汤象龙；1937 年 3 月的第五卷第一期的主编是梁方仲、朱庆永；1937 年 11 月的第五卷第二期的主编是梁方仲、张荫麟；1939 年 6 月的第六卷第一期的主编是汤象龙、吴晗；1944 年 6 月的第七卷第一期后的主编又变成了陶孟和、梁方仲。

　　　　　　　　本条引自《中国社会经济史集刊》第六卷第一期。

**9 月 23 日**　《投下考》写作完毕。

【按】《吴晗全集》标明该文后在《益世报·史学》第二十期发表。"七七"事变后，天津《益世报》迁往大后方昆明，1938 年 12 月在昆明复刊。由于中国国家图书馆该时段的《益世报》缺失，故编者没有查证到"1939 年 9 月 23 日"是这篇文章的写作时间还是发表的时间，暂将该日作为这篇文章的写作完毕时间。

这篇文章 1956 年 2 月收入生活·读书·新知三联书店出版的《读史劄记》；1986 年 1 月收入人民出版社出版的《吴晗史学论著选集》第二卷；2009 年 3 月收入中国人民大学出版社出版的《吴晗全集》第三卷。

【按】投下，亦作头下、头项或投项，意为封地、采邑，语出辽代。习惯上又把投下一词引申为拥有采邑的诸侯。投下是元代比较常见的名词之一，它涉及当时的军政制度和社会组织，故很早就引起了人们的重视。

本条引自《吴晗全集》第三卷第 141 页。

**10 月 24 日**　《读史劄记》在《中央日报·史学》第五十四期发表。

【按】文章署名为"燕肃"。

这期发表的文章还有罗尔纲的《清代中军考》、鲁夫的《清史丛话·十七·小刀会起源》。

吴晗在文章开篇说："乡居无书，不能为长文，就旧所涉猎书有关史事者，综会条记之命曰读史劄记。"

这篇文章是吴晗未曾结集发表的遗著之一。

本条引自《中央日报》1939 年 10 月 24 日第四版。

**12 月**　担任《中国社会经济史集刊》第六卷第二期的主编。

【按】同时担任这一期主编的还有汤象龙。

这期刊载有梁方仲的《明代国际贸易与银的输出入》等三人的论文。

本条引自《中国社会经济史集刊》第六卷第二期。

# 1940 年

**2 月**　《西汉经济状况》一书由上海大东书局出版。

【按】本书署名为"吴春晗"。

吴晗的处女作《西汉经济状况》于 1930 年写作，当年就卖给了上海大东书局，相隔十年才得以出版，其原因不得而知。其时，上海早已沦陷，吴晗在西南联大教书，此书得以出版，估计吴晗自己也并不知道。该书由胡适题写书名。小三十二开，平装本，大约四万五千字。此书当时印数不多，流传亦不广，后来吴晗得到这本书，估计是从旧书摊上淘到的。

这本书 2009 年 3 月收入中国人民大学出版社出版的《吴晗全集》第一卷。

本条引自王宏志、闻立树主编：《怀念吴晗　百年诞辰纪念》第 623 页。

**8 月**　致函幼舟弟。

【按】吴晗在信中向李埏介绍傅斯年先生，他说："孟真先生对宋明史均有深得，且与史语所关系深。"

这封信后收入 2012 年 1 月清华大学出版社出版的《良史与良师》。

这封信是吴晗未曾结集发表的遗著之一。

这封信的原件上没有标注年月,李埏在《良史与良师》一书中将其标注为"民国二十九年八月"(即 1940 年 8 月),但观其信文中有"月内……清华校庆"字样,而清华校庆乃是每年的 4 月最后的一个星期日,所以本信是否是 8 月写的,尚待考证。

【按】幼舟,即李埏。李埏(1914—2008),字子沂,号幼舟,彝族,云南路南县人。我国著名历史学家和教育家、云南大学中国经济史学科创建者。早年受业于张荫麟、吴晗、钱穆、陈寅恪等史学大师,深得史学真传。毕生研究中国古代史,对中国土地制度史和中国商品经济史的研究尤为深入。

本条引自李埏著:《良史与良师》第 165 页。

**9 月上旬** 致函幼舟弟。

【按】吴晗在信中向李埏谈及有关刻写《明实录》以及他拟买四张去重庆的汽车票等事宜。

这封信的原件上没有标注撰写时间。李埏在《良史与良师》一书中也只是标注该信的写作时间大约是在"民国二十九年九月或十月"(即 1940 年 9 月或 10 月),因为吴晗在 9 月 13 日一封致李埏的信函中有"飞机票及汽车票均已定妥"一说,编者据此考证该信的撰写时间应在 9 月 13 日之前，故推断该信的撰写时间为 1940 年 9 月上旬。

这封信后收入 2012 年 1 月清华大学出版社出版的《良史与良师》。

这封信是吴晗未曾结集发表的遗著之一。

本条引自李埏著：《良史与良师》第 167 页。

**9 月 13 日**　致函幼舟弟。

【按】吴晗在信中告知李埏"飞机票及汽车票均已定妥"，"机票须用相片，乞带照相机来，并代买胶卷一打"，并邀请李埏到他家过中秋佳节。

这封信的原件上没有标注撰写的年月。李埏在《良史与良师》一书中标注该信的写作时间是"民国二十九年九月十三日"（即 1940 年 9 月 13 日）。

这封信后收入 2012 年 1 月清华大学出版社出版的《良史与良师》。

这封信是吴晗未曾结集发表的遗著之一。

本条引自李埏著：《良史与良师》第 166 页。

**9 月 26 日**　《记〈明实录〉》写成于昆明北郊落索坡。

【按】《明实录》是明朝官方撰写的编年体史书。从明太祖朱元璋开始到明熹宗为止，共三千零四十五卷，一千六百多万字，是有明一代史料的集大成者，具有重要史料价值，为研究明代历史的基本史籍。

本条引自《吴晗全集》第三卷第 214 页。

**本月** 《记〈明实录〉》在中央研究院《历史语言研究所集刊》第十八本发表。

【按】文章署名为"吴晗"。

吴晗在文章中说他盼望《明实录》汇校本能"早日传世，使绩学之士能人手一编，据以研究明代史事，亦一快也"！

这本《历史语言研究所集刊》还发表了傅斯年的《北宋刊南宋补刊十行本〈史记集解〉跋》《〈后汉书〉残本跋》，董同龢的《上古音韵表稿》以及严耕望的《北魏尚书制度考》等八篇论文。

这篇文章1986年1月收入人民出版社出版的《吴晗史学论著选集》第二卷；2009年3月收入中国人民大学出版社出版的《吴晗全集》第三卷。

【按】中央研究院，民国时期中国最高的学术研究机关，1928年6月9日在南京成立，蔡元培为院长。陆续在南京、上海等地设立十个研究所。抗战期间中央研究院西迁昆明、桂林、重庆等地，抗战胜利后方复还京、沪。1948年3月26日中央研究院院士选出，共八十一人。9月23日第一次院士会议举行，中研院之体制始告完成。

【按】中央研究院历史语言研究所创始于1928年，是现代中国历史最悠久的学术研究机构。历史语言研究所创立八十九周年来，秉承傅斯年先生建所时确立的学术风格和人文精神，人才辈出，学术鼎盛，一直为学术界所推崇。其八十九年连续出版的《历史语言研究所集刊》，反映了历史语言研究所在历史、语言、考古、人类学、文字、文籍考订等各个方面卓著的研究成果，对学术界影响重大。历史语言研究所从创所开始一直到今天，都是一个多学科、跨领域的研究所，所以《历史语言研究所集刊》所收文章门类也相当多样。

本条引自《历史语言研究所集刊》第十八本。

**12月25日** 《明教与大明帝国》在昆明北郊落索坡写作完毕。

【按】这篇文章后发表在《清华学报》第十三卷第一期。

本条引自《吴晗全集》第三卷第247页。

## 1941 年

**3 月 28 日**　致函幼舟弟。

【按】吴晗在信中告知李埏他"二月十一日即入城，住旅馆候机"，一直等到"二十五日才起飞，即午到渝，在渝又候船十日，至九日到泸县，在泸候车又三日，本月十二日到校"。

这封信的原件上只标注了"廿八日"。编者标注的撰写时间依据李埏在《良史与良师》一书中标注的"民国三十年三月二十八日"（即 1941 年 3 月 28 日）。

这封信后收入 2012 年 1 月清华大学出版社出版的《良史与良师》。

这封信是吴晗未曾结集发表的遗著之一。

本条引自李埏著：《良史与良师》第 168 ~ 169 页。

**4 月初**　致函夏鼐。

【按】夏鼐于 3 月 21 日写信给吴晗，吴晗大约于 3 月底 4 月初收到了夏鼐的信函。这封信是吴晗的复函，夏鼐于 4 月 6 日收到。

这封信，编者迄今没有找到它的全文。

本条引自夏鼐著：《夏鼐日记》。

**4 月 24 日**　致信傅斯年。

【按】王晴佳在《陈寅恪、傅斯年之关系及其他》一文中说："陈寅恪能逃脱香港，得以返回内地，他的老友兼上司傅斯年帮了忙。1941 年 3 月 19 日，陈在香港托人转信给傅，希望傅能速汇款，由陈乐素转给他。其中有'近来贫病交迫，居港五日，返乡无旅费，需待接济'等字句。信后来附在吴晗给傅斯年的信中，吴也请求傅斯年出力接济，'为国家保全一学者，为后学保全一导师'。不过吴晗发信的时候，已经是 4 月 24 日了。"

这封信，编者迄今没有找到它的全文。

本条引自中国干部学习网：《陈寅恪、傅斯年之关系及其他》。

**本月**　《明教与大明帝国》在《清华学报》第十三卷第一期发表。

【按】文章署名为"吴晗"。

这篇文章 1956 年 2 月收入生活·读书·新知三联书店出版的《读史劄记》；1986 年 1 月收入人民出版社出版的《吴晗史学论著选集》第二卷；2009 年 3 月收入中国人民大学出版社出版的《吴晗全集》第三卷。

本条引自《清华学报》第十三卷第一期。

**8 月**　致函李埏。

【按】据李埏在《心丧，忆辰伯师》一文中回忆，"辰伯师返昆前给我来信，要我先期在附近替他租下房子，我当即在浪口村租了三间。可他到了昆明后，因袁震同志需要在城里就医，结果竟未能去住"。该文没有说明吴晗写信的具体时间，只是说了"辰伯师返昆前给我来信"。史料显示，吴晗是 9 月从叙永返回昆明的，故将此条编排于此。

这封信，编者迄今没有找到它的原文。

本条引自王宏志、闻立树主编：《怀念吴晗　百年诞辰纪念》第 60 页。

**12 月 15 日**　《明初南京之旅馆业》《注籍》《稿费》在《文史杂志》第一卷第十二期发表。

【按】文章署名为"辰伯"。

这三篇文章 1988 年 3 月收入北京出版社出版的《吴晗文集》第一卷；2009 年 3 月收入中国人民大学出版社出版的《吴晗全集》第二卷。

本条引自《文史杂志》第一卷第十二期。

**同日**　《明初之杭州织工业》在《文史杂志》第一卷第十二期发表。

【按】文章署名为"辰伯"。

这篇文章是吴晗未曾结集发表的遗著之一。

本条引自《文史杂志》第一卷第十二期。

**本年** 重庆国立编译馆的黎东方约请吴晗写一部《明史》。

【按】黎东方约请吴晗写一部《明朝简史》，稿子刚写完一小部分，大约四章十万字左右的时候，就先行送去审稿，不久文稿就被退回，中间夹了一个条子曰："红军之起，拟改'民军之起'，以下一律照改。"意思是只要把"红"字改成"民"字，书稿就可以出版了。当时，吴晗讲历史、写文章总是同情农民起义军。编译馆认为写"红军之起"，就是同情历史上的"红军"，也就有同情当时的"红军"之嫌，所以建议把"红军"改成"民军"。吴晗表示坚决不同意修改。他说，因为国民党怕共产党领导的红军，连将近六百年前的红军都怕，怕得好，就让你一直怕下去，我宁可不出书，这个字万不能改。

【按】国立编译馆是当年隶属于国家教育部，掌理学术文化书籍及教科书之编译事务的一个机构。主要编译诸如本国文化的重要图书、世界学术名著、世界各国新近出版的科学图书、各级学校教科书及参考图书及工具书等。

【按】黎东方，1931年在法国巴黎大学获博士学位，历任中山、复旦、中央等大学教授，1941年任职于国立编译馆。

本条引自王宏志、闻立树主编：《怀念吴晗 百年诞辰纪念》第626页。

# 1942 年

**1 月 15 日** 《路引》在《文史杂志》第二卷第一期发表。

【按】文章署名为"辰伯"。

这篇文章 1988 年 3 月收入北京出版社出版的《吴晗文集》第一卷；2009 年 3 月收入中国人民大学出版社出版的《吴晗全集》第二卷。

【按】路引，明朝年间有这样一项规定：凡人员远离所居地百里之外，都需由当地政府部门发给一种类似介绍信、通行证之类的公文，叫"路引"，若无"路引"或"路引"与之不符者，是要依律治罪的。"路引"实际上就是离乡的证明。

本条引自《文史杂志》第二卷第一期。

**2 月 15 日** 《明成祖仁宗景帝之死及其他》在《文史杂志》第二卷第二期发表。

【按】文章署名为"辰伯"。

这篇文章 1986 年 1 月收入人民出版社出版的《吴晗史学论著选集》第二卷；2009 年 3 月收入中国人民大学出

版社出版的《吴晗全集》第二卷。

　　　　本条引自《文史杂志》第二卷第二期。

**同日**　《当铺》在《文史杂志》第二卷第二期发表。

【按】文章署名为"辰伯"。

　　这篇文章1988年3月收入北京出版社出版的《吴晗文集》第一卷；2009年3月收入中国人民大学出版社出版的《吴晗全集》第二卷。

　　　　本条引自《文史杂志》第二卷第二期。

**5月16日**　《宋官制杂释》在《文史杂志》第二卷第五期发表。

【按】文章署名为"辰伯"。

　　这篇文章1986年1月收入人民出版社出版的《吴晗史学论著选集》第二卷；2009年3月收入中国人民大学出版社出版的《吴晗全集》第二卷。

【按】《文史杂志》系文史学术刊物。1941年1月在重庆创刊，先后由独立出版社、重庆商务印书馆、重庆中华书局出版。该刊原由朱家骅发起创办，隶属于中国国民党中央委员会秘书处，受秘书长吴铁城领导，社长为叶楚伧，但都不过问社内具体事务。创刊时主编为卢逮曾。自1941年6月一卷九期起直至停刊，由顾颉刚任副社长兼主编，史念海、魏建猷等都担任过编辑。1945年2月，因顾颉刚在《文化界对时局宣言》上签名，秘书处停发经费，刊物与国民党的关系就此中断，由顾颉刚自任社长，艰苦支撑至抗战胜利，出满了五卷。由于吴晗和《文史杂志》的主编顾颉刚是忘年之交，感情甚笃，故吴晗曾在《文史杂志》上发表过数篇文章。

【按】《吴晗全集》在这篇文章末尾标注：原载《文史杂志》第一卷第十一期，1941 年 11 月。经编者考证，这篇文章的发表时间不是 1941 年 11 月，而是 1942 年 5 月 16 日。

本条引自《文史杂志》第二卷第五期。

**7 月**　《明代之粮长及其他》在《云南大学学报》第一类第二期发表。

【按】文章署名为"吴晗"。

这一期的《云南大学学报》是《国立云南大学廿周年纪念特刊》。

这篇文章 1986 年 1 月收入人民出版社出版的《吴晗史学论著选集》第二卷；1988 年 3 月收入北京出版社出版的《吴晗文集》第一卷；2009 年 3 月收入中国人民大学出版社出版的《吴晗全集》第二卷。

【按】粮长，职役名，明代征解田粮人员。

【按】《吴晗全集》在这篇文章的末尾处标注：原载《云南大学学报》第一期，1938 年。经编者考证，刊载这篇文章的不是第一期，而是第二期，准确地说应该是第一类第二期。发表的时间也不是 1938 年，而是 1942 年 7 月。

本条引自《云南大学学报》第一类第二期。

**11 月 5 日**　《记本社社友张荫麟先生》写作完毕。

【按】这篇文章后于 12 月发表在《人文科学学报》第一卷第二期。

吴晗在这篇文章的后面标注"十一月五日于昆明"。

本条引自《吴晗全集》第九卷第 34 页。

**11 月 24 日**　致信浙江大学的张其昀先生。

【按】据吴晗在《记张荫麟》一文中回忆说，张荫麟"死后的一个月，我曾经写信给浙大张其昀先生，表示愿意替荫麟整理并出版遗作。张先生回信说，这事浙大都在做，无须重复了。不久之后，张先生去美国讲学；隔了两年，张先生回国，荫麟的著作似乎毫无消息，到今天还是如此"。

【按】张其昀（1900—1985），中国地理学家，历史学家，历任浙江大学文学院院长兼史地系主任，国民党中央委员会秘书长等职。

本条引自《吴晗全集》第七卷第 174 页。

**12 月 15 日**　致函孟真先生。

【按】吴晗在信函中告知孟真先生："最近有朋友接洽写一本明太祖传，写八万字，稿费一万元，题目很喜欢，钱尤其需要，拟好一大纲，请指教！"吴晗还想向孟真先生借用《皇陵碑》《平吴录》《平汉录》等书，但孟真先生收

到信后，因生病等原因未能及时复函，直至次年 2 月 23
日，孟真先生拟由重庆"赴渝，行前清检文件"，见到吴
晗"十二月十五日惠书，尚未作复"才给吴晗复函。

这封信是吴晗未曾结集发表的遗著之一。

【按】孟真，即傅斯年。傅斯年（1896—1950），初字梦簪，
字孟真。著名历史学家、古典文学研究专家、教育家、学
术领导人、"五四"运动学生领袖之一、中央研究院历史
语言研究所的创办者，曾任北京大学代理校长、台湾大学
校长。

　　　　本条引自台湾王汎森、杜正胜编：《傅斯年
　　文物资料选辑》第 227 页。


**本月**　《记本社社友张荫麟先生》在《人文科学学报》第一
卷第二期发表。

【按】文章署名为"吴晗"。

　　这期还同时刊载有闻一多、孙毓棠、罗莘田等人的
文章。

　　这篇文章 1986 年 1 月收入人民出版社出版的《吴晗
史学论著选集》第二卷；2009 年 3 月收入中国人民大学出
版社出版的《吴晗全集》第九卷。

【按】《人文科学学报》1940 年 8 月 1 日创刊，由中国人文
科学社编辑出版，每年两期，分别于 6 月和 12 月在云南昆
明出版。编辑委员会主要有中央大学教授丁骕、清华大学
教授王信忠、南开大学教授王赣愚、清华大学教授雷海

宗、清华大学教授伍启元、武汉大学教授孟云桥、北京大学教授贺麟等。

　　本条引自《人文科学学报》第一卷第二期。

## 1943 年

**1 月 10 日**　《明代的新仕宦阶级社会的、政治的、文化的关系及其生活》在昆明瑞云巷写作完毕。

【按】这篇文章是 1979 年 8 月北京市委为吴晗家属落实政策，归还"文革"中被查抄的吴晗物品中的三篇文稿之一。这三篇文稿在吴晗逝世前均未发表过。

这篇文章 2009 年 3 月收入中国人民大学出版社出版的《吴晗全集》第四卷。

本条引自《吴晗全集》第四卷第 242 页。

**3 月 15 日**　《元史食货志钞法补》初稿写作完毕。

【按】这篇文稿三易其稿，后发表在《中国社会经济史集刊》第七卷第二期。

【按】食货志，中国纪传体史书中专述经济史的篇名，语出《尚书·洪范》"八政：一曰食、二曰货"。《史记·平准书》开食货志先河，《汉书》始称食货志。《食货志》中详细记载了我国历代的人口数量、耕地面积、粮食总产和单产数量等统计数据，为研究我国经济发展的历程和方向提供了基础数据；也记述了我国封建土地私有制的形成过程以及与此相关的财政赋税制度的演化；记述了我国赋税形态从劳役经实物到货币化的演变轨迹。

【按】钞法，中国古代关于纸币发行、流通、兑换的法令。中国是世界上最早使用纸币的国家，因而早就形成一套比较完备的钞法，并为不少国家所仿行。自宋以来，历代都有自己的钞法。历代钞法虽不乏历史的继承性，但也迭经变化，经历了从定期发行到永久流通，从分区行使到全国通行，从钱本位制到银本位制的发展过程。

　　　　　　本条引自《中国社会经济史集刊》第七卷第二期。

**3月20日**　《元史食货志钞法补》第二稿改写完毕。

【按】这篇文稿三易其稿，后发表在《中国社会经济史集刊》第七卷第二期。

　　　　　　本条引自《中国社会经济史集刊》第七卷第二期。

**4月18日**　《元史食货志钞法补》第三稿重写完毕。

【按】这篇文章1956年2月收入生活·读书·新知三联书店出版的《读史劄记》时，更名为《元代之钞法》；1986年1月收入人民出版社出版的《吴晗史学论著选集》第二卷；2009年3月收入中国人民大学出版社出版的《吴晗全集》第三卷。

本条引自《中国社会经济史集刊》第七卷第二期。

**4 月 19 日**　《记大明通行宝钞》写作完毕。

【**按**】这篇文章写作于昆明瑞云巷 3 号，后发表在《人文科学学报》第二卷第一期。

【**按**】明洪武八年（1375）诏中书省造"大明通行宝钞"，面额自一百文至一贯，共六种，一贯等于铜钱一千文或白银一两，四贯合黄金一两。大明通行宝钞是我国也是世界上迄今票幅面最大的纸币，票幅面积为三百三十八毫米乘二百二十毫米。

本条引自《吴晗全集》第三卷第 288 页。

**6 月 6 日**　致函梁方仲。

【**按**】这封信谈及有关吴晗给梁方仲邮寄的《元史食货志钞法补》一文和梁方仲向吴晗索取"晚明仕宦阶级"的论文稿件等事宜。

这封信没有写明撰写的年份，编者依据信中"兹以兄催索过急"及《元史食货志钞法补》一文在 1943 年三易其稿，推定此信应该是 1943 年所写的。

本条引自吴昆提供的该信函的复印件。

**本月**　《记大明通行宝钞》在《人文科学学报》第二卷第一

期发表。

【按】文章署名为"吴晗"。

这期还同时刊载有朱自清、谷霁光、王崇武、梁方仲、余冠英、伍启元等人的文章。

这篇文章 1986 年 1 月收入人民出版社出版的《吴晗史学论著选集》第二卷；2009 年 3 月收入中国人民大学出版社出版的《吴晗全集》第三卷。

本条引自《人文科学学报》第二卷第一期。

**7 月 3 日**　昆明《群报周刊》创刊。

【按】《群报周刊》创刊于 1943 年 7 月 3 日，主编、发行人杜振东。社址在昆明市北门街 74 号。报头由时任国民政府国防最高委员会副秘书长的甘乃光题写。1944 年 8 月 16 日改组为《评论报》周刊，刊号从第一期重新算起，杜宣任编辑。吴晗在该报曾发表过《旧史新谈》等史学小品。

本条引自《群报周刊》第三号第一版。

**7 月 7 日**　应林同济的约请开始编写《明太祖》。

【按】林同济由重庆来昆明，约请吴晗写作《明太祖》，答应给一万元的稿酬，并可以预支三千元。吴晗认为这是一个可以用来借古讽今、抨击蒋介石的好机会，于是就应允下来了。吴晗从 1943 年 7 月 7 日动笔，到 9 月 7 日杀青，用六十多天时间写出了八万多字的稿子。

【按】林同济（1906—1980），福建福州人，"战国策派"主要代表人物。曾获得美国密歇根大学学士学位，加州大学伯克利分校硕士、博士学位。先后在天津南开大学、西南联大和复旦大学任教。新中国成立以后，任复旦大学外文系教授。

1940 年，林同济与云南大学、西南联大的陈铨、雷海宗、贺麟等教授以及何永佶、朱光潜、费孝通、沈从文等二十六位"特约执笔人"，为了表示对中国文化发展的态度及积极的入世精神，以古代的谋臣或策士自许，共同在昆明创办《战国策》半月刊。他们因此被称为"战国策派"。1940 年 4 月 1 日，《战国策》半月刊正式创刊。"战国策派"以重建中国文化为宗旨发表大量文章，主张文化形态史观，提出文化重建构想，大谈"大政治"学说，抨击官僚传统，检讨国民性，提倡民族文学运动，在学术思想界掀起了不小的风波，一时间名声大噪。

本条引自王宏志、闻立树主编：《怀念吴晗 百年诞辰纪念》第 590 页。

**9 月 7 日**　《由僧钵到皇权》写作完毕。

【按】据吴晗回忆："这本小书的写作时间费了整整两个月，从民国三十二年七月七日到九月七日。"

《明太祖》和《由僧钵到皇权》实际上是一本书，内容基本相同。《明太祖》是"中国历代名贤故事集"的一种，主编是潘公展和印维廉，出版者是重庆胜利出版社。

《由僧钵到皇权》是"战国丛书"的一种，出版者是重庆在创出版社，主编是林同济。

本条引自《吴晗全集》第七卷第154页。

**同日**　《记张荫麟先生》在《民族文学》第一卷第三期发表。

【按】文章署名为"吴晗"。

这期还同时刊载有陈铨的《哀梦影》、朱光潜的《文学与语文下》、梁宗岱的译作《莎士比亚的商籁》等文章。

张荫麟是吴晗非常要好的"死党"级朋友，据现有可查的资料显示，张荫麟逝世后，吴晗撰写过三篇纪念文章，分别是1942年12月发表在《人文科学学报》第一卷第二期的《记本社社友张荫麟先生》；本文，但除与上一篇的题目和发表的时间、媒体不同外，其余均相同；1946年12月31日发表在天津《大公报》上的《记张荫麟（公元1905年—1942年）》。

【按】《民族文学》，1943年7月7日为纪念抗战六周年在重庆创刊，月刊，主编为陈铨。在《民族文学》上撰稿的作者有朱自清、朱光潜、陈铨、冯至、沈从文、梁宗岱、柳无忌等知名作者。

本条引自《民族文学》第一卷第三期。

**秋**　在西南文献研究室的集会上发表讲演《中国社会与士大夫》。

【按】西南文献研究室，即西南文化研究会的办公室，设在昆明市北门街唐家花园内，唐继尧的墓就在那里，主人唐筱蓂是唐继尧的儿子，他特地为研究室辟了一间宽敞的房子。西南文献研究室主任为吴晗，由两名同学做助手。吴晗将办公室命名为西南文献研究室，旨在蒙蔽国民党特务的眼睛。

这个讲演，编者迄今没有找到它的原文。

本条引自王宏志、金若年著：《吴晗画传》第 40 页。

**11 月 14 日**　《论贪污》在《云南日报》的《星期论文》栏目发表。

【按】文章署名为"吴晗"。

这篇文章 1945 年 11 月收入东方学出版社出版的《历史的镜子》；1959 年 9 月收入作家出版社出版的《投枪集》；1986 年 1 月收入人民出版社出版的《吴晗史学论著选集》第二卷；1988 年 3 月收入北京出版社出版的《吴晗文集》第三卷；2009 年 3 月收入中国人民大学出版社出版的《吴晗全集》第七卷。

本条引自《云南日报》1943 年 11 月 14 日第二版。

**11 月 22 日**　《〈明太祖（1943 年本）〉自序》写作完毕。

【按】吴晗在"自序"中说，"写成之后，请孙毓棠兄修正，他的批判是：这本书最好叫《大明帝国开国史》。因为书中讲明太祖的地方实在不够多，文字也有点演讲派头，想是教书惯了的缘故”。

这篇文章 2009 年 3 月收入中国人民大学出版社出版的《吴晗全集》第三卷。

本条引自《吴晗全集》第五卷第 4 页。

**本年**　作《历史上的君权的限制》。

【**按**】编者迄今没有找到这篇文章发表的具体时间、媒体和署名。

这篇文章 1986 年 1 月收入人民出版社出版的《吴晗史学论著选集》第二卷；1988 年 3 月收入北京出版社出版的《吴晗文集》第三卷；2009 年 3 月收入中国人民大学出版社出版的《吴晗全集》第七卷。

本条引自刘光永著：《清官梦——吴晗传》第 231 页。

**本年**　《说士》发表。

【**按**】编者迄今没有找到这篇文章发表的具体时间、媒体和署名。

这篇文章 1986 年 1 月收入人民出版社出版的《吴晗史学论著选集》第二卷；1988 年 3 月收入北京出版社出版的《吴晗文集》第三卷；2009 年 3 月收入中国人民大学出版社出版的《吴晗全集》第七卷。

本条引自吴晗著：《投枪集》第 19 页。

# 1944 年

**3 月 1 日** 《治人与治法》在昆明《自由论坛》第二卷第三期发表。

【按】文章署名为"吴晗"。

这期还刊载有吴之椿、潘光旦、王赣愚、罗莘田、袁方等人的文章。

这篇文章在 1945 年 11 月收入东方学出版社出版的《历史的镜子》；1988 年 3 月收入北京出版社出版的《吴晗文集》第三卷；2009 年 3 月收入中国人民大学出版社出版的《吴晗全集》第七卷，同时改为《治人与法治》。

【按】《自由论坛》，1943 年 2 月 15 日创刊，社长兼发行人是郭相卿，社址设在当时昆明市青云街 136 号，由昆明高原书社总经销，月刊。

本条引自《自由论坛》第二卷第三期。

**本月** 《论晚明"流寇"》重写于昆明。

【按】这篇文章后于 1945 年 2 月 12 日在《新华日报》发表。

《论晚明"流寇"》原名《晚明"流寇"之社会背景》，分两次发表于 1934 年 10 月 19 日的天津《大公报·史地周刊》第五期和 1934 年 10 月 26 日的天津《大公报·史地周刊》第六期。

本条引自《吴晗全集》第七卷第 72 页。

**5 月 15 日** 《论社会风气之转移》在昆明《建国导报》第九期发表。

【按】文章署名为"吴晗"。

这期还同时刊载有冯友兰、李培天等人的文章。

这篇文章是吴晗未曾结集发表的遗著之一。

【按】昆明《建国导报》，1943 年 12 月 15 日在昆明创刊，半月刊，封面刊名由时任云南民政厅厅长的李培天题写，贺麟、楚图南、吴宓、汪曾祺、任继愈、王赣愚、曾昭抡、雷海宗、张奚若、费孝通等知名人士均在该期刊上发表过文章。

本条引自昆明《建国导报》第九期。

**本月** 《明代的锦衣卫和东西厂》重新写作完毕。

【按】这篇文章初稿写于 1934 年 12 月，发表在 1934 年 12 月 14 日《大公报·史地周刊》第十三期。这次是吴晗为纪念甲申三百周年在昆明重写的，并重命名为"民族活力的毁灭 论明代的特务组织——锦衣卫和东西厂"，发表在 1944 年 10 月 1 日的《自由论坛》第三卷第二期。

这篇文章 1945 年 11 月收入东方学出版社出版的他的第一本作品集《历史的镜子》；2009 年 3 月收入中国人民大学出版社出版的《吴晗全集》第七卷。

本条引自《吴晗全集》第七卷第 57 页。

**6 月**　《中国社会经济史集刊》第七卷第一期发布启事，告知聘请吴晗等所外编委。

【按】《本刊启事》说：本刊原设有编辑委员会，除本所研究人员以外，另聘请所外专家吴晗、谷霁光、孙毓棠、朱庆永、夏鼐诸先生担任之。

本条引自 ［美］ 陈润成、李欣荣编：《天才的史学家　追忆张荫麟》第 33 页及《中国社会经济史集刊》第七卷第一期。

**本月**　《明太祖》由重庆胜利出版社出版。

【按】吴晗为解决经济困难和发泄政治上的愤懑写成的《由僧钵到皇权》一书，交重庆在创出版社出版。与此同时，由潘公展、印维廉主编的"中国历代名贤故事集"第一辑也决定收入此稿，并要先行出版，书名叫《明太祖》。吴晗以为一书两名不好，就让夫人袁震改写《明太祖》一书，并在书末加了一个附录年表，交胜利出版社，并嘱以袁震署名出版，结果出版社以已登广告为名，仍用原书稿原名出版。由于《由僧钵到皇权》写作时时局动荡，生活不安定，可供参考的史料有限，科学分析也很不够，书出版后，吴晗总感到心有负疚，他说："个人感情上对前两本书实在太坏，简直是痛恨。"唯一补救的办法，就是重新写一本《朱元璋传》。1946年从昆明回到北平之后，就着手写作《朱元璋传》。

《明太祖》即《朱元璋传》（1943年版），2009年3月收入中国人民大学出版社出版的《吴晗全集》第五卷。

【按】潘公展，曾任中国公学校长、晨报社社长等职。时任国民党中央常委，申报社社长兼总主笔。印维廉，时任国民党中央图书杂志审查委员会副主任委员。

本条引自王宏志、闻立树主编：《怀念吴晗　百年诞辰纪念》第592页。

**7月16日**　《生活与思想》在昆明《生活导报》第七十六期发表。

【按】国家图书馆的昆明《生活导报》藏书只有创刊号到第四十九期，没有第七十六期，故没有找到文章署名。

这篇文章1988年3月收入北京出版社出版的《吴晗文集》第三卷；2009年3月收入中国人民大学出版社出版的《吴晗全集》第七卷。

【按】《生活导报》，1942年11月13日在昆明创刊，周刊，每期四版，逢周五出版。发行人为刘志襄，社址在当时昆明青年街69号，沈从文、费孝通、孙毓棠、雷海宗、王赣愚、潘光旦、丁则良、李广田、卞之琳、冯至、冰心、闻一多、吕叔湘等知名人士都在昆明《生活导报》发表过文章。

　　　　　　　本条引自吴晗著：《投枪集》第 23 页。

**本月**　《由僧钵到皇权》由重庆在创出版社出版。

【按】《民国时期总书目》介绍这本书"由僧钵到皇权　吴
晗编著　重庆　在创出版社　1944 年 7 月初版　194 页 32
开"。

　　这本书 2009 年 3 月以"明太祖"（1943 年版）为名
收入中国人民大学出版社出版的《吴晗全集》第五卷。

　　　　　　　本条引自北京图书馆编：《民国时期总书目
　　　　　　　（1911—1949）　历史·传记·考古·地理
　　　　　　　（下）》第 531 页。

**8 月 16 日**　昆明《评论报》创刊。

【按】《评论报》初称《群报周刊》，1944 年 8 月 16 日改组
为《评论报》周刊，刊号从第一期重新算起，每周三出
版，报头由时任云南省主席的龙云题写。楼兆元任社长，
杜宣任编辑，社址在昆明市如安街 70 号。《评论报》周刊
为云南军界要人主办，是云南最具评论特色的周报之一。
主要撰稿人有吴晗、曾昭抡、楚图南、周新民、费孝通、
卞之琳、尚钺、刘北扬、张友渔、刘思慕、潘光旦、茅
盾、田汉、伍启元、刘白羽、夏衍、孟启予、王赣愚、孙
起孟、夏康农等。

　　　　　　　本条引自《评论报》第十三期第一版。

**9月6日**　《给士兵以"人"的待遇》在昆明《正义报》发表。

【按】文章署名为"吴晗"。

这篇文章发表在第四版《专载》栏目，标题被当时的新闻检查官改为"给士兵以适当待遇"，文章中有些句子被改得文义不通。吴晗在收入《投枪集》时，为了留作纪念，未把它改回来。

这篇文章1959年9月收入作家出版社出版的《投枪集》；1979年12月收入人民文学出版社出版的《吴晗杂文选》；1988年3月收入北京出版社出版的《吴晗文集》第三卷；2009年3月收入中国人民大学出版社出版的《吴晗全集》第七卷。

本条引自昆明《正义报》1944年9月6日第四版。

**本月**　《三百年前的历史教训》在昆明《正义报·新论衡周刊》第九期发表。

【按】文章署名为"吴子直"。

这篇文章1959年9月收入作家出版社出版的《投枪集》；1979年12月收入人民文学出版社出版的《吴晗杂文选》；1986年1月收入人民出版社出版的《吴晗史学论著选集》第二卷；1988年3月收入北京出版社出版的《吴晗文集》第三卷；2009年3月收入中国人民大学出版社出版

的《吴晗全集》第七卷。

【按】昆明《正义报》，1943 年 10 月 10 日创刊。当时正处于抗日战争后期，民族矛盾大于阶级矛盾，国共两党实行联合抗日。在这种前提下，当时《正义报》能够委婉曲折地反映一些真实的社会生活，鞭挞社会阴暗面，邀请西南联大、云大教授为《正义报》的副刊《新论衡周刊》写稿，争取到了一部分知识分子和青年学生读者。

本条引自刘光永著：《清官梦——吴晗传》第 106 页。

10 月 1 日　《民族活力的毁灭　论明代的特务组织——锦衣卫和东西厂》在《自由论坛》第三卷第二期发表。

【按】文章署名为"吴晗"。

这篇文章最初以"明代的锦衣卫和东西厂"为题发表于 1934 年 12 月 14 日的天津《大公报·史地周刊》第十三期。1944 年 5 月，为纪念甲申三百年而重写，改名为"民族活力的毁灭　论明代的特务组织——锦衣卫和东西厂"。

这期还刊载有冯友兰、闻家驷、王康等人的文章。

本条引自《自由论坛》第三卷第二期。

10 月 10 日　在昆明各界"双十节"纪念大会上发表演讲《中苏邦交与国共问题》。

【按】这次纪念大会上，闻一多、楚图南、李公朴、罗隆基等人也做了演讲。闻一多演讲的题目是"组织民众与保卫大西南"、楚图南演讲的题目是"言论自由与身体自由"、李公朴演讲的题目是"改善士兵生活"、罗隆基演讲的题目是"改善政治方案"。会后,大会主持者将吴晗等人的演讲和大会宣言等汇编成专辑《人民的呼声》。

这篇文章 2009 年 3 月收入中国人民大学出版社出版的《吴晗全集》第九卷。

【按】《吴晗全集》编者注曰:1945 年 10 月 10 日,昆明各界人士针对抗战胜利后国内外仍复杂动荡不安的形势举行了一次有着重要意义的"双十节"纪念大会。本书编者认为,这次纪念大会的召开时间应该是 1944 年而不是 1945 年,理由有三:1. 闻一多在这个大会上讲稿的头几句说:"诸位!我们抗战了七年多,到今天所得的是什么?眼看见盟国都在反攻,我们还在溃退,人家在收复失地,我们还在继续失地……"事实是,1945 年的"双十节"抗战已结束一个月了,不可能"还在溃退""还在继续失地"。2. 另一份史料《昆明各界"双十节"纪念大会宣言》篇首"今年这个双十节,不但是民国历史上空前的危机,而且是中华民族生命上空前的危机",而 1945 年的"双十节",全国人民都沉浸在抗战胜利的喜悦当中,怎么会感到"危机"呢?3. 闻一多 1946 年 2 月在《"一二·一"运动始末记》一文篇首说"自从民国三十三年双十节,昆明各界举行纪念大会,发表国是宣言",民国三十三年,即 1944 年。以上三点足以证明,这次纪念大会召开的时间应该是 1944 年。

本条引自《吴晗全集》第九卷第 52 页。

**本月**　《钱牧斋之史学——永宁札记之一》在《文史杂志》第四卷第七、八期（合刊）发表。

【按】文章署名为"辰伯"。

文章开头说："十年来专力治朱明史事，于明清二代学人著作中，最晨夕不去手者为王弇州四部稿，沈景倩野获篇，钱牧斋初学、有学二集，全绍衣鲒埼亭集四书。四人于史学各有千秋，而以牧斋用力最勤，心境最苦，成就最大。所著国初群雄事略、太祖实录辨证二书，治明史者莫能废之。"

这篇文章 1987 年 8 月收入光明日报出版社出版的《吴晗史论集》；2009 年 3 月收入中国人民大学出版社出版的《吴晗全集》第一卷。

本条引自《文史杂志》第四卷第七、八期（合刊）。

**11 月 8 日**　《保卫桂林！准备大反攻！》在昆明《评论报》第十三期发表。

【按】文章署名为"吴晗"。

这篇文章是吴晗未曾结集发表的遗著之一。

本条引自昆明《评论报》第十三期第一版。

**11 月 15 日**　《罗斯福总统与民主世界》在昆明《评论报》

第十四期发表。

【按】文章署名为"吴晗"。

这篇文章是吴晗未曾结集发表的遗著之一。

本条引自昆明《评论报》第十四期第二版。

**12月6日**　《糊涂和卑鄙》《桓灵和晋武帝》《拍卖行》《墨敕斜封》在昆明《评论报》第十六期发表。

【按】这四篇文章是"旧史新谈"十二篇中的第一至第四篇。"旧史新谈"实为二十六篇。当时吴晗正在准备出版第一本作品集《历史的镜子》，遂将业已在昆明《评论报》上发表的十二篇文章收入进去。但是，后来陆续发表的十四篇没有收入其他作品集，其原因编者尚未考证。

"旧史新谈"第一至第十二篇1945年11月收入东方学出版社出版的《历史的镜子》；1988年3月收入北京出版社出版的《吴晗文集》第三卷；2009年3月收入中国人民大学出版社出版的《吴晗全集》第七卷。

本条引自昆明《评论报》第十六期第四版。

**12月9日**　民盟云南省支部机关刊物《民主周刊》创刊，吴晗、闻一多承担编委工作。

【按】1944年10月，民盟支部改为民盟云南省支部之后，即筹办一个定期刊物。经过一段时间的筹备，创办了《民主周刊》。支部主任委员罗隆基兼主编，潘光旦、闻一多、潘大逵先后任社长。社址设在昆明府甬道14号。1944年

12 月 9 日,《民主周刊》第一期正式出版。

> 本条引自王宏志、闻立树主编:《怀念吴
> 晗 百年诞辰纪念》第 113 页。

**同日** 《怎样渡过难关》在昆明《民主周刊》第一卷第一期发表。

【按】这篇文章发表在首页(封面),没有署名。昆明《民主周刊》出版创刊号时,没有专写发刊词,以吴晗的这篇《怎样渡过难关》代发刊词。

这篇文章 2009 年 3 月收入中国人民大学出版社出版的《吴晗全集》第十卷。

【按】昆明《民主周刊》以宣传民盟的政治纲领,发表民盟对时局的态度,弘扬民主思想,推进民主运动为宗旨,是当时抗战期间到抗战胜利之后大后方最具影响力的民主刊物之一。经常为周刊撰稿的有罗隆基、曾昭抡、潘光旦、潘大逵、楚图南、闻一多、费孝通、闻家驷、张奚若、吴晗、邓初民、尚钺、伍启元、周新民等人。

> 本条引自昆明《民主周刊》第一卷第一期。

**12 月 10 日** 《正视战局与政局》在昆明《自由论坛》第十一期星期增刊发表。

【按】文章署名为"吴晗"。

这篇文章发表在第一版。同期第四版还刊登有冯至的《〈伍子胥〉自序》。

这篇文章的标题之前有这么一段文字:我们要明白战

争不是孤立存在的，决定战争胜负的转机是政治。

这篇文章是吴晗未曾结集发表的遗著之一。

本条引自昆明《自由论坛》第十一期星期增刊。

**12月13日**　《官商合一》《报功文书》《空谈和实践》《冗兵冗吏》《书帕》在昆明《评论报》第十七期发表。

【按】这五篇文章是"旧史新谈"的第五至第九篇。

本条引自昆明《评论报》第十七期第四版。

**12月20日**　《论动员民众与组织民兵》在昆明《评论报》第十八期发表。

【按】文章署名为"吴晗"。

这篇文章是吴晗未曾结集发表的遗著之一。

本条引自昆明《评论报》第十八期第二版。

**12月23日**　《战时教育应有的新措施》在昆明《民主周刊》第一卷第三期发表。

【按】文章署名为"吴晗"。

这期还同时刊载有曾昭抡、费孝通、努生（即罗隆基）等的文章。

这篇文章是吴晗未曾结集发表的遗著之一。

本条引自昆明《民主周刊》第一卷第三期。

**12 月 25 日** 起草《云南各界护国起义纪念大会宣言》。

【按】下午 1 点，昆明各界人士为纪念云南护国起义二十九周年，在云南大学会泽院右侧广场举行盛大的纪念会。参加大会的有护国元老、各界代表、知名人士、大中学师生、工人、职员和中下级官员两千余人。闻一多、李公朴、由云龙、吴晗、潘光旦、潘大逵等人组成主席团。大会执行主席是潘光旦。会上，吴晗和闻一多就云南护国运动的历史意义和现实意义发表了演讲，大会宣读通过了这篇宣言。这篇宣言由吴晗起草，闻一多修改。这份宣言接受和重申了中国共产党中央提出的结束国民党一党训政，召集人民代表会议和组织联合政府三项政治主张，表明了西南抗日大后方广大群众顺应历史潮流的明确立场。

这篇文章 2009 年 3 月收入中国人民大学出版社出版的《吴晗全集》第十卷。

本条引自王宏志、闻立树主编：《怀念吴晗 百年诞辰纪念》第 167 页及闻黎明著：《闻一多》第 266 页。

**12 月 27 日** 《论国定纪念日与云南起义》在昆明《评论报》第十九期发表。

【按】文章署名为"吴晗"。

这篇文章是吴晗未曾结集发表的遗著之一。

本条引自昆明《评论报》第十九期第二版。

## 1945 年

**1 月 10 日**　《新法西斯》在昆明《评论报》第二十一期发表。

【按】文章署名为"吴晗"。

这篇文章是吴晗未曾结集发表的遗著之一。

本条引自昆明《评论报》第二十一期第三版。

**同日**　《改善士兵生活》在昆明《评论报》第二十一期发表。

【按】文章署名为"辰伯"。

这篇文章是"旧史新谈"的第十三篇。

这篇文章是吴晗未曾结集发表的遗著之一。

本条引自昆明《评论报》第二十一期第三版。

**1 月 13 日**　《读〈两年半乡村工作〉》在昆明《民主周刊》第一卷第五期发表。

【按】文章署名为"吴晗"。

这期还同时刊载有努生（罗隆基）、王赣愚、闻一多等人的文章。

这篇文章2009年3月收入中国人民大学出版社出版的《吴晗全集》第九卷。

【按】《两年半乡村工作》是"一本七十页的小书，作者寸树声先生，前西北联合大学教授"，"这本书所记的是从民国二十九年一月到三十一年五月九日，两年半乡村工作的实录。书分五章，一、还乡，二、教育之部，三、社会之部，四、沦陷的前夕，五、结论"。

本条引自昆明《民主周刊》第一卷第五期。

**1 月 14 日**　《报纸与舆论》在昆明《自由论坛》发表。

【按】编者迄今没有找到这篇文章发表的具体时间、媒体和署名。编者看到很多研究文章说此文发表在1945年1月14日的昆明《自由论坛》上，追根溯源，都是因为1945年3月31日的《新华日报》上发表了一篇题为《新闻自由——民主的基础》的文章，该文的最后一个自然段引用了吴晗的这篇文章，并在文后标注"吴三，晗十四年一月十四日昆明《自由论坛》"（应为排版错误，实际应是"吴晗，三十四年一月十四日昆明《自由论坛》"——编者注）。但是编者从1943年2月15日第一卷第一期创刊号查起，到1945年3月20日的第三卷第五期（国图馆藏只到这一期）共十六册昆明《自由论坛》，都没有查到这篇文章。而且昆明《自由论坛》的第三卷第四期是 1944 年 12 月 1 日出版，第三卷第五期是 1945 年 3 月 20 日出版，在第四期和第五期之间，不可能再插入一期，也就是不存在"1945 年 1 月 14 日的昆明《自由论坛》"。显然，《新华日报》的标注失实。故此，这篇《报纸与舆论》发表的具体时间、媒体和署名还有待进一步考证。

这篇文章 1945 年 11 月收入东方学出版社出版的《历史的镜子》；1959 年 9 月收入作家出版社出版的《投枪集》；1979 年 12 月收入人民文学出版社出版的《吴晗杂文选》；1988 年 3 月收入北京出版社出版的《吴晗文集》第三卷；2009 年 3 月收入中国人民大学出版社出版的《吴晗全集》第七卷。

本条引自刘光永著：《清官梦——吴晗传》第 113 页。

**1 月 17 日** 《我恍惚照在镜子里》在昆明《评论报》第二十二期发表。

【按】文章署名为"吴晗"。

这篇文章发表在对《希特拉的子弟》一书观后感笔谈的特辑里。参与这次笔谈的有刘思慕、吴晗、曹伯韩、尚钺。

这篇文章是吴晗未曾结集发表的遗著。

本条引自昆明《评论报》第二十二期第三版。

**1 月 24 日**　《统治者和小兵》《刘昉卖酒》《白薯 白望》在昆明《评论报》第二十三期发表。

【按】文章署名为"辰伯"。

这三篇文章是"旧史新谈"的第十四、十五、十六篇。

这三篇文章是吴晗未曾结集发表的遗著。

本条引自昆明《评论报》第二十三期第四版。

**1 月 29 日**　致函郭沫若。

【按】这封信是说将文稿《论晚明"流寇"》寄给郭沫若，祈望转交《新华日报》发表，还顺便向郭沫若为《自由论坛》索稿等内容。

编者迄今尚未收集到这封信，上述内容是从郭沫若 2 月 2 日给吴晗的信中摘录下来的。

本条引自《郭沫若学刊》第一期。

**2 月 1 日**　《独裁者的末路——明代虽有残酷之特务统治而终于亡国》在延安《书报简讯》第五十七期发表。

【按】文章署名为"吴晗"。

这篇文章实际上就是 1934 年 12 月 14 日发表在天津《大公报·史地周刊》上的《明代的锦衣卫和东西厂》和1944 年 10 月 1 日发表在《自由论坛》上的《民族活力的

毁灭　论明代的特务组织——锦衣卫和东西厂》，《书报简讯》刊载时将题目修改为"独裁者的末路——明代虽有残酷之特务统治而终于亡国"。

【按】《书报简讯》，1944 年 4 月 6 日创刊，它是解放区的书报文摘类刊物，由延安的中共中央社会部负责情报业务工作的一室主编，主要提供给中共中央领导和情报部门参阅。该刊物摘录解放区和国民党统治区、欧美、我国香港等地书报上的文章，主要反映当时政治斗争的形势，揭露国民党政府的腐败、内部的钩心斗角及美蒋勾结的阴谋。书报简讯社也成为中国共产党最早的公开情报工作部门。

本条引自《书报简讯》第五十七期。

**2 月 3 日**　《理学家》《明季缙绅》《焦芳》《除五蠹》《游民痞棍》《地主靠损小民》《明代宫廷生活》在昆明《评论报》第二十四期发表。

【按】文章署名为"辰伯"。

这七篇文章是"旧史新谈"的第十七至二十三篇。

这七篇文章是吴晗未曾结集发表的遗著。

本条引自昆明《评论报》第二十四期第四版。

**2 月 10 日**　《迎接美军登陆东海岸》在昆明《评论报》第二十五期发表。

【按】文章署名为"吴晗"。

这篇文章是"旧史新谈"的第二十四篇。

这篇文章是吴晗未曾结集发表的遗著之一。

本条引自昆明《评论报》第二十五期第一版。

**同日** 《民变史料拾零》在昆明《评论报》第二十五期发表。

【按】文章署名为"吴晗"。

这篇文章是"旧史新谈"的第二十五篇。

这篇文章是吴晗未曾结集发表的遗著之一。

本条引自昆明《评论报》第二十五期第二版。

**2 月 12 日** 《论晚明"流寇"》在重庆《新华日报·新华副刊》发表。

【按】文章署名是"吴晗"。

这篇文章 1945 年 11 月收入东方学出版社出版的《历史的镜子》；1959 年 9 月收入作家出版社出版的《投枪集》；1979 年 12 月收入人民文学出版社出版的《吴晗杂文选》；1986 年 1 月收入人民出版社出版的《吴晗史学论著选集》第二卷；1987 年 8 月收入光明日报出版社出版的《吴晗史论集》；1988 年 3 月收入北京出版社出版的《吴晗文集》第三卷；2009 年 3 月收入中国人民大学出版社出版

的《吴晗全集》第七卷。

【按】《新华日报》当时是中共中央长江局的机关报，1938年1月11日在汉口正式出版发行。报社社长是潘梓年。总编辑华岗，经理徐迈进。10月25日武汉失守后，报社迁重庆继续出版，是抗日战争时期和解放战争初期中国共产党在国民党统治区公开出版的唯一机关报。《新华日报》陆续在山西、重庆、广州、西安等地设立分馆，在黄陂、宜昌、郑州、洛阳、许昌、南昌、潼关等地设立代销处。

　　　　本条引自《新华日报》1945年2月12日第四版。


**2月24日**　《宋代的两次均产运动——人民的历史之一章》在昆明《民主周刊》第一卷第十期发表。

【按】文章署名为"吴晗"。

　　　　这期还同时刊载有罗隆基、楚图南等人的文章。

　　　　这篇文章1986年1月收入人民出版社出版的《吴晗史学论著选集》第二卷；1988年3月收入北京出版社出版的《吴晗文集》第三卷；2009年3月收入中国人民大学出版社出版的《吴晗全集》第七卷。

　　　　本条引自昆明《民主周刊》第一卷第十期。


**3月10日**　《物价与限价》在昆明《评论报》第二十八期发表。

【按】文章署名为"吴晗"。

这篇文章发表在《关于物价——一个宿命的老问题》专栏。同期还刊载了刘思慕的《平抑物价的根本办法》。

这篇文章是吴晗未曾结集发表的遗著之一。

本条引自昆明《评论报》第二十八期第二版。

**同日** 《给敌人以加倍的打击》在昆明《评论报》第二十八期发表。

【按】文章署名为"吴晗"。

这篇文章发表在《北极星特辑》栏目。同期该栏目还刊载有瞿白音、刘思慕、尚钺、夏康农的文章。

这篇文章是吴晗未曾结集发表的遗著之一。

本条引自昆明《评论报》第二十八期第四版。

**3 月 12 日** 起草《昆明文化界关于挽救目前危局的主张》第四稿。

【按】《昆明文化界关于挽救目前危局的主张》共有四稿，初稿原题为"昆明文化界对时局的紧急呼吁"，由吴晗起草、闻一多修改、罗隆基补充而成。第三稿是闻一多钢板刻写后又做了一些修改。后来又进行了修订补充成为第四稿，改题为"昆明文化界关于挽救目前危局的主张"。该文由民盟云南省支部负责人罗隆基、闻一多、李公朴、周新民、费孝通、吴晗、楚图南等与昆明文化界三百四十二人联名发表。

这篇文章 2009 年 3 月收入中国人民大学出版社出版的《吴晗全集》第十卷。

本条引自王宏志、闻立树主编：《怀念吴晗 百年诞辰纪念》第 167 页。

**3 月 20 日**　《中国的出路（座谈记录）》在《自由论坛》两周年纪念专号发表，该记录中有吴晗的发言。

【按】1944 年 12 月 27 日晚，《自由论坛》举行了一次座谈会，出席座谈会的有张奚若、闻一多、罗隆基、王赣愚、孙毓棠、杨西孟、潘光旦、李树青、费孝通、郭相卿、曾昭抡、吴晗等。座谈会从晚上 7 点一直到晚上 11 点。这次座谈会大家披诚畅论，为中国的出路苦思焦虑。但刊出的会议记录仅有张奚若、杨西孟、罗隆基、吴晗四人的发言。

这期刊物还载有周谷城、王芸生、王赣愚、杨人楩、孙毓棠等人的文章。

这篇发言是吴晗未曾结集发表的遗著之一。

本条引自《自由论坛》两周年纪念专号。

**3 月 24 日**　《明代农民生活（一）》在昆明《评论报》第三十期发表。

【按】文章署名为"辰伯"。

这篇文章是"旧史新谈"的第二十六篇。

这篇文章是吴晗未曾结集发表的遗著之一。

本条引自昆明《评论报》第三十期第三版。

**3 月 31 日** 《明代农民生活（二）》在昆明《评论报》第三十一期发表。

【按】文章署名为"辰伯"。

这篇文章是"旧史新谈"的第二十六篇（续上篇）。

这篇文章是吴晗未曾结集发表的遗著之一。

本条引自昆明《评论报》第三十一期第三版。

**4 月 3 日** 和闻一多一起修改西南联大学生自治会起草的《国立西南联合大学全体学生对国是意见书》。

【按】当日，西南联大学生自治会召开全校学生代表大会通过了理事会起草的《国立西南联合大学全体学生对国是意见书》，经吴晗、闻一多精心修改后，于 4 月中旬公开发表。这是西南联大首次以全体学生名义发表的政治宣言，在中国学生运动史上留下了重要的一页。

本条引自王宏志、闻立树主编：《怀念吴晗 百年诞辰纪念》第 131 页。

**同日** 《明代的奴隶和奴变》在昆明《民主周刊》第一卷第十五期发表。

【按】文章署名为"吴晗"。

这期还同时刊载有努生（罗隆基）、思慕（刘思慕）的文章。

这篇文章 1945 年 11 月收入东方学出版社出版的《历史的镜子》；1960 年 6 月收入生活·读书·新知三联书店出版的《灯下集》；1986 年 1 月收入人民出版社出版的《吴晗史学论著选集》第二卷；2009 年 3 月收入中国人民大学出版社出版的《吴晗全集》第七卷。

本条引自昆明《民主周刊》第一卷第十五期。

**同日**　《"死得漂亮，活得光辉"——看〈离离草〉的演出》在昆明《民主周刊》第一卷第十五期发表。

【按】文章署名为"梧轩"。

这篇文章 2009 年 3 月收入中国人民大学出版社出版的《吴晗全集》第九卷。

【按】话剧《离离草》，夏衍编剧，该剧 1944 年 5 月开始创作，12 月校改完毕。1945 年 3 月在昆明由旅昆剧人社上演。该剧本于 1945 年 1 月由昆明进修教育出版社出版，1945 年 10 月和 1946 年 6 月分别在上海、香港再版，辽东建国书社等出版机构也曾出版过该剧剧本。

四幕话剧《离离草》是夏衍直接描写抗击日军的唯一作品。由贺孟斧执导，中国艺术剧社在重庆演出过，在上海、东北及其他解放区也曾上演过，总体说来影响不是很大。

本条引自昆明《民主周刊》第一卷第十五期。

**4 月 10 日** 吴晗等五十一位昆明文化教育界人士致顾颉刚、郭沫若慰问声援信。

【按】这封抗议国民政府强令解散文化工作委员会等机构、施行反民主罪恶行径的慰问声援信，是吴晗起草、闻一多润色抄录，然后征集签名的。

本条引自王宏志、闻立树主编：《怀念吴晗　百年诞辰纪念》第 167 页。

**4 月 14 日** 重庆《新华日报》发表《昆明文化教育界慰问郭沫若先生的信》。

【按】重庆《新华日报》以"昆明文化教育界慰问郭沫若先生的信"为题，发表了这封信的大部分内容，只是删掉了关于慰问顾颉刚先生的文字。个中详情，暂未知晓。编者猜测，也许是该信最后定稿时，为了突出文化工作委员会被强令解散的严重性，所以删去了写给顾颉刚的字句。

本条引自《吴晗全集》第十卷第 485 页。

**4 月 21 日**　《敬悼罗斯福大总统》在昆明《评论报》第三十三期发表。

【按】文章署名为"吴晗"。

这篇文章是吴晗未曾结集发表的遗著之一。

本条引自昆明《评论报》第三十三期第一版。

**5 月 4 日**　昆明《人民文艺》刊载了吴晗起草的五十一位昆

明文化教育界人士致顾颉刚、郭沫若的慰问声援信。

【按】昆明《人民文艺》刊登该信时将题目改为"一封热挚而深切的慰问信"。

这封声援信 2009 年 3 月收入中国人民大学出版社出版的《吴晗全集》第十卷。

本条引自《郭沫若学刊》第二期。

**5 月 11 日**　延安《解放日报》刊载《昆明文化界关于挽救目前危局的主张》。

【按】这篇文章 2009 年 3 月收入中国人民大学出版社出版的《吴晗全集》第十卷。

【按】1941 年 5 月，中共中央将延安的《新中华报》《今日新闻》合并，出版《解放日报》。1941 年 5 月 16 日，中共中央机关报延安《解放日报》创刊，毛泽东题写报名和撰写发刊词。1947 年 3 月，国民党军进犯延安，《解放日报》疏散，并于 1947 年 3 月 27 日终刊。1949 年 4 月，党中央决定把报名交给上海，作为中共中央华东局机关报和中共上海市委机关报，现为中共上海市委机关报。

本条引自盘龙历史网：《中国民主同盟在云南（1941—1945 年)》。

**本月**　《论"五四"》发表。

【按】编者迄今没有找到这篇文章发表的具体时间、媒体和署名。

这篇文章 1945 年 11 月收入东方学出版社出版的《历史的镜子》；1959 年 9 月收入作家出版社出版的《投枪集》；1979 年 12 月收入人民文学出版社出版的《吴晗杂文选》；1988 年 3 月收入北京出版社出版的《吴晗文集》第三卷；2009 年 3 月收入中国人民大学出版社出版的《吴晗全集》第七卷。

本条引自吴晗著：《投枪集》第 46 页。

**7 月 1 日** 民盟云南省支部联络吴晗等四十六名民主人士，发表《昆明文化界致国民参政会电》。

【按】国民党"六大"结束后，准备于 7 月 7 日召开国民参政会，鉴于国民党走的是一条坚持独裁、准备内战的路线，共产党于 6 月 6 日发表声明，表示将不出席这次国民大会。7 月 1 日，民盟云南省支部联络了民主人士，发表了《昆明文化界致国民参政会电》，明确反对召开这样的国民参政会。在这份《昆明文化界致国民参政会电》上面签字的有吴晗、楚图南、费孝通、李公朴、冯素陶、潘大逵、潘光旦、曾昭抡、尚钺、姜震中、胡毅、常任侠、许维通、张小楼、叶露茜、闻家驷、赵沨、张光年、萧涤非、游国恩、光未然、金若年、罗隆基等四十六名昆明文化界知名人士。

这篇文章 2009 年 3 月收入中国人民大学出版社出版的《吴晗全集》第十卷。

本条引自《吴晗全集》第十卷第 487 页。

**7月7日**　在"七七"纪念晚会上发表演讲。

【**按**】当日晚，昆明三所大学的同学在西南联大新校舍北区东饭厅举行了"七七"抗战八周年纪念晚会。冯克在他发表在昆明《民主周刊》上的文章《记三大学联合举办七七的晚会——昆明一盛会》中叙述，有一千余名师生参加了这个纪念晚会。闻一多、潘光旦、伍启元、潘大逵、吴晗、曾昭抡、罗隆基均先后在会上演讲。吴晗演讲的题目是"所谓国民参政会与国民大会"。他以史学家的眼光，叙述了这两个会的起源、组织法、选举法，说明它们何以不合乎民主的原则。他认为参政会根本不民主，由不民主的参政会产生的国民大会，其情形当可想象而知。最后，他说国民大会是应该召集的，问题却在什么时候召集，由什么人召集，才能真正代表民意。

吴晗的学生、后为北京大学教授的张友仁在《学者和战士——深切怀念吴晗老师》一文中也叙述说，吴晗在演讲中还颂扬了八路军、新四军抗日的成果，指责了国统区战场一退千里的惨败，并且针对国民党政府在抗战期间就挑起小规模内战，以及正在准备利用美国的军事装备来发动大规模内战的阴谋，痛加揭露和抨击。吴晗的演讲语言幽默辛辣，会场上不时爆发出阵阵掌声。

本条引自昆明《民主周刊》第二卷第二期及西南联大北京校友会编：《国立西南联合大学校史》第416页。

**8 月 3 日** 《吾人并非为制造一批百万富豪而战》写作完毕。

【按】这篇文章发表在昆明《民主周刊》第二卷第六期。

本条引自昆明《民主周刊》第二卷第六期。

**8 月 7 日** 《论中立》在《中华论坛》第一卷第十二期发表。

【按】编者迄今没有找到这篇文章发表的具体时间、媒体和署名。

这篇文章 1959 年 9 月收入作家出版社出版的《投枪集》；1979 年 12 月收入人民文学出版社出版的《吴晗杂文选》；1988 年 3 月收入北京出版社出版的《吴晗文集》第三卷；2009 年 3 月收入中国人民大学出版社出版的《吴晗全集》第七卷。

【按】编者在国家图书馆查阅《中华论坛》杂志，从 1945 年 2 月 1 日的创刊号到 1946 年 12 月 16 日的第二卷第七、八期（合刊），共十五本计十九期（其中 1945 年八本十一期，1946 年七本八期）的全部馆藏，都没有找到这篇文章。且 1945 年的 8 月 7 日没有出版（《中华论坛》第一卷第七、八期是 1945 年 7 月 1 日出版，第一卷第九期是 1945 年 9 月 15 日出版）。从《中华论坛》的出版时间来分析，有半个月出版一期的，也有一个月出版一期的，甚至还有两个月出版一期的，因此，编者分析这篇文章很有可能在 12 月 16 日出版的《中华论坛》第十二期上，但国图的藏书恰恰没有这一期。所以，该问题还有待考证。

【按】1945 年 2 月 1 日《中华论坛》在重庆创刊出版。章伯钧任主编。该刊撰稿人有共产党、民主党派和各界知名人士，如郭沫若、茅盾、周谷城、陈家康、翦伯赞、邓初民、杨荣国、侯外庐、施复亮、彭泽民、章伯钧，内容包括政治、经济、社会、哲学、史学等方面的理论探讨以及时事分析、论述和批评。该刊异军突起，成为有影响的舆论阵地之一。

本条引自《吴晗全集》第七卷第 340 页。

**8 月 15 日** 联名发表《告国际友人书》。

【按】当日日本天皇宣布无条件投降。同日，吴晗等二百零七人发表《告国际友人书》："我们希望今天这个意义重大的文件，能越过重重封锁着我们的特务组织的检查网，很快地到达你们的眼前。至于我们，凡是在这文件上签了名的人，随时都准备迎接法西斯的迫害，因为我们是甘心把我们的一切贡献给人们的。"

这篇文章 2009 年 3 月收入中国人民大学出版社出版的《吴晗全集》第十卷。

本条引自《吴晗全集》第十卷第 491 页。

**同日** 出席联大学生自治会的时事晚会，并演讲《如何制止内战》。

【按】当日，日本天皇广播《停战诏书》，正式宣布无条件投降，西南联大学生自治会于当晚举行时事晚会，出席晚会的有周新民、王赣愚、吴晗、罗隆基、闻一多、刘思慕、尚钺等教授及学生一千余人。除吴晗外，周新民、王赣愚、罗隆基分别做了题为"日本投降的影响""新局势下的内政外交""如何走向民主团结"的演讲。

这个讲话，编者迄今没有找到它的原文。

本条引自西南联大北京校友会编：《国立西南联合大学校史》第 417 页。

**8 月 16 日**　《吾人并非为制造一批百万富豪而战》在昆明《民主周刊》第二卷第六期发表。

【按】文章署名为"吴晗"。

这期还同时刊载有努生（即罗隆基）、杜迈之、沈志远的文章。

这篇文章 1959 年 9 月收入作家出版社出版的《投枪集》；1979 年 12 月收入人民文学出版社出版的《吴晗杂文选》；1988 年 3 月收入北京出版社出版的《吴晗文集》第三卷；2009 年 3 月收入中国人民大学出版社出版的《吴晗全集》第七卷。

本条引自昆明《民主周刊》第二卷第六期。

**9 月 2 日**　《惩办汉奸·大赦政治犯》写作完毕。

【按】吴晗在文章的末尾标注：九月二日上午十时。

本条引自昆明《民主周刊》第二卷第八期。

**9 月 4 日晚**　《昆明文化界对于胜利后国是的意见》在西南联大举办的"从胜利到和平"晚会上宣读。

【按】西南联大、云南大学、中法大学三校学生自治会和中华全国文艺界抗敌协会昆明分会、中苏友好协会昆明分会、民主周刊社、大路周刊社、人民周刊社等团体为庆祝抗日战争胜利，在西南联大东会堂举办"从胜利到和平"盛大晚会，晚会即将结束时，闻一多宣读了吴晗起草的这篇文章。文章针对蒋介石在 9 月 3 日庆祝抗战胜利典礼上所讲的"召开国民大会""盼各党领导参加政府""取消新闻检查制度""军队国家化"等骗人的鬼话，一一加以揭穿。他有逻辑、有分析、有事实根据地指出这些说法"诚是欺人之谈"。

【按】这篇文稿共有三稿，这是该文的初稿，由吴晗起草，闻一多修改；二稿是闻一多抄写并修改；三稿是吴晗的抄写搞。三稿的题目改为"昆明教育文化界庆祝抗战胜利大会宣言"。

本条引自《吴晗全集》第十卷第 498 页。

**9 月 5 日**　《惩办汉奸·大赦政治犯》在昆明《民主周刊》第二卷第八期发表。

【按】文章署名为"吴晗"。

这篇文章 1979 年 12 月收入人民文学出版社出版的《吴晗杂文选》；1988 年 3 月收入北京出版社出版的《吴晗文集》第三卷；2009 年 3 月收入中国人民大学出版社出版

的《吴晗全集》第七卷。

【按】《吴晗全集》在这篇文章末尾标注：原载昆明《民主周刊》2 卷 8 期，1945 年 9 月 2 日。经编者考证，1945 年 9 月 2 日是这篇文章的写作完毕时间，而发表时间是 1945 年 9 月 5 日。

本条引自昆明《民主周刊》第二卷第八期。

**9 月 8 日**　上海《周报》创刊，吴晗为该报主要撰稿人之一。

【按】上海《周报》，1945 年 9 月 8 日创刊，是柯灵、唐弢主编的政治性期刊。刘哲民任发行人，由上海周报社发行，后由上海出版公司发行。该刊以"站在人民的立场"，力主"加强团结，实行民主"为宗旨，内容以政论为主，兼及通讯、漫画等。主要撰稿人除编者外有夏衍、吴晗、茅盾、马叙伦、郑振铎、周而复、宦乡、费孝通、叶圣陶、李平心、楼适夷、静远（潘齐亮）、黄裳、蔡楚生、曹聚仁、周予同、胡风、田汉、柳亚子、巴金、艾芜、何为等。夏衍、宦乡、吴晗、柳亚子、马寅初、静远等都曾以上海《周报》为表达政见的讲坛。1946 年 8 月 24 日，刚刚出满五十期的上海《周报》因国民党政府查禁而"夭折"。

本条引自豆丁网：《晚清及民国时期的报纸杂志》。

**9 月 29 日**　《论管制日本》在昆明《评论报》第五十二期

发表。

【按】文章署名为"吴晗"。

这篇文章是吴晗未曾结集发表的遗著之一。

本条引自昆明《评论报》第五十二期第一版。

**同日**　出席《人民大路》的筹备工作会议。

【按】9月中旬，掌握在民主力量手中的《人民周刊》《自由论坛》《大路周刊》等期刊社，为了协调行动，商定联合起来。9月29日，吴晗、闻一多、费孝通、王康、侯达庹、李承勋等人代表各期刊召开筹备会议，研究决定联合后的刊物名为"人民大路"。

本条引自闻黎明著：《闻一多》第322~323页。

**本月**　在《昆明各界人士为庆祝胜利及和平建设新中国通电》上签字。

【按】在这份通电上签字的还有张光年、李公朴、罗隆基、洪季凯、楚图南、潘光旦、费孝通等六十四人。

本条引自《吴晗全集》第十卷第500页。

**10月2日**　和闻一多等一起创办《时代评论》。

【按】吴晗和闻一多受党的委托，邀请张奚若、楚图南、闻家驷、费孝通、尚钺、费青、向达、张子毅、袁方、胡庆钧、吴富恒、王康等创办《时代评论》周刊，他们在费孝通任主任的云南大学社会学系的办公室里开会，由费孝通任编委会主任，闻一多、吴晗负责筹资。周刊读者广泛，影响大，尤其在"一二·一"运动中，每期的发行量高达八千到一万份之多。由于这个刊物在读者中引起了广泛的重视，国民党十分惊慌，共出了十八期后，于1946年3月就被勒令停刊了。

　　　　本条引自刘光永著：《清官梦——吴晗传》第402页。

**10 月 13 日**　上海《民主》周刊创刊，吴晗是该刊的主要撰稿人之一。

【按】上海《民主》周刊主编为郑振铎，编辑先后有蒋天佐、郑森禹、艾寒松等，发行人王丰年，生活书店出版。主要撰稿人有郑振铎、马叙伦、周建人、郭沫若、吴晗、沈钧儒等。由于上海《民主》周刊宣传民主政治，揭露国民党执政时摧残民主的黑暗面，1946年10月31日被国民党当局勒令停刊。

　　　　本条引自百度贴吧再仲：《父亲的藏品》。

**10 月 25 日**　《人身自由何在？》在昆明《民主周刊》第二卷第十三期《时评》栏目发表。

【按】文章没有署名。

　　这期还刊载有黄药眠、张光年、孟南等人的文章。

　　这篇文章1959年9月收入作家出版社出版的《投枪

集》；2009 年 3 月收入中国人民大学出版社出版的《吴晗全集》第七卷。

本条引自昆明《民主周刊》第二卷第十三期。

**11 月 26 日**　《正告赫尔利将军》在昆明《民主周刊》第二卷第十七期《时评》栏目发表。

【按】文章没有署名。

这期还刊载有费孝通、周新民、胡钊等人的文章。

这篇文章 1979 年 12 月收入人民文学出版社出版的《吴晗杂文选》；1988 年 3 月收入北京出版社出版的《吴晗文集》第三卷；2009 年 3 月收入中国人民大学出版社出版的《吴晗全集》第七卷。

本条引自《吴晗全集》第七卷第 234 页。

**本月**　《历史的镜子》由东方学出版社出版。

【按】该书是吴晗的第一本作品集，一版一印，三十二开，一百六十二页。署名吴晗，1946 年 8 月再版。该书共选辑了吴晗在各个历史时期所发表的有代表性的杂文共四十七篇。

吴晗生前出版的作品集一共有七本（按出版年代为序）：《历史的镜子》《史事与人物》《读史劄记》《投枪集》《灯下集》《春天集》《学习集》。

本书中的四十七篇文章，2009 年 3 月均收入中国人民大学出版社出版的《吴晗全集》第七卷。

【按】东方学出版社，即上海生活书店。准确地说，东方学出版社应该是生活书店·读书出版社·新知书店的曾用名。从曹鹤龙、李雪映编的《生活·读书·新知三联书店图书总目（增订版）（1932—2007）》第 171～172 页的"生活书店、读书出版社、新知书店曾用名一览表"上获悉，生活·读书·新知三联书店的曾用名有六十六个之多。

> 本条引自吴晗著：《历史的镜子》及曹鹤龙、李雪映编：《生活·读书·新知三联书店图书总目（增订版）（1932—2007）》第 70 页。

**本月** 《历史的镜子》由生生出版社出版。

【按】本条信息获取自生活·读书·新知三联书店 2012 年 6 月版《历史的镜子》插页中的影印件。

【按】生生出版社，也是上海生活书店。准确地说，生生出版社应该也是生活书店·读书出版社·新知书店的曾用名。

> 本条引自吴晗著：《历史的镜子》。

**12 月 1 日** 《抗议非法的武装干涉集会自由》在昆明《民主周刊》发表。

【按】编者迄今没有找到吴晗这篇文章发表的具体时间、媒体和署名。

这篇文章 1959 年 9 月收入作家出版社出版的《投枪集》；1988 年 3 月收入北京出版社出版的《吴晗文集》第三卷；2009 年 3 月收入中国人民大学出版社出版的《吴晗全集》第七卷。

本条引自《吴晗全集》第七卷第 236 页。

**12 月 12 日**　《〈一二·九划时代的青年史诗〉序》于西南联大写作完毕。

【按】文章署名为"吴晗"。

这篇文章 1959 年 9 月收入作家出版社出版的《投枪集》；1979 年 12 月收入人民文学出版社出版的《吴晗杂文选》；1988 年 3 月收入北京出版社出版的《吴晗文集》第三卷；2009 年 3 月收入中国人民大学出版社出版的《吴晗全集》第七卷。

【按】《一二·九划时代的青年史诗》，林蔽编著，闻一多题写书名，吴晗作序，是昆明《民主周刊》"一二·九"运动十周年纪念增刊。吴晗在序言中比较了"一二·九"和"一二·一"的异同，指出"'一二·一'继承了'一二·九'，上溯到'五四'反帝反封建使命，前人的血迹替后人指了路标，纵然万分艰苦，纵然前途修远，集合全民族青年人的力量，我们必然会达到，一定会达到"。

本条引自《吴晗全集》第七卷第 238 页。

**12 月 15 日**　致西谛先生的信函在上海《民主》周刊第十期

《通信》栏目发表。

【按】这封信署名为"吴晗"。

这封信刊载时的题目是"昆明民主周刊社来信",其中有杜承之和吴晗的两封信函,这两封信函都是写给郑振铎(西谛)的。这期还同时刊载有郑振铎、郭沫若、周建人、魏金枝等人的文章。

【按】西谛先生,即郑振铎。郑振铎(1898—1958),作家、文学史家。笔名西谛。历任中央文化部文物局局长、民间文学研究室副主任、中国科学院考古研究所所长、文化部副部长等职。1958 年 10 月 17 日率领中国文化代表团出国访问途中,因飞机失事遇难殉职,时年六十岁。

本条引自上海《民主》周刊第十期。

**12 月 17 日**　《论一二·一惨案与纪纲》在昆明《民主周刊》第二卷第二十期发表。

【按】文章署名为"高光"。

这期还刊载有穆欣等人的文章。

这篇文章 1959 年 9 月收入作家出版社出版的《投枪集》;1979 年 12 月收入人民文学出版社出版的《吴晗杂文选》;1988 年 3 月收入北京出版社出版的《吴晗文集》第三卷;2009 年 3 月收入中国人民大学出版社出版的《吴晗全集》第七卷。

本条引自昆明《民主周刊》第二卷第二十期。

本年　《新时代和新妇女》在昆明《真报》第三十五期发表。

【按】编者迄今没有找到吴晗这篇文章发表的具体时间、媒体和署名。

这篇文章1959年9月收入作家出版社出版的《投枪集》；1988年3月收入北京出版社出版的《吴晗文集》第三卷；2009年3月收入中国人民大学出版社出版的《吴晗全集》第七卷。

本条引自《吴晗全集》第七卷第221页。

本年　《士兵们，放下枪杆来!》在昆明《民主周刊》发表。

【按】编者迄今没有找到吴晗这篇文章发表的具体时间、媒体和署名。

这篇文章1959年9月收入作家出版社出版的《投枪集》；1988年3月收入北京出版社出版的《吴晗文集》第三卷；2009年3月收入中国人民大学出版社出版的《吴晗全集》第七卷。

本条引自《吴晗全集》第七卷第231页。

# 1946 年

**1 月 1 日**　《论说谎政治》在昆明《新报》元旦增刊发表。

【按】编者迄今没有找到这篇文章发表的具体时间、媒体和署名。

这篇文章 1959 年 9 月收入作家出版社出版的《投枪集》；1979 年 12 月收入人民文学出版社出版的《吴晗杂文选》；1988 年 3 月收入北京出版社出版的《吴晗文集》第三卷；2009 年 3 月收入中国人民大学出版社出版的《吴晗全集》第七卷。

【按】《新报》，旬刊，1943 年 9 月创刊，发行人为顾君毅，为时事新闻刊物，内容包括国际国内形势漫谈、时事问题分析、沦陷区日伪暴行和阴谋的报道和揭露、反映各阶层人民生活的社会特写、人物素描，还有社会问题分析、电影戏剧界消息和地方新闻、都市风光等。

本条引自刘光永著：《清官梦——吴晗传》第 132 页。

**1 月 7 日**　《写给政治协商诸代表血染的十二月——政治协

商会议之前》写作完毕。

【按】这篇文章后发表在 1946 年昆明《妇女旬刊》第一卷
第七期。

　　　　　　本条引自昆明《妇女旬刊》第一卷第七期。

**1 月 10 日**　　《〈论"一二·一"运动〉序》写作完毕。

【按】这篇文章后在 1946 年 1 月 25 日的昆明《民主周刊》
副册发表。

　　吴晗在文章末尾记载，这一天正好是"政治协商会议
开幕之日"。

　　　　　　本条引自张子斋著：《论"一二·一"运动》
第 14 页。

**1 月 11 日**　　《写给政治协商诸代表血染的十二月——政治协
商会议之前》在昆明《妇女旬刊》第一卷第七期《政治协商会议
特辑》栏目发表。

【按】文章署名为"吴晗"。

　　这期《妇女旬刊》还刊载有尚钺的《我们所希望于
政治协商会议的》和孟南的《论政治协商诸问题》。

　　吴晗在文章中向政治协商会议的代表控诉说，1945 年
12 月这一月，是鲜血染成的 12 月，是一党暴政屠杀之下
的 12 月。他在历数去年 12 月发生的条条血案后，吁请政
治协商会议的代表特别注意，要求他们在会上特别提出议
程，追究其责任和提出解决的方案。

这篇文章是吴晗未曾结集发表的遗著之一。

【按】《妇女旬刊》，1945 年 11 月 5 日创刊，是"云南妇女联谊会"的机关刊物，也是当时由民盟云南省支部妇委主办的一家进步期刊，主编和发行人为民盟昆明支部妇女委员杨默霞，孟超、孙晓桐负责常务编辑工作，由鼎新印刷厂印刷，昆华书店总代售，全国各大书店分销。十六开本，栏目主要有评论、杂文、小说、诗歌、文艺作品等。撰稿人多为中共地下党员、民盟盟员、西南联大和云南大学等校的教授，主要有吴晗、曾昭抡、楚图南、潘光旦、张光年、李文宜、孟超、杨默霞等。吴晗在刊物上发表过若干篇文章。

本条引自昆明《妇女旬刊》第一卷第七期。

**1 月 13 日**　　《向政治协商会议控诉》在昆明《民主周刊》第二卷第二十三期《时评》栏目发表。

【按】文章没有署名。

这篇文章 1959 年 9 月收入作家出版社出版的《投枪集》；1988 年 3 月收入北京出版社出版的《吴晗文集》第三卷；2009 年 3 月收入中国人民大学出版社出版的《吴晗全集》第七卷。

本条引自昆明《民主周刊》第二卷第二十三期。

同日　《致马歇尔特使书》在昆明《民主周刊》第二卷第二十三期发表。

【按】文章署名为"国立西南联合大学教授　潘光旦　闻一多　费孝通　吴晗"。

这期还刊载有潘光旦、周新民、王立果等人的文章。

这篇文章2009年3月收入中国人民大学出版社出版的《吴晗全集》第十卷。

本条引自昆明《民主周刊》第二卷第二十三期。

**1月15日晚**　《论扩大政府组织方案》写作完毕。

【按】这篇文章后发表在昆明《民主周刊》第二卷第二十四期。

本条引自昆明《民主周刊》第二卷第二十四期。

**1月20日**　《不提旧账和不提联合政府》在昆明《民主周刊》第二卷第二十四期《时评》栏目发表。

【按】文章没有署名。

这篇文章1959年9月收入作家出版社出版的《投枪集》；1988年3月收入北京出版社出版的《吴晗文集》第三卷；2009年3月收入中国人民大学出版社出版的《吴晗全集》第七卷。

本条引自昆明《民主周刊》第二卷第二十四期。

　　**同日**　《论扩大政府组织方案》在昆明《民主周刊》第二卷第二十四期发表。

　　**【按】**文章署名为"吴晗"。

　　　　这期还同时刊载了吴晗的另外两篇文章和签名的文章，以及尚钺、张奚若、罗涵先等人的文章。

　　　　这篇文章 1959 年 9 月收入作家出版社出版的《投枪集》；1988 年 3 月收入北京出版社出版的《吴晗文集》第三卷；2009 年 3 月收入中国人民大学出版社出版的《吴晗全集》第七卷。

　　**【按】**《吴晗全集》在文章末尾标注：原载昆明《民主周刊》2 卷 24 期，1946 年 1 月 15 日。经编者考证，1946 年 1 月 15 日是文章的写作完毕时间，而发表的时间是 1946 年 1 月 20 日。

　　　　本条引自昆明《民主周刊》第二卷第二十四期。

　　**同日**　吴晗、闻一多等的《释放政治犯再不能拖延了——兼为羊枣先生暴死集中营控诉!》在昆明《民主周刊》第二卷第二十四期发表。

　　**【按】**文章署名为"闻一多　李源　吴晗　胡钊"。

　　　　这篇文章 2009 年 3 月收入中国人民大学出版社出版的《吴晗全集》第十卷。

　　**【按】**羊枣先生原名杨廉政，后名杨潮，号九寰，笔名羊枣。湖北沔阳人。中国新闻记者、评论家，一度主持中国左翼作家联盟的工作。1945年因与新四军秘密联系，遭国民党当局逮捕。1946年1月11日在杭州监狱遇害。

本条引自昆明《民主周刊》第二卷第二十四期。

**同日**　《昆明教育界致政治协商会议代表电》在昆明《民主周刊》第二卷第二十四期发表。

【按】在这份致电上签名的有一百九十四人，主要有潘光旦、张奚若、潘大逵、吴晗、闻一多、楚图南、周新民、费孝通、钱端升、王赣愚、费青、闻家驷、金岳霖、卞之琳、尚钺、李广田、冯素陶等。

【按】朱自清时为西南联合大学中国文学系主任。

这篇文章2009年3月收入中国人民大学出版社出版的《吴晗全集》第十卷。

本条引自昆明《民主周刊》第二卷第二十四期。

**1月25日**　《〈论"一二·一"运动〉序》在昆明《民主周刊》副册发表。

【按】文章署名为"吴晗"。

这篇文章2009年3月收入中国人民大学出版社出版的《吴晗全集》第九卷。

【按】《论"一二·一"运动》，作者史纲，昆明民主周刊社出版。史纲是时为中共云南省工委成员张子斋的化名，当时他的公开身份是《民主周刊》的编辑。

1986 年，中共云南省委党史资料征集委员会将《论"一二·一"运动》作为"中共云南省委党史研究资料"重新出版。吴晗撰写的序言也随之再次发表。

本条引自张子斋著：《论"一二·一"运动》第 11 页。

**1 月 26 日**　为昆明《民主周刊》《学生报》《时代评论》《中国周报》撰写的《为横遭阴谋破坏敬告各界人士书》写作完毕。

【按】这篇文章后发表在昆明《民主周刊》第二卷第二十五期。

正当政治协商会议在重庆召开的时候，在云南昆明发生了国民党当局暗地里胁迫民主期刊的承印厂商，控制和操纵印刷工具，阻碍民主刊物如期出版，企图扼杀四家民主期刊的恶性事件。为此，吴晗组织昆明《民主周刊》、《时代评论》、《中国周报》与《学生报》等四家民主期刊联名发表《为横遭阴谋破坏敬告各界人士书》一文，对国民党当局剥夺人民的言论出版自由，侵害正当厂商的合法权益的行为表示强烈抗议，要求政协会议和政府立即查处，呼吁人民和社会给予支持。

本条引自昆明《民主周刊》第二卷第二十五期。

**1月30日**　《对玩火者警告·向人民申诉》在昆明《民主周刊》第二卷第二十五期《时评》栏目发表。

【按】这篇文章没有署名。原标题为"为本刊及昆明四刊物横遭阴谋破坏　对玩火者警告　向人民申诉"。

这篇文章1959年9月收入作家出版社出版的《投枪集》，改名为"对玩火者警告·向人民申诉"；1988年3月收入北京出版社出版的《吴晗文集》第三卷；2009年3月收入中国人民大学出版社出版的《吴晗全集》第七卷。

本条引自昆明《民主周刊》第二卷第二十五期。

**同日**　《论军队国家化》在昆明《民主周刊》第二卷第二十五期发表。

【按】文章署名为"吴晗"。

这篇文章1946年2月11日在《民主周刊》（北平版）第三期转载发表；2009年3月收入中国人民大学出版社出版的《吴晗全集》第九卷。

本条引自昆明《民主周刊》第二卷第二十五期。

**同日**　《不提旧账和不提联合政府》在《民主周刊》（北平版）第二期《时评》栏目转载发表。

【按】这篇文章没有署名。

这篇文章1959年9月收入作家出版社出版的《投枪

集》；1988 年 3 月收入北京出版社出版的《吴晗文集》第三卷；2009 年 3 月收入中国人民大学出版社出版的《吴晗全集》第九卷。

【按】《民主周刊》（北平版）创刊于 1946 年 1 月 21 日，出版至第七期，1946 年 6 月 8 日第八期起改为《民主周刊》（华北版）。

本条引自《民主周刊》（北平版）第二期。

**同日**　《为横遭阴谋破坏敬告各界人士书》发表在昆明《民主周刊》第二卷第二十五期。

【按】这篇文章是以《民主周刊》《时代评论》《中国周报》《学生报》四家报社的名义联合发表的，没有署名。

这篇文章是吴晗未曾结集发表的遗著之一。

本条引自昆明《民主周刊》第二卷第二十五期。

**同日**　《论扩大政府组织方案》在《民主周刊》（北平版）第二期转载发表。

【按】文章署名为"吴晗"。

这期还刊载了曾昭抡的《作官与从事政治》、尚钺的《政协会的重大难关》等文章和光未然的政治讽刺诗《国民大会》。

本条引自《民主周刊》（北平版）第二期。

**同日**　《释放政治犯再不能拖延了——兼为羊枣先生暴死集

中营控诉!》在《民主周刊》（北平版）第二期转载发表。

【按】文章署名为"闻一多、李源、吴晗、胡钊"。

本条引自《民主周刊》（北平版）第二期。

**2月8日**　《论防止官僚资本之发展》在昆明《新报》第十二期发表。

【按】编者迄今没有找到这篇文章发表的具体时间、媒体和署名。

这篇文章1959年9月收入作家出版社出版的《投枪集》；1988年3月收入北京出版社出版的《吴晗文集》第三卷；2009年3月收入中国人民大学出版社出版的《吴晗全集》第七卷。

本条引自《吴晗全集》第七卷第261页。

**2月11日**　《行动比文字更重要——论政治协商会议的成就》在昆明《妇女旬刊》第一卷第九期发表。

【按】文章署名为"吴晗"。

这期还刊载有尚钺、李广田等人的文章。

这篇文章1959年9月收入作家出版社出版的《投枪集》；1979年12月收入人民文学出版社出版的《吴晗杂文选》；1988年3月收入北京出版社出版的《吴晗文集》第三卷；2009年3月收入中国人民大学出版社出版的《吴晗全集》第七卷。

【按】《吴晗全集》在文章末尾标注：原载昆明《妇女旬

刊》1 卷 9 期，1946 年 2 月 6 日。经编者考证，这篇文章的发表时间是 1946 年 2 月 11 日。

　　本条引自昆明《妇女旬刊》第一卷第九期。

**同日**　《论军队国家化》在《民主周刊》（北平版）第三期转载发表。

【按】文章署名为"吴晗"。

　　这期还刊载了夏衍的《哭杨潮》、孟南的《国民大会的法律问题》等文章和光未然的政治讽刺诗《我嘲笑》。

　　这篇文章 2009 年 3 月收入中国人民大学出版社出版的《吴晗全集》第九卷。

　　本条引自《民主周刊》（北平版）第三期。

**2 月 17 日下午**　出席昆明各界游行示威大会，并讲话。

【按】为了庆祝政治协商会议的成功，抗议"一二·一"惨案凶手李宗黄调升要职，昆明学生联合会、昆明文协等十个团体于 2 月 17 日下午 2 点在联大草坪举行大会。会后举行一万五千人的游行示威。吴晗出席了这个会议，并在会上讲话，但编者迄今没有找到讲话原文。

　　本条引自一二·一运动史编写组编：《一二·一运动史料选编》第 76 页。

**2 月 25 日**　《回光返照的丑剧》在昆明《妇女旬刊》第一卷第十期发表。

【按】文章署名为"吴晗"。

这篇文章是重庆发生"二一〇较场口血案"之后，吴晗针对国民党当局撰写的抗议性文章，辛辣地讽刺了国民党当局制造的一系列血案事件是"死以前的挣扎"，比喻是"回光返照"的"丑剧"。

这期还刊载有黎民子、何泛等人的文章。

这篇文章是吴晗未曾结集发表的遗著之一。

本条引自昆明《妇女旬刊》第一卷第十期。

**3月1日**　《人民怎样渡过这内战的难关?》在北平《民主》半月刊第四期发表。

【按】文章署名为"张奚若、吴晗、彦祥、楚易、宜堂、木耳、如宁"。

1946年2月，北平《民主》半月刊举办了一次以"人民怎样渡过这内战的难关?"为题的笔谈会，得到张奚若、吴晗、马彦祥、楚易、宜堂、木耳、如宁等人的响应，纷纷写稿提出各自的意见，本文选录的是吴晗的意见。

这期还刊载有黄药眠、史靖、沈志远等人的文章。

这篇文章1988年3月收入北京出版社出版的《吴晗文集》第三卷；2009年3月收入中国人民大学出版社出版的《吴晗全集》第九卷。

本条引自北平《民主》半月刊第四期。

同日　《论经济紧急措施方案》在北平《民主》半月刊第四期发表。

【按】文章署名为"吴晗"。

这篇文章 1959 年 9 月收入作家出版社出版的《投枪集》；1988 年 3 月收入北京出版社出版的《吴晗文集》第三卷；2009 年 3 月收入中国人民大学出版社出版的《吴晗全集》第七卷。

本条引自北平《民主》半月刊第四期。

**3 月 29 日**　《两个赤字时代》撰写完毕。

【按】吴晗在这篇文章的末尾标注：三月二十九日病中。

本条引自《时代评论》第二十期第三版。

**本月**　《论历史观点》在《昆明周报》第九期发表。

【按】文章署名为"何无忌"。

这篇文章 1959 年 9 月收入作家出版社出版的《投枪集》；1988 年 3 月收入北京出版社出版的《吴晗文集》第三卷；2009 年 3 月收入中国人民大学出版社出版的《吴晗全集》第七卷。

【按】《昆明周报》，1942 年 8 月 22 日在昆明创刊，发行人孟立人，主编龙显球、白平阶，社址在当时昆明景星街社会服务处内，由昆明崇文印书馆负责承印，每期四版，逢周六日出版，茅盾、严文井、黄药眠等知名人士均在该报发表过文章。

【按】《吴晗全集》标注本文发表在 1946 年 3 月的《昆明周报》第九期，但该日的《昆明周报》四个版面都没有这篇文章，且该期出版日期是 1942 年 10 月 17 日，不是 1946 年 3 月。但国家数字图书馆馆藏的《昆明周报》只到 1945 年 7 月 8 日的第一百一十三期，没有 1946 年的收藏，因此具体的发表时间还有待考证。

　　　　　　　　　　本条引自《吴晗全集》第七卷第 266 页。

**本月**　《从妈妈说起》写作完毕。

【按】编者迄今没有找到这篇文章发表的具体时间、媒体和署名。

　　这篇文章 1959 年 9 月收入作家出版社出版的《投枪集》；1988 年 3 月收入北京出版社出版的《吴晗文集》第三卷；2009 年 3 月收入中国人民大学出版社出版的《吴晗全集》第七卷。

　　　　　　　　　　本条引自《吴晗全集》第七卷第 269 页。

**4 月 1 日**　致信月涵、仲昂二位先生。

【按】吴晗在这封信中谈及急需送袁震去上海治病，想向学校预支有关款项："为病人之安全计，行期无法再缓，倘蒙矜恤，予以助力，上述款项并望能于十日内具领，以便进行旅行手续，为恩。"

　　这封信 2009 年 3 月收入中国人民大学出版社出版的《吴晗全集》第十卷。

【按】月涵，即梅贻琦，字月涵，时任西南联合大学常务委员、清华大学校长。仲昂，即潘光旦，字仲昂，时任清华大学教务长。

本条引自《吴晗全集》第十卷第 152 页。

**4 月 4 日**　《图穷而匕首见》在昆明《妇女旬刊》第一卷第十二期发表。

【按】文章署名为"何无忌"。

这期还刊载有史刚的《民主契约不容撕毁》等文章。

这篇文章 1959 年 9 月收入作家出版社出版的《投枪集》；1988 年 3 月收入北京出版社出版的《吴晗文集》第三卷；2009 年 3 月收入中国人民大学出版社出版的《吴晗全集》第七卷。

【按】《吴晗全集》在文章末尾标注：原载昆明《妇女旬刊》一卷十二期，1946 年 3 月。经编者考证，这篇文章的发表时间是 1946 年 4 月 4 日。

本条引自昆明《妇女旬刊》第一卷第十二期。

**4 月 5 日**　《两个赤字时代》在昆明《时代评论》第二十期第三版发表。

【按】文章署名为"吴晗"。

这篇文章 1959 年 9 月收入作家出版社出版的《投枪集》；1979 年 12 月收入人民文学出版社出版的《吴晗杂文选》；1988 年 3 月收入北京出版社出版的《吴晗文集》第

三卷；2009 年 3 月收入中国人民大学出版社出版的《吴晗全集》第七卷。

【按】《吴晗全集》在文章末尾标注：原载昆明《时代评论》20 期，1946 年 3 月 29 日。经编者考证，这篇文章的发表时间是 1946 年 4 月 5 日。1946 年 3 月 29 日是吴晗这篇文章的写作完毕时间。

本条引自《时代评论》第二十期第三版。

**4 月 9 日**　《对国民党政府进一言》写作完毕。

【按】这篇文章后发表在 1946 年 4 月 16 日的昆明《民主周刊》第三卷第六期。

本条引自《吴晗全集》第九卷第 47 页。

**4 月 16 日**　致函月涵校长。

【按】信中感谢梅贻琦校长出具吴晗到上海为袁震就医用的私人介绍信，并再请梅贻琦校长"惠允借支之百万元迅饬出纳组支付"，他说："目前时局变化不测，物价到处狂涨，旅行费用苦于无法预计，万一留沪时费用断绝，不能北返时，进退狼狈，并恳赐以助力，特别通融，届时贷予必须之款项。至归还方法，当如前函所言，以存平之中文书籍一部分作价或变款偿还也。"

这封信 2009 年 3 月收入中国人民大学出版社出版的《吴晗全集》第十卷。

本条引自《吴晗全集》第十卷第 154 页。

同日　《对国民党政府进一言》在昆明《民主周刊》第三卷第六期发表。

【按】文章署名为"吴晗"。

这期还刊载有潘大逵、曾昭抡、黎卿等人的文章。

这篇文章 2009 年 3 月收入中国人民大学出版社出版的《吴晗全集》第九卷。

本条引自昆明《民主周刊》第三卷第六期。

同日　《昆明十一民主期刊坚决反对撕毁政协协议》在昆明《民主周刊》第三卷第六期发表。

【按】这篇文章是吴晗代表昆明的十一家民主期刊起草的文章，署名是昆明的十一家民主期刊社名：民主周刊、时代评论、学生报、中国周报、新报、妇女旬刊、真理周报、大众报、生活知识、文艺新报、诗与散文。

这篇文章是吴晗未曾结集发表的遗著之一。

本条引自昆明《民主周刊》第三卷第六期。

**5 月 2 日**　吴晗等二十人签名的《致马歇尔将军书》在昆明《民主周刊》第三卷第八期发表。

【按】这二十位教授主要有潘光旦、闻一多、楚图南、费孝通、吴晗、潘大逵、费青、向达、闻家驷、冯素陶、尚钺等。

这期还刊载有费孝通、夏康农、尚钺等人的文章。

这篇文章 2009 年 3 月收入中国人民大学出版社出版

的《吴晗全集》第十卷。

本条引自昆明《民主周刊》第三卷第八期。

**同日** 吴晗、闻一多等十二人签名的致周恩来先生并转中共代表团及延安中共中央全体诸先生的痛悼"四八"殉难烈士的信在《新华日报》发表。

【按】这篇文章 2009 年 3 月收入中国人民大学出版社出版的《吴晗全集》第十卷。

【按】1946 年 4 月 8 日，在重庆参加国共谈判的中国共产党代表、中共中央委员王若飞，秦邦宪和在重庆被关押、刚刚出狱的新四军军长叶挺及其夫人李秀文、女儿叶扬眉、儿子阿九，出席巴黎世界职工大会归来的中共中央职工委员会书记邓发，著名教育家黄齐生，八路军中校参谋李绍华，副官赵登俊、魏万吉，延安鲁迅文学艺术学院教员黄晓庄以及美军机组人员兰奇上尉等共十七人由重庆飞返延安途中，因遇恶劣天气，在山西省兴县黑茶山触山失事遇难，史称"四八"烈士。

本条引自《吴晗全集》第十卷第 532 页。

**5 月 4 日晚** 出席昆明学联举行的"五四"纪念会，并发表演讲。

【按】这个演讲后发表在昆明《民主周刊》第三卷第九期。

本条引自中国民主同盟云南省委员会编：《云南民盟大事记》第 36 页。

**5 月 11 日** 《救灾必须停战》在《新生代》第二期发表。

【按】编者迄今没有找到这篇文章发表的具体时间、媒体和署名。

这篇文章 1959 年 9 月收入作家出版社出版的《投枪集》；1979 年 12 月收入人民文学出版社出版的《吴晗杂文选》；1988 年 3 月收入北京出版社出版的《吴晗文集》第三卷；2009 年 3 月收入中国人民大学出版社出版的《吴晗全集》第七卷。

【按】《新生代》，时政评论刊物，周刊，1945 年 5 月 4 日在重庆创刊，主要刊载新闻报道、时局评论、剧评、杂感等，1946 年 8 月 3 日终刊。费孝通、吴晗等人常在该刊发表文章。

本条引自《吴晗全集》第七卷第 275 页。

**5 月 12 日** 《从昆明惨案到南通惨案——"五四"在学联会的演讲》在昆明《民主周刊》第三卷第九期发表。

【按】文章署名为"吴晗"。

这篇文章是吴晗在昆明学联举行的"五四"纪念会上的演讲。

这期还刊载有罗隆基、范朴斋、杨光明等人的文章。

这篇文章 1988 年 3 月收入北京出版社出版的《吴晗文集》第三卷；2009 年 3 月收入中国人民大学出版社出版的《吴晗全集》第九卷。

【按】1946 年 3 月，北平军事调处执行部淮阴小组来到南通地区，视察国共双方执行停战令的情况。军调小组先到如皋的白蒲，调查国民党军队在停战令生效后进攻白蒲的事件。向军调小组反映真实情况的如皋县参议员徐浩泉遭到了国民党特务的暗杀。3 月 18 日，军调小组来到了南通城。3 月 18 日上午，一千多名青年学生前往南通城外欢迎军调小组。在军调小组驻地"桃之华"旅馆门口，游行群众要求会见军调小组，递交请愿书。国民党代表以代表们已经疲倦无暇接见为由，拒绝安排接见，激起民众的愤怒。南通人民声势浩大的游行示威，使得国民党当局恼羞成怒，军调小组刚一离开，国民党特务就密捕了南通文艺协会负责人顾迅逸，进步青年郑英年、孙日新，青年记者孙平天，将他们残害后投入长江。3 月 27 日，文艺协会会员季天择、记者戴西青、南通中学的进步教师钱素凡、进步青年罗镇等四人又相继被捕。残暴的特务们用刺刀剖开他们的胸膛，活活扔进了长江。4 月 3 日，又有四十多名师生被捕。南通学生发表了《告全国同胞书》，要求南通特务立即停止恐怖活动，停止对民主人士及青年学生的捕杀，释放被捕的学生及文化人士，迅速查清惨案真相，惩办祸首。通过斗争，青年学生逐渐识破了国民党假和平真内战的面目。

本条引自昆明《民主周刊》第三卷第九期。

**5 月 17 日**　《警管区！特务国》在重庆《民主报》发表。

【按】编者迄今没有找到这篇文章发表的具体时间、媒体和署名。

这篇文章 1959 年 9 月收入作家出版社出版的《投枪集》；1979 年 12 月收入人民文学出版社出版的《吴晗杂文选》；1988 年 3 月收入北京出版社出版的《吴晗文集》第三卷；2009 年 3 月收入中国人民大学出版社出版的《吴晗全集》第七卷。

【按】重庆《民主报》，1946 年 2 月创刊于重庆，是中国民主同盟的机关报，也是中共南方局、地下党领导的一个民主舆论阵地。它在发刊词中就表明它是"民主同盟的言论机关……但不限于只代表民盟这一政团的意见……是一切民主信徒的共同的工具"。1947 年 2 月被迫停刊，存在仅一年。

本条引自《吴晗全集》第七卷第 278 页。

**5 月 22 日**　《论战史的编纂》写作完毕。

【按】这篇文章后发表在 1946 年 8 月的《中国学术》第一期创刊号。

这篇文章 2009 年 3 月收入中国人民大学出版社出版的《吴晗全集》第九卷。

本条引自《吴晗全集》第九卷第 83 页。

**本月末**　吴晗等八十九人发表《告国人书》。

【按】1946 年 6 月 16 日新华社延安电讯：各界名流罗隆基、

沈体兰等八十九人，于五月末联名发表《告国人书》，号召人民坚决制止国民党当局扩大内战、厉行独裁的暴行。签名者有民盟常委罗隆基，名律师史良，前《新蜀报》主持人鲜英，著名教授邓初民、周新民、吴晗等，《田家半月刊》主编张雪岩，自然科学家吴藻溪，燕京大学训导长沈体兰等八十九人。

本条引自《人民日报》1946年6月19日第一版。

**本月** 《特权阶级与礼》发表。

【按】编者迄今没有找到这篇文章发表的具体时间、媒体和署名。

这篇文章是吴晗早年撰写的十八篇"史话"中的一篇，另外十七篇分别是《元末的军政》《撒花》《两道檄文》《黄菜叶》《人生五计》《债帅》《刑与礼》《庶民服饰》《阮圆海》《小民与巨室》《□员论》《衍圣公和张天师》《班禄惩贪》《言官与舆论》《家天下》《主奴之间（一）》《主奴之间（二）》。编者迄今都没有找到它们发表的具体时间、媒体和署名。

这十八篇文章1945年11月收入东方学出版社出版的《历史的镜子》；1988年3月收入北京出版社出版的《吴晗文集》第三卷；2009年3月收入中国人民大学出版社出版的《吴晗全集》第七卷。

本条引自吴晗著：《历史的镜子》目录。

**本月** 《历史的镜子》一书由北平生活书店出版。

【按】这本书是生活书店北平版一版一印，朝华书店总经销。

　　　　本条引自吴晗著：《历史的镜子》（北平版）。

**6月8日** 吴晗、罗隆基、史良等九十人签名的《反对内战　呼吁和平　告全国人民书》在《民主周刊》（华北版）第八期发表。

【按】这篇文章2009年3月收入中国人民大学出版社出版的《吴晗全集》第十卷。

　　　　本条引自《民主周刊》（华北版）第八期。

**6月15日** 《说"帷幄上奏权"》在《唯民周刊》第一卷第十一期《唯民杂谈》栏目发表。

【按】文章署名为"吴晗"。

　　　　这期还刊载有邓初民、翦伯赞、侯外庐、陶行知的文章。

　　　　这篇文章1988年3月收入北京出版社出版的《吴晗文集》第三卷；2009年3月收入中国人民大学出版社出版的《吴晗全集》第九卷。

【按】《唯民周刊》，1946年4月6日在重庆创刊，邓初民任主编，郭沫若、翦伯赞、侯外庐、张申府、章伯钧、陶行知、田汉、安娥等著名人士均经常在该期刊发表文章。该刊的创刊号上曾刊载郭沫若的文章《叶挺将军的诗》，将叶挺在狱中写的那首著名的《囚歌》公之于世，并给予了高度的评价。

【按】帷幄上奏权，是指日本1889年颁布的《大日本帝国宪法》以法律的形式确立内阁的陆海军大臣有一项特权，叫"帷幄上奏权"，可以越过首相直接上奏天皇。一旦陆海军大臣对内阁不满，就会行使"帷幄上奏权"。即凡有关军令事项，可以不经过内阁直接上奏天皇，由天皇裁决。这就是战前日本盛行的"统帅独立原则"。

本条引自《唯民周刊》第一卷第十一期。

**同日**　《决定今后历史的十五天》在上海《民主》周刊第三十五期发表。

【按】文章署名为"吴晗"。

这期还刊载有郑振铎、茅盾、周建人、马叙伦、许寿裳等人的文章。

这篇文章1959年9月收入作家出版社出版的《投枪集》；1988年3月收入北京出版社出版的《吴晗文集》第三卷；2009年3月收入中国人民大学出版社出版的《吴晗全集》第七卷。

本条引自上海《民主》周刊第三十五期。

**6月16日**　再次发表《告国人书》。

【按】该《告国人书》指责国民党当局"诺言既未履行，

协定复被破坏，团结徒托空谈，和平已成泡影，竟至东北发生空前残酷激烈之内战，杀人盈城，流血遍野，国家何罪？人民何辜？而遭此浩劫！"并严正指出"武力不能用以解决党争，政治问题必用政治方式解决"。

　　　　本条引自《民盟总部在沪活动纪实》第 140 页。

**6 月 18 日**　《论反内战运动》写作完毕。

【按】这篇文章后发表在上海《周报》第四十二期。

　　吴晗在文末标注：六月十八于上海。

　　　　本条引自上海《周报》第四十二期。

**6 月 19 日**　致函梅贻琦。

【按】这封信报告了袁震在上海手术成功，并对梅贻琦校长为他介绍名医予以感谢。吴晗在信中说："经过情形良好，内人已获新生，生此后工作当可少有进步，凡此皆系先生之赐，谨以告慰，并申谢意。"

　　这封信是吴晗未曾结集发表的遗著之一。

　　　　本条引自黄延复著：《清华的学子们》第 258 页。

**6 月 22 日**　《论反内战运动》在上海《周报》第四十二期发表。

【按】文章署名为"吴晗"。

　　这期还刊载有马叙伦、费孝通、安娥等人的文章。

这篇文章1959年9月收入作家出版社出版的《投枪集》；1979年12月收入人民文学出版社出版的《吴晗杂文选》；1988年3月收入北京出版社出版的《吴晗文集》第三卷；2009年3月收入中国人民大学出版社出版的《吴晗全集》第七卷。

【按】《吴晗全集》在文章末尾标注：原载上海《周报》42期，1946年6月18日。经编者考证，这篇文章的发表时间是1946年6月22日，1946年6月18日是文章的写作完毕时间。

本条引自上海《周报》第四十二期。

**6月23日** 《论打手政治》写作完毕。

【按】本条引自上海《周报》第四十三期。

**6月26日晚** 与吴肇祥彻夜谈论八大队之事。

【按】据中国义乌网《大事记》记载："1946年6月25日，吴晗回苦竹塘探望家乡，与吴肇祥谈了一整夜关于八大队的事。回北平后，写了一本《记第八大队》的书。"

本条引自中国义乌网：《大事记》。

**6月29日** 《论打手政治》在上海《周报》第四十三期发表。

【按】文章署名为"吴晗"。

这期还刊载有田汉、石挥、黄裳等人的文章及马思聪作曲的《兄弟们，赶快放下枪杆!》。

这篇文章 1959 年 9 月收入作家出版社出版的《投枪集》;1979 年 12 月收入人民文学出版社出版的《吴晗杂文选》;1988 年 3 月收入北京出版社出版的《吴晗文集》第三卷;2009 年 3 月收入中国人民大学出版社出版的《吴晗全集》第七卷。

本条引自上海《周报》第四十三期。

**7 月 7 日**　《记第八大队——还乡散记之一》写作完毕。

【按】吴晗在文章后注明:三十五年七月七日为纪念卢沟桥而写。

这篇文章 2009 年 3 月收入中国人民大学出版社出版的《吴晗全集》第七卷。

本条引自《吴晗全集》第七卷第 194 页。

**7 月 12 日**　《是谁在辱国? 是谁在殃民?》写作完毕。

【按】这篇文章后发表在上海《文萃》1946 年 7 月 18 日的第三十九期。

本条引自《文萃》第三十九期。

**7 月 13 日**　联名发表《上海文化界反内战争自由宣言》。

【按】1946 年 7 月 13 日新华社延安电讯:上海文艺、戏剧、电影、音乐、美术、漫画、木刻各界人士二百六十二人,联名发表长达四千余言之《上海文化界反内战争自由宣言》，署名者有茅盾、郑振铎、夏衍、田汉、许广平、巴金、马思聪、吴晗、章乃器、叶圣陶、孙起孟、翦伯赞、李健吾、周信芳、赵丹、叶浅予、张乐平等二百六十二人。

本条引自《人民日报》1946 年 7 月 16 日第一版。

**同日**　《记第八大队——还乡散记之一》在上海《周报》第四十五期发表。

【按】文章署名为"吴晗"。

这期还刊载有施复亮、马叙伦、茅盾、洪深、黄裳等人的文章。

这篇文章1948年7月收入上海生活书店出版的《史事与人物》；1959年9月收入作家出版社出版的《投枪集》；1988年3月收入北京出版社出版的《吴晗文集》第三卷；2009年3月收入中国人民大学出版社出版的《吴晗全集》第七卷。

本条引自上海《周报》第四十五期。

**7月14日**　《死，不是结束，而是开始!》写作完毕。

【按】这篇文章后发表在上海《文萃》1946 年 7 月 18 日的第三十九期。

本条引自《文萃》第三十九期。

同日　《哭公朴》写作完毕。

【按】这篇文章后发表在 7 月 21 日的上海《群众》周刊（特大号）第十一卷第十二期。

本条引自《吴晗全集》第十卷第 298 页。

同日　为李公朴撰写墓志铭。

【按】这篇墓志铭出自《哭公朴》一文，但该墓志铭是否放置在李公朴墓内，编者未考证。据编者考证，李公朴下葬之时，吴晗并没有在昆明，因此推测墓内没有放置该墓志铭。

本条引自《吴晗全集》第七卷第 298 页。

**7 月 16 日**　《浙道难——还乡散记之二》写作完毕。

【按】这篇文章后发表在上海《周报》第四十七期。

本条引自上海《周报》第四十七期。

**7 月 18 日**　《哭一多父子》撰写完毕。

【按】这篇文章后发表在上海《周报》第四十六期。

【按】1946 年 7 月 18 日，已经先期到达上海的吴晗，惊悉闻一多在昆明遇刺殒命的噩耗和其长子闻立鹤也于 18 日伤重不治身亡（后确认为误传）的消息，悲愤至极，当夜写下了《哭一多父子》这篇文章。

本条引自上海《周报》第四十六期。

同日　《哭亡友闻一多先生》撰写完毕。

【按】这篇文章 1946 年 7 月 20 日在上海《民主》周刊第四十期发表。

　　　　本条引自闻立树、闻立欣编撰：《拍案颂：闻一多纪念与研究图文录》第 183 页。

**同日**　《死，不是结束，而是开始!》《是谁在辱国？是谁在殃民?》在《文萃》第三十九期发表。

【按】文章署名为"吴晗"。

　　这期《文萃》的《痛悼民主战士李公朴先生》专栏还刊登有章伯钧的《悼李公朴先生》、张申府的《公朴不死》、周建人的《坚定人民必胜的信心》、田汉的《踏着战士的血前进!》、胡笛的《恐怖之城——昆明》等文章。

　　这两篇文章 1988 年 3 月收入北京出版社出版的《吴晗文集》第三卷；2009 年 3 月收入中国人民大学出版社出版的《吴晗全集》第七卷。

【按】《文萃》，1945 年 10 月 9 日于上海创刊，周刊，中共中央南方局主办。1947 年 3 月起，改由中共中央上海局文委主办。孟秋江任总理，黎澍、陈子涛先后任主编。创刊初期为集纳性和文摘性刊物。主要选载重庆、成都、西安、昆明等地报刊上的进步文章，也少量发表特约稿件。在延安《解放日报》、重庆《新华日报》受到国民党当局阻挠，不能发行到华东各大城市时，该刊以转载上述两报文章为主要内容。自 1946 年 5 月起，逐渐改变文摘刊物的性质，自行组稿。主要撰稿人有郭沫若、茅盾、田汉、马叙伦、宦乡、许广平、邓初民、胡绳、周建人、费孝通、梅益等。丁聪等人经常提供政治讽刺漫画。该刊辟有《中外文萃》《时事周评》《新闻集萃》《文萃信箱》等栏目。在全国许多城市设有销售处，发行量最高达到两万多份。1947 年 3 月，《文萃》出至第三十七期，国民党当局命令全市印刷厂不得承印《文萃》，此后即由该刊自办的地下印刷厂印刷，从十六开本改为三十二开本，并改名为《文萃丛刊》，封面不用"文萃"二字，而用一篇文章的题目为刊名。1947 年 9 月，因陈子涛和工作人员骆何民、吴承德被国民党逮捕而停刊。

【按】《吴晗全集》在《死，不是结束，而是开始！》末尾标注：原载《文萃》39 期，1946 年 7 月 14 日。在《是谁在辱国？是谁在殃民？》末尾标注：原载《文萃》第 39 期，1946 年 7 月 12 日。经编者考证，《文萃》第三十九期的出版时间是 1946 年 7 月 18 日，1946 年 7 月 14 日是《死，不是结束，而是开始！》的撰写完毕时间，1946 年 7 月 12 日是《是谁在辱国？是谁在殃民？》的撰写完成时间。

本条引自《文萃》第三十九期。

**7 月 19 日** 《论法统》写作完毕。

【按】这篇文章后发表于 1946 年 8 月 10 日的《新文化》半月刊。

本条引自《吴晗全集》第九卷第 74 页。

**7月20日**　《哭亡友闻一多先生》在上海《民主》周刊第四十期发表。

【按】文章署名为"吴晗"。

这期还刊载了郑振铎、茅盾、郭沫若、叶圣陶等人的文章。

这篇文章后收入1946年9月出版的《人民英烈　李公朴闻一多先生遇刺纪实》；1988年3月收入北京出版社出版的《吴晗文集》第三卷；2009年3月收入中国人民大学出版社出版的《吴晗全集》第七卷。

【按】1946年7月20日，郑振铎主编的上海《民主》周刊第四十期特设《敬悼李公朴、闻一多二先生》专栏，发表悼念诗文八篇，包括郑振铎的《悼李公朴、闻一多二先生》、茅盾的《对死者的安慰和纪念》、郭沫若的《悼闻一多》、叶圣陶的《多说没用，只说几句》、寒松的《悼李公朴先生》、陆诒的《敬悼李公朴先生》、吴晗的《哭亡友闻一多先生》等文章以及夏晨的诗《哭李公朴先生》。

> 本条引自上海《民主》周刊及闻立树、闻立欣编撰：《拍案颂：闻一多纪念与研究图文录》第174页。

**同日**　《哭一多父子》在上海《周报》第四十六期发表。

【按】文章署名为"吴晗"。

这期还刊载有施复亮、郭沫若、田汉、胡风、陈白尘等人的文章。

这篇文章收入 1946 年 9 月出版的《人民英烈 李公朴闻一多先生遇刺纪实》；在收入《投枪集》时，因闻立鹤受重伤未死，故改名为《哭一多》，文字也做了改动；1988 年 3 月收入北京出版社出版的《吴晗文集》第三卷；2009 年 3 月收入中国人民大学出版社出版的《吴晗全集》第七卷。

本条引自上海《周报》第四十六期。

**7 月 21 日**　悼念文章《哭一多》《哭公朴》在上海《群众》周刊（特大号）第十一卷第十二期发表。

【按】文章署名为"吴晗"。

这两篇文章发表在《沉痛的悼念　悲愤的抗议》专栏。同时发表悼念文章的还有董必武、章伯钧、张绚伯、叶圣陶、马叙伦、梁漱溟、陶行知、潘光旦、柳亚子、黄炎培、周建人、费孝通、郭沫若、李维汉、沈体兰。

这两篇文章 1979 年 12 月收入人民文学出版社出版的《吴晗杂文选》；1988 年 3 月收入北京出版社出版的《吴晗文集》第三卷；2009 年 3 月收入中国人民大学出版社出版的《吴晗全集》第七卷。

【按】《群众》，1937 年 12 月 11 日在武汉创刊，是中国共产党在国民党统治区出版的公开机关刊物，周刊，编辑工作由《新华日报》指定专人负责。随着抗日战争和解放战争的局势的变化，《群众》周刊先后辗转于重庆、上海、香港等地。由周刊改为半月刊，又改为周刊。在风雨如磐的战争年代，《群众》周刊顶住国民党统治者的巨大压力，揭露国民党的独裁统治，宣传党的政策和主张，团结和教育人民，为民族独立和人民解放的伟大事业做出了不可磨灭的贡献，在中国革命史上留下了极其灿烂的一页。

　　　　　　本条引自闻立树、闻立欣编撰：《拍案颂：闻一多纪念与研究图文录》第 176 页。

**7 月 25 日**　《〈明太祖〉和〈从僧钵到皇权〉》写作完毕。

【按】这篇文章后发表在 8 月 1 日的《文汇报》。

　　《由僧钵到皇权》由重庆在创出版社出版。吴晗写这篇《〈明太祖〉和〈从僧钵到皇权〉》时，将书名《由僧钵到皇权》中的"由"误写成"从"了。

　　　　　　本条引自《吴晗全集》第七卷第 159 页。

**7 月 27 日**　《浙道难——还乡散记之二》在上海《周报》第四十七期发表。

【按】文章署名为"吴晗"。

　　这期还刊载有闻家驷、洪深、周而复、黎纬北等人的文章。

　　这篇文章 1948 年 7 月收入上海生活书店出版的《史事与人物》；1959 年 9 月收入作家出版社出版的《投枪集》；1979 年 12 月收入人民文学出版社出版的《吴晗杂文选》；1988 年 3 月收入北京出版社出版的《吴晗文集》第

三卷；2009 年 3 月收入中国人民大学出版社出版的《吴晗全集》第七卷。

【按】《吴晗全集》在文章末尾标注：原载上海《周报》，1946 年 7 月 16 日。经编者考证，这篇文章的发表时间是 1946 年 7 月 27 日，1946 年 7 月 16 日是文章的写作完毕时间。

　　　　本条引自上海《周报》第四十七期。

**7 月 28 日**　悼文《哭一多》在《新华日报·李公朴、闻一多先生追悼大会特刊》发表。

【按】文章署名为"吴晗"。

　　1946 年 7 月 28 日上午 9 点，重庆各界六千余人在青年馆隆重举行李公朴闻一多先生追悼大会。当日重庆《新华日报》出版了对开四版的《李公朴、闻一多先生追悼大会特刊》，由该大会筹备会编辑，重庆新华日报社排印发行。内容包括沈钧儒、吴玉章、柳亚子、章伯钧、黄炎培、马叙伦等社会各界对"李闻惨案"的抗议、谈话、题词手迹、悼词、唁电和悼文，家属亲友的控诉追念文章以及高孝贞的《泪湿慈母书》等。

　　这篇文章 2009 年 3 月收入中国人民大学出版社出版的《吴晗全集》第七卷。

　　　　本条引自闻立树、闻立欣编撰：《拍案颂：闻一多纪念与研究图文录》第 195 页。

**7 月 30 日**　《真空的乡村——还乡散记之三》写作完毕。

【按】这篇文章后发表在上海《周报》第四十八期。

本条引自上海《周报》第四十八期。


**7 月 31 日**　《闻一多先生之死——人生自古谁无死，留取丹心照汗青》在《文汇报·哀悼闻一多先生特辑》中发表。

【按】文章署名为"吴晗"。

这篇文章发表在当日《文汇报·笔会》副刊第十八期。

这篇文章 1948 年 7 月收入上海生活书店出版的《史事与人物》；1988 年 3 月收入北京出版社出版的《吴晗文集》第三卷；2009 年 3 月收入中国人民大学出版社出版的《吴晗全集》第九卷。

本条引自《文汇报》1946 年 8 月 1 日第七版及闻立树、闻立欣编撰：《拍案颂：闻一多纪念与研究图文录》第 183 页。


**本月**　致信胡适。

【按】据刘光永《清官梦——吴晗传》中叙述，"吴晗返回北平路过上海时，胡适也在上海，吴晗当时就曾给胡适写过一封信。但不知是信未收到，还是胡适未予作复，吴晗没有得到回音"。

这封信，编者迄今没有找到它的原文。

本条引自刘光永著：《清官梦——吴晗传》第 247 页。

**本月** 《元史食货志钞法补》在《中国社会经济史集刊》第七卷第二期发表。

【按】文章署名为"吴晗"。

这期《中国社会经济史集刊》还刊载有吴晗的夫人袁震的《两宋度牒考（下）》（《两宋度牒考（上）》刊载在1944 年 6 月出版的《中国社会经济史集刊》第七卷第一期）。

这篇文章 1956 年 2 月收入至生活·读书·新知三联书店出版的《读史劄记》时，改名为《元代之钞法》；2009 年 3 月收入中国人民大学出版社出版的《吴晗全集》第三卷。

本条引自《中国社会经济史集刊》第七卷第二期。

**8 月 1 日** 《〈明太祖〉和〈从僧钵到皇权〉》在《文汇报》第八版《图书》栏目发表。

【按】文章署名为"吴晗"。

这篇文章 1948 年 7 月收入上海生活书店出版的《史事与人物》；1987 年 8 月收入光明日报出版社出版的《吴晗史论集》；2009 年 3 月收入中国人民大学出版社出版的《吴晗全集》第七卷。

本条引自《文汇报》1946 年 8 月 1 日第八版。

**同日**　《论战史的编纂》在《中国学术》1946 年第一期（创刊号）发表。

【按】文章署名为"吴晗"。

这期创刊号选用了郭沫若的《学术工作展望》作为"代发刊词"。同期还刊载有马叙伦、张东荪、侯外庐、郭沫若、翦伯赞、杨荣国等人的文章。

这篇文章 1986 年 1 月收入人民出版社出版的《吴晗史学论著选集》第二卷；2009 年 3 月收入中国人民大学出版社出版的《吴晗全集》第九卷。

【按】《中国学术》，1946 年 8 月 1 日创刊，由中国学术工作者协会编印，重庆三联分店总经销。

本条引自《中国学术》1946 年 8 月 1 日创刊号。

**8 月 3 日**　《真空的乡村——还乡散记之三》在上海《周报》第四十八期发表。

【按】文章署名为"吴晗"。

这期还刊载有施复亮、梁漱溟、茅盾、马叙伦、马寅初、黄裳、周而复等人的文章。

这篇文章 1948 年 7 月收入上海生活书店出版的《史事与人物》；1959 年 9 月收入作家出版社出版的《投枪集》；1979 年 12 月收入人民文学出版社出版的《吴晗杂文选》；1988 年 3 月收入北京出版社出版的《吴晗文集》第三卷；2009 年 3 月收入中国人民大学出版社出版的《吴晗

全集》第七卷。

【按】《吴晗全集》在文章末尾标注：原载上海《周报》，1946 年 7 月 30 日。经编者考证，这篇文章的发表时间是 1946 年 8 月 3 日，1946 年 7 月 30 日是文章的写作完毕时间。

本条引自上海《周报》第四十八期。

**8 月 10 日** 《论暗杀政治》在上海《民主》周刊第四十三期发表。

【按】文章署名为"吴晗"。

这期还刊载有郑振铎、马叙伦、施复亮、胡愈之等人的文章。

这篇文章 1959 年 9 月收入作家出版社出版的《投枪集》；1988 年 3 月收入北京出版社出版的《吴晗文集》第三卷；2009 年 3 月收入中国人民大学出版社出版的《吴晗全集》第七卷。

本条引自上海《民主》周刊第四十三期。

**同日** 《哭一多父子》在延安《解放日报》发表。

【按】文章署名为"吴晗"。

7 月 28 日，重庆《新华日报》在《李公朴、闻一多先生追悼大会特刊》中重刊吴晗的《哭一多父子》时，吴晗已得知日前关于闻立鹤重伤死亡的消息确系误传，遂将文章标题改为"哭一多"。但由于当时的新闻电讯无法核实，8 月 10 日延安《解放日报》在转载该文时，仍旧使用了原标题。

　　这篇文章 1988 年 3 月收入北京出版社出版的《吴晗文集》第三卷；2009 年 3 月收入中国人民大学出版社出版的《吴晗全集》第七卷。

　　　　本条引自延安《解放日报》1946 年 8 月 10
　　　　日第四版及闻立树、闻立欣编撰：《拍案颂：
　　　　闻一多纪念与研究图文录》第 183 页。

**同日**　《论法统》在《新文化》半月刊第二卷第四期发表。

【按】文章署名为"吴晗"。

　　这期还刊载有叶圣陶的《也来一个比喻》等十四篇文章。

　　这篇文章 1979 年 12 月收入人民文学出版社出版的《吴晗杂文选》；1988 年 3 月收入北京出版社出版的《吴晗文集》第三卷；2009 年 3 月收入中国人民大学出版社出版的《吴晗全集》第七卷。

【按】《新文化》，谢吉然主编，半月刊，1945 年 10 月创刊于上海，1947 年 4 月终刊，共二十九期二十六册。创刊号就打出《鲁迅先生纪念特辑》的旗帜。刊物主张民主政治，栏目有《民主与文化》《旧书新载》《文化走廊》《文化消息》《新文化论坛》《回忆录》《信箱》等。许广平、夏衍、茅盾、马叙伦、柳亚子、郭沫若、叶圣陶、黄炎培、吴玉章、吴晗等均为其撰稿。

【按】《吴晗全集》在文章末尾标注：原载《新文化》半月

刊，1946 年 7 月 19 日。经编者考证，文章的发表时间是 1946 年 8 月 10 日。

本条引自《新文化》半月刊第二卷第四期。

**8 月 12 日**　《读〈二千年间〉》写作完毕。

【按】这篇文章 8 月 27 日在《文汇报·史地》第十三期发表。

【按】《二千年间》，蒲韧（即胡绳）著，1946 年 6 月开明书店出版，是胡绳早年的作品。最初连载于《中学生》杂志，后结集出版，在大中学生间广泛流行，深受叶圣陶、吴晗、龚育之等赞赏。全书以通贯性的观点透视自秦至清两千多年间的中国历史，就古代中国为什么会产生皇帝乃至人为何能忍受昏君、做官与当兵是怎样成为皇帝制度的两条支柱、中国古代的农民战争、边塞为何屡屡发生冲突等一系列问题做了深入浅出的剖析。

本条引自《吴晗全集》第七卷第 153 页。

**8 月 13 日**　《怎么办?》写作完毕。

【按】这篇文章后发表在上海《周报》第四十九、五十期（合刊）。

本条引自上海《周报》第四十九、五十期（合刊）。

**8 月 17 日**　《论文化杀戮》在上海《民主》周刊第四十四

期发表。

【按】文章署名为"吴晗"。

这期还刊载有郑振铎、马叙伦、周建人、施复亮、张君劢、爱伦堡等人的文章。

这篇文章 1959 年 9 月收入作家出版社出版的《投枪集》；1979 年 12 月收入人民文学出版社出版的《吴晗杂文选》；1988 年 3 月收入北京出版社出版的《吴晗文集》第三卷；2009 年 3 月收入中国人民大学出版社出版的《吴晗全集》第七卷。

【按】《吴晗全集》在文章末尾标注：原载上海《民主》周刊 44 期，1946 年 8 月 11 日。经编者考证，文章的发表时间是 1946 年 8 月 17 日。

本条引自上海《民主》周刊第四十四期。

**8 月 20 日**　《哭一多父子》在《国文月刊》第四十六期《当代文选评》栏目发表。

【按】文章署名为"吴晗"。

叶圣陶先生为这篇文章做了如下讲评："简短的语句与节段，构成沉郁的情调，凄咽的音节。'一颗忠于人民，忠于国家'的心贯穿于字里行间，试听那句话：'我是被保证了的，永不会走错路！'从这颗心反映出来的闻一多先生，使读者觉得太可敬了，太可爱了。这样可敬可爱的人却要被刺而死——是值得很深深思索的。"

【按】《国文月刊》是当时的西南联合大学师范学院主办的

刊物，1940 年 6 月 16 日创刊，编辑者为郭绍虞、周予同、叶圣陶、朱自清等，由开明书店出版发行。在这个期刊经常发表文章的有朱自清、闻一多、冯友兰、沈从文、施蛰存、吕叔湘、浦江清、陈梦家、罗莘田、李广田、朱东润、孙毓棠、汪曾祺等人。

本条引自《国文月刊》第四十六期。

**8 月 24 日** 《怎么办?》在上海《周报》第四十九、五十期（合刊）发表。

【按】文章署名为"吴晗"。

这期为休刊号，刊载了该报主编唐弢、柯灵的《暂别读者》和马叙伦、柳亚子、茅盾、巴金、叶圣陶、郭沫若等十五人对上海《周报》被当局查禁发表的署名文章，总标题为"我们控诉"。同期还刊载有施复亮、郑振铎、黄裳、周而复等人的文章。

这篇文章 1959 年 9 月收入作家出版社出版的《投枪集》；1988 年 3 月收入北京出版社出版的《吴晗文集》第三卷；2009 年 3 月收入中国人民大学出版社出版的《吴晗全集》第七卷。

【按】《吴晗全集》在文章末尾标注：原载上海《周报》四十九、五十期，1946 年 8 月 13 日。经编者考证，文章的发表时间是 1946 年 8 月 24 日，1946 年 8 月 13 日是文章的写作完毕时间。

本条引自《吴晗全集》第七卷第 350 页。

**8 月 27 日**  《读〈二千年间〉》在《文汇报·史地》第十三期发表。

【按】文章署名为"吴晗"。

这篇文章 1948 年 7 月收入上海生活书店出版的《史事与人物》；2009 年 3 月收入中国人民大学出版社出版的《吴晗全集》第七卷。

本条引自周忱编选：《张荫麟先生纪念文集》第 208 页及 1946 年 8 月 27 日《文汇报》第八版。

**本月**  《历史的镜子》由上海生活书店重印出版。

【按】这本书署名为"吴晗"。

《吴晗全集》第七卷的《说明》说："《历史的镜子》是吴晗自己编辑的第一本杂文集，收杂文 47 篇，1946 年 8 月由生活书店出版……"这显然是一个失实的史料。编者查阅了曹鹤龙、李雪映编的《生活·读书·新知三联书店图书总目（增订版）（1932—2007）》第 70 页，证明：《历史的镜子》初版在 1945 年 11 月。出版社是生活书店、读书出版社、新知书店的曾用名东方学出版社和生生出版社两家。1946 年 8 月是上海生活书店的重印出版时间。

【按】上海生活书店，创建于 1925 年 10 月。1932 年 7 月，在邹韬奋主编的生活周刊社基础上成立了"生活出版合作社",对外称生活书店。生活书店是新中国成立前重要的进步文化机构,前后出版发行了大量进步的社会科学和文艺书籍,达一千多种。

> 本条引自曹鹤龙、李雪映编:《生活·读书·新知三联书店图书总目(增订版)(1932—2007)》第 70 页及《吴晗全集》第七卷第 2 页。

**9 月 12 日** 《闻一多先生传》在《民主周刊》(华北版)第十期《追忆闻一多先生》专栏发表。

【按】文章署名为"吴晗"。

同期发表的还有昭琛(王瑶)的《忆闻一多师》、冠英(余冠英)的《我和闻一多先生最后一次见面》等文章。

这篇文章 1979 年 12 月收入人民文学出版社出版的《吴晗杂文选》;1988 年 3 月收入北京出版社出版的《吴晗文集》第三卷;2009 年 3 月收入中国人民大学出版社出版的《吴晗全集》第七卷。

> 本条引自闻立树、闻立欣编撰:《拍案颂:闻一多纪念与研究图文录》第 184 页。

**同日** 《北平文化界致张表方先生的慰问信》在《民主周刊》(华北版)第十期发表。

【按】1946 年 8 月 18 日,张澜在四川成都蓉光电影院主持四川各界人士追悼李公朴、闻一多大会,散会时,张澜遭受国民党特务殴打，头部受伤。这件事立即引起全国各界人士的愤怒和抗议。故此，吴晗、白杨等北平文化界十二人签名向张澜发出了这封慰问信。

【按】这篇文章 2009 年 3 月收入中国人民大学出版社出版的《吴晗全集》第十卷。

本条引自《吴晗全集》第十卷第 543 页。

**同日** 《我看时局》在《民主周刊》（华北版）第十期发表。

【按】文章署名为"吴晗"。

这是吴晗在 1946 年 9 月"我们对于当前时局的意见"座谈会上的发言稿。在这次会上发言的还有刘清扬、静远、马彦祥、费青等。这四人的发言稿均刊载在同一期《民主周刊》（华北版）。

这篇文章 1988 年 3 月收入北京出版社出版的《吴晗文集》第三卷；2009 年 3 月收入中国人民大学出版社出版的《吴晗全集》第九卷。

【按】《吴晗全集》在文章末尾标注：原载《民主周刊》（华北版）第十期，1946 年 9 月 20 日。经编者考证，这篇文章的发表日期是 1946 年 9 月 12 日。

本条引自《民主周刊》（华北版）第十期。

**本月** 《闻一多先生传》等七篇文章在上海《人民英烈　李公朴、闻一多先生遇刺纪实》发表。

【按】文章署名为"吴晗"。

吴晗的另外六篇文章分别为《哭公朴》《死,不是结束,而是开始!》《哭一多》《哭亡友闻一多先生》《哭一多父子》《闻一多先生之死》。

这篇文章 1988 年 3 月收入北京出版社出版的《吴晗文集》第三卷;2009 年 3 月收入中国人民大学出版社出版的《吴晗全集》第七卷。

【按】《人民英烈》由李闻二烈士纪念委员会编印出版,郭沫若先生题写书名并作序,丁聪绘制封面。全书十辑,二十余万字。

本条引自《吴晗全集》第九卷第 80 页。

**10 月 4 日**　在燕京大学演讲《论民主政治》。

【按】这个演讲后发表在《民主周刊》(华北版)第十二期。

本条引自《民主周刊》(华北版)第十二期。

**10 月 9 日**　《解决时局的关键》写作完毕。

【按】这篇文章后发表在 10 月 16 日的《民主周刊》(华北版)第十二期。

本条引自《吴晗全集》第九卷第 103 页。

**10 月 16 日**　《论民主政治——十月四日在燕京大学的演讲》在《民主周刊》(华北版)第十二期发表。

【按】文章署名为"吴晗"。

这篇文章 1988 年 3 月收入北京出版社出版的《吴晗

文集》第三卷；2009年3月收入中国人民大学出版社出版的《吴晗全集》第九卷。

　　　　　　本条引自《民主周刊》（华北版）第十二期。

　　同日　《解决时局的关键》在《民主周刊》（华北版）第十二期发表。

　　【按】文章署名为"吴晗"。

　　　　这篇文章2009年3月收入中国人民大学出版社出版的《吴晗全集》第九卷。

　　　　　　本条引自《民主周刊》（华北版）第十二期。

　　10月22日　《是谁绞死了民主?》写作完毕。

　　【按】这篇文章后发表在上海《民主》周刊第二卷第三、四期（合刊）。

　　　　　　本条引自上海《民主》周刊第二卷第三、四期（合刊）。

　　10月23日　《论解决时局的基础方案》在《民主周刊》（华北版）第十三期发表。

　　【按】文章署名为"吴晗"。

　　　　这篇文章2009年3月收入中国人民大学出版社出版的《吴晗全集》第九卷。

　　　　　　本条引自《民主周刊》（华北版）第十三期。

同日 《校庆献词》写作完毕。

【按】这篇文章后发表在 11 月 1 日的《西南联合大学九周年校庆纪念特刊》。

吴晗在《校庆献词》一文的最后说："在这个我们自己的好日子，我的献词是：'发扬联大精神，再接再厉，努力到明年校庆时，我们要做到不含泪的笑，痛快的笑，尽情的笑。以此慰亡者，以此缅后生，以此祝校庆。'"

本条引自《吴晗全集》第九卷第 96 页。

**10 月 31 日** 《是谁绞死了民主?》在上海《民主》周刊第二卷第三、四期（合刊）发表。

【按】文章署名为"吴晗"。

这篇文章刊载上海《民主》周刊休刊号《我们的抗议》栏目里。这个栏目还发表了郑振铎、叶圣陶、柳亚子、马叙伦、周建人、吴晗、田汉等十七人的署名抗议国民党当局封禁上海《民主》周刊的卑劣行径的文章。同期还刊载有马叙伦、邓初民、施复亮等人的文章。

这篇文章 2009 年 3 月收入中国人民大学出版社出版的《吴晗全集》第九卷。

【按】上海《民主》周刊发表了大量揭露国民党政府压制民主的文章。同年 12 月 8 日出版的第九期刊登了郑振铎写的《我们的抗议》一文，抗议国民党当局没收《民主》《周报》等进步刊物。同年 12 月 29 日出版的第十二期刊登了郑振铎、马叙伦等六十一人签名的《给美国人民的公开信》，呼吁美国人民支持中国人民反对蒋介石发动内战的斗争，为此遭到国民党政府的仇视。1946 年 10 月，上海《民主》周刊被国民党当局查禁。同年 10 月 31 日，《民主》周刊出版休刊号，休刊启事指出："《民主》是永远封禁不了的，本刊终有再和读者见面之一日！"计共出五十四期。

> 本条引自上海《民主》周刊第二卷第三、四期（合刊）。

**11 月 1 日**　在《西南联合大学九周年校庆纪念特刊》发表《校庆献辞》。

【按】文章署名为"吴晗"。

这篇文章 1988 年 3 月收入北京出版社出版的《吴晗文集》第三卷；2009 年 3 月收入中国人民大学出版社出版的《吴晗全集》第九卷。

> 本条引自王宏志、闻立树主编：《怀念吴晗　百年诞辰纪念》第 645 页。

**11 月 15 日**　《历史的镜子》"新书介绍"在《时代评论》周刊第三期第二版发表。

【按】该"新书介绍"说："胜利后第一次新书　吴晗著历史的镜子　上海生活书店出版，不日运到。"

> 本条引自《时代评论》周刊第三期第二版。

**11 月 18 日**　《说儿皇帝》在《燕京新闻》第十三卷第一期

发表。

【按】文章署名为"何无忌"。

这篇文章 1988 年 3 月收入北京出版社出版的《吴晗文集》第三卷；2009 年 3 月收入中国人民大学出版社出版的《吴晗全集》第九卷。

【按】《燕京新闻》，解放战争时期国民党统治区的进步学生刊物。最早为燕京大学新闻学系的实习报纸《平西报》，1932 年创刊。抗战时期在成都出版，改称《燕京新闻》。1946 年在北平复刊，周报。由中国共产党北平地下党组织领导进步学生主办。辟有《新闻》《通讯》《杂文》《学生小论坛》《副刊》等栏目。1948 年 11 月停刊。

本条引自《燕京新闻》第十三卷第一期。

**同日**　《毛鸿上校》于清华园写作完毕。

【按】这篇文章完稿于 1946 年 11 月 18 日，最初发表于何处，目前暂无考证结果。

这篇文章 1948 年 7 月收入上海生活书店出版的《史事与人物》；1959 年 9 月收入作家出版社出版的《投枪集》；1988 年 3 月收入北京出版社出版的《吴晗文集》第三卷；2009 年 3 月收入中国人民大学出版社出版的《吴晗全集》第七卷。

【按】毛鸿上校，原西南联大军训主任教官。吴晗说他"是一个深受联大学生所喜爱，永远不会忘记的人"。

本条引自《吴晗全集》第七卷第 185 页。

**11 月 21 日** 致函黄裳。

【按】吴晗在信中介绍清华大学学生史靖为《文汇报》专栏撰写教育文化通讯等事宜。史靖是闻一多的学生王康的笔名。

这封信 2009 年 3 月收入中国人民大学出版社出版的《吴晗全集》第十卷。

【按】黄裳，时任上海《文汇报》编辑。黄裳(1919—  )，原名容鼎昌，笔名黄裳，当代散文家、高级记者。曾在南开中学和上海交通大学就读。1945 年至 1956 年就任《文汇报》记者、编辑、编委等职。1951 年至 1956 年任上海电影系统创作所编剧、中国作家协会理事、上海文联委员。黄裳是一位学识渊博又很富有情趣的人，在戏剧、新闻、出版领域均有建树，与梅兰芳、盖叫天、巴金、吴晗等文化名人相交甚笃。

本条引自《吴晗全集》第十卷第 156 页。

**11 月 24 日** 致函黄裳。

【按】吴晗在信中谈及在《文汇报》上刊载"一二·一"纪念专页等事宜。

这封信 2009 年 3 月收入中国人民大学出版社出版的《吴晗全集》第十卷。

本条引自《吴晗全集》第十卷第 156 页。

**12 月 1 日**　参加清华大学举行的"一二·一"周年纪念会并演讲《种子撒下去了!》。

【按】吴晗在演讲中要求不是以消极的哀悼,而是以积极的继承来纪念"一二·一"四烈士,要做耕耘施肥的工作,使他们撒下去的种子取得一百倍一千倍一万倍的收获。

本条引自王宏志、金若年著:《吴晗画传》第 74 页。

**12 月 2 日**　《种子撒下去了——为纪念一二·一作》在《文汇报》的《文化体育教育》栏目发表。

【按】文章署名为"吴晗"。

同专栏还刊载有费青的文章《纪念"一二·一"》和域槐的文章《忆"一二·一"》。

本条引自《文汇报》1946 年 12 月 2 日第五版。

**同日**　《种子撒下去了——为纪念一二·一作》在《燕京新闻》第十四卷第三期发表。

【按】文章署名为"吴晗"。

这篇文章 1988 年 3 月收入北京出版社出版的《吴晗文集》第三卷;2009 年 3 月收入中国人民大学出版社出版的《吴晗全集》第九卷。

本条引自《燕京新闻》第十四卷第三期。

**12 月 4 日**　致函黄裳。

【按】黄裳先生于同年 11 月 25 日给吴晗写了一封信，这封信是吴晗的回信。吴晗在信中谈及他"愿续写'旧史新谈'"等事宜。

这封信 2009 年 3 月收入中国人民大学出版社出版的《吴晗全集》第十卷。

本条引自《吴晗全集》第十卷第 157 页。

**12 月 9 日**　《以新的精神纪念"一二·九"》在《燕京新闻》第十三卷第四期发表。

【按】文章署名为"吴晗"。

这篇文章前还附有编辑按语："为纪念'一二·九'十一周年，我们找了五位教育界的人对这个学生运动发表意见。他们是燕大文学院院长梅贻宝、清华教授吴晗、燕大美籍教授夏仁德、燕大社会系教授雷洁琼女士及燕大代理法学院院长赵承信。"

这篇文章 2009 年 3 月收入中国人民大学出版社出版的《吴晗全集》第九卷。

本条引自《燕京新闻》第十三卷第四期。

**同日**　《违反政协决议增加国内纷争》在《燕京新闻》第十三卷第四期发表。

【按】这篇文章系通讯报道稿，题目是"燕大教职员会上吴晗批评国大　违反政协决议增加国内纷争"。文章开头说："燕大教职员讨论会三日晚八时特请清华大学教授吴晗先生于该校临湖轩客厅内讲述关于此次国民大会之各项有关问题。由雷洁琼女士主持。"

这篇文章 2009 年 3 月收入中国人民大学出版社出版的《吴晗全集》第九卷。

本条引自《燕京新闻》第十三卷第四期。

**12 月 18 日**　《论新基础》在《民主周刊》（华北版）第十五期发表。

【按】文章署名为"刘恢之"。

这篇文章 1959 年 9 月收入作家出版社出版的《投枪集》；1988 年 3 月收入北京出版社出版的《吴晗文集》第三卷；2009 年 3 月收入中国人民大学出版社出版的《吴晗全集》第七卷。

本条引自《民主周刊》（华北版）第十五卷。

**12 月 23 日**　《一　回纥助唐记上》在上海《文汇报》第五版《文化体育教育》栏目发表。

【按】文章署名为"吴晗"。

同一版还刊载有史靖的《沈从文批判（三）》。

这篇文章是应黄裳的邀约，为该报"旧史新谈"系列历史小品撰写的第一篇。篇首编者曰："在两年多以前，吴辰伯先生昆明的《评论报》已写过不少篇'旧史新谈'，为读者所爱读。吴先生研究元明史，极有成就，过去在清华学报、燕京学报上发表的许多论文和另一册《从僧钵到皇权》（《明太祖》）为中国历史学界前所未有的作品。风格与鲁迅先生的《魏晋风度及文章与药与酒的关系》类似，而又独富新义。读'旧史新谈'各照一面'历史的镜子'（借用吴先生另一书名），当使人有'故鬼重来'之痛。我们希望青年朋友们能从这些篇什中得到一点益处，学习怎样读历史，因之对看现在的新文化……诸般世相眼睛格外明亮，眼障突然落下来。（编者）"

　　文章题目中的"一"，是他的这个"旧史新谈"系列历史小品连续发表的序数，以下各篇均是依此而编序的。

　　　　　　本条引自《文汇报》1946 年 12 月 23 日第五版。

**12 月 24 日**　《一　回纥助唐记下》在上海《文汇报》第五版《文化体育教育》栏目发表。

【按】文章署名为"吴晗"。

　　同版还刊载有史靖的文章《沈从文批判（四）》。

　　　　　　本条引自《文汇报》1946 年 12 月 24 日第五版。

**12 月 26 日**　《二　胡汉互名》在上海《文汇报》发表。

【按】文章署名为"吴晗"。

　　同版还刊载有蓝玮的《刘妈——清华园生活散记之一》。

这篇文章是吴晗未曾结集发表的遗著之一。

本条引自《文汇报》1946 年 12 月 26 日第
五版。

**12 月 27 日**　《三　蕃商治罪法》在上海《文汇报》第五版
的《文化体育教育》栏目发表。

【按】文章署名为"吴晗"。

这篇文章是吴晗未曾结集发表的遗著之一。

本条引自《文汇报》1946 年 12 月 27 日第
五版。

**12 月 29 日**　《四　羊羔息》在上海《文汇报》第五版的
《文化体育教育》栏目发表。

【按】文章署名为"吴晗"。

同版还刊载有静远的文章《我们的新先生》。

这篇文章是吴晗未曾结集发表的遗著之一。

本条引自《文汇报》1946 年 12 月 29 日第
五版。

**12 月 30 日**　《五　赎》《六　生祠》在上海《文汇报》第
五版的《文化体育教育》栏目发表。

【按】文章署名为"吴晗"。

同版还刊载有柯灵的《且慢结束——为吴祖光先生辩
诬》。

这两篇文章是吴晗未曾结集发表的遗著。

本条引自《文汇报》1946 年 12 月 30 日第五版。

**同日**　修改纪念张荫麟的稿件，拟交《大公报》发表。

【按】吴晗在作者附记中说："这篇文章是荫麟死后一个月写的，原作是文言文。当时为什么要用文言写，现在已经想不起来了。发表在《人文科学学报》上。这刊物似乎除西南的朋友而外，别的地方很不容易看到。过了四年，回到北平之后，又是荫麟的四周年忌了。心想总该有人有什么文章提到他吧，出乎意料地似乎都忘记了。真不禁感到寂寞、凄凉。费一个晚上工夫，用白话改写，因为有底子，这工作等于翻译，吃力而不讨好。荫麟如健在，一定要大改一阵。可惜，他永远不会了。谢谢《大公报》，肯匀出地位来纪念这个人——《大公报》的老朋友和作者。三十五年十二月三十日晚补记。"

本条引自《吴晗全集》第九卷第 180 页。

**12 月 31 日**　《记张荫麟（公元 1905 年—1942 年）》在天津《大公报》发表。

【按】文章署名为"吴晗"。

这篇文章 1948 年 7 月收入上海生活书店出版的《史事与人物》；1988 年 3 月收入北京出版社出版的《吴晗文集》第三卷；2009 年 3 月收入中国人民大学出版社出版的

《吴晗全集》第七卷。

本条引自《大公报》1946 年 12 月 31 日第八版。

**同日** 《七　四尽》《八　蒙古根脚》《九　黑名单》《十　义子干孙》在上海《文汇报》第五版的《文化体育教育》栏目发表。

【按】文章署名为"吴晗"。

这四篇文章是吴晗未曾结集发表的遗著。

本条引自《文汇报》1946 年 12 月 31 日第五版。

**本月** 致函黄裳。

【按】信中告诉黄裳最近用笔名"刘恢之"等事。

这封信原件没有标注写作时间，《吴晗全集》标注为 1946 年 12 月×日，应该差不太远。因为 12 月 4 日，吴晗曾致函一封给黄裳，谈及"续写'旧史新谈'一事"，在这封信中，有"偷闲草'旧史新谈'四则应命"一句，故在离 12 月 4 日不远的 12 月的某一日。

这封信 2009 年 3 月收入中国人民大学出版社出版的《吴晗全集》第十卷。

本条引自《吴晗全集》第十卷第 158 页。

**本月** 给黄裳寄去新写的四篇"旧史新谈"稿件。

【按】信中说："偷闲草'旧史新谈'四则应命。"

这封信2009年3月收入中国人民大学出版社出版的《吴晗全集》第十卷。

本条引自《吴晗全集》第十卷第158页。

**本月** 致函郭沫若。

【按】信中说："一多家属已代觅屋住定，子女下期可入学，立鹤已可行动，仍在疗养中……清华已于日前成立遗著整理委员会，委员为朱自清（主席）、余冠英、雷海宗、潘光旦、浦江清、许维通及晗七人。并指定朱、浦、许及晗为常委，在委员中晗并代表闻氏家属。"

这封信是吴晗未曾结集发表的遗著之一。

本条引自论文网苏双碧：《郭沫若与吴晗的诚挚交往》。

**本年** 致函杜任之。

【按】杜任之将自己编的《孔子论语新体系》寄给吴晗指正，不久吴晗回了信。信中说，"你把孔丘的言论分类系统化了，作为研究孔子的资料，是很有用处的。"

这封信，编者迄今没有找到它的全文。

【按】杜任之（1905—1988），1948年到北平担任华北学院教授兼政治系主任，利用和傅作义的私人关系积极参与和平解放北平的工作。新中国成立后，历任山西省人民政府委员会委员、财经委员会委员兼秘书长、山西省商业厅厅长、北京中国科学院编译出版委员会副主任兼党组书记、中国科学院哲学研究所研究员、社会学研究会副会长、政治学研究会副会长等职。

本条引自王宏志、闻立树主编：《怀念吴晗 百年诞辰纪念》第 247～248 页。

1947 年

**1 月 13 日**　《燕京新闻》第十三卷第九期第一版刊登介绍吴晗的文章。

【按】文章署名为"陶然"。

这篇文章是《燕京新闻》的专栏《人物志》。陶然在文中描述："用新观点研究历史的学者，争取民主运动的斗士，青年们的导师，和闻一多先生一样的最有热情和正义感。"

本条引自《燕京新闻》第十三卷第九期第一版。

**1 月 25 日**　《论马歇尔离华声明》在北平《民主》半月刊第二期发表。

【按】文章署名为"吴晗"。

在这一期《民主》半月刊上还刊载有史靖、孙怡、宜堂等人的文章。

这篇文章 2009 年 3 月收入中国人民大学出版社出版的《吴晗全集》第九卷。

【按】1947 年 1 月 8 日，马歇尔离华回国，就任美国国务卿。临行前一天（1 月 7 日），马歇尔发表了一个关于一年调解之总结性的声明。声明称"中国和平的最大障碍是国、共两党的相互猜疑——最有力的国民党中的反动集团对于促成联合政府的一切努力，无不加以反对；极端的共产党人不惜任何手段欲达其颠覆国民政府的目的"。

本条引自北平《民主》半月刊第二期。

**1 月 27 日**　致信黄裳。

【按】这封信是要请黄裳来主编《文史图书周刊》及谈徐达病危吃蒸鹅一事的出处等事宜，并告知黄裳"过年这阵子真忙得可以，不要说作文，连执笔的机会也没有"，及他要的有关"旧史新谈"的稿子"一周后可续写"。

这封信 2009 年 3 月收入中国人民大学出版社出版的《吴晗全集》第十卷。

本条引自《吴晗全集》第十卷第 160 页。

**2 月 1 日**　《关于抗议美军暴行的谈话》在油印出版的北平《抗暴快报》发表。

【按】文章署名为"吴晗"。

这篇文章 2009 年 3 月收入中国人民大学出版社出版的《吴晗全集》第九卷。

【按】《抗暴快报》，平津学生抗暴联合会北平分会编。这篇文章刊载在该报的《青年导师的访问》专栏。在反美抗暴斗争中，各地学生相继成立了"抗议美军暴行联合会"等组织。1947年1月28日，平津学生抗暴联合会成立。

　　　　　　本条引自《吴晗全集》第九卷第97页。


**2月9日**　《对〈清华周刊〉的意见》在《清华周刊》复刊号第一期发表。

【按】文章署名为"吴晗"。

　　这篇文章2009年3月收入中国人民大学出版社出版的《吴晗全集》第九卷。

【按】抗日战争胜利后，战争时期迁到昆明的清华大学复员回到北平，清华大学将抗战前创办的《清华周刊》恢复出版。为了进一步办好这份刊物，《清华周刊》杂志社邀请清华大学多位教授就如何办好《清华周刊》提出意见，吴晗就是受邀的教授之一。

　　　　　　本条引自《吴晗全集》第九卷第136页。


**2月17日晚**　《论经济紧急措施方案》写作完毕。

【按】这篇文章后发表在北平《民主》半月刊第四期。

　　　　　　本条引自北平《民主》半月刊第四期。


**本月中旬**　和各民主党派同志发动十三位知名教授，发表了时称"十三教授保障人权宣言"的《抗议书》。

【按】1947年2月中旬，国民政府一夜之间发动突袭，非法逮捕了符定一、王之相等大批进步人士，吴晗和各民主党派的同志发动了朱自清、向达、吴之椿、金岳霖、俞平伯、徐炳昶、陈达、陈寅恪、许德珩、张奚若、汤用彤、杨人楩、钱端升十三位知名教授，发表了被当时人们称为"十三教授保障人权宣言"的《抗议书》。

> 本条引自王宏志、闻立树主编：《怀念吴晗　百年诞辰纪念》第 212 页。

**本月中旬**　和民盟北平市的组织又发动北大、清华、燕京、师范、中法五所大学的教授、讲师、助教一百九十二人签名发表《响应十三教授保障人权宣言》，抗议国民党严重侵犯人权的罪行。

【按】在吴晗和民盟北平市的组织的积极活动以及社会舆论的压力下，国民党政府不得不释放了非法逮捕的进步人士。

> 本条引自王宏志、闻立树主编：《怀念吴晗　百年诞辰纪念》第 212 页。

**2 月 22 日**　致函黄裳。

【按】吴晗在信中索要黄裳著作。吴晗说，"在《周报》上曾读你的《关于美国》多篇，非常喜欢，假如已印成单本，乞惠赐一册"。

这封信 2009 年 3 月收入中国人民大学出版社出版的《吴晗全集》第十卷。

> 本条引自《吴晗全集》第十卷第 161 页。

**2月23日**　在昆明各界游行示威大会（2月17日）上的讲话在昆明《学生报》发表。

【按】这天的《学生报》上还发表了闻一多、褚辅成、钱端升、费孝通的讲话。

这个讲话，编者迄今没有找到它的原文。

本条引自一二·一运动史编写组编：《一二·一运动史料选编》第76页

**2月25日**　致函黄裳。

【按】吴晗在信中谈及已给他"续写六则（"旧史新谈"）"，要黄裳"倘有违碍处即请润饰，不必客气"。另问黄裳"《明太祖传》已见及否？如未，即航奉一册"。

这封信2009年3月收入中国人民大学出版社出版的《吴晗全集》第十卷。

本条引自《吴晗全集》第十卷第162页。

**3月1日**　《人民怎样渡过这内战的难关》在北平《民主》半月刊第四期发表。

【按】3月1日，《民主》半月刊在第四期组织了一次题为"人民怎样渡过这内战的难关"的笔谈。参加这次笔谈的有张奚若、吴晗、马彦祥、楚易、木耳、如宁、宜堂等。他们的笔谈内容就刊载在这期杂志上。《吴晗全集》在收入时采用了这次笔谈的题目。

这篇文章 1988 年 3 月收入北京出版社出版的《吴晗文集》第三卷；2009 年 3 月收入中国人民大学出版社出版的《吴晗全集》第九卷。

本条引自北平《民主》半月刊第四期。

**同日**　《论经济紧急措施方案》在北平《民主》半月刊第四期发表。

【按】文章署名为"吴晗"。

这期还刊载了黄药眠、沈志远、张奚若、史靖等人的文章。

这篇文章 1959 年 9 月收入作家出版社出版的《投枪集》；1988 年 3 月收入北京出版社出版的《吴晗文集》第三卷；2009 年 3 月收入中国人民大学出版社出版的《吴晗全集》第七卷。

本条引自北平《民主》半月刊第四期。

**3 月 14 日**　上海《时与文》周刊创刊。

【按】1947 年 3 月 14 日，上海《时与文》周刊创刊，它是中国共产党领导下的进步期刊。发行人、主编为国民党高级将领程潜的长子程博洪，周天行、汤德明参加编辑工作。每逢星期五出版。该刊辟有《政论》《时评》《学术论文》《人物评介》《通讯》《杂感》《漫画》等栏目，侧重于发表有关时事和国内外政治、经济、军事、文化方面的文章，宣传和平民主，反对独裁统治，抨击国民政府镇压民主运动的行径，刊登沈钧儒、吴晗等人的文章。1948 年 9 月 24 日，国民党当局以"言论偏激"的罪名将该刊查封。总共出了七十一期，历时一年半。

吴晗的《论和平的先决步骤》《论南北朝》《论士大夫》《论绅权》《再论绅权》等文章均先后发表在该刊物上。

本条引自《时与文》创刊号。

**3 月 15 日**　《莫斯科会议与中国》写作完毕。

【按】这篇文章后发表在《燕京新闻》第十三卷第十七期。

本条引自《燕京新闻》第十三卷第十七期。

**3 月 17 日**　《莫斯科会议与中国》在《燕京新闻》第十三卷第十七期发表。

【按】文章署名为"吴晗"。

这篇文章 2009 年 3 月收入中国人民大学出版社出版的《吴晗全集》第九卷。

【按】《吴晗全集》在文章末尾标注：原载《燕京新闻》第十三卷第十八期，1947 年 3 月 24 日。经编者考证，这篇文章的发表时间是 1947 年 3 月 17 日，1947 年 3 月 24 日也不是吴晗这篇文章的写作完毕时间。

本条引自《燕京新闻》第十三卷第十七期。

**3 月 21 日**　致函鼎昌。

【按】吴晗在信中说，"二月廿六日信拜读……由大陆银行奉上法币叁万元，请费神代订《文汇》航报一份，寄清华西园十二号袁震。原赠平寄报一份，请即停寄。万一平寄报仍可赐寄时，三万元即作为航费，又可多看一月矣。一切听尊裁"。

【按】这封信的原件上没有标注写信的年月。《吴晗全集》标注的日期为 1947 年 × 月 21 日。编者经考证后推定为 1947 年 3 月 21 日。理由是：吴晗在本信中一开始就说："二月廿六日信拜读。"那么，鼎昌二月廿六日写的信从上海寄到北平要多长时间呢？吴晗在信中说"要隔廿天"。也就是说，吴晗大约应该在 3 月 16 日以后才能接到鼎昌"二月廿六日"写的信。这么说，吴晗 3 月 21 日给鼎昌写回信也就理在其中了。

这封信 2009 年 3 月收入中国人民大学出版社出版的《吴晗全集》第十卷。

【按】鼎昌，即黄裳。黄裳原名容鼎昌，黄裳是他的笔名。

本条引自《吴晗全集》第十卷第 163 页。

**同日**　给黄裳寄去新出版的北平版《民主周刊》。

【按】据吴晗 1947 年 3 月 21 日致黄裳的信中说，"另附《周刊》一份，内有一二文字或可供转载之用"。

本条引自《吴晗全集》第十卷第 163 页。

**3月30日**　《〈闻一多的道路〉序》在清华园写作完毕。

【按】这篇文章4月18日在《时与文》第一卷第六期发表。

【按】《闻一多的道路》，史靖著，1947年3月上海生活出版社出版，光华书店总经销，1947年7月再版。

> 本条引自曹鹤龙、李雪映编：《生活·读书·新知三联书店图书总目（增订版）（1932—2007）》第118页。

**本月**　在军调部中共代表团撤退前夕，国民党在北平逮捕了一千八百多人，吴晗和著名学者陈寅恪、张奚若等十三人发表了抗议书。

【按】这次抗议活动，当时叫作"新人权运动"，北平各大学讲师、教授二百多人签名响应，给了国民党以有力的打击。

【按】陈寅恪（1890—1969），中国现代最负盛名的历史学家、古典文学研究家、语言学家。与梁启超、王国维一同被聘为研究院的导师，并称"清华三巨头"。

> 本条引自王宏志、闻立树主编：《怀念吴晗　百年诞辰纪念》第236~237页。

**4月1日**　《介绍〈中国历史参考图谱〉》在《文艺复兴》第三卷第二期发表。

【按】文章署名为"吴晗先生"。

在本期的插页上有郑振铎的《中国历史参考图谱》一

书的广告，曰："学术界之大贡献出版界之新史页历史生活之写真考古美术之大成。"广告只占上半页，在下半页《当代史学家们对于本书的评价》下，先后是王伯祥先生、郭沫若先生、周谷城先生、翦伯赞先生、王国秀女士、王庸先生、丁山先生、贺昌群先生、周予同先生、吴晗先生对这本书的简要评介。

这篇文章是吴晗未曾结集发表的遗著之一。

本条引自《文艺复兴》第三卷第二期。

**4 月 4 日**　《读〈对马〉》写作完毕。

【按】这篇文章后分作"上、中、下"三次在 4 月 14 日、4 月 22 日和 4 月 28 日的《文汇报》上发表。

【按】《对马》，普里波衣著，新知书店 1946 年 12 月出版。《对马》是一本记述 1905 年 5 月 14 日在远东朝鲜海峡对马岛附近日俄海战，沙俄第二太平洋舰队全军覆没故事的书。

本条引自《文汇报》1947 年 4 月 14 日第八版。

**4 月 14 日**　《读〈对马〉（上）》在《文汇报》发表。

【按】文章署名为"吴晗"。

文章发表在《新文艺》栏目，该文是《读〈对马〉》的第一至第三节。

当日《新文艺》栏目还刊载有向达的文章《狗——

记前蜀王衍时代的"寻事团"》。

> 本条引自《文汇报》1947 年 4 月 14 日第
> 八版。

**4 月 18 日**　《闻一多的一生——序〈闻一多的道路〉》在《时与文》第一卷第六期发表。

【按】文章署名为"吴晗"。

这期还发表了周谷城的文章《现阶段中国之政治与教育》等十篇文章。

这篇文章在 2009 年 3 月收入至中国人民大学出版社出版的《吴晗全集》第九卷时，改名为《〈闻一多的道路〉序》。

> 本条引自闻立树、闻立欣编撰：《拍案颂：
> 闻一多纪念与研究图文录》第 183 页。

**4 月 21 日**　致信黄裳。

【按】吴晗在信中说，"手教并书册均拜悉。一拿到书，当晚一口气读完，痛快之至。我也极喜欢你的《旧剧新谈》，虽然不懂戏，却很能领略谈的味道，奚若先生昨天还特地提出《新安天会》这一节，大讨论了一下……一多替我刻了三个图章，一石一牙，另一《时代评论》社章，只有一牙章在手头，迟日或草小文应命"。

这封信 2009 年 3 月收入中国人民大学出版社出版的《吴晗全集》第十卷。

【按】这封信只标注了"廿一日",没有标注写信的年月。《吴晗全集》上注明的日期为 1947 年 × 月 21 日。编者经考证后推定为"1947 年 4 月 21 日"。理由是：吴晗在信中谈到"纸打算请东荪、佩弦、奚若三人分写,这些人常见面可是总记不住交纸,稍迟及催奉上"。这是指的什么事呢？黄裳在他的《一束旧信——纪念吴晗同志》一文中说："我们编《浮世绘》时,曾经设计过一个专栏,想刊登一些作家、艺术家、学人……的手迹,另外配上一点说明,表示敬意和评论。买了一些笺纸,分头寄出。在北平,就大半拜托吴晗转求。"黄裳在该文中还说,"等这些手迹陆续寄到,报纸就已封门,真是可惜的很"。那么,报纸是什么时候封门的呢？我们从 1947 年 5 月 31 日吴晗给黄裳的信函中可以找到答案。吴晗在这封信说："报纸打烊,在意料中。"这就可以证明,吴晗所说的"纸打算请东荪、佩弦、奚若三人分写"这事只可能在 5 月之前的 4 月或 3 月。而同是 21 日,吴晗在 3 月 21 日已给黄裳写了一封信。那这封信就只可能是 4 月 21 日写的了。

本条引自《吴晗全集》第十卷第 163 页。

**4 月 22 日**　《读〈对马〉（中）》在《文汇报》发表。

【按】文章署名为"吴晗"。

文章发表在《新文艺》栏目,该文是《读〈对马〉》的第四节。

当日《新文艺》栏目还刊载有郑振铎的文章《从

"艺术论"说起》。

> 本条引自《文汇报》1947 年 4 月 22 日第八版。

**4 月 25 日夜** 《闻一多的"手工业"》于清华园写作完毕。

【按】这篇文章后发表在清华周刊社编辑出版的《闻一多先生死难周年纪念特刊》。

> 本条引自《吴晗全集》第七卷第 143 页。

**4 月 26 日** 致函黄裳。

【按】吴晗在信函中说,"你真会出题目,只好赶了一晚,算是交卷了。心境好一点,杂事少一点,'旧史新谈'是可以写下去的,例如《终南捷径》这一类题目就很好……你的《旧剧新谈》实在好,心平气和,而又能说得头头是道,佩服"。

这封信 2009 年 3 月收入中国人民大学出版社出版的《吴晗全集》第十卷。

> 本条引自《吴晗全集》第十卷第 165 页。

**4 月 28 日** 《读〈对马〉(下)》在《文汇报》发表。

【按】文章署名为"吴晗"。

文章发表在《新文艺》栏目。该文是《读〈对马〉》的第五至第六节。

当日《新文艺》栏目还刊载有郭沫若的文章《论新中

国木刻——〈北方木刻〉序》和茅盾的文章《古列巡礼》。

这篇文章 2009 年 3 月收入中国人民大学出版社出版的《吴晗全集》第七卷。

本条引自《文汇报》1947 年 4 月 28 日第八版。

**同日**　《新五四运动》在《燕京新闻》第十三卷第二十三期发表。

【按】文章署名为"吴晗"。

文章刊登在第五版由燕京大学自治会主编的《五四纪念特刊》上，同时还刊登有潘光旦、张奚若、张东荪、吴之椿、梅贻宝等人的文章。

这篇文章 1988 年 3 月收入北京出版社出版的《吴晗文集》第三卷；2009 年 3 月收入中国人民大学出版社出版的《吴晗全集》第九卷。

本条引自《燕京新闻》第十三卷第二十三期。

**4 月 30 日**　《论纪念"五四"》在《清华周刊》发表。

【按】文章署名为"吴晗"。

这篇文章 1959 年 9 月收入作家出版社出版的《投枪集》；1979 年 12 月收入人民文学出版社出版的《吴晗杂文选》；1988 年 3 月收入北京出版社出版的《吴晗文集》第三卷；2009 年 3 月收入中国人民大学出版社出版的《吴晗

全集》第七卷。

本条引自《吴晗全集》第七卷第 360 页。

**本月** 《论法统》被收入华北新华书店出版的《蒋记〈宪法〉的真面目》一书。

【按】1947 年 4 月华北新华书店出版了《蒋记〈宪法〉的真面目》一书。该书收录了吴晗曾经在 1946 年 7 月 19 日在《新文化》半月刊上发表过的文章《论法统》。同时收入该书的还有《解放日报》的两篇社论《弄假成真——评蒋介石"国大的"闭幕》《评蒋介石〈宪草〉演说》及李维汉的《人民无权独夫卖国》、周建人《这样的宪法人民怎样会承认》等七篇文章。

本条引自华北新华书店编辑部编：《蒋记<br>〈宪法〉的真面目》。

**5 月 5 日** 《闻一多的"手工业"》在《文汇报》发表。

【按】文章署名为"吴晗"。

文章发表在第八版《浮世绘》栏目。

文章之中还刊发了一枚"闻一多为作者治印"，并附文说，"牙章：有边款云'卅五年四月制'。时与吴晗寓于昆明海子边之西仓坡一多"。

当日《浮世绘》栏目还刊载有张奚若的文章《回忆辛亥革命十四》。

本条引自《文汇报》1947 年 5 月 5 日第八版。

**5 月 11 日**　《谈物价问题》在《清华周刊》复刊号第十二期发表。

【按】文章署名为"吴晗"。

抗战胜利后，包括当时北平在内的国统区，经济萧条，物价飞涨，老百姓的生活受到严重影响，物价问题成了老百姓关注的问题。1947 年 5 月，《清华周刊》复刊号第十二期特辟专栏，邀请清华大学多位教授以书面形式谈谈对物价问题的意见。

这篇文章 2009 年 3 月收入中国人民大学出版社出版的《吴晗全集》第九卷。

本条引自《清华周刊》复刊号第十二期。

**5 月 13 日**　致函黄裳。

【按】吴晗在信函中说，"'旧史新谈'原是挤出来的，本来就不怎么好，因为喜欢你的文章，你要我写，不能不挤。现在既然新编辑认为不好，那就落得藏拙，就此打住，万万用不着求人，自动挤出来送上门也"。

这封信 2009 年 3 月收入中国人民大学出版社出版的《吴晗全集》第十卷。

【按】这封信没有标注写信的年月，只是标注了"十三日"。《吴晗全集》上注明的日期为 1947 年 × 月 13 日。编者经考证后推定为 1947 年 5 月 13 日。理由是：1. 吴晗在 1947 年 4 月 26 日给黄裳的信函中还在说"'旧史新谈'还是可以写下去的"。也就是说在吴晗写 4 月 26 日给黄裳的信时，尚不知道《文汇报》新来的编辑认为他的"旧史新谈"不好。换言之，这封信的写作时间是在 4 月 26 日之后。2. 吴晗在本封信中谈到，"'旧史新谈'原是挤出来的，本来就不怎么好……现在既然新编辑认为不好，那就落得藏拙，就此打住，万万用不着求人"。吴晗这句话可以说明，吴晗写这封信时，《文汇报》尚未打烊。否则，吴晗不会说要黄裳"不必求人"之类的话。而《文汇报》打烊是 1947 年 5 月 31 日之前，有 1947 年 5 月 31 日吴晗给黄裳的信中"报纸打烊，在意料中"一句可以作为佐证。所以说，这封信的写作时间可以肯定在 1947 年 4 月 26 日至 1947 年 5 月 31 日之间。由此便可推出，4 月 26 日至 5 月 31 日之间的"13 日"就只可能是 5 月 13 日了！

本条引自《吴晗全集》第十卷第 166 页。

**5 月 24 日夜** 《陶行知先生在上海的回忆》于清华园写作完毕。

【按】这篇文章 1948 年 7 月收入上海生活书店出版的《史事与人物》；2009 年 3 月收入中国人民大学出版社出版的《吴晗全集》第七卷。

本条引自《吴晗全集》第七卷第 147 页。

**5 月 25 日** 《论和平的先决步骤》写作完毕。

【按】这篇文章后发表在《时与文》第一卷第十三期。

本条引自《吴晗全集》第九卷第 156 页。

**5 月 31 日** 致函黄裳。

【按】吴晗在信函中谈到《文汇报》"打烊"一事，他说，"报纸打烊，在意料中，此间同人极为悲观，以为非局面全变，不可能再开门，烟突全被闭塞，后果可知矣"。

这封信 2009 年 3 月收入中国人民大学出版社出版的《吴晗全集》第十卷。

本条引自《吴晗全集》第十卷第 167 页。

**6 月 6 日** 《论和平的先决步骤》在《时与文》第一卷第十三期发表。

【按】文章署名为"吴晗"。

在这期的封面目录上，这篇文章的题目为"论和平的先决条件"，但刊登在第 5～7 页上题目却是"论和平的先决步骤"，编者采用了正文上的题目。

这篇文章是吴晗未曾结集发表的遗著之一。

本条引自《时与文》第一卷第十三期。

**6 月 12 日** 《"社会贤达"考》在北平地下刊物《社会贤达考》专号发表。

【按】文章署名为"刘勉"。

这篇文章 1948 年 7 月收入上海生活书店出版的《史

事与人物》；1959 年 9 月收入作家出版社出版的《投枪集》；1979 年 12 月收入人民文学出版社出版的《吴晗杂文选》；1988 年 3 月收入北京出版社出版的《吴晗文集》第三卷；2009 年 3 月收入中国人民大学出版社出版的《吴晗全集》第七卷。

【按】《社会贤达考》，是当时北平的一种地下出版刊物。当时，许多刊物都被国民党政府查封，吴晗他们就只好出版地下刊物。当时出版的地下刊物有《论南北朝》《社会贤达考》等，均是以某一篇文章的题目为刊物的名称。

本条引自《吴晗全集》第七卷第 122 页。

**6 月 20 日** 吴晗致函昌兄。

【按】吴晗在这封信中说，"三星期后就放假，希望能沉默一下，好好看点书，写一点文章，也囤积一点材料，以供海上诸兄之驱使"。

这封信 2009 年 3 月收入中国人民大学出版社出版的《吴晗全集》第十卷。

【按】昌兄，即黄裳。黄裳，原名容鼎昌。

本条引自《吴晗全集》第十卷第 168 页。

**同日** 致函黄裳。

【按】这是在 6 月 20 日这一天写给黄裳的第二封信。信中说，"清华大学学生自治会主办的《清华周刊》决定在七月十五日出版'闻一多先生死难周年纪念特刊'（七月七日截稿），敬请费神特撰专文，航邮赐寄，特具函代为敦请，务乞惠然许诺，感荷！专此"。

这封信 2009 年 3 月收入中国人民大学出版社出版的《吴晗全集》第十卷。

本条引自《吴晗全集》第十卷第 169 页。

**6 月 22 日** 致函黄裳。

**【按】**吴晗在信函中谈及"国子吴史事"，并抱怨道："几月来，时时想写文，总不得工夫，最近决心要写一点了，可是一早起来，刚上书房坐定，就有人来，一直到深夜，弄得口干舌敝，精疲力竭，第二天还是如此，奈何！"

这封信 2009 年 3 月收入中国人民大学出版社出版的《吴晗全集》第十卷。

本条引自《吴晗全集》第十卷第 170 页。

**6 月 28 日** 《论奴才——石敬瑭父子》在北平地下刊物《论南北朝》发表。

**【按】**文章署名为"公孙器之"。

这篇文章 1948 年 7 月收入上海生活书店出版的《史事与人物》；1959 年 9 月收入作家出版社出版的《投枪集》；1988 年 3 月收入北京出版社出版的《吴晗文集》第三卷；2009 年 3 月收入中国人民大学出版社出版的《吴晗全集》第七卷。

**【按】**石敬瑭（892—942），五代时后晋王朝的建立者，即后晋高祖，936 年至 942 年在位。石敬瑭一生，初以骁勇善战发迹，继因廉政而闻名。在战乱频繁之际，他借重契丹援助得以问鼎、建立后晋王朝。由于割让燕云十六州以及岁输布帛三十万给契丹，并甘当百依百顺的"儿皇帝"以换取契丹对自己的支持，将北方百姓置于契丹铁蹄之下，民心尽失。

　　　　　本条引自《吴晗全集》第七卷第 118 页。

**同日　致信范泉。**

【按】范泉在《文海硝烟》一书中叙述说，朱自清先生请吴晗先生将闻一多遗稿转给他发表时写过一封信。信上说："春晗兄送上《什么是九歌》一稿，兄可交《文艺春秋》。稿费到后，乞转交闻太太；并示知数目，为感！即颂日祺！"时间是 6 月 25 日。在这页信纸的左侧，吴晗写了以下几句："范泉兄：奉上一多遗稿一份，乞即刊载为感。耑此敬颂编安。"时间是在三天后的 6 月 28 日。他查看了《文艺春秋》月刊发表《什么是九歌》的时间，是在 1947 年 8 月 15 日，因此书简的书写年份，肯定是在 1947 年。

　　这封信是吴晗未曾结集发表的遗著之一。

【按】范泉，原名徐炜。教授。曾任上海《中美日报》副刊主编，上海永祥印书馆编辑部主任，复旦大学、新中国艺术学院讲师。

　　　　　本条引自范泉著：《文海硝烟》第 85 页。

**6 月 29 日**　吴晗主编的《自由文丛》第一期出版。

【按】吴晗在次日给黄裳的信中还说到了此事，希望"把这刊物办得更扎实、锋利"。

【按】民盟成员张雪岩从美国回来，愿意出资兴办刊物，鼓吹民主，吴晗找了静远，静远又找了佘世光（后任中国青年报社社长），合办《自由文丛》，刊物不履行登记手续，不公开编者和出版人，在各大学秘密流通。刊物以文章题目命名，分别为《社会贤达考》《苍南行》《论南北朝》等。出到第三期，国民党侦骑四起，《自由文丛》也就停办了。

本条引自《吴晗全集》第十卷第 172 页。

**6 月 30 日**　致函黄裳。

【按】吴晗在信中说，"《明太祖》这本书，我很生气，天可恼，这个夏天有时间，一定把它重写，重印。现在，有的是书，只是没有细细读它的时间。我极喜欢你的趣味情调，二十年前我们相熟，你的现在也许就是我的过去。那时代，我还喜欢写旧律呢。现在都是梦了，想一想，成天是政治，说的，看的，写的，谈的，连做梦都是，就是剁烂了也分析不出丝丝趣味，情调彻头彻尾的俗。不过，享受不能，喜欢还是喜欢的"。

这封信 2009 年 3 月收入中国人民大学出版社出版的《吴晗全集》第十卷。

本条引自《吴晗全集》第十卷第 171 页。

**本年暑期到 1948 年暑期** 改写《朱元璋传》。

【按】吴晗花了一年零一个月的时间将《由僧钵到皇权》改写成《朱元璋传》。这次改写，吴晗补充了大量新的史料，篇幅从原来的八万多字扩充到十六万多字，增加一倍。并注明材料出处，还增加了五百多条小注，许多问题也改变了原来的看法。这个本子 1949 年 4 月由生活·读书·新知上海联合发行所出版。

> 本条引自王宏志、闻立树主编：《怀念吴晗 百年诞辰纪念》第 594 页。

**7 月 13 日** 《闻一多先生传》在暹罗《民主新闻》周刊发表。

【按】文章署名为"吴晗"。

这一期周刊是《李公朴闻一多陶行知周年祭》专刊。同期还刊载了沈钧儒、王造时的《李公朴先生事略》和陶行知的遗著《追思李公朴先生》。

这篇文章 2009 年 3 月收入中国人民大学出版社出版的《吴晗全集》第七卷。

【按】《民主新闻》周刊是中国民主同盟暹罗支部创办的刊物。社址在暹京四彼耶路 417 号。社长兼督印人为冯剑南，总编辑为庐静子。每逢周日出版，四版。吴晗、沈钧儒、王造时、邓初民、许涤新、崔嵬等均在该期刊上发表过文章。

【按】暹罗，泰国的古称，1939 年 6 月 24 日暹罗改名为泰国，1945 年又复名为暹罗，1949 年再度改名泰国，沿用至今。

> 本条引自暹罗《民主新闻》周刊 1947 年 7 月 13 日第二版。

**7 月 15 日**　《一多先生周年祭》写作完毕。

【按】这篇文章后发表在清华周刊社编辑出版的《闻一多先生死难周年纪念特刊》。

这篇文章 2009 年 3 月收入中国人民大学出版社出版的《吴晗全集》第七卷。

> 本条引自吴晗著：《投枪集》第 191 页。

**7 月 19 日**　《一多先生周年祭》在暹罗《民主新闻》周刊发表。

【按】文章署名为"吴晗"。

这一期周刊是《李公朴闻一多陶行知周年祭》专刊。同期还刊载了《暹罗华侨各界纪念李闻陶三先生殉难周年纪念大会宣言》、李公朴夫人在丈夫的尸体尚未火化又惊闻闻一多先生惨遭枪杀的噩耗时写给沈钧儒的信、陶行知幼子陶城写的《爸爸去世前后》以及王一的《研究李·闻的史料书籍》等八篇纪念文章。

这篇文章 1979 年 12 月收入人民文学出版社出版的《吴晗杂文选》；2009 年 3 月收入中国人民大学出版社出版

的《吴晗全集》第七卷。

> 本条引自暹罗《民主新闻》周刊 1947 年 7
> 月 19 日第三版。

**7 月 20 日**　在闻一多先生死难周年纪念大会做《一多先生周年祭》讲演。

【按】上午，在吴晗的积极参与下，清华大学学生自治会和民盟支部在清华大礼堂举行了盛大的闻一多先生死难周年纪念大会，会上吴晗做了《一多先生周年祭》的讲演。朱自清在会上也发了言，并报告了《闻一多全集》的编辑计划和拟目。会后与张奚若、朱自清、潘光旦、余冠英、许维遹、李广田、闻一多夫人高孝贞等摄影留念。

> 本条引自王宏志、闻立树主编：《怀念吴
> 晗　百年诞辰纪念》第 209 页。

**同日**　《闻一多的"手工业"》《一多先生周年祭》在清华周刊社编辑出版的《闻一多先生死难周年纪念特刊》发表。

【按】文章署名为"吴晗"。

1947 年 7 月，清华大学学生自治会为纪念导师闻一多先生殉难一周年，由清华周刊社组织编印了《闻一多先生死难周年纪念特刊》。这本由潘光旦题签书名的纪念特刊，虽然只有四十九页，但内容丰富，战斗性强。诗文作者阵容强大，包括吴晗、朱自清、楚图南、黄裳、郭沫若、吴征镒、李文宜、周谷城、千家驹、周新民、张奚若、闻家

驷、闻立鹤等闻一多生前的战友、同事、学生和亲属。纪
念特刊是继 1946 年 9 月编印的《人民英烈 李公朴、闻一
多先生遇刺纪实》之后，纪念闻一多殉难和弘扬闻一多精
神的又一阶段性成果。

这两篇文章 1988 年 3 月收入北京出版社出版的《吴
晗文集》第三卷；2009 年 3 月收入中国人民大学出版社出
版的《吴晗全集》第七卷。

> 本条引自闻立树、闻立欣编撰：《拍案颂：
> 闻一多纪念与研究图文录》第 220 页。

**同日** 为闻一多先生死难周年纪念大会题写挽联。

【按】挽联为：为民主而献身霭耗惊天下 以诗人成战士文
章泣鬼神。

> 本条引自闻立树、闻立欣编撰：《拍案颂：
> 闻一多纪念与研究图文录》第 228 页。

**7 月 21 日** 《一多先生周年祭》在《学风周刊》第三期
发表。

【按】文章署名为"吴晗"。

这期还发表了闻家驷、邓初民、唐弢等人的文章。

这篇文章 2009 年 3 月收入中国人民大学出版社出版
的《吴晗全集》第七卷。

【按】《学风周刊》是北平的一家综合性时政刊物，主要发
表政论性文章，针砭时弊，反对内战，宣传民主。目前仅

发现一期，刊载有闻家驷、吴晗、柳亚子悼念闻一多的诗文，另有有关教育、宗教、时局的论述文章及小剧本、讽刺诗等。

> 本条引自闻立树、闻立欣编撰：《拍案颂：闻一多纪念与研究图文录》第 230 页。

**本月**　《论南北朝》在北平地下刊物《论南北朝》发表。

【按】文章署名为"刘勉"。

> 这篇文章 1959 年 9 月收入作家出版社出版的《投枪集》；1988 年 3 月收入北京出版社出版的《吴晗文集》第三卷；2009 年 3 月收入中国人民大学出版社出版的《吴晗全集》第七卷。

> 本条引自《吴晗全集》第七卷第 371 页。

**本月**　吴晗为之作序的《闻一多的道路》由上海生活书店出版。

【按】《闻一多的道路》，史靖著，1947 年 7 月上海生活书店出版。

> 本条引自《吴晗全集》第九卷第 150 页。

**本月**　《大学教授下乡》收入广州实学书局出版的《当代名文精选》一书。

【按】文章署名为"吴晗"。

【按】《当代名文精选》，梅学文选编，为当时的中学国文补充读物，1947 年 7 月由广州实学书局出版。该书三十二开，一百二十一页。书中收录了郭沫若、胡愈之、费青、严文井、吴晗、胡绳、何其芳、茅盾、陶行知、夏衍、罗曼·罗兰、高尔基等二十二人的散文二十七篇。其中吴晗的《大学教授下乡》和《文字与形式》两篇文章被收入其中，编排在第十篇和第十二篇。

这篇文章是吴晗未曾结集发表的遗著之一。

【按】实学书局，20 世纪 40 年代的一家主要出版教育类图书的出版机构。总店设在原广州越华路 123 号，且在重庆、成都、资阳等地设有分店，全国各地都有它的经销处，曾出版过很多读者喜闻乐见的图书。实学书局亦是生活书店·读书出版社·新知书店的曾用名。从曹鹤龙、李雪映编的《生活·读书·新知三联书店图书总目（增订版）(1932—2007)》第 171～172 页的"生活书店、读书出版社、新知书店曾用名一览表"获悉，生活·读书·新知三联书店的曾用名有六十六个之多。

本条引自梅学文选编：《当代名文精选》第 47～51 页。

**本月** 《文字与形式》收入广州实学书局出版的《当代名文精选》一书。

【按】文章署名为"吴晗"。

这篇文章 1945 年 11 月收入东方学出版社出版的《历史的镜子》；1988 年 3 月收入北京出版社出版的《吴晗文

集》第三卷；2009 年 3 月收入中国人民大学出版社出版的
《吴晗全集》第七卷。

 本条引自梅学文选编：《当代名文精选》第
 57～60 页。

**8 月 8 日** 《论南北朝》在上海《时与文》第一卷第二十二
期发表。

【按】文章署名为"刘勉"。

 这篇文章 1959 年 9 月收入作家出版社出版的《投枪
 集》；2009 年 3 月收入中国人民大学出版社出版的《吴晗
 全集》第七卷。

 本条引自《时与文》第一卷第二十二期。

**本月** 《论南北朝》在香港《论南北朝》"自由文丛之三"
发表。

【按】文章署名为"刘勉"。

【按】香港《论南北朝》杂志由当时地处香港天后庙道金龙
台三号的自由文丛社编印发行。在这份史料上，编者看不
到发行的时间。编者是依据该杂志中刊载的黄炎培的一首
诗后标注的时间"七月八日"和另一篇文章后标注的"八
月一日"而将其推定为 8 月的。

 本条引自香港《论南北朝》"自由文丛之
 三"。

本月　《论奴才——石敬瑭父子》在香港《论南北朝》"自由文丛之三"发表。

【按】文章署名为"公孙器之"。

　　　　本条引自香港《论南北朝》"自由文丛之三"。

**9 月 5 日**　致函黄裳。

【按】吴晗在信中说，"月来正忙于写《朱元璋传》，又忙于见客说话。《朱元璋传》只写三万字，第一篇已寄西谛，在《文艺复兴》发表，第二篇第一段今天才完，打算给初报的《知识与生活》，以后写完一段即交一杂志发印，全得后再交《生活》。一来穷，想借此减少一点生活上的困难，二来也想画一个人的脸谱，结束这廿年来的研究段落。此书成后，打算转变方向，搞别的去了"。

　　这封信 2009 年 3 月收入中国人民大学出版社出版的《吴晗全集》第十卷。

　　这封信的原件上没有写信的年月。《吴晗全集》的编辑标注为"1947 年 × 月 5 日"。编者依据手头的史料考证为 1947 年 9 月 5 日。理由是：1. 吴晗改写《朱元璋传》从 1947 年暑假到 1948 年暑假，历时一年零一个月，将原书有八万余字扩充到了十六万余字。吴晗在该信中说"只写三万字"，据吴晗 1947 年暑假到 1948 年 8 月的写作进度推算，此时应该是 9 月间。2. 吴晗在该信中说"第一篇已寄西谛，在《文艺复兴》发表，第二篇第一段今天才完，打算给初报的《知识与生活》"。因为郑振铎主编的《文艺复兴》拟将这篇文章集中在 12 月出版的"中国文学研究号"上发表,因此《知识与生活》先于《文艺复兴》于10 月 1 日发表了。依据以上两点,编者便推定这封信的写作时间为 9 月。

　　　　　　　本条引自《吴晗全集》第十卷第 173 页。

**9 月 17 日**　《闻一多的二三事》在《泥土》第三辑发表。

【按】文章署名为"吴晗"。

　　这篇文章是吴晗未曾结集发表的遗著之一。

【按】《泥土》是一本由泥土文艺社编辑出版发行的文艺性刊物,1947 年 4 月 15 日在北平创刊,《泥土》的作者有朱自清、陈伯吹、舒芜、路翎等。该刊于 1948 年 11 日 1 日出版完第七辑后,未再续出。

　　　　　　　本条引自《泥土》第三辑。

　　**10 月 1 日**　《朱元璋从军——〈朱元璋传〉的一章》在《知识与生活》第十二期发表。

【按】文章署名为"吴晗"。

　　这篇文章刊载在第 16～22 页。同期还刊载有费孝通、楼邦彦等十二人的文章。

　　这篇文章即《朱元璋传》(1948 年版)第二章的第一、二小节。

　　这篇文章 2009 年 3 月收入中国人民大学出版社出版

的《吴晗全集》第五卷。

【按】《知识与生活》，1947 年 4 月 16 日在北平创刊，半月刊，逢 1 日和 16 日出版。在这个期刊中撰文的作者主要有沈从文、费青、朱自清、傅雷、向达、吴之椿、费孝通、雷洁琼、李广田、张东荪、宦乡、杨人楩、楼邦彦等著名学者。

本条引自《知识与生活》第十二期。

**10 月 16 日** 《朱元璋与陈友谅——〈朱元璋传〉的一章》在《学识》半月刊第一卷第十二期发表。

【按】这篇文章目录署名为"国立清华大学教授 吴晗"，正文署名为"吴晗"。

这篇文章即《朱元璋传》（1948 年版）第二章的第三节（1944 年版的第二章第四节）。

这篇文章是吴晗未曾结集发表的遗著之一。

【按】《学识》半月刊于 1947 年 5 月 1 日在南京创刊，它是一个学术性的综合期刊。《学识》半月刊《发刊词》开宗明义地说："我们不知道什么是党派，什么是超然，本刊的作者，都是只把自己的研究所得，提供于大家，所研讨的是存在于这宇宙间的真理，所努力的是人类生活环境的美化，所希求的是人类社会的改善，换言之，他们都是虔诚的学者，都只知道把他们研究的成果，贡献给大家做精美纯净的精神食粮。"

本条引自《学识》半月刊第一卷第十二期。

**11 月 4 日** 《跋一多遗集》写作完毕。

【按】这篇文章 2009 年 3 月收入中国人民大学出版社出版的《吴晗全集》第九卷时，为了区别于其他跋文，《吴晗全集》的编者将其改为《〈闻一多全集〉跋》。

吴晗在《〈闻一多全集〉跋》中写道："这本集子，说出了闻一多先生一生的思想历程，他的严谨的治学精神，强烈的正义感和对民主的笃信，对广大人民的热爱。""一多是永远不会回到书房了，他这个人却长留在历史上，他这部书却留在每一个书房中。"

【按】《闻一多全集》，1948 年 8 月上海开明书店出版，共四册，朱自清、郭沫若、吴晗、叶圣陶编，郭沫若、朱自清分别作序，吴晗作跋，朱自清作编后记。

本条引自《吴晗全集》第九卷第 180 页。

**11 月 15 日** 《跋一多遗集》在《观察》第三卷第十二期发表。

【按】文章署名为"吴晗"。

文章在《闻一多全集》出版时，题目仅为"跋"。

【按】《观察》是由知名人士储安平 1946 年 9 月 1 日在上海创办的时政性政论杂志，每周六出版。《观察》是近现代中国最有影响力的刊物之一，它的主要撰稿人有胡适、王芸生、傅斯年、冯友兰、费孝通、钱锺书、梁实秋、曹禺、卞之琳、吴晗、季羡林、马寅初、傅雷、张东荪、朱自清等当时国内一流的专家六十多人。主要栏目有《专论》《外论选译》《观察通讯》《文艺》《读者投书》等。它以坦率、公允和智慧的笔调吸引了大量的知识分子读者，销量从四百份迅速飙升到十万份。据说一到发行的时候，"上海的报摊前就有读者排长队购买"。《观察》上所作政论时评，主要是对国民党腐败政治的批评，给学生运动以同情与支持，维护言论自由权利和价值，及讨论美国对华的有关政策，等。《观察》每出满二十四期，就要写一篇总结性的报告书。因多次对国民党政府的强烈批评引起了国民党的不满，1948 年 12 月，《观察》被国民党查封。

本条引自《观察》第三卷第十二期。

**11 月 23 日**　致函黄裳。

【按】吴晗在信中谈及给黄裳寄去"邓以蛰先生字二纸"等事宜。邓以蛰，美学家和艺术理论家，中国现代美学的奠基人之一。他是我国"两弹元勋"邓稼先的父亲。

这封信 2009 年 3 月收入中国人民大学出版社出版的《吴晗全集》第十卷。

【按】吴晗这封信的原件上没有标注写信的年月，只标注了"廿三日"。《吴晗全集》上标注的时间为 1947 年 9 月 23 日。编者经考证后推定为 1947 年 11 月 23 日。理由是：1. 吴晗在该信中说"今天早起 50 度，即日要生火炉了"。50 度，即华氏 50 度，相当于 10 摄氏度。北平的 9 月是一年中较好的月份，相当于"小阳春"，不可能温度低至 10 摄氏度左右，且就"要生火炉了"。按现在北京市供暖的时间，是在每年的 11 月 15 日起。那么吴晗此时写信的时间应是 11 月 23 日，比较合乎逻辑和情理。2. 吴晗在该信中说，"转瞬冰天雪地，银装素裹，无衣无火，何以卒岁？"北京一般较早的雪是在 12 月下旬。吴晗此时用"转瞬"一词，也证明此时不是 9 月、10 月。因为 9 月、10 月离下雪尚差两三个月，吴晗不可能用"转瞬"一词，也不是 12 月，因为吴晗信中说"即日要生火炉了"，北京冬天生火炉是等不到 12 月 23 日的。所以，吴晗此时写信的时间，肯定不是在 9 月 23 日，而应是 11 月 23 日。

本条引自《吴晗全集》第十卷第 174 页。

**12 月 8 日**　《历史上的国民身份证——传·过所·路引》在清华园写作完毕。

【按】这篇文章后发表在 1948 年 1 月的《中建》第五卷第四期。

【按】从历史上来考研身份证制度，古代叫作传，唐代叫作过所，宋代称为公凭，明代则名为路引。

本条引自《吴晗全集》第二卷第 413 页。

**12 月 21 日**　致函黄裳。

【按】吴晗在信中说，"示悉，奚若先生书一册，另邮奉上……乞转告巴金兄，前信介之书，作者为邵君，联大学生，原书弟未见，冒昧介绍为歉"。

　　这封信 2009 年 3 月收入中国人民大学出版社出版的《吴晗全集》第十卷。

　　本条引自《吴晗全集》第十卷第 175 页。

## 1948 年

**1 月 4 日** 吴晗致函黄裳。

【按】吴晗在这封信中抄录了戊戌六君子之一的谭嗣同变法失败后，在狱中一气呵成写就的《狱中题壁诗》（即，望门投止思张俭，忍死须臾待杜根。我欲横刀向天笑，去留肝胆两昆仑）给黄裳，要黄裳猜是谁写的。并告知，要的字，即托人写，纸还留得有。

这封信 2009 年 3 月收入中国人民大学出版社出版的《吴晗全集》第十卷。

【按】这封信没有写明撰写的年份，信末只是标注了"一月四日"。《吴晗全集》标注的时间为 1947 年 1 月 4 日。编者经考证后，将之改为 1948 年 1 月 4 日。理由是吴晗在这封信中说："《朱元璋传》已写得一半，有两星期没有动笔了，明天起打算发奋把它赶完，了此债务。"史料有据，吴晗的此次《朱元璋传》改写的时间是从 1947 年暑假到 1948 年暑假，吴晗在此信末落款是 1 月 4 日，而 1947 年暑假到 1948 年暑假之间，只可能是 1948 年的 1 月 4 日。

本条引自《吴晗全集》第十卷第 159 页。

同日  《朱元璋传》写作完成了一半的工作量。

【按】据吴晗 1948 年 1 月 4 日致黄裳的信中说，"《朱元璋传》已写得一半，有两星期没有动笔了，明天起打算发奋把它赶完，了此债务"。

本条引自《吴晗全集》第十卷第 159 页。

**1 月 28 日**  致信郭沫若。

【按】1948 年 1 月 28 日，郭沫若在香港，吴晗特地致信给他，磋商关于《闻一多全集》编者的署名问题。原先想以文协名义编辑，朱自清和吴晗都认为不妥，因为文协人员构成分散，不好一一征求意见。而原先清华设想成立的编委会，也没能够按计划履行工作。经过朱自清等人的艰苦努力之后，文集的编辑工作才告竣。根据当时的实际情况，吴晗和朱自清以为用个人署名为宜，具体意见是署郭沫若、叶圣陶、吴晗、朱自清的名。吴晗在信中说，这样"隐含一代表文协，二代表书店，三代表家属，四代表学校及中文系四方面"。

这封信是吴晗未曾结集发表的遗著之一。

本条引自论文网苏双碧：《郭沫若与吴晗的诚挚交往》。

本月  《历史上的国民身份证——传·过所·路引》在《中建》第五卷第四期发表。

【按】编者迄今没有找到这篇文章发表的具体时间、媒体和署名。

　　这篇文章 1987 年 8 月收入光明日报出版社出版的《吴晗史论集》；2009 年 3 月收入中国人民大学出版社出版的《吴晗全集》第二卷。

【按】《中建》是一个综合性的刊物，半月刊。当时，北平各大学的一些进步教授吴晗、费青（费孝通的兄长）、费孝通等经常举行时事座谈，准备出版一个自己的刊物，但无法领到登记证，王艮仲在上海地下党的影响下，把上海出版的《中建》停刊，利用这个登记证来北平创刊了《中建》（北平版），吴晗还担任编委，另外还有一些中共党员参与了编辑出版工作。

　　本条引自《吴晗全集》第二卷第 413 页。

**2 月初**　在清华大学同方部做《论士大夫》的演讲。

【按】这个演讲有两个记录稿，分别发表在 2 月 6 日的《清华旬刊》第二期和 3 月 5 日《时与文》第二卷第二十一期。

　　本条引自《吴晗全集》第九卷第 161 页。

**2 月 2 日**　《统治学校的史例》在《燕京新闻》第十四卷第十五期发表。

【按】文章署名为"吴晗讲　更生笔记"。

　　文章刊载在第二版《现实》栏目。

这篇文章 2009 年 3 月收入中国人民大学出版社出版的《吴晗全集》第九卷。

本条引自《燕京新闻》第十四卷第十五期。

**2 月 3 日** 《明初的学校》写作完毕。

【按】这篇文章后发表在《清华学报》第十五卷第一期。

吴晗在《读史劄记·后记》中介绍说，"《明初的学校》是在北平反饥饿反迫害的斗争中写的……应该特别指出，《明初的学校》这篇文章，有些人很不喜欢，说是不合传统，亡友朱自清先生不以为然，他说：'这样写法很新鲜，旧传统是可以也应该改变的。'经过他的力争，才能发表"。

本条引自《吴晗全集》第三卷第 310 页。

**2 月 6 日** 《论士大夫》在《清华旬刊》第二期发表。

【按】文章署名为"吴晗讲 本刊记者记"。

这篇文章后发表在《时与文》第二卷第二十一期。

这篇文章 1988 年 3 月收入北京出版社出版的《吴晗文集》第三卷；2009 年 3 月收入中国人民大学出版社出版的《吴晗全集》第九卷。

【按】《清华旬刊》，清华大学学生自治会编印发行的期刊。

本条引自《清华旬刊》1948 年第二期。

**3 月 1 日** 《从和谈到美援》在《燕京新闻》第十四卷第十

七期发表。

【按】文章发表在第二版《每周专论》。题目原为"从和谈
到美元　和谈，没有实现的可能　美元救不了政府危机"。
这篇文章没有署名，但文前有一段编者的话："和谈，美
元，是最近国内大家注意的两件事。下面是我们就这两个
问题征询六位教授的意见……"接着便是张东荪、陆志
韦、雷洁琼、邓之诚、吴晗、许德珩六位教授有关"和谈
和美元"所发表的意见。

这篇文章 1988 年 3 月收入北京出版社出版的《吴晗
文集》第三卷；2009 年 3 月收入中国人民大学出版社出版
的《吴晗全集》第九卷。

【按】《吴晗全集》在本文末尾标注该文发表在 1948 年 2 月
2 日出版的《燕京新闻》第十四卷第十五期。经本书编者
考证，应是 3 月 1 日的第十四卷第十七期。

本条引自《燕京新闻》第十四卷第十七期。

**3 月 5 日**　《论士大夫》在《时与文》第二卷第二十一期
发表。

【按】文章署名为"吴晗讲　文琪记"。

《时与文》杂志的编者在文章之首说明：本文系吴氏
在清华大学之演讲，笔录后曾由讲者加以修正。

同期还刊登有王亚南的《中国官僚政治在现代的转
型——中国官僚政治研究之十三》等十一篇文章。

这篇文章 2009 年 3 月收入中国人民大学出版社出版

的《吴晗全集》第九卷。

本条引自《时与文》第二卷第二十一期。

**3 月 13 日**　《〈旧戏新谈〉序》写作完毕。

【按】《旧戏新谈》，黄裳著，1948 年 8 月由叶圣陶先生主持的上海开明书店出版。吴晗和著名报人、文汇报社社长兼主编徐铸成，著名作家、《文学季刊》编委靳以三人分别为之作序，书名由著名学者、书法家马夷初（叙伦）题写。

《旧戏新谈》严格说来是一本"戏评"的集子。1947年，黄裳先生应文汇报社社长兼主编徐铸成先生之约，在《文汇报·浮世绘》副刊上写专栏，专栏名叫《旧戏新谈》，取意于吴晗的"旧史新谈"，连载了五六十篇。《旧戏新谈》就是这些专栏文章的结集。

本条引自《吴晗全集》第九卷第 182 页。

**3 月 21 日**　在燕大学生所办刊物《燕京新闻》撰文，反对美帝援蒋。

【按】当日，新华社陕北电讯：北平清华、燕大、北大等校名教授吴晗、许德珩、雷洁琼、张东荪等六人，在燕大学生所办刊物《燕京新闻》上撰文，一致反对美帝援蒋。吴晗、许德珩、雷洁琼等五教授文中一致反对美帝国主义借口"援助中国"变中国为"希腊第二"的计划，并痛斥"恢复谈判"的谬论，力称"中国人民的解放斗争不容片刻停顿"。

　　　　　　　本条引自《人民日报》1948 年 3 月 23 日第
二版。

　　**3 月 23 日**　在《燕京新闻》撰文反对美帝援蒋的消息在
《人民日报》报道。

　　**【按】**此时《人民日报》还不是中共中央机关报，它是业已
创刊两年多的中共晋冀鲁豫中央局的机关报。1948 年 6 月
15 日，中共华北中央局机关报暨代中共中央机关报《人民
日报》正式创刊。作为中央机关报的《人民日报》，正是
由中共晋冀鲁豫中央局机关报《人民日报》与中共晋察冀
中央局机关报《晋察冀日报》合并而来的，而《晋察冀日
报》又是由中共北方局北方分局机关报《抗敌报》改名
而来。

　　　　　　　本条引自《人民日报》1948 年 3 月 23 日第
二版。

　　**3 月 27 日**　《同善其身，共善天下——致参观清华的大中学
生》写作完毕。

　　**【按】**这篇文章后发表在《清华旬刊》1948 年第六期。

　　**【按】**"同善其身，共善天下"语出《孟子·尽心上》"穷
则独善其身，达则兼善天下"一语，意思是"有道德的人
贫穷的时候要洁身自好修养个人品德，富有的时候要救济
天下的人"。吴晗在这里将其巧妙地改为"同善其身，共

善天下"，以勉励参观清华的大中学生。

> 本条引自《吴晗全集》第九卷第 169 页。

**4 月 3 日**　《论皇权》在《观察》第四卷第六期发表。

【按】文章署名为"吴晗"。

> 这篇文章 1948 年 12 月收入上海观察社出版的《皇权与绅权》；1986 年 1 月收入人民出版社出版的《吴晗史学论著选集》第二卷；1988 年 3 月收入北京出版社出版的《吴晗文集》第三卷；2009 年 3 月收入中国人民大学出版社出版的《吴晗全集》第四卷。

> 本条引自《观察》第四卷第六期。

**同日**　《同善其身，共善天下——致参观清华的大中学生》在《清华旬刊》第六期发表。

【按】文章署名为"吴晗"。

> 这篇文章 1988 年 3 月收入北京出版社出版的《吴晗文集》第三卷；2009 年 3 月收入中国人民大学出版社出版的《吴晗全集》第九卷。

> 本条引自《清华旬刊》1948 年第六期。

**4 月 5 日**　致函黄裳。

【按】吴晗在信中说，"费孝通兄答应辑他所写的人物志，如沈骊英、陶云逵、费金生等篇为一书，已写十有六篇，再凑三四篇即可成书"。

这封信 2009 年 3 月收入中国人民大学出版社出版的《吴晗全集》第十卷。

本条引自《吴晗全集》第十卷第 176 页。

**4 月 16 日**　《论绅权》在《时与文》第三卷第一期发表。

【按】文章署名为"吴晗"。

这期还刊登了曾昭抡的《中西部——美国的大谷仓》等十篇文章。

这篇文章 1948 年 12 月收入上海观察社出版的《皇权与绅权》；1986 年 1 月收入人民出版社出版的《吴晗史学论著选集》第二卷；1988 年 3 月收入北京出版社出版的《吴晗文集》第三卷；2009 年 3 月收入中国人民大学出版社出版的《吴晗全集》第四卷。

本条引自《时与文》第三卷第一期。

**4 月 23 日**　和清华大学、北京大学、北京师范大学、燕京大学四校九十名教授联名在《观察》周刊第四卷第十期发表《九十教授对吴铸人谈话之驳斥及质询》。

【按】吴晗等九十名教授对国民党北平市党部主任委员吴铸人 4 月 19 日在"总理纪念周"中警告教授们不要再演第二次闻一多事件的报告，予以驳斥与质询。这九十名教授中主要有李广田、吴晗、吴恩裕、金岳霖、许宝騄、游国恩、冯至、费青（仲南）、费孝通、钱伟长等。

这篇文章后又发表在 1948 年 5 月 1 日的《北大半月

刊》第四期。

本条引自孙玉蓉编著：《俞平伯年谱》第
244 页。

**5 月 1 日** 《九十教授对吴铸人谈话之驳斥及质询》发表在
《北大半月刊》第四期。

【按】《北大半月刊》，北京大学学生自治会主办的校刊，主
要刊载北京大学师生撰写的政治问题与学生运动的论著，
也涉及教育、经济与军事方面的材料，还刊登文学作品，
报道各地通讯。郭沫若、许德珩、茅盾、冯至、张奚若、
张申府、刘清扬、李广田、张东荪等人均在该刊上发表过
文章。

本条引自孙玉蓉编著：《俞平伯年谱》第
244 页。

**5 月 3 日** 《论智识分子》在《燕京新闻》第十四卷第二十
六期发表。

【按】文章署名为"吴晗讲　淙笔记"。

这期还刊登了茅盾的文章《知识分子的道路——为一
九四八年五四而写》。

这篇文章是吴晗未曾结集发表的遗著之一。

【按】智识分子，20 世纪三四十年代对于具有较高文化水
平、从事脑力劳动的人的一种称谓，相当于现今的"知识
分子"一词。在 1948 年的时候，"智识分子"和"知识分

子"一词是等意通用的。

本条引自《燕京新闻》第十四卷第二十六期。

**5 月 10 日**　《近代中国社会变迁》在《燕京新闻》第十四卷第二十七期发表。

【按】文章署名为"吴晗"。

这篇文章是《进步日报》记者静远的记录稿。

这篇文章 2009 年 3 月收入中国人民大学出版社出版的《吴晗全集》第九卷。

本条引自《吴晗全集》第九卷第 176 页。

**5 月 13 日**　《"社会贤达"钱牧斋》在清华园写作完毕。

【按】这篇文章后发表在《中建》第六卷第五期。

吴晗在《读史劄记·后记》中介绍说：《"社会贤达"钱牧斋》是针对旧政协所谓"社会贤达"王云五写的，里面有一些话，对今天的读者没有意义，但在当时也曾稍稍刺了一下敌人。

【按】钱牧斋，即钱谦益，明末清初的著名诗人、文学家，主盟文坛数十年。明弘光时，官至礼部尚书。清兵南下，他在南京率先迎降，封清礼部右侍郎，名妓柳如是之夫。

本条引自《吴晗全集》第三卷第 325 页。

**5 月 16 日**　《从历史上看知识分子》在《知识与生活》第二十七期发表。

【按】文章署名为"吴晗"。

4 月 25 日，清华大学学生自治会举办了一个题为"论知识分子"的座谈会，参加这个座谈会并在会上发言的有费孝通、张东荪、翁独健、吴晗、袁翰青等。会后，在《知识与生活》杂志上以《论知识分子特辑》辑录了座谈会上的发言。费孝通的发言题目是"论知识分子的社会地位"，张东荪的发言题目是"论知识分子在文化上的贡献"，袁翰青的发言题目是"论知识分子的生活态度"，吴晗的发言题目就是"从历史上看知识分子"。

这篇文章 2009 年 3 月收入中国人民大学出版社出版的《吴晗全集》第九卷。

本条引自《知识与生活》第二十七期。

**5 月 17 日**　《论所谓"中国式的代议制度"》写作完毕。

【按】这篇文章后发表在《观察》第四卷第十四期。

【按】代议制度是由选举产生的代议机关行使国家权力的制度，是间接民主的形式。现代国家普遍实行代议制度。代议制度的产生发展反映了社会分工日益专门化和国家事务日益复杂化的客观需要。在现代社会中，无论是哪一个统治阶级，只要实行民主政治，都普遍采取代议制度的形式，只是具体方式有所不同。

本条引自《吴晗全集》第二卷第 385 页。

**5 月 20 日**　《北方教授看美援》在《时与文》第二卷第二

十二期发表。

【按】文章署名为"吴晗"。

这篇文章原载《时与文》1948 年 5 月 20 日第二卷第二十二期。这篇文章是本书编者从一篇署名"文琦"的文章《北方教授看美援》中摘录下来的。文章开头便说:"'美援'之来一延再延,曾经不知急坏了多少人,那股劲儿真有点'若大旱之望云霓'。也难怪,原来就指望着靠它翻本,如果没有它,或者是来得太少,无疑的,连翻本的本钱都没有,这一场赌博恐怕是输定了。有了本钱也许还会有一点希望,至少不至于立即输光。有人认为它翻不了本,有人觉得钱拿到手后要好好利用,加上自力更生就可大有作为;也有人大声疾呼'不够味'。见仁见智,各有千秋。这里是北方一些教授们对美援的看法,谁是谁非,让读者去抉择罢!"然后,就先后选录了张东荪、吴晗、许德珩、雷洁琼、邓之诚等教授对这一问题的看法。值得说明的是,文中吴晗的看法和他 3 月 1 日发表在《燕京新闻》上的《从和谈到美援》,内容基本相同。

本条引自《时与文》第二卷第二十二期。

**5 月 29 日**　《论所谓"中国式的代议制度"》在《观察》第四卷第十四期发表。

【按】文章署名为"吴晗"。

1948 年 5 月的《观察》第四卷第十一期发表了何永

佶的《中国式的代议制度》一文，主张科举为古代中国式的代议制度，随后吴晗于《观察》第四卷第十四期发表《论所谓"中国式的代议制度"》加以反驳。

这期还刊载有费孝通、张东荪等七人的文章。

这篇文章 1986 年 1 月收入人民出版社出版的《吴晗史学论著选集》第二卷；1988 年 3 月收入北京出版社出版的《吴晗文集》第三卷；2009 年 3 月收入中国人民大学出版社出版的《吴晗全集》第二卷。

本条引自《观察》第四卷第十四期。

**6 月 11 日**　《再论绅权》在《时与文》第三卷第九期发表。

【按】文章署名为"吴晗"。

这期还刊载了宦乡的《从司徒大使声明说起》和曾昭抢的《今日美国（十三）新英格兰游记》等十篇文章。

这篇文章 1948 年 12 月收入上海观察社出版的《皇权与绅权》；1986 年 1 月收入人民出版社出版的《吴晗史学论著选集》第二卷。

这篇文章 1988 年 3 月收入北京出版社出版的《吴晗文集》第三卷；2009 年 3 月收入中国人民大学出版社出版的《吴晗全集》第四卷。

本条引自《时与文》第三卷第九期。

**6 月 13 日**　北平《世界日报》发表了吴晗等四百三十七名北平各大学教师署名的《反对美扶日政策致司徒雷登抗议书》。

【按】这份抗议书以雄辩的事实列举了美国政府违反《波茨坦协议》，恶意扶植日本恢复军国主义的可耻行径。抗议书表示，"吾人深信中国人民之力量足以击溃任何外来干涉与压迫，吾人深信贵国绝大多数善良人民亦必与中国人民立于一条战线上，击溃贵国政府之发动政策"。

吴晗签字的这份抗议书 2009 年 3 月收入中国人民大学出版社出版的《吴晗全集》第十卷。

【按】《世界日报》，中华民国时期华北地区的民营报纸。1925 年 2 月 10 日在北京创刊。创办人成舍我，总编辑先后有龚德柏、张恨水、黄少谷、张友鸾等。内容以军事、政治新闻为主，兼重教育新闻。1937 年 8 月停刊。1945 年 5 月 1 日，北平《世界日报》在重庆复刊。社长还是成舍我，总主笔程沧波，总编辑赵敏恒。11 月，重庆《世界日报》总社迁回北平。1949 年 2 月 25 日，北平军管会查封了《世界日报》《世界晚报》，其设备后用于创办由民盟主管的《光明日报》。

本条引自《世界日报》1948 年 6 月 13 日第三版。

**6 月 17 日**　由吴晗参加起草的抗议美国政府扶植日本军国主义和拒绝购买"美援"平价面粉，退还配购证的公开声明，由清华大学一百一十名教师签名并发表。

【按】公开声明全文如下：

"为反对美国政府的扶日政策，为抗议上海美国总领事卡宝德和美国驻华大使司徒雷登对中国人民的污蔑和侮辱，为表示中国人民的尊严和气节，我们断然拒绝美国具有收买灵魂性质的一切施舍物资，无论是购买的或给予的。下列人同意拒绝购买美援平价面粉，一致退还配购证，特此声明。

三十七年六月十七日"

在那份拒绝美国救济物公开声明上签名的教授中，朱自清、金岳霖、陈寅恪等先生就是吴晗亲自去征请的。

本条引自王宏志、闻立树主编：《怀念吴晗　百年诞辰纪念》第 212 页。

**6 月 29 日**　吴晗等一百零四人联名在北平《新民报》发表《抗议轰炸开封宣言》，抗议国民党轰炸开封古城，严正斥责国民党大打内战的罪行。

【按】在宣言签名的还有北平各院校著名教授朱光潜、俞平伯、沈从文、李广田、浦江清、袁翰青、陈寅恪、许德珩、费孝通、杨振声、雷洁琼、潘光旦、钱伟长等。

【按】《新民报》是今天《新民晚报》的前身，1929 年 9 月 9 日在南京创刊，创办人陈铭德、吴竹似、刘正华，陈铭德任社长。"九一八"事变后，《新民报》积极宣传抗日，主张抗敌御侮的言论和宣传报道大得人心，由此报纸影响扩大，先后在南京、重庆、成都、上海、北平拥有五个社，八张日、晚刊，号称"五社八版"。罗承烈任总主笔，赵超构任副总主笔。因主张和平民主，反对内战，1948 年

年中被迫停刊。新中国成立后，上海《新民报晚刊》继续
出版，1958年起改名《新民晚报》。

本条引自刘培育主编：《金岳霖的回忆与回
忆金岳霖》第496页。

**本月**　《朱元璋的统治术》在《中建》第六卷第三、四期
发表。

【按】编者迄今没有找到这篇文章发表的具体时间、媒体和
署名。

这篇文章1986年1月收入人民出版社出版的《吴晗
史学论著选集》第二卷；2009年3月收入中国人民大学出
版社出版的《吴晗全集》第二卷。

本条引自《吴晗全集》第二卷第462页。

**本月**　将《闻一多全集》的整理稿寄给郭沫若审校。

【按】据闻立树在《狮吼虎啸　永志于心》一文中回忆说，
"吴晗作为整理闻一多先生遗著委员会成员之一，在遗稿
的搜集汇总方面做了许多组织和联系工作，全集的整理稿
是经他之手从北平寄给时在上海的郭沫若审校的。"

本条引自王宏志、闻立树主编：《怀念吴
晗　百年诞辰纪念》第175页。

**7月4日**　致函黄裳。

【按】吴晗在信中说，最近"是比较忙。一、客人太多；

二、考试；三、赶写《朱传》。现在第二项完了，第三项两三天可结束。只是第一项永远是债务……此间在办《中国建设》半月刊，由费青主持。请费神写通讯，千恳"。

这封信是吴晗未曾结集发表的遗著之一。

本条引自天涯博客"爱纸敬书斋"文泉清：《吴晗、汪曾祺致黄裳（附黄裳小记)》。

**7月23日**  出席《中建》杂志举办的题为"知识分子今天的任务"的座谈会，并在会上发言。

【按】《中建》杂志一共举办过两次这样的座谈会，题目均为"知识分子今天的任务"。第一次是在7月5日，座谈的地点是在北平市内骑河楼的清华同学会。出席者有张东荪、许德珩、费孝通、俞平伯、钱伟长、楼邦彦、朱自清、吴晗、杜仁之等四十九人。座谈会开始后，张东荪、许德珩、费孝通、俞平伯四个人刚发完言，北平市内就发生了"七五"血案，国民党军警在北平镇压东北流亡学生，造成流血事件，全市开始戒严，座谈会只好匆匆结束。

7月23日的这次座谈会虽是第二次，但实际上是继续7月5日那次没有开完的座谈会。不过座谈的地点没有继续在北平市内骑河楼的清华同学会，而是换在了当时处于城郊的清华大学校内的工字厅，座谈的题目仍是"知识分子今天的任务"，出席者有张东荪、许德珩、费孝通、俞平伯、钱伟长、楼邦彦、朱自清、吴晗、杜仁之等四十九人。吴晗在这次的座谈会上发言。

会后，《中建》半月刊杂志社编辑部将这两次座谈的会议记录整理后，发表在8月5日的《中建》半月刊（北平航空版第二期）总第三卷第五期，即《知识分子今天的任务——本刊座谈记录》。

1959年，吴晗将他在40年代所撰写、发表的杂文罗列在一起，整理编成《投枪集》。在这本杂文集中，吴晗将《知识分子今天的任务——本刊座谈记录》中自己的发言部分，仍以"知识分子今天的任务"为题收入文集中。

【按】王艮仲在上海地下党的影响下，把在上海出版的《中建》半月刊停刊，利用这个登记证在北平创刊了《中建》（北平版）半月刊。王艮仲当时是上海中国建设出版社的创办人，自任社长。该社出版有《中国建设》月刊和《中建》半月刊，都领有国民党内政部的登记证。吴晗当时也是《中建》（北平版）半月刊的编委。1948年12月最后一期的北平版出版后，从1949年开始出版的第一期叫综合版，三期后就停刊了，后来再复刊就叫《新建设》了。

本条引自《中建》半月刊总第三卷第五期。

**7月28日**　《人民日报》刊登了吴晗等联名发表抗议"蒋傅匪帮"制造"七五"血案，屠杀东北学生罪行的宣言。

【按】1948年7月22日，北平清华、北大、燕京等大学教授四百零四人联名发表《抗议蒋傅匪帮制造"七·五血案"屠杀东北学生罪行的宣言》。宣言首称："我们北平各大学教授、讲师、助教、教员同人一致为'七·五血案'向政府提出最沉痛、最严重的抗议。"签署该宣言者有左宗纶、朱自清、李广田、黄国璋、张东荪、张奚若、张伯驹、梁思成、邓以蛰、许德珩、费青、吴晗等。

　　本条引自《人民日报》1948 年 7 月 28 日第二版。

**本月**　《史事与人物》由上海生活书店出版。

【按】本书出版时署名为"吴晗"。

　　这本书收集了吴晗撰写的《回纥助唐记》《论奴才》《"社会贤达"考》《奴隶翻身的史例》《关于魏忠贤》《哭一多》《闻一多的手工业》等十八篇文章。

　　这十八篇文章 2009 年 3 月收入中国人民大学出版社出版的《吴晗全集》第七卷。

　　本条引自曹鹤龙、李雪映编:《生活·读书·新知三联书店图书总目（增订版）（1932—2007)》第 72 页。

**8 月 5 日**　在"知识分子今天的任务"座谈会上的讲话在《中建》半月刊（北平航空版第二期）总第三卷第五期发表。

【按】文章署名为"吴晗"。

　　这篇文章 1959 年 9 月收入作家出版社出版的《投枪集》；2009 年 3 月收入中国人民大学出版社出版的《吴晗

全集》第七卷。

【按】《吴晗全集》的编者在这篇文章的末尾处标注：原载北平《中建》半月刊，1948 年 7 月 23 日。经本书编者考证，这篇文章的发表时间不是 1948 年 7 月 23 日，而是 1948 年 8 月 5 日。1948 年 7 月 23 日只是吴晗讲话的时间。

本条引自《中建》半月刊总第三卷第五期。

**同日**　《明初的恐怖政治》在《中建》半月刊（北平航空版第二期）总第三卷第五期发表。

【按】文章署名为"吴晗"。

这期还刊登有费孝通、袁翰青、孙国华、芮沐等人的文章。

这篇文章 1986 年 1 月收入人民出版社出版的《吴晗史学论著选集》第二卷；1988 年 3 月收入北京出版社出版的《吴晗文集》第三卷；2009 年 3 月收入中国人民大学出版社出版的《吴晗全集》第二卷。

本条引自《中建》半月刊总第三卷第五期。

**8 月 12 日**　《朱元璋传》（1948 年本）修订完稿。

【按】这次修订是在《由僧钵到皇权》的基础上进行的。这版《朱元璋传》（1948 年本）就是后来吴晗呈送给毛泽东的那个版本。

本条引自《吴晗全集》第一卷第 121 页。

**同日** 《〈朱元璋传〉（1948 年本）后记》写作完毕。

【按】吴晗在《后记》中说，"从三十六年暑假，到三十七年暑假，整整花了一年零一个月的时间写作。篇幅从原来的八万字，扩充到十五六万字，差不多增加了一倍。注明材料出处，又增加了五百多条小注。更重要的是有许多看法，竟和初稿完全不同"。

本条引自《吴晗全集》第五卷第 319 页。

**同日** 致信黄裳。

【按】吴晗在信中说，"《史事与人物》已见广告两个月之久，迄今无一本寄来，想系空寄困难之故，已去信催寄，收到即奉寄一册，乞指正也。憾此事自当如命，但苦于目前无文论，无合适题目。倘能命题便容易多矣。朱佩弦今午逝也，心境极不快，不多谈"。

这封信 2009 年 3 月收入中国人民大学出版社出版的《吴晗全集》第十卷。

本条引自《吴晗全集》第十卷第 177 页。

**8 月 14 日** 《悼朱佩弦先生》于清华园写作完毕。

【按】这篇文章后发表在 1948 年 8 月 20 日的《中建》半月刊（北平版）第一卷第三期。

这篇文章与 8 月 16 日写的《悼朱佩弦先生》，虽题目相同，但内容却不尽相同。

【按】朱佩弦，即朱自清，原名自华，号秋实，后改名自清，字佩弦。

　　　　　本条引自《吴晗全集》第七卷第 383 页。

**8 月 16 日**　《悼朱佩弦先生》写作完毕。

【按】这篇文章后发表在《观察》第五卷第一期。

　　　　　本条引自《吴晗全集》第九卷第 186 页。

**8 月 20 日**　《论戊戌变法》在上海的《中建》半月刊第三卷第六期发表。

【按】文章署名为"刘勉"。

　　这篇文章 1959 年 9 月收入作家出版社出版的《投枪集》；1988 年 3 月收入北京出版社出版的《吴晗文集》第三卷；2009 年 3 月收入中国人民大学出版社出版的《吴晗全集》第七卷。

　　　　　本条引自《中建》半月刊第三卷第六期。

**同日**　《论戊戌变法》在《中建》半月刊（北平版）第一卷第三期发表。

【按】这篇文章同日还在上海的《中建》半月刊发表。

　　　　　本条引自《中建》（北平版）第一卷第三期。

**同日**　《悼朱佩弦先生》在《中建》半月刊（北平版）第一卷第三期发表。

【按】文章署名为"吴晗"。

这篇文章 1959 年 9 月收入作家出版社出版的《投枪集》；1979 年 12 月收入人民文学出版社出版的《吴晗杂文选》；1988 年 3 月收入北京出版社出版的《吴晗文集》第三卷；2009 年 3 月收入中国人民大学出版社出版的《吴晗全集》第九卷。

本条引自《中建》（北平版）第一卷第三期。

同日　《悼朱佩弦先生》在上海的《中建》半月刊第三卷第六期发表。

【按】这篇文章同日还在北平版的《中建》半月刊发表。

本条引自《中建》第三卷第六期。

同日　《从历史上看知识分子》在《清华旬刊》第十三期发表。

【按】文章署名为"吴晗"。

这篇文章发表时，文前有编者按语，"此文原为吴晗先生讲稿，平津各杂志曾有一二记录披露者，但可惜都有遗漏或不完善之处。本社记录稿因故迟迟未刊，最近请吴先生详为过目校正，特补刊于后"。

这篇文章 1988 年 3 月收入北京出版社出版的《吴晗文集》第三卷；2009 年 3 月收入中国人民大学出版社出版的《吴晗全集》第九卷。

本条引自《清华旬刊》1948 年第十三期。

**8 月 28 日**　《悼朱佩弦先生》在《观察》第五卷第一期
发表。

【按】文章署名为"吴晗"。

同期还有费孝通的《评晏阳初"开发民力建设乡
村"》、张东荪的《民主主义与社会主义补义》等。

这篇文章 1988 年 3 月收入北京出版社出版的《吴晗
文集》第三卷；2009 年 3 月收入中国人民大学出版社出版
的《吴晗全集》第七卷。

本条引自《观察》第五卷第一期。

**本月**　吴晗作序的黄裳编著的《旧戏新谈》出版。

【按】序言署名为"吴晗"。

这篇序言 1988 年 3 月收入北京出版社出版的《吴晗
文集》第三卷；2009 年 3 月收入中国人民大学出版社出版
的《吴晗全集》第九卷。

【按】《旧戏新谈》，黄裳著，1948 年 8 月开明出版社出版。
全书共分五辑：第一辑所收泛论，是作者对京戏的看法，
第二辑中所收作者谈戏的文章，谈及戏剧约二十四部，第
三辑所收作者谈戏小品文九篇，说的都是人们喜闻乐见的
几出戏，第四辑写到几名伶工，而整个第五辑文章基本与
戏无关，近乎都是杂文。

本条引自王宏志、闻立树主编：《怀念吴
晗　百年诞辰纪念》第 265 页。

本月 《"社会贤达"钱牧斋》在《中建》第六卷第五期发表。

【按】编者迄今没有找到文章发表的具体时间、媒体和署名。

这篇文章 1986 年 1 月收入人民出版社出版的《吴晗史学论著选集》第二卷；2009 年 3 月收入中国人民大学出版社出版的《吴晗全集》第三卷。

本条引自《吴晗全集》第三卷第 325 页。

本月 作跋的《闻一多全集》正式由开明书店出版。

【按】《闻一多全集》，全套四卷，精装本。编辑者为朱自清、郭沫若、吴晗、叶圣陶。《闻一多全集》采用了吴晗于 1947 年 11 月 4 日撰写、1947 年 11 月 15 日发表于《观察》第三卷第十二期的《跋一多遗集》做跋。

【按】开明书店是 1926 年 8 月 1 日章锡琛、章锡珊兄弟在上海开设的一个著名出版机构，叶圣陶先生曾一度主持该书店的工作，开明书店出版了很多著名的读物，包括茅盾的《子夜》，巴金的《家》《春》《秋》，林语堂的《开明英文读本》，等。1950 年，开明书店实行公私合营，1953 年与青年出版社合并改组为中国青年出版社。

本条引自闻立树、闻立欣编撰：《拍案颂：闻一多纪念与研究图文集》第 183 页。

**9月7日** 致函黄裳。

【按】这封信说的是他9月6日到达上海后，不敢露面，隐姓埋名地蛰居在余庆路182号《中国建设》发行人王艮仲的宅中。吴晗在信中告知黄裳"六日到沪小住，因路径不熟，迄未奉谒。今晚倘有暇，乞过余庆路一八二号王宅一谈为快"。

这封信2009年3月收入中国人民大学出版社出版的《吴晗全集》第十卷。

【按】这封信没有标注写信的年月日。《吴晗全集》标注为"1948年9月×日"。编者经考证后推定为1948年9月7日。理由是：史料有据，吴晗于1948年9月6日抵达上海，拟辗转到河北解放区去。信中有"六日到沪"的字样，编者推定此信的写作时间是9月7日。且该信也没有署吴晗的名字，而是署名"弟旧史上"，因吴晗先后写过十篇"旧史新谈"的稿件发表在《文汇报》，故黄裳一看"旧史"二字便知是吴晗了。

本条引自《吴晗全集》第十卷第178页。

**10月1日** 《官僚政治的故事》在《中建》第七卷第一期发表。

【按】文章署名为"吴晗"。

文章第一章节《航海攻心战术》1959年9月收入作家出版社出版的《投枪集》。

这篇文章2009年3月收入中国人民大学出版

的《吴晗全集》第四卷。

【按】《官僚政治的故事》有两个章节，第一章节为《航海攻心战术》；第二章节为《碰头和御前会议》。但吴晗1959 年 9 月出版的《投枪集》将其中的第一章节《航海攻心战术》单作一篇文章收入。2009 年 3 月，包含有这两个章节的《官僚政治的故事》收入《吴晗全集》第四卷。而第一章节《航海攻心战术》却与《投枪集》的其他篇章一起收入《吴晗全集》的第七卷，造成了《航海攻心战术》这一篇重复收录。

本条引自《中建》第七卷第一期。


**本月**　《明初的学校》在《清华学报》第十五卷第一期发表。

【按】文章署名为"吴晗"。

这篇文章 1956 年 2 月收入生活·读书·新知三联书店出版的《读史劄记》；1986 年 1 月收入人民出版社出版的《吴晗史学论著选集》第二卷；2009 年 3 月收入中国人民大学出版社出版的《吴晗全集》第三卷。

本条引自《清华学报》第十五卷第一期。


**本月**　《史事与人物》由上海生活书店重印出版。

【按】本书出版时署名为"吴晗"。

《吴晗全集》的编者在《吴晗全集》第七卷第 108 页上有一个说明："《史事与人物》，吴晗著，生活书店 1948

年 10 月初版。"这是一个失实的史料。本书编者查阅了《史事与人物》的版权页和曹鹤龙、李雪映编著的《生活·读书·新知三联书店图书总目（增订版）（1932—2007）》第 72 页，数据证明，吴晗的《史事与人物》初版不是 1948 年 10 月，而是 1948 年 7 月。1948 年 10 月是《史事与人物》的重印时间。

> 本条引自曹鹤龙、李雪映编：《生活·读书·新知三联书店图书总目（增订版）（1932—2007）》第 72 页及《吴晗全集》第七卷第 108 页。

**11 月 24 日**　毛泽东在认真阅读吴晗撰写的《朱元璋传》后致信吴晗，就指导历史研究的方法提出了重要意见。

> 【按】毛泽东在认真阅读吴晗撰写的《朱元璋传》后，在退还《朱元璋传》书稿时，还特地给吴晗写了一封信。信曰：
>
> "辰伯先生：
>
> 两次晤谈，甚快。大著阅毕，兹奉还。此书用力甚勤，掘发甚广，给我启发不少，深为感谢。有些不成熟的意见，仅供参考，业已面告，此外尚有一点，即在方法问题上，先生似尚未完全接受历史唯物主义作为观察历史的方法论。倘若先生于这方面加力用一番功夫，将来成就不可限量。
>
> 谨致革命的敬礼！
>
> 毛泽东
>
> 十一月二十四日

介绍乔木同志来见，乞加指教。他是我这里的秘书兼管新华社工作。"

    本条引自宋连生著：《吴晗的后二十年》第137 页。

**本月** 在河北解放区应邀出席中共中央统战部组织的学习座谈会，并做了《关于北平民主运动》的报告。

【按】中共中央统战部在西柏坡李家庄的招待所里组织了有先后来自香港、北平及其他"国统区"的进步人士参加的学习座谈会。座谈会每周一次，多由统战部部长李维汉或秘书长齐燕铭主讲。

【按】这篇报告，编者迄今没有找到它的原文。

    本条引自宋连生著：《吴晗的后二十年》第31 页。

**本月** 完成《民主同盟北平盟务报告》并交中共中央统战部。

【按】1948 年 11 月，吴晗到解放区后，写下《民主同盟北平盟务报告》交给中共中央统战部，目的是让党中央了解北平民盟的活动情况，争取党对民盟工作的领导和帮助。

【按】这篇报告，编者迄今没有找到它的原文。

    本条引自刘光永著：《清官梦——吴晗传》第 256 页。

**本月** 到解放区不久的吴晗受到了毛泽东、朱德、周恩来的接见；吴晗将自己撰写的《朱元璋传》第二次稿本送呈毛泽东审阅。

【按】据宋连生的《吴晗的后二十年》一书叙述，"在中共中央所在地，吴晗受到毛泽东的接见。他们进行了广泛而深入的交谈。毛泽东酷爱历史，对吴晗的《朱元璋传》很有兴趣。除了抽时间读完了这部书外，还特地约吴晗谈了一个晚上"。

本条引自宋连生著：《吴晗的后二十年》第137页。

**12月2日** 《给朋友的一封公开信》写作完毕。

【按】这篇文章后发表在1949年1月15日的《中国青年》第二期。

这篇文章2009年3月收入中国人民大学出版社出版的《吴晗全集》第九卷。

本条引自《吴晗全集》第九卷第189页。

**本月** 《朱元璋的少年时代》在《文艺复兴》第十二期发表。

【按】文章署名为"吴晗"。

这篇文章2009年3月收入中国人民大学出版社出版的《吴晗全集》第五卷。

【按】吴晗的《朱元璋的少年时代》是1948年版《朱元

璋传》的一个章节，据《吴晗全集》编者标注为：原载《文艺复兴》第十二期，1948 年。没有具体的月份。国家图书馆的馆藏中，没有这一期的《文艺复兴》藏本。但编者依据有关信息得知，1948 年 9 月、12 月以及 1949 年 8 月先后出版了《文艺复兴·中国文学研究号》上、中、下册。故推断吴晗的《朱元璋的少年时代》是发表在 1948 年 12 月的《文艺复兴》杂志上。具体的日期还待继续考证。

【按】《文艺复兴》，1946 年 1 月 10 日创刊于上海，月刊，十六开本。郑振铎、李健吾主编。文艺复兴社发行，上海出版公司总经售。1947 年 11 月 1 日出版第四卷第二期后停刊，共出版二十期。该杂志创作与翻译并重，提倡为人民而写作。内容有论文、小说、剧本、诗歌、散文等，主要撰稿人有郭沫若、茅盾、巴金、叶圣陶、郑振铎、李健吾、钱锺书、辛笛、周而复、靳以、沈丛文、许广平、师陀、路翎、吴岩、季美林、罗洪等。曾连载钱锺书的长篇小说《围城》、巴金的《寒夜》、李广田的《引力》、艾芜的《乡怨》等，并刊有纪念鲁迅、闻一多，悼念夏丏尊、耿济之，《抗战八年死难纪念》等专辑，是抗日战争胜利后全国唯一的较有影响的大型文学刊物。

本条引自《吴晗全集》第五卷第 346 页。

**本月** 和费孝通等合作编著的《皇权与绅权》由上海观察社出版。吴晗的《论皇权》《论绅权》《再论绅权》《论士大夫》四篇文章被收入该书。

【按】本书署名为"吴晗、费孝通等著"。

【按】《皇权与绅权》是一部研究中国传统社会权力结构及其演变规律的论文集。1947年，社会学家费孝通与历史学家吴晗合作，举办关于中国社会结构的研讨班，试图将中国历史资料与社会学已取得的一些实地调查研究成果结合起来，着重对中国社会结构中的权力结构进行探讨。讨论持续了十余次，研讨者各自将发言稿整理成文，先后发表于储安平主编的《观察》周刊，1948年12月汇编成书，作为"观察丛书"由上海观察社出版。全书由十六篇论文和一篇后记组成。作者有费孝通、吴辰伯（即吴晗）、袁方、全慰天、胡庆钧、史靖等人。

本条引自刘光永著：《清官梦——吴晗传》第238页。

# 1949 年

**1 月 15 日**　《给朋友的一封公开信》在《中国青年》第二期发表。

【按】文章署名为"吴晗"。

吴晗在信中兴奋地谈到他前一段到解放区去体验到的一种新精神和过去从来不曾有过的自由。他说，解放区生活条件好，吃的东西丰富，货币稳定，百姓安居乐业，一切都是新气象。

这期还同时刊载有冯文彬的《新民主主义青年团是什么？》、薛暮桥的《从法币到金圆券》等文章。

这篇文章 2009 年 3 月收入中国人民大学出版社出版的《吴晗全集》第九卷。

本条引自《中国青年》1949 年第二期。

**1 月 20 日**　在华北人民政府和中共华北中央局所举行的盛大欢迎会上做演讲。

【按】由国民党统治区和海外来到华北解放区的各民主党派、各人民团体代表和无党派民主人士，在华北人民政府和中国共产党华北中央局所举行的盛大欢迎会上发表演说，痛斥国民党在美帝国主义主使下的假和平阴谋，坚决拥护中国共产党毛泽东主席1月14日声明中所提出的建立真正民主和平的主张。出席这个欢迎会的有无党派民主人士李锡九、符定一、周建人、胡愈之、吴晗、袁震、楚图南、翦伯赞、田汉、沈强、王蕴如，上海工人代表朱俊欣、欧阳祖润等。会前曾作欢宴，华北人民政府主席董必武和符定一、周建人代表主客双方即席致辞，互相表示敬意。接着，民主同盟马来亚支部主任委员胡愈之，上海工人代表、全国总工会执行委员朱俊欣，清华大学教授、民主同盟中央委员吴晗，民主同盟中央委员韩兆鹗先后发表演讲，剧作家和诗人田汉还上台朗诵了自己的两首新作。

这个演讲（摘录）后发表在1949年1月27日的《人民日报》第一版。

本条引自《人民日报》1949年1月27日第一版。

**1月22日**　和五十五名到达解放区的民主人士一起，联名发表对时局的意见，公开响应毛泽东的新年献词和对时局的声明。

【按】声明的题目是"我们对于时局的意见"。这个意见很大程度上挫败了国民党对于各民主人士的勾引，中共中央1949年1月24日发出的有关指示电中予以充分肯定。

本条引自《人民日报》1949年1月24日第一版。

**1 月 24 日** 《人民日报》刊登了《我们对于时局的意见》。

【按】意见说，"去年五月一日，中共中央号召全国，建议召开包括各民主党派、各人民团体、各民主人士的新政治协商会议，以加速推翻南京卖国独裁统治，实现人民民主联合政府，我们一致认定，这一解决国是主张，正是符合全国人民大众的要求，特通电响应，并先后进入解放区，在人民解放战争进行中，愿在中共领导下，献其绵薄，贯彻始终，以冀中国人民民主革命之迅速成功，独立、自由、和平、幸福的新中国之早日实现"。

联名发表《我们对于时局的意见》的五十五人是李济深、沈钧儒、马叙伦、郭沫若、谭平山、彭泽民、章伯钧、李锡九、蔡廷锴、周建人、符定一、章乃器、李德全、胡愈之、沙千里、茅盾、朱学范、陈其尤、黄镇声、朱蕴山、邓初民、翦伯赞、王绍鏊、吴晗、许广平、楚图南、丘哲、韩兆鹗、冯裕芳、许宝驹、田汉、洪深、侯外庐、沈滋九、宦乡、杨刚、曹孟君、刘清扬、张曼筠、施存统、孙起孟、严信民、李民欣、梅龚彬、沈志远、周颖、安娥、吴茂荪、何惧、林一元、赖亚力、孔德沚、袁震、沈强、王润如。

本条引自《人民日报》1949 年 1 月 24 日第一版。

**同日**　香港《华商报》全文刊载《我们对于时局的意见》。

【按】香港《华商报》是抗日战争时期中共创办和领导的、在香港出版的具有统一战线性质的报纸。它创刊于 1941 年 4 月 8 日，后因太平洋战争爆发、日军侵入香港而于 12 月 12 日主动停刊，共出版二百四十九号。抗战胜利后，《华商报》于 1946 年 1 月 4 日复刊，1949 年 10 月 15 日即广州解放翌日宣告终刊，共出版一千三百五十三号。

本条引自 1949 年 1 月 24 日香港《华商报》第一版。

**1 月 27 日**　在华北人民政府和中共华北中央局举行的盛大欢迎会上所做的演讲在《人民日报》摘录发表。

【按】这篇演讲摘录自新闻稿《新近抵华北解放区的各民主人士在欢迎会上演说痛斥国民党反动派假和平阴谋坚决拥护中共毛泽东主席声明中共华北局书记薄一波同志代表华北人民表示欢迎》。

这个演讲（摘录）是吴晗未曾结集发表的职务文稿之一。

本条引自《人民日报》1949 年 1 月 27 日第一版。

**2 月 1 日**　《我们对于时局的意见》转载在香港《光明报》第二卷第十一期。

【按】这期《光明报》的第 2 ~ 4 页还发表了该报的社论《我们对当前时局的看法》。

【按】香港《光明报》1941 年 9 月 18 日在香港正式创刊出版。它是当时刚刚创建不久的中国民主政团同盟的第一张报纸，负责人是梁漱溟。1941 年年底日本发动了太平洋战争，当年 12 月 13 日香港《光明报》被迫停刊，前后不过三个月。1946 年 9 月 18 日，该报在香港又正式复刊，一直到新中国成立。当时该报的编委有黄药眠、千家驹、沈志远、萨空了等。

　　　　　　本条引自香港《光明报》1949 年第二卷第十一期第 2~4 页。

同日　出席华北各界在石家庄召开的庆祝胜利大会并讲话。

【按】北平解放的消息传来后，华北各界于 1 日下午在石家庄召开六万多人的庆祝胜利大会。工人、农民、部队、学生、市民、商人、妇女们，从工厂，从周围数十里的农村，从兵营，从学校，从商店，高擎毛主席画像，招展着红绿彩旗，锣鼓喧天，跳着扭着，唱着歌，喊着口号，从四面八方像潮水一样涌进会场，七八十亩宽阔的会场，快要挤满了，会场四周的房上、墙上、土堆上、树上都围满了观众。会议由大会主席柯庆施市长致开会词，接着华北人民政府董必武主席、华北军区萧克副司令员、七十七岁高龄的民主老人李锡九先生、民主同盟中央委员吴晗等先后在会上讲话。吴晗说："今天在这儿庆祝中国第二大城市北平的解放，相信不要多久，我们将要接连地庆祝南京、上海、武汉、广州、台湾的解放，全国解放的日子已经屈指可数了。"他说："像这样一种史无前例的胜利，主要的是由于人民大众的力量，是由于人民解放军的力量，是由于无产阶级政党——共产党的力量，一切胜利属于人民，一切光荣属于人民。"他坚决表示民主同盟主张实现彻底的民主和永久的和平，认为只有实现中共毛主席的八项和平条件才是真正的和平，全国人民的力量，各民主党派的力量，必须在中国共产党领导下团结起来。

本条引自《人民日报》1949 年 2 月 8 日第一版。

**2 月 8 日**　在华北各界在石家庄召开的庆祝胜利大会上的讲话在《人民日报》摘录发表。

【按】这个讲话摘录自新闻稿《华北各界六万人盛大集会庆祝解放平津伟大胜利　一致拥护毛主席八项和平条件》。

这个讲话（摘录）是吴晗未曾结集发表的职务文稿之一。

本条引自《人民日报》1949 年 2 月 8 日第一版。

**2 月 11 日**　吴晗等大学教授纷纷发表谈话抗议美联社记者的造谣。

【按】1949 年 2 月 3 日，美联社的穆萨在报道解放军北平和平解放入城式时说："今日北平给它的共产党征服者一个热闹的欢迎，这只有这个经常被征服的城市才能够做到。

共产党向拥挤着的成千成万的人显出一两件东西看看——长达数里的缴获来的美国造的各种车辆。长列的市民在这个热烈的欢迎游行中把嗓子都喊哑了——正如当日本人占领北平他们欢迎日本人，当美国人回来他们欢迎美国人，当中国国民党人回来他们欢迎国民党人，以及数百年前欢迎蒙古人与鞑靼人一样。北平在欢迎它的征服者方面是素享盛名的。"

看到美联社记者穆萨与合众社记者诽谤北平人民的文字以后，北平市的工人、学生、民主人士、教授和新闻工作者都沸腾起来了，纷纷抗议美记者造谣。在北平的民主人士和大学教授胡愈之、吴晗、雷洁琼、闻家驷、许德珩等都纷纷发表谈话严予驳斥。吴晗说："中国人民、北平人民在北平解放后的狂欢情绪，是因为我们等待这个日子已经太长久了。这种强烈的情绪，穆萨们不久还可以在上海、南京、台湾等地方听到。请注意我只说听到而不说看到，因为，那些地方的人民将不会款待像你们这样的说谎者。"

本条引自《人民日报》1949 年 2 月 14 日第一版。

**2 月 14 日**　吴晗等大学教授发表的《抗议美联社记者造谣的谈话》在《人民日报》摘要发表。

【按】这篇谈话摘录自新闻稿《撕破美帝记者鬼脸把他们逐出解放区　北平人民继续抗议美记者诽谤》。

这个谈话（摘录）是吴晗未曾结集发表的职务文稿

之一。

　　　　　本条引自《人民日报》1949 年 2 月 14 日第
一版。

**4 月 8 日**　在中国文化界发表的响应召开世界拥护和平大会
宣言上签字。

【按】1949 年 4 月 8 日，中国文化界发表宣言，响应召开世
界拥护和平大会。在这个宣言上签字的还有千家驹、王冶
秋、田汉、向达、吴作人、李伯钊、李可染、李苦禅、周
扬、胡愈之、茅盾、柳亚子、范瑾、范长江、俞平伯等三
百多人。

【按】第二次世界大战结束后，冷战兴起，威胁人民的生
活。一些国际组织和著名人士发起召集世界保卫和平大
会，反对侵略和战争政策，要求无条件禁止核武器和大规
模杀伤性武器。中国和全世界爱好和平的人士纷纷发表
宣言拥护。1949 年 4 月 20 日至 25 日，世界保卫和平大
会第一次会议在巴黎和布拉格同时举行，出席大会的有
来自七十二个国家的两千多名代表，大会通过了《世界
保卫和平宣言》《告世界人民书》等十多项文件，并选
出常设委员会。

　　　　　本条引自《人民日报》1949 年 4 月 9 日第
三版。

**4 月 9 日**　北平文化界发表《声讨南京反动政府盗运文物宣

言》，吴晗等三百二十九人在该宣言上签字。

【按】1949 年 4 月 9 日，北平文化界三百二十九人联名发表宣言，声讨南京国民党政府卖国盗运文物的罪行。在该宣言上签字的还有千家驹、王冶秋、王芸生、王昆仑、尹达、卞之琳、田汉、朱学范、朱蕴山、艾青、成仿吾、安娥、李何林、李德全、李济深、沈从文、沈钧儒、沈志远、沈体兰、吴之椿、吴玉章、汪曾祺、余心清、余冠英、沙千里、金岳霖等。

本条引自《人民日报》1949 年 4 月 9 日第三版。

**4 月 11 日** 《人民日报》刊登《声讨南京反动政府盗运文物宣言》。

【按】宣言中说："查在抗战期间，早有不少文物运往美国，迄今尚未收回。近乃复决定以八千六百件珍贵古物运美，虽尚滞留沪上，未能启运，但如不立加制止，断难保证不终被盗运出国……夫古物图籍，乃人民共有之文化遗产，而外交档案，于国际交涉更大有攸关。如此大批盗运，中途既不免损耗，即使'安全到达'，而窖藏僻地，已失文物之用，且台湾气候决不宜于保存，留置过久，终必归于腐蚀。况台湾素为美帝所垂涎，早有险要唆使独立，最近美酋麦克阿瑟更公开表示，拟将划入日本经济范围。是则卖国党徒盗运文物至台，实不啻间接盗往美国。且品物咸属精要，而数量如此众多，整批出卖、旷古未闻。反动政府之罪，宁可胜诛耶？"

本条引自《人民日报》1949 年 4 月 11 日第
三版。

**本月**　《朱元璋传》由生活·读书·新知上海联合发行所
出版。

【按】该书为初版，是吴晗将 1948 年版的原稿呈送毛泽东
阅后出版的。1949 年 7 月新中国书局出版的《朱元璋传》
是依据这个版本再版的。

本条引自曹鹤龙、李雪映编：《生活·读
书·新知三联书店图书总目（增订版）
（1932—2007）》第 56 页。

**5 月 6 日上午**　在中华全国第一次青年代表大会做了《青年
与文化》的报告。

【按】吴晗在报告中指出："五四"以来的三十年是一部新
民主主义的革命史，领导新民主主义的中国共产党，不但
在军事上政治上得到了胜利，而且由于得到以毛泽东思想
为集中表现的马列主义的领导，在文化战线上也打了胜
仗。他指出在中国当代哲学、政治、经济、军事、文艺思
想上，《新民主主义论》《论联合政府》《论持久战》《中
国革命战争的战略问题》《整顿学风党风文风》《在延安文
艺座谈会上讲话》等著作的思想深刻，影响是无可比拟
的。吴晗号召青年文化工作者，要决心改造自己，建立新

的劳动态度，努力学习，使学有专长，并且要使文化工作者围绕着生产工作进行，有利于生产的恢复和发展。

上午还有严济慈的报告《青年与科学》。

这篇文章 2009 年 3 月收入中国人民大学出版社出版的《吴晗全集》第九卷。

本条引自《吴晗全集》第九卷第 190 页。

**5 月 7 日**　报告《青年与文化》（摘录）在《人民日报》发表。

【按】这篇报告摘录自新闻稿《全国青代大会第三日严济慈吴晗相继报告必须专精一门，为人民服务》。但这篇摘录，编者经与吴晗报告的全文核对，在总字数及其他各方面都有不少差异。编者推测，《人民日报》发表的只是记者的记录稿，而不是吴晗的原稿。

本条引自《人民日报》1949 年 5 月 7 日第一版。

**5 月 30 日**　《我的治学与思想是怎样进步的?》在《中国青年》第八期发表。

【按】文章署名为"吴晗"。

这期还刊载有吴玉章、韦君宜、宋平、杨朔等人的文章。

吴晗发表这篇文章时任中华全国民主青年联合总会常委等职。

这篇文章 2009 年 3 月收入中国人民大学出版社出版的《吴晗全集》第九卷。

本条引自《北京日报》1966 年 5 月 7 日第四版。

**7月1日**　出席中国研究史学会筹备委员会的成立会议。

【按】下午 3 点，中国史学研究会筹备委员会在北平北京饭店正式成立，郭沫若、范文澜、邓初民、向达、陈中凡、吴晗等三十余人出席会议。会议全体通过了筹备会的组织规程和中国新史学研究会暂行简章，并决定迅速筹备召开全国历史工作者代表会议，选举了筹备会的常务委员会，选出郭沫若、吴玉章、范文澜、邓初民、陈垣、侯外庐、翦伯赞、向达、吴晗、杨绍萱、吕振羽等十一人为筹备会常务委员会委员，筹备会常委会推选郭沫若任主席，吴玉章、范文澜任副主席，侯外庐、杨绍萱任秘书，负责进行召开全国历史工作者代表会议的筹备事宜。

本条引自《人民日报》1949 年 7 月 2 日第二版。

**7月7日**　出席北平纪念"七七"抗日战争十二周年暨庆祝新政协筹备会成立大会。吴晗当选为大会主席团成员并发表演讲。

【按】晚 8 点，北平各界市民二十余万人在天安门广场举行热烈纪念"七七"抗日战争十二周年暨庆祝新政治协商会议筹备会成立大会。毛泽东和朱德出席了大会。吴晗当选为大会主席团成员。大会主席团的成员还有董必武、薄一波、聂荣臻、彭真、叶剑英、李锡九、许德珩、韩卓儒、肖明、李连山、张晓梅、钱端升、薛成业、许立群、古奇踪、杨伯箴、鲍国宝、刘一峰等二十人。

大会在四十九响撼天动地的礼炮声中开始。接着，奏响了《义勇军进行曲》。在二十万群众的热烈掌声中，通过成立了由董必武、薄一波等人组成的会议主席团。而后全体起立，向抗战中死难的烈士默哀。接下来由主席团主席彭真发表讲话。之后，朱德、董必武、薄一波、聂荣臻、叶剑英、李济深、沈钧儒、郭沫若、许德珩、吴晗、肖明等人，相继在天安门城楼上演讲。

吴晗是代表北平市民盟支部在这个大会上讲话的。

本条引自 1949 年 7 月 9 日《人民日报》第一版及于江编著：《开国大典 6 小时——大典背后的秘闻》第 8~9 页。

**7 月 9 日**　《在北平市各界人士纪念"七七"抗日战争十二周年大会上的讲话》在《北平解放报》发表。

【按】文章署名为"吴晗"。

这篇文章 2009 年 3 月收入中国人民大学出版社出版的《吴晗全集》第九卷。

【按】《北平解放报》是北平和平解放后，中共北平市委创办的机关报，1949 年 3 月正式出版发行。这份报纸的定名是因为 1946 年年初国共两党签订停战协定成立军调部时，曾在北平办过《解放》报。《解放》报在北平艰苦奋斗了三个多月，出版了三十七期，最终被国民党政府下令查封。《解放》报在北平的时间虽然不长，但是在北平以至国民党统治区其他地方，产生了巨大影响。北平和平解放后，使用"北平解放报"这个名字作为中共北平市委的机关报是再合适不过的。后因形势需要，《北平解放报》创办了四个多月后，经中共中央组织部和华北局、北平市委协商被停办。虽然停刊，但是它向当时的民众宣传了中国共产党的政策，对社会时事进行了真实的报道，在民众中产生了巨大的影响。

　　本条引自《吴晗全集》第九卷第 204 页。

　　**同日**　《在北平市各界人士纪念"七七"抗日战争十二周年大会上的讲话》在《人民日报》发表。

　　【按】文章署名为"吴晗"。

　　同期还刊登了中国人民解放军总司令朱德、华北人民政府主席董必武、中共中央华北局书记薄一波、华北军区司令员聂荣臻、北平市市长叶剑英、中国国民党革命委员会主席李济深、中国民主同盟中央常务委员沈钧儒、全国文学艺术工作者代表大会总主席郭沫若、九三学社代表许德珩、北平市总工会筹委会主任萧明等的讲话全文。

这个讲话 2009 年 3 月收入中国人民大学出版社出版的《吴晗全集》第九卷。

本条引自《人民日报》1949 年 7 月 9 日第二版。

**7 月 17 日** 在民盟清华支部闻一多先生殉难三周年的纪念晚会上的讲话在《光明日报》摘录发表。

【按】这篇讲话摘录自新闻稿《自我批评 努力学习 循着闻一多的道路前进——记清华闻一多先生殉难三周年纪念晚会》。

吴晗在民盟清华支部纪念闻一多殉难三周年集会的讲话中说,"闻先生在应允加入民盟的晚上,曾对(我)表示说自己是一个马列主义者,将来一定要请求加入共产党。民盟盟员中有不少是中国共产党党员,是丝毫不足为怪的,这是一个很自然的发展过程。闻先生要是今天还在,也可能已经是一个共产党员"。

这个讲话(摘录)是吴晗未曾结集发表的职务文稿之一。

本条引自闻立树、闻立欣编撰:《拍案颂:闻一多纪念与研究图文录》第 113 页。

**本月** 《朱元璋传》由新中国书局重印出版。

【按】这一版《朱元璋传》是依据生活·读书·新知上海联合发行所 1949 年 4 月版重印出版的。

【按】1948 年 12 月 25 日,新中国书局在石家庄开业,它是生活·读书·新知三联书店的分店。1949 年，总店决定将各地的光华书店、新中国书局一律恢复为生活·新知·读书三联书店，1951 年并入新华书店。

　　本条引自吴晗著：《朱元璋传》。

**8 月**　《朱元璋传》由生活·读书·新知三联书店出版。

【**按**】这一版（1948 年版）《朱元璋传》2009 年 3 月收入中国人民大学出版社出版的《吴晗全集》第五卷。

　　本条引自吴晗著：《朱元璋传》。

**9 月 6 日**　吴晗等全国民青常委就世界民青第二次代表大会发表谈话。

【**按**】9 月 6 日，中华全国民主青年联合总会在北平的常务委员就 9 月 2 日在匈牙利开幕的世界民主青年第二次代表大会对媒体发表谈话。一致认为这一次包括近八十个国家的青年大会，进一步表现了世界民主青年的大团结。全中国的青年，应以坚强的信心和无限欢欣的心情来庆祝这次大会，支持大会的召开和拥护大会的决议。

　　发表谈话的全国民青常委还有钱三强、沈志远、萨空了、沈体兰、李伯球、刘善本等。

　　本条引自《人民日报》1949 年 9 月 7 日第四版。

**9 月 7 日**　吴晗等就 9 月 2 日在匈牙利开幕的世界民主青年第二次代表大会发表的谈话在《人民日报》发表。

【按】这个谈话（摘录）是吴晗未曾结集发表的职务文稿之一。

本条引自《人民日报》1949 年 9 月 7 日第四版。

**9 月 8 日** 《新建设》创刊号出版，吴晗任编委。

【按】《新建设》杂志的前身是《中建》杂志。1949 年前被国民党当局查封。中国共产党领导的全国政协会议召开前夕，我国学术界中民主党派和无党派的知名人士，如吴晗、费青等人以团结学术工作者、促进新中国建设为宗旨，共同商定创办《新建设》，编委会负责人是费青；编委十五人：向达、吴晗、李广田、袁翰青、张志让、费青、费孝通、闻家驷、雷洁琼、郑昕、樊弘、潘静远、钱伟长、钱端升、严景耀。董事长王艮仲、费振东、潘祖丞。创刊号由工作人员史济舟和伊明志二人直接送到全国政协会场，分发给每个委员。

《新建设》是一本综合性的学术期刊，它的内容包括哲学、史学、政治经济学、法学、文艺理论，以及一般性的自然科学理论，但以社会科学为主。每期分《论著》《译文》《马列主义基础参考资料》《书评》《国内报刊重要学术论文提要》《国外报刊重要学术论文介绍》《学术简讯》《新书简介》等栏目，有时也对一些重要的学术问题展开批评和讨论。它的读者对象主要是一般理论教育干部、各地中上级机关干部、大学教授、中学教员、大学生等。

本条引自百年潮网吉伟青：《我所了解的〈新建设〉》。

**10月6日**　致函陈梦家。

【按】吴晗在信中说："五十万元已于上月卅日汇出，并已函思成兄请召集开会矣。"

当时的清华大学已经被中国人民解放军军管，吴晗是清华大学军管会的代表，当时的清华大学校务委员会实际上是由吴晗负责。吴晗在信中谈及的汇款，是有关台湾高山族文物赴京展览的运输费用等事宜；谈及的请梁思成召集开会，可能是有关筹备展览的工作内容。

【按】这封信的原件上没有写信的年份，只标注为"十，六"。《吴晗全集》上将其标注为"194×年10月6日"。编者依据方继孝先生的《陈梦家往来书札谈》一文，将其定为1949年10月6日。

【按】陈梦家，现代著名古文字学家、考古学家、诗人。时为清华大学历史系教授。

> 本条引自《吴晗全集》第十卷第188页及百度文库方继孝：《陈梦家往来书札谈》）。

**10月15日**　《新的中国，新的人民》在《中国青年》第二十二期发表。

【按】文章署名为"中华全国民主青年联合总会代表　吴晗"。

文章发表在《中国人民政协代表谈参加人民政协感想》专栏。专栏同时还发表了中华全国民主青年联合总会代表范小凤、少数民族代表天宝以及其他七位代表的文章。

这篇文章 1961 年 12 月收入作家出版社出版的《春天集》；1979 年 12 月收入人民文学出版社出版的《吴晗杂文选》；1988 年 3 月收入北京出版社出版的《吴晗文集》第四卷；2009 年 3 月收入中国人民大学出版社出版的《吴晗全集》第八卷。

本条引自《中国青年》1949 年第二十二期。

**12 月 9 日** 在北京市人民政府市长、副市长、政府委员就职及北京市人民政府成立典礼上发表就职演说。

【按】上午 10 点，由北京市第二届各界人民代表会议选出的北京市市长聂荣臻，副市长张友渔、吴晗及北京市人民政府委员会委员薛子正、牟泽衔、罗瑞卿、程宏毅、王文斌、梁思成、严镜清、翁独健、韩诵裳、徐楚波等在北京市人民政府举行就职典礼。北京市人民政府委员会成立典礼亦同时举行。吴晗在就职典礼上发表了就职演说。

这个演说是吴晗未曾结集发表的职务文稿之一。

本条引自北京市档案馆 002 - 001 - 00136 号档案及《人民日报》1949 年 12 月 9 日第一版。

**12 月 10 日** 出席亚洲妇女代表会议开幕式并致辞祝贺。

【按】下午，亚洲妇女代表会议在北京正式开幕，北京市副市长吴晗、中华全总代表陈少敏、全国文联主席郭沫若、国际记者协会代表杨刚均到会致辞祝贺。

【按】12月10日至16日，亚洲妇女代表会议在北京举行。民主妇女联合会副主席蔡畅致开幕词，国际民主妇女联合会总书记古久里夫人做《国际民主妇联为民族独立与和平的斗争》的报告。会议通过了《致亚洲各国妇女姊妹书》和《关于争取妇女权力的决议》、《告美国、英国、法国、荷兰妇女书》等宣言和决议。

本条引自《人民日报》1949年12月11日第四版。

**12月11日**　在亚洲妇女代表会议开幕式的祝词在《人民日报》发表。

【按】当日《人民日报》发表了《祝贺亚洲妇代会开幕》的新闻报道。该报道全文刊载了北京市副市长吴晗、中华全总代表陈少敏、全国文联主席郭沫若、国际记者协会代表杨刚、世界民主青联、国际妇联主席戈登夫人等的祝词和北京市各团体的联合祝词。

这篇祝词是吴晗未曾结集发表的职务文稿之一。

本条引自《人民日报》1949年12月11日第四版。

**12月15日**　致函清华大学校长叶企孙并校务委员会。

【按】吴晗就任北京市副市长一职，因此向清华大学校长叶

企孙并清华大学校务委员会致函请辞清华大学文学院院长
一职。在这封信的原件上有原清华大学校长叶企孙的批
文："吴先生拟辞文学院长事，照转呈教育部，请核示。
企苏 十二，十九。"

这封信是吴晗未曾结集发表的遗著之一。

本条引自清华大学校史研究室编：《清华大
学史料选编》第五卷（上）第81页。

**12 月 18 日** 《莫斯科的面包工厂》在《新建设》第一卷第
八期发表。

【按】文章署名为"吴晗"。

这篇文章1950年10月收入中苏友好协会总会编辑，
人民出版社出版，吴晗、丁玲等著的《访苏印象》；2009
年3月收入中国人民大学出版社出版的《吴晗全集》第
八卷。

本条引自《新建设》第一卷第八期。

**本年** 上海观察社出版了吴晗、费孝通合著的《〈乡土重建〉
〈乡土中国〉〈皇权与绅权〉》。

【按】该书是费孝通、吴晗著的三本书的合印本。其中《乡
土重建》《乡土中国》是费孝通所著，《皇权与绅权》是
吴晗、费孝通合著。

本条引自吴晗、费孝通合著：《〈乡土重建〉
〈乡土中国〉〈皇权与绅权〉》。

**40 年代**　吴晗在昆明著述了《明史》（未完稿）。

【按】这本《明史》原稿有四章，"文革"中吴晗家被查抄，原稿第四章（"军与兵"）散佚。后收录在《吴晗全集》第四卷中的三章是 1979 年 8 月北京市委为吴晗的家属落实政策，归还被查抄的物品中的。

这本《明史》（未完稿）2009 年 3 月收入中国人民大学出版社出版的《吴晗全集》第四卷。

本条引自《吴晗全集》第四卷第 101 页。

# 1950 年

**1月6日下午**　出席并主持北京市人民胜利折实公债推销委员会常务委员会会议并讲话。

【按】北京市人民胜利折实公债推销委员会成立后，吴晗即主持召开了常务委员会会议。出席会议的有全体常务委员和各组负责人，具体讨论研究了负责组织分会的人选问题。吴晗在会上讲话。

这个讲话是吴晗未曾结集发表的职务文稿之一。

本条引自北京市档案馆 004 - 004 - 00005 号档案。

**1月10日**　在北京人民广播电台《市政之声》节目时间做《全市人民动员起来，热烈推销胜利公债！》的演讲。

【按】晚7点30分，吴晗以北京市副市长兼北京市人民胜利折实公债推销委员会主任委员的身份在北京人民广播电台的《市政之声》节目发表了这个广播演讲。

北京人民广播电台在同日的下午1点，还安排有浦洁修在《妇女》节目里发表《北京妇女对于发行人民胜利折

实公债应有的认识》的讲话，下午5点的《新歌练习》节
目里，还教唱了歌曲《拥护发行人民胜利折实公债》。

　　　　本条引自《人民日报》1950年1月10日第
　　　　三版及《人民日报》1950年1月14日第
　　　　四版。

　　**1月上旬**　与市长聂荣臻、副市长张友渔联名致函中央人民
政府政务院及财政经济委员会。

　　【按】吴晗与市长聂荣臻、副市长张友渔就疏浚三海（指北
海、中海和南海。——编者注），呈报计划，拟请拨款等
事宜，联名致函中央人民政府政务院和财政经济委员会。

　　【按】当时，经政务院批准，成立了疏浚三海工程指导委员
会。委员会由时任中共中央办公厅主任、中央副秘书长的
杨尚昆负责，北京市卫生工程局局长曹言行任常委。该工
程于4月动工，仅用七十七天，共挖运淤泥三十四万立方
米，新建和改建进退水闸八座，码头三十一处，砌筑护岸
近十一公里。

　　　　本条引自北京市档案馆002-004-00190号
　　　　档案。

　　**1月14日**　广播稿《全市人民动员起来，热烈推销胜利公
债!》在《人民日报》发表。

　　【按】当日《人民日报》第四版发表了《吴晗广播全市人
民动员起来热烈推销胜利公债》的新闻报道，报道了吴晗

1 月 10 日晚在北京人民广播电台的演讲。

这个广播稿是吴晗未曾结集发表的职务文稿之一。

本条引自《人民日报》1950 年 1 月 14 日第四版

**1 月 15 日** 《访苏印象》在《中苏友好》第一卷第三期发表。

【按】文章署名为"吴晗"。

这篇文章最先是吴晗在中国民主同盟总部的讲演,由《进步日报》记者静远记录,后经吴晗校阅和补充。

1949 年,吴晗应邀组织代表团赴莫斯科,参加苏联庆祝十月革命胜利三十二周年的纪念典礼。代表团团长为丁玲,副团长为吴晗、许之祯。代表团部分成员写作的访问记后结集出版,其中就有吴晗的两篇文章。丁玲的《苏联人》为第一篇,吴晗的《访苏印象》为第二篇,另一篇《莫斯科的面包工厂》排在第十五。

吴晗时任中苏友好协会总会理事、中苏友好协会北京市分会副会长、北京市副市长。

这篇文章 1950 年 10 月收入中苏友好协会总会编辑,人民出版社出版,吴晗、丁玲等人合著的《访苏印象》;2009 年 3 月收入中国人民大学出版社出版的《吴晗全集》第九卷。

【按】《中苏友好》是中苏友好协会总会的会刊,1949 年 11 月 1 日创刊,毛泽东主席题写刊名,以刘少奇 1949 年 10

月 5 日在中苏友好协会总会成立大会上的报告作为代发刊词，十六开，先为月刊，后改为半月刊。吴晗曾兼任《中苏友好》月刊办公室主任。

【按】《吴晗全集》对《访苏印象》注释："1950 年，我国应邀组织代表团赴莫斯科，参加苏联庆祝十月革命胜利三十二周年的纪念典礼……"本书编者认为注释中所说的"1950 年，我国应邀组织代表团赴莫斯科"的说法明显有错。理由有四：1. 苏联十月革命发生在 1917 年 11 月 7 日，那么，十月革命胜利三十二周年就是 1949 年，而不是 1950 年。2.《访苏印象》一书是 1950 年 10 月出版的，在 1950 年 11 月 7 日苏联十月革命胜利纪念日之前。3. 吴晗《访苏印象》一文首次发表在 1950 年 1 月 15 日的《中苏友好》杂志第一卷第三期。4. 注释中还有"本文最先是吴晗在中国民主同盟总部的演讲，由《进步日报》记者静远记录，后经吴晗校阅和补充"一句，也就是说，《访苏印象》一文的最初形式是吴晗在中国民主同盟总部的演讲，它肯定还在 1950 年 1 月 15 日首次以书面形式发表之前。

    本条引自《吴晗全集》第九卷第 211 页。

**1 月 25 日** 《我克服了"超阶级"观点》写作完毕。

【按】文章叙述了吴晗自己从一个自认为"超阶级"的知识分子，通过到解放区的所见所闻和毛主席、共产党的教育，转变成为一个具有无产阶级立场、观点的人的过程。

【按】超阶级思想是否认阶级社会中人们的思想意识具有阶级性的一种错误理论。

本条引自《吴晗全集》第八卷第 53 页。

**2 月 2 日** 出席北京市人民胜利折实公债推销委员会总会举行的全市各区著名地方人士座谈会并做报告。

【按】北京市人民胜利折实公债推销委员会总会在市政府邀请全市各区著名地方人士四十余人举行座谈会，交换关于如何在地方人士中推销公债问题的意见。会上一致同意成立公债推销委员会地方人士分会，通过以出席会议的四十余人为委员，推选乐松生为主任委员。并决定当月 4 日召开全市地方人士动员大会，立即展开推销工作。座谈会由推销委员会常委、市政府民政局局长董汝勤主持，张友渔副市长及推销委员会主任委员吴晗副市长均亲自出席指导。吴晗就北京市公债推销情况做了报告。北京市工商联合会筹委会主任傅华亭及韩诵裳向大家介绍了北京市工商业界组织推销公债认购任务完成的办法及经过。

这篇报告是吴晗未曾结集发表的职务文稿之一。

本条引自《人民日报》1950 年 2 月 3 日第四版。

**2 月 3 日** 出席北京市人民政府庆祝北京市解放一周年集会，并做《新中国在国际上的地位》的报告。

【按】当晚，北京市人民政府千余名干部在北京人民剧院集会，庆祝北京市解放一周年。会议由薛子正秘书长主持，吴晗在会上报告了《新中国在国际上的地位》。副市长张友渔也愉快地致辞。旋即举行晚会，节目为北京人民艺术剧院演出的《莫斯科性格》。

这篇报告，编者迄今没有找到它的原文。

本条引自《人民日报》1950年2月4日第一版。

**2月4日**　出席北京市人民胜利折实公债推销委员会地方人士分会动员大会并讲话。

【按】下午，北京市人民胜利折实公债推销委员会地方人士分会公债推销动员大会在民主剧场召开。会议首先由吴晗讲话，接着地方人士分会主任委员乐松生、市工商联合会主任傅华亭、市工商联合会副主任韩诵裳、副市长张友渔、地方人士分会常委鲁雅轩、郑子磐、冯占海、张寿崇以及程宏毅局长先后在大会上讲话。

这个讲话是吴晗未曾结集发表的职务文稿之一。

本条引自北京市档案馆004-004-00005号档案。

**2月7日**　出席北京市人民委员会第三次政府委员会会议并做《文教卫生工作计划》报告。

【按】出席会议的有北京市市长聂荣臻、副市长张友渔、吴晗，政府委员薛子正、梁思成、程宏毅、翁独健、牟泽衔、严镜清、韩诵裳、徐楚波等八人，市政府各局处会首长也都列席参加。市财经委员会副主任程宏毅报告了 1950年度的财经工作计划，吴晗报告了文教卫生工作计划，文教局副局长李伯钊关于文化工作计划做了补充发言，秘书长薛子正报告了市政建设工作计划，建设局局长王明之和卫生工程局局长曹言行都做了补充发言。最后，会议讨论通过了《北京市人民政府委员会议事规程》、《北京市人民政府行政会议议事规程》和《北京市人民政府工作人员任免更调暂行办法》等三项重要单行法令。

这篇报告，编者迄今没有找到它的原文。

本条引自《人民日报》1950 年 2 月 8 日第四版。

**2 月 9 日**　出席北京市第二届各界人民代表会议协商委员会第三次全体会议并做报告。

【按】会议由协商委员会主席彭真主持。会议听取了市政府秘书长薛子正关于北京市 1950 年工作计划的报告和副市长吴晗、文教局副局长李伯钊关于文教卫生工作计划的补充报告。最后由副市长张友渔报告北京市 1950 年财政收支概算。下次会议将对此项计划与概算进行讨论。

这篇报告，编者迄今没有找到它的原文。

本条引自《人民日报》1950 年 2 月 10 日第四版。

**2月10日** 出席北京市城区房地产交易所开幕典礼并讲话。

【按】吴晗和地政局局长刘仲华、副局长沈勃都亲往并讲话，市财政局及公房产清管局也派代表参加。该所所长吕建亚在会上报告了交易所的筹设经过及目前京市房地产权的转移情况。

　　　　本条引自《人民日报》1950年2月11日第四版。

**2月11日** 在北京市城区房地产交易所开幕典礼上的讲话在《人民日报》摘录发表。

【按】这个讲话摘录自新闻稿《防止额外剥削　取缔匿价逃税　京房地产交易所开幕》。

　　这个讲话（摘录）是吴晗未曾结集发表的职务文稿之一。

　　　　本条引自《人民日报》1950年2月11日第四版。

**同日** 《我克服了"超阶级"观点》在《中国青年》第三十二期发表。

【按】文章署名为"吴晗"。

　　这篇文章在之后的两年多时间里，曾被收入到政治学习的小册子《确立为人民服务的人生观》和《论革命人生观》之中。这两本小册子在当时全国文盲人数占全国总人口百分之八十以上、图书发行量极小的情况下，竟然合计再版三十二版次，发行总量高达二百三十多万，使当时已经小有名气的吴晗声名大噪。

这篇文章 1961 年 12 月收入作家出版社出版的《春天集》；1979 年 12 月收入人民文学出版社出版的《吴晗杂文选》；1988 年 3 月收入北京出版社出版的《吴晗文集》第四卷；2009 年 3 月收入中国人民大学出版社出版的《吴晗全集》第八卷。

本条引自《中国青年》第三十二期。

**2 月 15 日** 就中苏友好同盟互助条约和中长路及旅大协定、苏联贷款协定的签订发表谈话。

【按】中苏友好同盟互助条约和中长路及旅大协定、苏联贷款协定以广播公告之后，全北京市的两百万人民一片欢腾，口号与欢呼之声四起。各界人士都以极端兴奋欢跃的心情发表谈话。吴晗以中苏友好协会北京分会副会长的身份发表了谈话。

【按】"中长路及旅大协定"，即 1950 年 2 月中华人民共和国政府和苏联政府签订的《关于中国长春铁路、旅顺口及大连的协定》。

本条引自《人民日报》1950 年 2 月 16 日第三版。

**同日下午** 出席北京市第二届各界人民代表会议协商委员会第四次全体会议并做报告。

【**按**】会议到会委员三十一人，由协商委员会主席彭真主持。彭真对中苏友好同盟互助条约及关于中长路、旅大问题等协定的订立与内容做了简单扼要的报告，并指出它伟大的历史意义。接着吴晗报告北京市人民胜利折实公债推销的情形。人民胜利折实公债推销委员会地方人士分会主任乐松生亦曾到会报告地方人士推销公债情形。吴报告后，会议继续第三次协商委员会未了议程，讨论京市人民政府1950年工作计划纲要及1950年岁入岁出概算草案。市政府财政局局长赵子尚报告了京市1949年度财政支出概况。相继发言的有费青、许德珩、钱端升、浦洁修、刘一峰、张云川等委员。

本条引自北京市档案馆127-001-00005号档案及《人民日报》1950年2月16日第四版。

**2月16日** 在北京市第二届各界人民代表会议协商委员会第四次全体会议上的报告在《人民日报》摘录发表。

【**按**】这篇报告摘录自新闻稿《京各界代表会议协商委会昨开会 彭真报告中苏缔约伟大意义 吴晗报告公债推销情况 会议定廿二日召开第二次各界代表会议》。

这篇报告（摘录）是吴晗未曾结集发表的职务文稿之一。

本条引自《人民日报》1950年2月16日第四版。

同日　就中苏友好同盟互助条约和中长路及旅大协定、苏联贷款协定的签订发表的谈话在《人民日报》摘录发表。

【按】这个谈话摘录自新闻稿《首都各界纷纷发言感谢斯大林和苏联友人欢庆中苏签订友好条约》。

这个谈话（摘录）是吴晗未曾结集发表的职务文稿之一。

本条引自《人民日报》1950 年 2 月 16 日第三版。

**2 月 22 日**　为北京市中小学教师寒假学习会做《怎样运用唯物史观批判历史人物》的讲座。

【按】讲座上午 9 点在北京市女子一中举行。北京市中小学教师寒假学习会的第一周学习已于春节前结束，第二周为分科讲座，分别在 2 月 20、22、23、24、25 日由叶蠖生主讲《历史教学中联系实际的问题》、吴晗主讲《怎样运用唯物史观批判历史人物》、翦伯赞主讲《中国封建社会长期停滞的原因》、侯外庐主讲《中国社会经济发展史》、翁独健主讲《从明治维新、土耳其革命说到中国革命的问题》等。

这篇讲稿，编者迄今没有找到它的原文。

本条引自《人民日报》1950 年 2 月 21 日第四版。

**2 月 23 日**　《我克服了"超阶级"观点》在《光明日报》转载发表。

【按】文章署名为"吴晗"。

这篇文章1950年5月收入青年出版社出版的《论革命人生观》；2009年3月收入中国人民大学出版社出版的《吴晗全集》第八卷。

本条引自《光明日报》1950年2月23日第四版。

**2月24日** 出席庆祝中苏友好同盟互助条约签订大会并讲话。

【按】下午，北京市人民政府中苏友好协会总支会在中山公园音乐堂举行庆祝中苏友好同盟互助条约签订大会。到会的有市政府各单位的中苏友好协会会员四千余人。吴晗在会上做了讲话，他分析了中苏友好同盟互助条约签订前后世界两个阵营的力量对比，详细解释了条约的内容，并说明了新约与1945年旧约的异同。

这个讲话，编者迄今没有找到它的原文。

本条引自《人民日报》1950年2月25日第四版。

**2月25日** 在北京市第二届第二次各界人民代表会议上做《关于北京市推行人民胜利折实公债的报告》。

【按】上午9点，北京市第二届第二次各界人民代表会议在中山公园中山堂开幕。三百七十二名代表出席了会议，百余人列席及旁听了会议。大会主席彭真致开会词。会议听取了市长聂荣臻《关于北京市人民政府 1950 年工作计划的报告》，副市长张友渔《关于 1950 年北京市财政收支概算草案的报告》，副市长吴晗《关于北京市推行人民胜利折实公债的报告》。

吴晗在报告中介绍了自从中央人民政府政务院颁布了推行人民胜利折实公债的指示，并规定了北京市应担负的公债数目后，北京市该项工作的基本完成情况，要求各位代表积极参加领导推销公债的工作，确保按期完成这一任务。

本条引自《吴晗全集》第十卷第 223 页。

**2 月 26 日**　向北京市第二届第二次各界人民代表会议提交了《北京市人民政府关于一九五〇年度文教卫生工作》的书面报告。

【按】该报告共分两部分，第一部分是文化教育工作，第二部分是公共卫生工作。在文化教育工作方面，吴晗分别汇报了学校教育、业余教育及其他社会教育、文艺工作等三个方面。

这篇书面报告是吴晗未曾结集发表的职务文稿之一。

本条引自北京市人大常委会办公厅等编：《北京市人民代表大会文献资料汇编 1949—1993》第 130~132 页。

**同日**　《光明日报》全文刊载了《关于北京市推行人民胜利折实公债的报告》。

【按】《光明日报》第四版以"吴副市长在各界代表会报告
　首都各界热情认购公债　接近完成全部任务"为标题，
全文刊载了吴晗的这篇报告。

这篇报告 2009 年 3 月收入中国人民大学出版社出版
的《吴晗全集》第十卷。

本条引自《光明日报》1950 年 2 月 26 日第
四版。

同日　《人民日报》摘录刊载了吴晗在北京市第二届第二次
各界人民代表会议上所做的报告。

【按】这篇报告摘录自新闻稿《吴副市长在各界代表会议上
报告公债推销情况　认购工作完成十分之九》。

本条引自《人民日报》1950 年 2 月 26 日第
四版。

**3 月 17 日**　出席北京市人民政府委员会第四次全体会议并做
报告。

【按】上午 9 点，北京市人民政府委员会举行第四次全体会
议。会议听取与讨论了副市长吴晗关于卫生局工作检查委
员会的工作报告及秘书长薛子正关于第二届第二次各界人
民代表会议的总结报告。会议对北京市城厢区重新划分行
政区划问题及区人民代表会议组织条例草案交换了意见，
并通过了北京市新建机构北京市人民检察署、北京市人民
监察委员会、北京市企业总公司三项人事任命名单。会后

各委员亲往城内外视察了前三门护城河、龙须沟、金河、长河等地的下水道与河道工程。

这篇报告，编者迄今没有找到它的原文。

本条引自《人民日报》1950 年 3 月 19 日第四版。

**3 月 18 日**　出席北京市学生第二届代表大会并讲话。

【按】大会在中法大学礼堂开幕。北京市学联主席古奇踪致开幕词。北京市副市长吴晗、北京市文教局局长翁独健、清华大学校委会主席叶企孙、女一中校长梁以俅及教育工作者工会筹委会副主席钱端升先后在会上讲话。最后由北京市第二届第二次各界人民代表会议学生代表周基裕传达二次会议的决议。

本条引自《人民日报》1950 年 3 月 19 日第四版及《光明日报》1950 年 3 月 19 日第四版。

**3 月 19 日**　在北京市学生第二届代表大会上的讲话在《人民日报》摘录发表。

【按】这个讲话摘录自新闻稿《京学生二届代表大会开幕吴晗副市长等报告业务学习课余生产等问题》。

这个讲话（摘录）是吴晗未曾结集发表的职务文稿之一。

本条引自《人民日报》1950 年 3 月 19 日第四版。

**3 月 23 日**　出席全市地方人士推销人民胜利折实公债第二次大会并讲话。

【按】北京市推销人民胜利折实公债总会及地方人士分会为按照中央人民政府规定在 3 月底以前如期完成第一期公债的推销任务，于 3 月 23 日在民主剧场召开全市地方人士推销人民胜利折实公债第二次大会，出席会议的有地方人士分会常委及各区地方人士约八百人。副市长张友渔、市推销公债总会主任吴晗均到会并讲话。

　　　　本条引自《人民日报》1950 年 3 月 25 日第四版。

**3 月 24 日**　出席北京市公安局业余文化学校开学典礼并讲话。

【按】典礼在民主剧院举行，到会学员六百余人。

　　公安局业余文化学校曾于 3 月 12 日、13 日两天举行考试。学校分初级班与中级班。初级班学习两年，分六个学期，每学期四个月。中级班学习三年，分六个学期，每学期六个月。聘请了八位专任教员，十位兼任教员。校址借用北京市立司法部街小学校。

　　这个讲话，编者迄今没有找到它的原文。

　　　　本条引自《人民日报》1950 年 3 月 27 日第三版。

**3 月 25 日** 在全市地方人士推销人民胜利折实公债第二次大会上的讲话在《人民日报》摘录发表。

【按】这个讲话摘录自新闻稿《北京市推销公债总会督促地方人士购债》。

这个讲话（摘录）是吴晗未曾结集发表的职务文稿之一。

本条引自《人民日报》1950 年 3 月 25 日第四版。

**4 月 5 日** 与北京市人民政府及各界代表四十余人赴西郊万安公墓隆重祭扫李大钊烈士墓，并在墓前致辞。

【按】4 月 5 日为清明节，北京市人民政府及各界代表四十余人赴西郊万安公墓隆重祭扫李大钊烈士墓，全体与祭人员在北京市人民政府副市长吴晗、中共北京市委会代表李乐光、北京市总工会副主席萧明率领下，绕墓三周，并默哀、献酒致敬。接着由北京市人民政府、中共北京市委会、市总工会、市民主妇女联合会与市民主青年联合会代表献花圈。吴晗、李乐光、萧明等在墓前相继致辞。吴晗在致辞中简略地说明李大钊烈士永垂不朽的勋绩后，号召全体革命工作人员学习先烈对人民革命事业的无限忠诚，更好地担负起新的建设工作。随后，全体与祭人员即往北京市军事管制委员会已故秘书长韩钧及革命老战士任锐、严朴等人墓前致敬。

这篇致辞，编者迄今没有找到它的原文。

本条引自《人民日报》1950 年 4 月 6 日第四版。

**4月21日**　出席北京市推销公债总结联欢大会并做总结报告。

【按】北京市推销人民胜利折实公债委员会为总结超额完成任务的工作经验、表扬模范购债工商户与地方人士，在华北戏院举行推销公债总结联欢大会。出席的有全市工商业界各行业代表，地方人士推销分会委员及模范户，各机关、学校、团体等代表约五百人。工商业界代表孙孚凌、杨宜之、汤绍远，市政府委员韩诵裳，地方人士代表乐松生、郑子盘、杨厚安、陈聘之等都在会上讲了话。

本条引自《人民日报》1950年4月24日第四版。

**4月24日**　在北京市推销公债总结联欢大会上的报告在《人民日报》摘录发表。

【按】这个讲话摘录自新闻稿《总结推销经验表扬购债模范京举行公债推销总结联欢会》。

这篇报告（摘录）是吴晗未曾结集发表的职务文稿之一。

本条引自《人民日报》1950年4月24日第四版。

**本月**　《我克服了"超阶级"观点》收入五十年代出版社出版的《我的思想是怎样转变过来的?》一书。

【按】书中还收录了裴文中的《我学习了什么》、张治中的

《怎样改造》、冯友兰的《一年学习的总结》和《我参加
了革命》、王芸生的《几点反省》、叶浅予的《自我批
判》、费孝通的《我这一年》、罗常培的《我的思想是怎样
转变过来的》、萧乾的《试论买办文化》、李子英的《一个
知识分子改造的自述》、谢逢我的《我的思想总结》、金岳
霖的《了解〈实践论〉的条件——自我批评之一》、梁漱
溟的《两年来我有了那些转变》、陈鹤琴的《我对活教育
的初步检讨》、孙瑜的《对编导电影〈武训传〉的检讨》
以及胡为柏的《我迫切需要学习和改造》等十七篇文章。

本条引自五十年代出版社出版：《我的思想
是怎样转变过来的？》。

**5 月 3 日**　《北京市公债推销工作总结》撰写完毕。

【按】这篇总结是吴晗代表北京市人民政府向中央做的总结报告。
这篇总结是吴晗未曾结集发表的职务文稿之一。

本条引自北京市档案馆 127 - 001 - 00005 号
档案。

**5 月 7 日**　出席北京市第二届各界人民代表会议协商委员会
第五次全体会议并做报告。

【按】会议在颐和园远眺斋举行，协商委员会主席彭真主
持，根据第二届第二次各界人民代表会议所授权力，讨论
和修正了北京市人民政府所拟订的《北京市区各界人民代
表会议组织通则草案》，并经全体委员一致通过。会议听

取了北京市公债推销委员会主任委员吴晗关于推销公债的总结报告和北京市人民法院院长王斐然关于清理积案工作的报告。最后会议就北京市人民法院所拟订的《各种民事、刑事案件处刑标准草案》交换了意见。

这篇报告是否是北京市人民政府向中央呈递的总结报告，编者迄今尚未考证。

本条引自北京市档案馆 127 - 001 - 00005 号档案及《人民日报》1950 年 5 月 8 日第三版。

**5 月 20 日** 以北京市人民政府的名义致函政务院。

【按】信函的内容是向中央人民政府政务院汇报北京市近几个月来发行人民胜利折实公债的情况。吴晗在信函中报告发行人民胜利折实公债的工作大体分为三个阶段（即建立组织进行宣传、动员认购和购买、动员购买结合检查复核三个阶段），信函中还认真总结了工作中取得的经验和工作中存在的不足。该信函同时抄致中央政法委员会和中央财经委员会。

这封信是吴晗未曾结集发表的职务文稿之一。

本条引自北京市档案馆 004 - 004 - 00041 号档案。

**5 月 21 日** 在中国民主同盟北京市支部第二次盟员大会上做《中国民主同盟北京市支部一年来工作总结报告》。

【按】这篇报告总结了中国民主同盟北京市支部自 1949 年 5

月召开第一次盟员大会，选举第一届支部委员会到 1950 年
5 月的盟务工作。报告从民盟基层组织的形式、盟员发展、
盟内外团结、盟员学习等六个方面对民盟北京市支部一年
的工作进行了总结。

这篇工作总结报告 2009 年 3 月收入中国人民大学出
版社出版的《吴晗全集》第十卷。

本条引自《吴晗全集》第十卷第 225 页。

**5 月 28 日**　参加北京市第一次文学艺术工作者代表大会开幕
式并作为来宾在会上讲话。

【按】大会在劳动人民文化宫隆重开幕，三百多位代表出席
了开幕式。上午 9 点半，市文联筹委会秘书长王亚平报告
筹备经过后，通过大会主席团，并推选老舍为执行主席。
主席致开幕词后，即请全国文联主席郭沫若、副主席茅盾
和周扬讲话，接着翁独健、郑振铎、田汉、徐悲鸿、吴晗
等来宾也讲了话。

这个讲话，编者迄今没有找到它的原文。

本条引自中国人民政治协商会议北京市委员
会文史资料研究委员会编：《北京的黎明》
第 383 页，陈世崇主编：《北京市文学艺术
界联合会 50 年》第 55 ~ 56 页及《人民日
报》1950 年 5 月 29 日第一版。

**同日**　在北京市第一次文学艺术工作者代表大会上做《解放

以前北京市的文艺工作》的报告。

【按】下午，中国共产党北京市委员会书记彭真到会致辞，北京市副市长吴晗做《解放以前北京市的文艺工作》的报告，中共北京市文艺工作委员会书记、北京市文联筹委会副主席李伯钊做《北京市文艺普及工作问题》的报告，王亚平做《1950 年市文教局文艺工作计划和实施情况》的报告。

这篇报告 2005 年 5 月收入陈世崇主编的《北京市文学艺术界联合会 50 年》。

这篇报告是吴晗未曾结集发表的职务文稿之一。

本条引自陈世崇主编：《北京市文学艺术界联合会 50 年》第 55～56 页及《人民日报》1950 年 5 月 29 日第一版。

**5 月 31 日**　出席北京市第六区各界人民代表会议并致辞。

【按】北京市各界人民代表会议协商委员会主席、中国共产党北京市委会书记彭真和北京市人民政府副市长吴晗均参加指导，并发表演说。参加会议的来宾还有中央人民政府政法委员会参事丘锷仑，北京市人民政府秘书长薛子正，市政府各局处负责人，北京市各民主党派、团体代表及天津市人民政府代表张太逢等。

【按】第六区，1950 年 4 月 18 日，中央人民政府政务院批准将北京市城内十二个区调整合并为九个区，郊区为七个区。第一区为东单区，第二区为西单区，第三区为东四区，第四区为西四区，第六区为前门区，第七区为崇文区，第八区为宣武区，第十区为东郊区，第十一区为南苑区，第十二区为丰台区，第十三区为海淀区，第十五区为石景山区，第十六区为门头沟区。

　　本条引自《人民日报》1950 年 6 月 2 日第一版。

　　**本月**　《我克服了"超阶级"观点》收入青年出版社出版的《论革命人生观》。

　　【**按**】《论革命人生观》，中国青年社编，青年出版社 1950 年 5 月初版，到 1952 年 9 月，已出版十二版。书中刊载有冯文彬的《个人与集体》、听樵的《论革命人生观》、彭真的《和青年同志们讲一点革命家常》、于光远的《青年与革命英雄主义》、杨甫的《谈谈个人英雄主义思想》、吴云的《个人英雄主义思想的重要根源》、周飞的《为什么要工人阶级领导?》、石舫的《为什么要改造小资产阶级的思想?》、吴晗的《我克服了"超阶级"观点》九篇文章。

　　这本仅仅六十多页三十二开的小册子，在 1950 年 5 月初版时，也就印刷了一万册。但到 1951 年 7 月时，就再版重印到了第六版，总印刷量达到十六万五千册（第六版印刷五万册）；到 1952 年 9 月再版重印到了十二版，总印刷量达到六十四万五千册（第十二版印刷十五万册）；最后创造了总印刷量高达一百六十万册的惊人成绩。

　　本条引自青年出版社出版：《论革命人生观》。

**6月1日**　出席首都庆祝第一届国际儿童节大会并讲话。

【按】首都约五千名儿童代表在中山公园音乐堂举行了庆祝第一届国际儿童节大会。苏联、朝鲜、匈牙利、罗马尼亚、捷克等兄弟国家的小朋友和他们的母亲也应邀出席。大会播送了朱德向大会小朋友们讲话的录音片，随后有吴晗的讲话、郭沫若的献诗、邓颖超和冯文彬的讲话。他们都勉励小朋友们要好好学习，锻炼身体，长大后把伟大的祖国建设得更美丽。

这个讲话，编者迄今没有找到它的原文。

本条引自《人民日报》1950年6月2日第一版。

**同日**　《保卫儿童权利，做好儿童工作》在《人民日报》发表。

【按】文章署名为"吴晗"。

这篇文章是吴晗代表北京市人民政府为庆祝新中国成立后的第一个"六一"国际儿童节发表的文章。

这篇文章是吴晗未曾结集发表的职务文稿之一。

本条引自《人民日报》1950年6月2日第一版。

**6月2日**　在北京市第六区各界人民代表会议上的致辞在《人民日报》摘录发表。

【按】这篇致辞摘录自新闻稿《大家的事大家商量办　京市

六区举行各界代表会议　高云超区长作一年来的工作报告　会议讨论开展公共卫生整修土路等提案》。

这篇致辞（摘录）是吴晗未曾结集发表的职务文稿之一。

本条引自《人民日报》1950 年 6 月 2 日第一版。

**6 月 14 日**　出席并主持市政府全体干部作风纪律检查动员大会并做报告。

【按】吴晗的动员报告，对这一次检查运动的目的与内容以及进行的步骤加以阐明。

【按】《吴晗全集》第十卷有一篇《在作风、纪律检查动员大会上的讲话》的文章，全文约七千字，但题目上标注的时间是 1950 年 6 月 12 日，对于这个日期本书编者认为或为有错，理由是 1950 年 6 月 17 日《人民日报》第三版《市人民政府为改进工作教育干部　成立作风纪律检查委员会　将以零售公司、合作社和行政处为重点开始检查》的新闻稿报道的会议召开时间是"十四日"，同由北京市人民政府主持召开的同一内容的会议在相隔两天的时间内不可能召开两次，而《人民日报》所报道的时间应该准确度更高，故本书编者采信了这条史料提供的时间。

本条引自《人民日报》1950 年 6 月 17 日第三版。

**6月15日**　出席并主持北京市卫生委员会成立会议并讲话。

【按】会议在西长安街北京市人民政府第三会议室召开。出席会议的还有市公共卫生局的严镜清、市民政局的王旭东、华北军区卫生局的兰仲林、北京大学医学院的孙鹤林、市工商联合会的汪意侠、北京市医联的谢恩增、市卫生工程局的曹言行和刘九如、专家方亮和汤飞凡、市妇联的曹绮雯等二十多人。会上首先由吴晗做了有关报告，接着市卫生工程局的刘九如同志提出了《北京市夏季爱国卫生运动实施纲要》，华北军区卫生局的兰仲林同志提出了《驻京市机关部队卫生委员会工作方案》。会议针对灭蚊防蚊、粪便及厕所、预防注射、饮食管理、街道清洁及垃圾秽水处理、卫生公约、水井、宣传及检查等问题进行了认真的讨论。

这个讲话是吴晗未曾结集发表的职务文稿之一。

本条引自北京市档案馆 135 - 001 - 00079 号档案。

**6月17日**　出席并主持北京市卫生委员会会议并讲话。

【按】北京市卫生委员会当日在市政府召集各区区长、公安分局局长、卫生所所长开会，布置夏季卫生运动工作。会议由吴晗主持。吴晗讲话时指出夏季卫生工作应贯彻"预防为主，医疗为辅"的方针，应学习旅大地区由于做好预防工作而消灭了大脑炎的经验，各单位应对夏季卫生运动工作给予应有的重视。会上决定夏季卫生运动工作的中心是灭蝇灭蚊。全市普遍建立灭蝇、灭蚊小组，展开扑灭工作，并切实执行预防注射、改善环境卫生、加强饮食店业摊贩管理、饮水管理、号召建立卫生公约等项工作。会上决定各区及各机关应即刻成立卫生委员会、分会、卫生小组等机构。

这个讲话（摘录）是吴晗未曾结集发表的职务文稿之一。

本条引自《人民日报》1950 年 6 月 19 日第三版及北京市档案馆 135 - 001 - 00079 号档案。

**同日** 在北京市政府全体干部作风纪律检查动员大会上的报告在《人民日报》摘录发表。

【按】这篇报告摘录自新闻稿《市人民政府为改进工作教育干部 成立作风纪律检查委员会 将以零售公司、合作社和行政处为重点开始检查》。

这篇报告（摘录）是吴晗未曾结集发表的职务文稿之一。

本条引自《人民日报》1950 年 6 月 17 日第三版。

**6 月 28 日** 出席北京市第一区各界人民代表会议并致辞。

【按】下午 2 点会议开幕。北京市人民政府副市长张友渔、吴晗，北京市各界人民代表会议协商委员会副主席钱端升到会指导。来宾中还有中国共产党北京市委员会代表李乐光、北京市工商联合会筹委会代表凌其峻、市妇联代表刘俊英。

这篇致辞，编者迄今没有找到它的原文。

本条引自《人民日报》1950 年 6 月 29 日第三版。

**7 月 5 日晚**　出席保卫世界和平签名运动大会并做报告。

【按】大会在劳动人民文化宫举行，北京市人民政府干部一万余人参会。吴晗的报告分三部分：一、目前的国际形势；二、一年来的世界和平民主运动的发展；三、对战争与和平问题的根本认识。

这篇报告，编者迄今没有找到它的原文。

【按】世界拥护和平大会常设委员会 3 月 15 日至 19 日在斯德哥尔摩举行会议，发出了禁用原子武器的宣言，号召全世界一切善良的人们在这一宣言上签名。4 月 28 日，中国保卫世界和平大会委员会发出通知，号召全国人民热烈地响应世界拥护和平大会常委会的号召，从"五一"起展开最广泛地要求禁用原子武器的签名运动。已经获得胜利并一向爱好和平的中国人民，表现出高度的政治觉悟，热烈地展开了签名运动。

本条引自《人民日报》1950 年 7 月 7 日第一版。

**7 月 7 日**　出席北京市人民政府委员会第六次会议并做报告。

【按】出席会议的有北京市副市长张友渔、吴晗；政府委员薛子正、程宏毅、翁独健、牟泽衔、王文斌、严镜清、韩诵裳、徐楚波等十人。列席会议的有市政府各局处负责人约二十人。会议听取、讨论通过了市政府上半年度财经、土地改革、市政建设、文教卫生等各方面的工作报告，决定在文字修整后，提向即将召开的北京市第二届第三次各界人民代表会议报告。听取了副市长张友渔关于精简编制问题、市监察委员会主任吴晗关于辅华火药厂爆炸事件处理情形的两个报告，一致同意按照市政府的处理意见，分别呈请中央人民政府政务院核示。此外，会议通过任命及追认任命名单十一项，通过市政府组织系统表，并追认市政府行政会议上所通过的几项单行法令。

这篇报告，编者迄今没有找到它的原文。

本条引自《人民日报》1950 年 7 月 8 日第三版。

**7 月 15 日**　《闻一多先生传》在《北京盟讯》1950 年第十五期发表。

【按】文章署名为"吴晗"。

该期是"本盟殉难烈士纪念专刊"，同期还刊载有沈钧儒的《李公朴先生事略》、沈志远的《追念人民教育家陶行知先生》、杨明轩的《杜斌丞同志的一生》等文章。

这篇文章 1959 年 9 月收入作家出版社出版的《投枪集》；2009 年 3 月收入中国人民大学出版社出版的《吴晗全集》第七卷。

本条引自《北京盟讯》1950 年第十五期。

**8月8日**　　出席北京市第二届第三次各界人民代表会议并做报告。

【按】会议在中山公园中山堂开幕。会议听取了市长聂荣臻的《关于执行一九五〇年度工作计划的报告》、副市长张友渔的《关于财经工作的报告》和吴晗的《关于执行一九五〇年文教卫生工作计划的报告》等。吴晗的报告共分四个部分：第一部分，关于业余教育和其他社会教育工作；第二部分，关于学校教育工作；第三部分，关于文艺工作；第四部分，关于公共卫生工作。

这篇文章 2009 年 3 月收入中国人民大学出版社出版的《吴晗全集》第十卷。

本条引自《人民日报》1950 年 8 月 9 日第一版。

**本月**　　《我克服了"超阶级"观点》收入西南青年出版社出版的《确立为人民服务的人生观》一书。

【按】《确立为人民服务的人生观》，1950 年 8 月由西南青年出版社出版。三十二开，七十二页。本书收录了刘伯承的《坚定我们人民大众的立场全心全意为人民大众服务——在西南革大开学典礼上的讲话》、薛暮桥的《知识分子的思想改造》、听樵的《论革命人生观》、钱正英的《谈谈青年朋友参加工作的几个问题》、于光远的《青年与革命英雄主义》、石舫的《为什么要改造小资产阶级的思想?》、杨甫的《谈谈个人英雄主义思想》、吴晗的《我克服了"超阶级"观点》、张作荣的《同剥削阶级的思想意识斗争》等九篇文章。该书从 1950 年 8 月初版到 1952 年 11 月共再版重印了二十个版次,总发行量高达七十二万五千册。

　　　　本条引自西南青年出版社出版:《确立为人民服务的人生观》。

**9 月 24 日**　出席北京青年热烈欢迎世界民主青年联盟代表团大会并致辞。

　　【按】上午,北京五万青年在太和殿前广场举行盛大的欢迎大会,热烈欢迎世界民主青年联盟代表团代表。大会由中华全国民主青年联合总会主席廖承志致开会词,中国新民主主义青年团中央委员会书记冯文彬致欢迎词,北京市人民政府市长聂荣臻,中国保卫世界和平大会委员会主席郭沫若,中华全国学生联合会主席谢邦定,中华全国民主青年联合总会秘书长吴晗先后在会上致辞。

　　　　这篇致辞,编者迄今没有找到它的原文。

　　　　本条引自《人民日报》1950 年 9 月 25 日第四版。

**本月**　参加北京市第十一中学建校的开学典礼,并亲笔为学生图书馆题名"五一堂"。

　　【按】北京市第十一中学建立于 1950 年 9 月,是新中国成立后党和人民政府在北京建立的第一所公立学校,原为中央军委子弟学校，也是崇文区第一所中学。校址在南城药王庙内（即崇文区东晓市大街 101 号）。老将军张爱萍亲自为学校题写校训：团结、勤奋、求实、品高。

> 本条引自"百度百科"词条："北京市第十一中学"。

**本月**　参加清华大学的开学典礼并讲话。

【按】此时的吴晗虽已是北京市人民政府的副市长，但他仍兼任清华大学校务委员会的常务委员、副主任委员，历史系主任一职也刚刚于 7 月请辞。他在清华大学兼任的职务，一直到 1950 年年底才陆续全部辞去。

> 本条引自王宏志、金若年著：《吴晗画传》第 94 页。

**10 月 3 日**　《新建设》改为学术性月刊，推定吴晗为常务编辑委员。

【按】《人民日报》报道，《新建设》双周刊为充实内容，更好地为人民学术的普及和提高服务，从三卷一期起改为学术性月刊。该刊已与中国社会科学各研究会取得密切合作，增加编辑委员为二十七人，推定沈志远、吴晗、胡绳、陶大镛、费青、张志让、傅彬然、郑昕、谢觉哉九人为常务编辑委员。

> 本条引自《人民日报》1950 年 10 月 3 日第八版。

**10 月 14 日**　出席北京市 1950 年人民体育大会开幕式并致辞。

【按】大会在先农坛体育场隆重举行开幕式，吴晗致开幕词。到会的运动员及观众共约四万人。大会节目有表演与竞赛项目一百八十八项，分为工人、农民、军警、学生、普通五部举行。表演与竞赛自始至终在整齐活泼、严肃紧张的气氛中进行，充分表现了新民主主义国民体育的群众性与集体主义的精神。

本条引自《人民日报》1950 年 10 月 15 日第一版。

**10 月 15 日**　在北京市 1950 年人民体育大会开幕式上的致辞在《人民日报》摘录发表。

【按】这篇致辞摘录自新闻稿《发扬体育的群众性与集体主义精神　京市人民体育大会昨日开幕》。

这篇致辞（摘录）是吴晗未曾结集发表的职务文稿之一。

本条引自《人民日报》1950 年 10 月 15 日第一版。

**10 月 17 日**　出席欢迎世界民主青年联盟代表团的宴会并致辞。

【按】下午 1 点，中共中央华北局、中国人民解放军华北军区、北京市人民政府、中共北京市委员会、中国新民主主义青年团北京市工作委员会及北京市学生联合会等六家单位在颐和园欢宴世界民主青年联盟代表团。席间，由吴晗致辞。他对全世界七千万民主青年的优秀代表对华北和北京所做的访问表示热烈欢迎。

这篇致辞，编者迄今没有找到它的原文。

本条引自《人民日报》1950年10月18日第一版。

**本月**　与丁玲等著的《访苏印象》一书出版。

【按】本书是由中苏友好协会总会编辑、人民出版社出版、新华书店发行的"中苏友好"丛书之三。内容包括1949年以丁玲为团长、吴晗为副团长的代表团赴苏参加苏联庆祝十月革命胜利三十二周年的纪念典礼，代表团部分成员写作的访问记。其中包括丁玲的《苏联人》，吴晗的《访苏印象》《莫斯科的面包工厂》，沙可夫的《深厚无比的友情》，丁西林的《我的几点印象》等。

本条引自吴晗、丁玲等著：《访苏印象》。

**11月6日**　在清华大学教员发表的《坚决拥护各民主党派联合宣言尽最大努力为抗美援朝保家卫国的神圣任务奋斗到底》的宣言上签字。

【按】在宣言上签字的还有冯友兰、潘光旦、浦江清、张奚若、陈梦家、王瑶、金岳霖、袁复礼、吕叔湘、邓以蛰、叶企孙、袁震、华罗庚、丁石孙、马约翰、钱伟长、雷海宗、梁思成、刘仙洲、张子高等三百多人。

吴晗此时虽任北京市副市长，但仍住在清华园（他是1951 年冬才从清华园搬进了城里，住进头发胡同 1 号，同北京市副市长张友渔住在一个院子里）。故此才有可能参加了清华大学教员的签字活动。

本条引自《人民日报》1950 年 11 月 7 日第三版。

**11 月 8 日**　同市长聂荣臻、副市长张友渔一道向中央人民政府政务院呈报《北京市人民政府关于北京郊区土地改革的总结报告》。

【按】中央人民政府政务院于 1950 年 11 月 21 日批准了这篇报告。1950 年 11 月 23 日《人民日报》第二版公布了这篇报告。

本条引自中共北京市委党史研究室、北京市档案馆编：《北京市重要文献选编　1950》第 485 页。

**同日**　在中国人民保卫世界和平反对美国侵略委员会北京市分会成立大会上发表讲话。

【按】下午，中国人民保卫世界和平反对美国侵略委员会北京市分会举行成立大会，在大会上，民盟北京市支部主任委员吴晗代表各民主党派发表了讲话。

本条引自《人民日报》1950 年 11 月 9 日第四版。

**11 月 9 日**　在中国人民保卫世界和平反对美国侵略委员会北京市分会成立大会上的讲话在《人民日报》摘录发表。

【按】这个讲话摘录自新闻稿《保卫世界和平反对美国侵略委员会北京市分会昨日正式成立　代表二百万人民的意志坚决抗美援朝　通过决议拥护各民主党派联合宣言》。

这个讲话（摘录）是吴晗未曾结集发表的职务文稿之一。

本条引自《人民日报》1950 年 11 月 9 日第四版。

**11 月 10 日**　与闻家驷等三百六十二人联名发表《中国民主同盟北京市盟员为抗美援朝奋斗到底》的宣言。

【按】发表宣言的主要有吴晗、闻家驷、曾昭抡、李何林、陈鼎文、张曼筠、陶大镛、关世雄、常任侠、沈一帆、王麦初、金若年、潘光旦、余冠英、孙毓棠、胡愈之、邓初民、罗隆基、马叙伦、柳亚子、周新民、李文宜、千家驹、沈志远、彭泽民、周建人、张东荪、沈兹九、浦熙修、史良、沙千里、张伯驹、容肇祖等。

【按】闻家驷，原名闻籍，著名法国文学专家、翻译家。著名诗人、学者、民主斗士闻一多先生的胞弟。

本条引自《吴晗全集》第十卷第 553 页。

**11 月 11 日**　《中国民主同盟北京市盟员为抗美援朝奋斗到

底》的宣言在《光明日报》发表。

【按】宣言说："美帝是今天全世界人民最凶恶的压迫者，它企图奴役全世界的人民，它妄想建立一个世界帝国，因此，粉碎美帝的侵略计划，就是保卫世界的和平，援助朝鲜兄弟抗击美帝，就是保障亚洲的和平！……所以，我们抱定决心，要为抗美援朝保家卫国而奋斗到底！我们决心献出所有的力量，来击退美帝的侵略，来争取持久和平与巩固人民民主，为全人类的自由幸福而斗争。"

这篇文章 2009 年 3 月收入中国人民大学出版社出版的《吴晗全集》第十卷。

本条引自《光明日报》1950 年 11 月 11 日第四版。

**11 月 12 日**　《人民日报》转载了《中国民主同盟北京市盟员为抗美援朝奋斗到底》的宣言。

本条引自《人民日报》1950 年 11 月 12 日第二版。

**11 月 20 日**　发表关于反对收听"美国之音"的书面发言。

【按】11 月 16 日，清华大学外文系基层组开讨论会时，对于"美国之音"进行了热烈的讨论，一致认为："美国之音"对全国人民的精神毒害，其严重性远胜于美帝用来吓唬人的原子弹。因为原子弹是有形的，"美国之音"是无形的；一颗原子弹爆炸的范围充其量不过方圆五公里，而"美国之音"的"放射性"却是无孔不钻，无远不达的；原子弹所装的面孔是一副吓人的面孔，而"美国之音"的那一套却是诱人的甜言蜜语。决议向工会提出一封公开信，要求工会号召每个会员都自觉自动地决不收听"美国之音"。生物系、航空系等基层组也都谈到这个问题，并向工会做了类似的建议。16日晚工会墙报社就组织了一次访问，采访会员们关于这个问题的意见，在第二天的墙报上刊登出来。以后在许多基层组的学习会上也都自然而然地讨论了这个问题。土木系基层组还贴出一张墙报，认为：不听"美国之音"是仇美的具体行动表现，表示要坚决支持外文系的建议。为了更广泛、更深入地进行讨论，墙报社发出征文启事，号召会员们针对这个问题写稿子。20日该墙报社已把这些稿子和其他几位会员的发言刊登出来。吴晗的书面发言也在其中。

> 本条引自《人民日报》1950年11月21日第二版。

**11月21日**　关于反对收听"美国之音"的书面发言在《人民日报》摘录发表。

【按】这篇书面发言摘录自新闻稿《清华大学工会会员掀起反对收听"美国之音"运动，签名发表宣言，号召自觉不听"美国之音"，要求政府严格取缔收听》。

这篇书面发言（摘录）是吴晗未曾结集发表的职务文

稿之一。

> 本条引自《人民日报》1950 年 11 月 21 日第
> 二版。

**11 月 23 日**　《北京市人民政府关于北京郊区土地改革的总结报告》在《人民日报》刊登。

【按】中央人民政府政务院已于 1950 年 11 月 21 日批准了这篇报告。

> 本条引自《人民日报》1950 年 11 月 23 日第
> 二版。

**12 月 1 日**　致函张文松。

【按】这封信将修改后的《北京市各界人民代表会议工人学生代表产生办法》及《北京市各界人民代表会议工人学生代表试行直接选举施行细则》寄给张文松。

这封信是吴晗未曾结集发表的遗著之一。

> 本条引自北京市档案馆 001 - 006 - 00131 号
> 档案。

同日　《给"一二·一"四烈士》在《光明日报》发表。

【按】文章署名为"吴晗"。

文章中说："朋友们，再重复一句，你们的血没有白流。朋友们，我们会把美帝打得头破血流，我们会把侵略者送进坟墓。朋友们，我们一定要解放台湾，缉捕蒋介石归案法办。朋友们，我们一定团结得更好誓以全力为实现我们所保证的任务而努力！"

这篇文章是吴晗未曾结集发表的职务文稿之一。

本条引自《光明日报》1950 年 12 月 1 日第一版。

**12 月 5 日至 6 日** 出席中国人民保卫世界和平反对美国侵略委员会举办的各民主党派来京开会的全体代表茶会并发言。

【按】到会各民主党派代表一百六十余人，座谈有关抗美援朝运动问题。座谈会由中国人民保卫世界和平反对美国侵略委员会副主席彭真、陈叔通主持，该会常委司徒美堂、沈钧儒、邢西萍、邵力子、马叙伦、张奚若、许德珩、许宝驹、黄炎培、彭泽民、蔡畅、罗隆基等均到会参加。我国出席"世界和大"代表章伯钧在会上报告了第二届"世界和大"会议的经过。到会各民主党派代表李烛尘、陈铭枢、楚图南、胡子昂、吴晗等相继发言。大家发言后由北京分会副会长吴晗向会议报告了北京市抗美援朝运动的情况。

这篇发言，编者迄今没有找到它的原文。

本条引自《人民日报》1950 年 12 月 8 日第一版。

**12 月 8 日** 出席北京市各民主党派联合举行的文艺晚会并致欢迎词。

【按】当晚，北京市各民主党派——中共北京市委会、民革北京市分部、民盟北京市支部、民建北京市分会、民进北京市分会、中国农工民主党北京市党务整理委员会、青年团北京市委员会联合举行文艺晚会，招待来京参加各民主党派中央会议的代表。应邀到会的来宾四百余人。晚会由民盟北京市支部主任委员吴晗致简短欢迎词。

本条引自《人民日报》1950 年 12 月 10 日第三版。

**12 月 10 日** 在北京市各民主党派联合举行的文艺晚会上的欢迎词在《人民日报》摘录发表。

【按】这篇欢迎词摘录自新闻稿《京市各民主党派招待各地来京代表》。

这篇欢迎词（摘录）是吴晗未曾结集发表的职务文稿之一。

本条引自《人民日报》1950 年 12 月 10 日第三版。

**12 月 14 日** 出席北京市工农速成中学开学典礼并讲话。

【按】中央人民政府教育部马叙伦部长、韦悫副部长，市人民政府吴晗副市长，市文教局翁独健局长、侯俊岩副局长，市人民法院王斐然院长，北京实验工农速成中学胡朝芝校长，中共北京市第五区区委代表刘凤金均到会祝贺并讲话。吴晗在讲话中号召大家学习苏联的先进经验，培养专家、学者，巩固并提高人民国家的成就。

这个讲话，编者迄今没有找到它的原文。

> 本条引自《人民日报》1950 年 12 月 17 日第三版。

**12 月 15 日**　在北京市中苏友好协会与苏联对外文化协会举行的讲演会上做《站在保卫世界和平最前线的苏联人民》的演讲。

【按】晚 7 点，讲演会在南河沿 19 号苏联对外文化协会举行。

这个演讲，编者迄今没有找到它的原文。

> 本条引自《人民日报》1950 年 12 月 15 日第六版。

**12 月 19 日**　在北京市青年会做《在抗美援朝运动中基督徒应该做什么》的讲座。

【按】晚 7 点，为配合抗美援朝保家卫国运动，北京市青年会请吴晗给青年们做讲座。

这个讲座，编者迄今没有找到它的原文。

> 本条引自《人民日报》1950 年 12 月 19 日第六版。

**12 月 29 日下午**　在北京市第二届第四次各界人民代表会议上做《关于失业救济和普遍召开区各界人民代表会议两项工作的报告》和《关于〈北京市第三届各界人民代表会议代表产生办法草案〉的说明》两个报告。

【按】出席会议的代表有三百零八人。大会执行主席为刘仁、钱端升、余心清、傅华亭、陈垣。会议听取了北京市市长聂荣臻《关于时局问题的报告》，北京市副市长吴晗《关于失业救济和普遍召开区各界人民代表会议两项工作的报告》，北京市公安局局长罗瑞卿《关于一年来镇压反革命分子破坏活动的报告》。最后，由吴晗代表协商委员会在会上做了《关于〈北京市第三届各界人民代表会议代表产生办法草案〉的说明》。

    本条引自《人民日报》1950 年 12 月 30 日第三版。

**12 月 30 日** 《关于失业救济和普遍召开区各界人民代表会议两项工作的报告》在《人民日报》发表。

  【按】这篇文章 2009 年 3 月收入中国人民大学出版社出版的《吴晗全集》第十卷。

    本条引自《人民日报》1950 年 12 月 30 日第三版。

  **同日** 《关于〈北京市第三届各界人民代表会议代表产生办法草案〉的说明》在《人民日报》摘录发表。

  【按】这篇报告摘录自新闻稿《京二届四次各界人民代表会议开幕 昨听取聂市长、吴副市长、罗局长的报告》。

    这篇报告（摘录）是吴晗未曾结集发表的职务文稿之一。

    本条引自《人民日报》1950 年 12 月 30 日第一版。

# 1951 年

**1 月 3 日**　中央人民广播电台发表吴晗在欢送参加军事干部学校学生大会上的讲话。

【按】下午，中央人民广播电台的《学生》节目，广播欢送参加军事干部学校学生大会的报道，内容有吴晗、余世光、古奇踪及参加军事干部学校的学生家长的讲话，师大女附中、市立二中、女四中等校演出花鼓、歌咏、朗诵等。

这个讲话，编者迄今没有找到它的原文。

本条引自《人民日报》1951 年 1 月 1 日第四版。

**1 月 4 日**　主持庆祝 1951 年新岁、欢迎新盟员入盟的盛大联欢晚会并致开会词。

【按】晚 7 点，中国民主同盟北京市支部为庆祝 1951 年新岁、欢迎新盟员入盟，在文化俱乐部举行盛大联欢晚会，二百余盟员及家属冒雪出席了晚会。

这篇开会词（摘录）是吴晗未曾结集发表的职务文稿

之一。

　　　　本条引自《光明日报》1951 年 1 月 7 日第
　　二版。


**2 月 8 日**　　《清华大学历史学系教学工作总结》在《光明日
报》发表。

　　【按】《光明日报》第三版的《清华大学历史学系教学工作
　　总结》刊载了"（一）吴晗先生报告"和"（二）邵循正
　　先生报告"。

　　　　史料有据，吴晗因担任了北京市市长，于 1950 年 7
　　月 24 日辞去了清华大学历史系主任的职务，由邵循正教
　　授继任。上述这个工作总结，是 1950 教学年度的工作总
　　结，所以有新任和原任两届系主任的总结报告。

　　　　这个工作总结是吴晗未曾结集发表的职务文稿之一。

　　　　本条引自《光明日报》1951 年 2 月 8 日第
　　三版。


**2 月 14 日**　　出席北京市向毛泽东主席、朱德总司令暨中国人
民解放军全体指战员献旗致敬典礼并献词。

　　【按】下午 3 点，北京市人民政府和各民主党派、人民团体
　　等十七家单位在春节拥军优属运动中为了表示对毛主席、
　　朱总司令所领导的中国人民解放军的崇高敬意，举行向中
　　央人民政府毛泽东主席、中国人民解放军朱德总司令暨中
　　国人民解放军全体指战员献旗致敬典礼。献旗典礼由吴晗

代表首都各界人民献词致敬，萧华代表毛主席、朱总司令和人民解放军全体指战员接受锦旗，并表示谢意。

这首献词，编者迄今没有找到它的原文。

本条引自《人民日报》1951 年 2 月 15 日第一版。

**2 月 26 日**　在北京市第三届各界人民代表会议上做《关于北京市第三届各界人民代表会议代表选举工作报告》。

【按】吴晗在报告中就第二届协商委员会第十一次会议推定吴晗、钱端升、薛子正等二十三人组成选举委员会，自 1 月 26 日起到 2 月 16 日止所开展的全部工作向大会做了报告。

本条引自《人民日报》1951 年 2 月 27 日第一版。

**2 月 27 日**　与北京市市长聂荣臻、副市长张友渔一起签署呈政务院的关于兴建人民英雄纪念碑的报告。

【按】有关纪念碑兴建委员会的提法最早见于 1951 年 2 月 27 日北京市人民政府给政务院的这篇报告。报告由北京市市长聂荣臻和副市长张友渔、吴晗共同签署（彭真于 1951 年 3 月 8 日才就任北京市市长），其主要内容是拟于 1951 年春开始施工，并提出了组织机构的建立和工程预算。这篇报告的第四条内容如下：拟即成立纪念碑兴建委员会开始兴建，谨检附纪念碑图样四纸（关于图样与前呈阅草图略有更改）、模型一具（附模型说明）、造价概算表及纪念碑兴建委员会组织规程草案各一件，呈请核示。

本条引自《美术研究》2005 年第一期。

**2 月 28 日** 出席北京市人民政府文教局在中山公园召开的北京市冬学模范大会并讲话。

【按】为了表扬学习成绩优异的冬学学员，北京市人民政府文教局于 2 月 28 日举行北京市冬学模范大会。参加大会的有北京市郊区冬学模范学员、模范教师和模范工作者三百余人。北京市人民政府副市长吴晗、中共北京市委郊区工作委员会书记柴泽民、中央人民政府教育部社会教育司副司长李曙森等到会向他们道贺。吴晗主持发奖典礼。

这个讲话是吴晗未曾结集发表的职务文稿之一。

【按】冬学是农村在冬闲时开办的季节性学校，这种群众性的教育机构始创于我国抗战时期，由于它的有效性非常明显，故在广大农村延续下来。

本条引自《人民日报》1951 年 3 月 5 日第三版、《光明日报》1951 年 3 月 5 日第三版及北京市档案馆 152－001－00107 号档案。

**本月** 在民盟北京市支部会上做《关于北京市盟务工作的几个问题》的报告。

【按】报告说，在领导问题上"应该明白规定，市支部的工作应该确定要受中共北京市委的领导"，在任务问题上

"是协助党和行政办好事情，有效地进行建设工作"。

这篇报告，编者迄今没有找到它的原文。

本条引自彦奇主编：《中国各民主党派史人物传》第 335 页。

**3月1日**　《关于北京市第三届各界人民代表会议代表选举工作报告》在《人民日报》发表。

【按】这篇报告 2009 年 3 月收入中国人民大学出版社出版的《吴晗全集》第十卷。

本条引自《人民日报》1951 年 3 月 1 日第二版。

**3月5日**　《向志愿军伤病员学习》写作完毕。

【按】这篇文章后发表在 3 月 10 日的《人民日报》的第一版。

本条引自《人民日报》1951 年 3 月 10 日第一版。

**3月10日**　《向志愿军伤病员学习》在《人民日报》发表。

【按】文章署名为"北京各界赴朝慰问团团长　吴晗"。

这篇文章 2009 年 3 月收入中国人民大学出版社出版的《吴晗全集》第九卷。

本条引自《人民日报》1951 年 3 月 10 日第一版。

**3 月 14 日**　与闻家驷等分别发表书面谈话，拥护《中华人民共和国惩治反革命条例》。

【按】《人民日报》第一版报道："中国民主同盟北京市支部委员吴晗、闻家驷、闵刚侯、曾昭抡、叶笃庄、李健生、陶大镛等分别发表书面谈话，拥护中央人民政府最近颁布的《中华人民共和国惩治反革命条例》。吴晗认为：这个条例给予干部和群众以镇压反革命的法律武器，它明确规定了处理反革命分子的量刑标准，确切地掌握这种武器和标准，必不会错杀一个罪不至死的人，更不会放纵一个罪该万死的匪徒。"

这篇书面谈话（摘录）是吴晗未曾结集发表的职务文稿之一。

本条引自《人民日报》1951 年 3 月 14 日第一版。

**同日**　与廖沫沙为《美国侵华史料》一书撰写《〈美国侵华史料〉编者的话》。

【按】《美国侵华史料》由中国人民保卫世界和平反对美国侵略委员会北京分会编，吴晗、廖沫沙主编。1951 年 4 月由人民出版社出版。

这篇编者的话 2009 年 3 月收入中国人民大学出版社出版的《吴晗全集》第九卷。

本条引自人民出版社出版：《美国侵华史料》。

**3 月 18 日**　出席并主持民盟北京市支部盟员反特控诉大会并讲话。

【按】下午 2 点，中国民主同盟北京市支部为了以具体的事实揭露蒋匪特务的罪行，坚决拥护政府坚决镇压反革命措施，在中山公园中山堂举行盟员反特控诉大会，到会的盟员及各界群众共一千余人。吴晗致辞后，即由李公朴的夫人张曼筠、闻一多的长子闻立鹤、杨伯恺的夫人危淑元等六人相继进行控诉，最后由吴晗讲话。讲话结束后，大会一致通过了以大会名义拥护《中华人民共和国惩治反革命条例》的声明。

本条引自《光明日报》1951 年 3 月 19 日第一版。

**3 月 19 日**　在民盟北京市支部盟员反特控诉大会上的讲话在《光明日报》摘录发表。

【按】这个讲话摘录自新闻稿《北京市支部举行民盟反特控诉大会　烈士家属及盟员愤怒控诉特务罪行　一致拥护政府坚决镇压反革命措施》。

这个讲话（摘录）是吴晗未曾结集发表的职务文稿之一。

本条引自《光明日报》1951 年 3 月 19 日第一版。

**4 月 4 日**　出席中共北京市委举行的首届市政府机关内各民主党派人士茶会并发言。

【按】会议讨论各民主党派发展与巩固组织的问题。应邀出席的有市政府机关各民主党派人士五十多人。吴晗、沈一帆、陈鼎文等均在会上发言。

这篇发言，编者迄今没有找到它的原文。

本条引自《光明日报》1951 年 4 月 10 日第一版。

**同日** 出席并主持民盟北京市支部惩治反革命条例座谈会并讲话。

【按】晚 7 点，民盟北京市支部邀请首都司法界人士举行座谈会，讨论惩治反革命条例，应邀出席的有最高人民法院刑庭庭长贾潜、督导处处长俞钟骆、法制委员会委员戴修瓒、司法部第三司司长王斐然等，民盟方面出席的有沈钧儒、周新民、吴晗、林亨元、叶笃义等。民盟北京市支部主任委员吴晗在会上讲话。会议一直进行到晚上 10 点半，周新民做总结发言。

本条引自《光明日报》1951 年 4 月 7 日第二版。

**4 月 9 日** 致函张友渔。

【按】吴晗在信中向张友渔报告了"建筑专科学校原由永茂领导，现永茂已改为市建筑公司，副校长李公侠、钟森均因故不能负责，学校无人主持，形成混乱。经费、师资、课程均无法解决"，"拟请在政府集体办公会议上商议调配学校领导干部"等问题。

这封信是吴晗未曾结集发表的遗著之一。

本条引自北京市档案馆 002 - 006 - 00274 号档案。

**4 月 10 日** 与彭真、张友渔联名向政务院和军委呈送报告。

【按】吴晗与彭真、张友渔就"关于颁发通令停止收购本市私立医院"事宜,以北京市人民政府府秘一字第 1589 号文,联名向中央人民政府政务院和中国人民军事委员会呈送报告。

本条引自北京市档案馆 002 - 003 - 00255 号档案。

**同日** 在中共北京市委举行的首届市政府机关内各民主党派人士茶会上的发言在《光明日报》摘录发表。

【按】这篇发言摘录自新闻稿《中共京市政府党委会举行茶会 邀请京市政府机关内各民主党派人士 谈各民主党派发展与巩固组织问题》。

这篇发言(摘录)是吴晗未曾结集发表的职务文稿之一。

本条引自《光明日报》1951 年 4 月 10 日第一版。

**4 月 11 日** 出席全市基督教各会、堂负责人会议并讲话。

【按】当日，北京市人民政府文教局召集全市基督教各会、堂九十余位负责人开会。吴晗在会上讲话，对目前北京市基督教的"三自"革新运动表示欢迎和支持，并且宣布：为了加强与教会的联系，市人民政府已决定由文教局负责管理宗教事务。

这个讲话，编者迄今没有找到它的原文。

本条引自《人民日报》1951 年 4 月 19 日第一版。

**4 月 22 日** 出席北京市天主教徒举行的拥护五大国缔结和平公约反对美国重新武装日本的集会和示威大游行并讲话。

【按】参加游行的有天主教各堂口，各大、中小学及各修女会等四十九家单位的教徒一万多人。中央人民政府政务院文化教育委员会宗教事务处处长何成湘，北京市抗美援朝分会副主席吴晗、秘书长李乐光和北京市人民政府文教局副局长薛成业出席指导。北京市佛教界保卫世界和平反对美国侵略委员会宣传部部长达如亦应邀参加。

【按】"五大国缔结和平公约"即五大国（美国、苏联、中国、英国和法国）政府举行协商缔结和平公约。

本条引自《人民日报》1951 年 4 月 23 日第一版。

**4 月 23 日** 在北京市天主教徒举行的拥护五大国缔结和平公约反对美国重新武装日本的集会和示威大游行上的讲话在《人民

日报》摘录发表。

【按】这个讲话摘录自新闻稿《北京万余天主教徒举行爱国示威大游行一致签名拥护缔结和平公约，投票反对武装日本》。

这个讲话（摘录）是吴晗未曾结集发表的职务文稿之一。

本条引自《人民日报》1951 年 4 月 23 日第一版。

**4 月 30 日**　给北京市职工业余教育发奖大会题词。

【按】吴晗的题词："带动并帮助广大职工学好文化。更有效地为新中国的生产建设服务。吴晗　四，卅。"给大会题词的还有彭真、马叙伦、刘子久、钱俊瑞、张友渔、廖沫沙等。

本条引自北京市档案馆 152－001－00105 号档案。

**5 月 4 日**　出席首都各界青年纪念"五四"青年节三十二周年大会并讲话。

【按】上午，首都各界青年一万两千余人举行盛大集会，纪念"五四"青年节三十二周年，并庆祝国际学联执委会会议胜利闭幕。中国新民主主义青年团中央委员会书记冯文彬、副书记蒋南翔、秘书长荣高棠，中华全国民主青年联合总会副主席钱三强，中华全国学生联合会主席谢邦定，北京市人民政府副市长吴晗，中国新民主主义青年团北京市委员会书记杨伯箴均到会。杨伯箴、吴晗、荣高棠、谢邦定及国际学联主席格罗曼、苏联代表叶尔硕娃、朝鲜代表朴铁福先后在会上讲话或致辞。

这个讲话，编者迄今没有找到它的原文。

本条引自《人民日报》1951 年 5 月 5 日第一版。

同日　《关于〈哭一多父子〉》在《人民日报》发表。

【按】1946 年时，误传闻立鹤和闻一多一起重伤致死，吴晗当时就写了《哭闻一多父子》一文。后来证实闻立鹤是伤重未亡，故 1951 年 5 月吴晗为编入中学语文课本的《哭一多》中的情节改动写了这篇说明性短文，分别在 5 月 4 日的《人民日报》和 5 月 5 日的《光明日报》刊载。

这篇文章是吴晗未曾结集发表的遗著之一。

本条引自闻立树、闻立欣编撰：《拍案颂：闻一多纪念与研究图文录》第 183 页。

5 月 5 日　《关于〈哭一多父子〉》在《光明日报》发表。

本条引自闻立树、闻立欣编撰：《拍案颂：闻一多纪念与研究图文录》第 183 页。

5 月 22 日　吴晗等致函周恩来。

【按】这封信是北京市市长彭真，副市长张友渔、吴晗联名上书的。信函向周恩来总理汇报了有关召开纪念碑筹建座谈会的情况，以及准备成立首都人民英雄纪念碑兴建委员会等事宜。

这封信是吴晗未曾结集发表的职务文稿之一。

本条引自《北京档案史料》1997年第一期。

**5月27日**　出席并主持民盟北京市支部首次干部会议并做报告。

【按】上午9点至下午7点，民盟北京市支部召开全市基层组织干部会议，与会者共计一百三十四人。民盟北京市支部及各委员会委员和工作干部、各区分部委员、各区分部筹备委员、小组长和学习代表等均参加。吴晗在会上做了《目前的形势和我们的任务》的政治报告。

本条引自《光明日报》1951年6月3日第二版。

**6月1日**　出席首都儿童庆祝"六一"国际儿童节的集会并讲话。

【按】首都儿童代表八百多人参加大会。大会由儿童们自己主持。蔡畅、冯文彬、康克清、吴晗、杨伯箴，以及中国人民志愿军战斗英雄刘桃顺、劳动模范李永、数学家华罗庚、音乐家贺渌汀、体育家马约翰等二十余人应邀参加。大会由大会主席团执行主席鲍家街小学学生齐家纯致开会词，吴晗和刘桃顺被邀向大会讲话。会后，由北京市六所学校的儿童表演自己创作的节目。北京市朝鲜人民小学的儿童也参加了表演。

这个讲话，编者迄今没有找到它的原文。

本条引自《人民日报》1951 年 6 月 2 日第一版及《光明日报》1951 年 6 月 2 日第一版。

**6 月 3 日**　在民盟北京市支部首次干部会议上的报告在《光明日报》摘录发表。

【按】这篇报告摘录自新闻稿《民盟京支部召开首次干部会议　全体干部明确了结合实际工作发展组织的思想　各区分部小组一致热烈响应爱国主义捐献活动》。

这篇报告（摘录）是吴晗未曾结集发表的职务文稿之一。

本条引自《光明日报》1951 年 6 月 3 日第二版。

**6 月 14 日**　出席、主持北京市文教委员会第一次全体会议并做报告。

【按】会议在北京市政府第一会议室举行。吴晗首先报告了文教委的性质和任务，然后会议讨论了中等学校学生健康问题和小学一、二年级采用二部制的计划等五个问题。出席会议的有廖沫沙、薛愚、郑芸、舒舍予、翁独健、侯俊岩、薛成业、严镜清、张文奇、马约翰、余贻倜、张大中、祖田工、徐乃明等。

这篇报告，编者迄今没有找到它的原文。

> 本条引自北京市档案馆 002 - 003 - 00234 号
> 档案。

**6 月 23 日**　在北京市第三届第二次各界人民代表会议上提交了《一九五一年文教工作计划》《一九五一年卫生工程计划》《一九五一年卫生工作计划》三个书面报告。

【按】会上市长彭真报告了北京市各项工作，副市长张友渔报告了当年年度财政收支情况，市公安局局长罗瑞卿报告了镇压反革命的工作，秘书长薛子正报告了市政建设工作。

这三个书面报告是吴晗未曾结集发表的三篇职务文稿。

> 本条引自北京市人大常委会办公厅等编：
> 《北京市人民代表大会文献资料汇编 1949—
> 1993》第 154～158 页及北京市档案馆 002 -
> 020 - 01616 号档案。

**7 月 9 日**　致函黄裳。

【按】信中说："大概二十五日左右我要到欧洲去一趟，一个多月可以回来。在这段期间可能写一点东西。当然，时时不忘积习，老想有机会动笔。但是，没有办法，时间很少，多半连报纸也看不完。惟只是空想而已。很羡慕老朋友们，特别是你。久不动笔，真是手生荆棘了。读了你的文字，还是那样潇洒又风趣，让我再说一句'虽不能去，心向往之'吧。"

这封信 2009 年 3 月收入中国人民大学出版社出版的《吴晗全集》第十卷。

本条引自《吴晗全集》第十卷第 179 页。

**7 月 12 日晚**  出席北京市欢送参加军事干部学校青年学生大会并致欢送词。

【按】大会在中山公园音乐堂举行，参加大会的军事干部学校的青年学生、教师、家长、解放军各兵种的代表，以及北京市人民政府与各人民团体的代表共四千余人。北京市副市长、军事干部学校招生委员会主任吴晗致欢送词，祝贺同学们在毛泽东的旗帜下，发扬革命的英雄主义，为胜利完成祖国和人民的付托，稳步地向国防建设事业的辽阔前途迈进！中央人民革命军事委员会总政治部青年部部长王宗槐、青年团北京市委副书记张大中相继讲话。大会最后由军委文工团表演文艺节目欢送这些走向光荣岗位的同学们。

这篇欢送词，编者迄今没有找到它的原文。

本条引自《人民日报》1951 年 7 月 13 日第一版及《光明日报》1951 年 7 月 30 日第一版。

**7 月 15 日**  出席北京市第一届青年代表大会并讲话。

【按】大会于15日至17日举行。出席大会的有各种职业、民族及宗教信仰的青年代表八百五十二人。大会总结了北京市两年来的青年工作，制定了今后工作的方针任务，通过了北京市民主青年联合会会章，选举了北京市民主青年联合会执行委员，正式成立北京市民主青年联合会。中华全国民主青年联合总会主席廖承志、北京市人民政府副市长吴晗出席大会并讲话。

这个讲话，编者迄今没有找到它的原文。

本条引自《人民日报》1951年7月21日第三版。

**7月18日　致函彭真。**

【按】吴晗在信中说："关于科学院植物分类研究所建议就圆明园原址建立植物园问题，我根据彭、张市长的批示，已于七月十七日下午约科学院植物分类所、都市计划委员会及公园管理委员会等单位负责同志协商，薛秘书长因事忙没有参加。商谈结果，各单位对科学院上述的建议，一致同意，并初步提出：将来植物园植物培养的经费和人才，由科学院负责，公园的经营和管理，由市政府公园管理委员会负责。并希望今后市政府对于圆明园所有空地，不再拨给其他单位使用。"

这封信是吴晗未曾结集发表的遗著之一。

本条引自北京市档案馆011－001－00136号档案。

习之 编著

吴晗年谱
著述篇

下

北京出版集团公司
北京教育出版社

# 1952 年

**1 月 4 日**　《爱护文物保护文物》在《人民日报》发表。

【按】文章署名为"吴晗"。

吴晗在这篇文章中说："我们的文物整理工作，必须和首都的市政建设配合进行。一方面，北京是文化古城，对某些确有价值的历史的艺术的文物，必须有计划有分别地，特别是应该有重点地加以整理和保存。另一方面，我们也必须认识到：北京今天是新中国的首都，五万万人民的首都必须建立为现代化的美丽都市，大规模的兴建工作，即将展开。对于某一些一般性的通常建筑，是不应该而且也不可能完全加以保存的，必须去掉发展的桎梏，必须反对那种无原则无重点的全面保存文物的庸俗看法。"

这篇文章发表的时代背景是 1951 年 12 月 31 日《人民日报》第三版发表了《北京近郊发见汉代古墓多处》的通讯报道，文章说，"在东郊：一九四八年中国人民解放军某部于朝阳门东南十五里高碑店村南，发见了汉墓……在首都的北郊，今年四月在清河镇西北二里的地方发见汉代墓葬一处"。同日的《人民日报》第三版还刊登了时任中央文化部文物局局长兼中国科学院考古研究所所长等职的郑振铎的文章《北京近郊文物的发掘与保护》。郑振铎在文章中说："北京近郊还是一个'处女地似的考古地区，我们必须以全力从事于调查和发掘的工作。这不是几个政府机关、研究机构'孤军作战'所能够做好的。希望北京的全体市民能够合作，能够随时把他们所知的，所见的或所偶然发见的古迹、古坟墓以至古物告诉我们。我们必须依靠群众的力量。我们将把历次所发见的古代文物，用科学的方法陈列出来，逐渐发展陈列的规模，充实北京历史博物馆。使首都的市民见到了那些春秋、战国和汉代的古物，知道北京历史的悠久和它的文化、艺术的辉煌成就，明白其有保护的必要，有加以有系统地整理和研究的必要。人人有责任来保护它们，不令它们有遭受破坏的危险。爱祖国的文化、艺术的遗产，乃是新中国人民的义务之一，也就是新中国人民爱祖国的具体表现之一。"

这篇文章是吴晗未曾结集发表的职务文稿之一。

本条引自《人民日报》1952 年 1 月 4 日第三版。

**2 月 18 日至 19 日** 代表市长在各区的群众大会上做关于"三反"运动的讲话。

【按】这两天分别代表市长在全市各区的群众大会上讲话的还有"北京市人民政府彭真市长和市民见面的工作组"（简称市长代表工作组）的其他负责同志共十二人。

这个讲话，编者迄今没有找到它的原文。

本条引自中共北京市委党史研究室、北京市档案馆编：《北京市重要文献选编 1952》第 91 页。

**5 月 16 日** 出席北京市第四届各界人民代表会议代表选举委员会选举干部会议并做报告。

【按】根据 5 月 15 日北京市第四届各界人民代表会议代表选举委员会会议的决定，为了加强干部对选举工作的认识，北京市第四届各界人民代表会议代表选举委员会召开选举工作干部扩大会议，由吴晗主任做有关选举工作的报告。

这篇报告，编者迄今没有找到它的原文。

本条引自《人民日报》1952 年 5 月 16 日第一版。

**5 月 20 日** 应邀在北京人民广播电台向全市人民做《关于北京市区各界人民代表会议的选举工作》的报告。

【按】下午 2 点半，北京市第四届各界人民代表会议代表选举委员会主任吴晗应邀在北京人民广播电台向全市人民做《关于北京市区各界人民代表会议的选举工作》的报告。该台用五个周率（850、1080、920、750 和 1320 千周）同时联播。

这篇报告，编者迄今没有找到它的原文。

本条引自《人民日报》1952 年 5 月 20 日第一版。

**5月22日** 与北京市市长彭真、副市长张友渔联名致函周恩来总理。

【按】这封信是北京市人民政府向周总理报告,首都人民英雄纪念碑设计工作已大体完成,且召开了纪念碑筹建座谈会,以及成立首都人民英雄纪念碑兴建委员会等工作。

这封信是吴晗未曾结集发表的职务文稿之一。

本条引自《北京档案史料》1997年第一期。

**同日** 致函北京市市长彭真。

【按】吴晗在信中根据北京市卫生局目前的工作状况,提出增添一个副局长专搞干部和全市医护人员思想教育工作,并确定今后一两年内将改造旧技术人员,使之能更好地为人民服务。

这封信2009年3月收入中国人民大学出版社出版的《吴晗全集》第十卷,但题目是"关于加强卫生工作领导问题向彭真同志的报告"。

本条引自北京市档案馆002-004-00112号档案。

**5月29日** 致函北京市市长彭真。

【按】吴晗这封信是就北京市教育局关于改善中小学学生健康状况一事报告市长彭真。信中分析了影响学生健康的种种原因,并有针对性地提出了切实可行的建议。

这封信经副市长张友渔签批后交由市长彭真阅。彭真阅后批示:"同意吴的意见及张批。请吴具体处理。其中有些情况,望加核对。"

这封信是吴晗未曾结集发表的遗著之一。

本条引自王宏志、闻立树主编:《怀念吴晗 百年诞辰纪念》第 284 页及北京市档案馆 002 - 004 - 00112 号档案。

**6 月 19 日** 出席北京苏联红十字医院开幕典礼并致辞。

【按】参加开幕典礼的有彭真、李德全、彭泽民、陈其瑗、贺诚、傅连暲、吴晗、胡兰生及首都各人民团体、医院代表约二百人,苏联罗申大使及使馆人员也到会致贺。李德全、贺诚、吴晗在会上致辞。

这篇致辞,编者迄今没有找到它的原文。

【按】北京苏联红十字医院是新中国成立后,斯大林元帅和毛泽东主席亲自商定,由苏联政府和苏联红十字会援助,党和政府在首都建立的第一所大医院。毛泽东主席、刘少奇副主席、周恩来总理、朱德委员长亲笔为医院题词。1957 年 3 月,苏联政府将医院正式移交我国。该医院现名为首都医科大学附属北京友谊医院。

本条引自《人民日报》1952 年 6 月 20 日第一版。

夏　　致函李元。

【按】据李元在《中国第一座天文馆的诞生》一文中叙述，"1952 年夏，我接到吴晗的一封亲笔信，大意说，建馆计划已经由科学院转来，他个人非常赞成，并且说将来可以把建国门旁的北京观象台上的天文仪器也并入北京天文馆开放展出。他还说把这个建馆计划将送有关会议讨论"。

【按】李元，著名天文学家，科普活动家，天文科普专家，中国天文馆事业和太空美术事业的开拓者，中国第一个大型科普机构——北京天文馆创建人之一。历任北京古观象台负责人、中国科普研究所研究员、中国科普作家协会常务理事、北京天文馆学术委员、中国科普研究所外国科普研究室主任、中国科学院咨询组成员等，1989 年离休。

这封信，编者迄今没有找到它的原文。

本条引自崔振华主编：《北京天文馆文集》第 27 页。

**7 月 25 日**　　出席北京市先进生产经验展览会并讲话。

【按】展览会在劳动人民文化宫举行开幕典礼。到会的有各厂矿企业的先进生产者以及各机关团体的干部等共六百多人。中华全国总工会华北工作委员会主任康永和、北京市人民政府副市长吴晗均应邀讲话。他们在讲话中都强调指出：总结和推广先进经验是开展爱国增产节约运动的主要方法，必须广泛地深入地进行宣传；同时总结和推广先进经验是一个细致的工作，今后必须更有组织、有领导、有计划地进行。石景山发电厂工人、全国劳动模范刘德珍、京西门头沟煤矿工人、全国劳动模范李书和，北京电车公司工程师王子厚都讲了话，具体介绍了各自学习苏联先进经验的心得。

这个讲话，编者迄今没有找到它的原文。

本条引自《人民日报》1952 年 7 月 26 日第一版。

**8 月 1 日** 出席驻京公安部队庆祝"八一"二十五周年大会并讲话。

【按】吴晗代表北京市人民委员会参会。吴晗说："我代表首都——北京全体市民向中国人民解放军和首都的公安部队致敬。由于你们的保证，使首都迅速建立和巩固了革命的秩序，能使全市人民过着和平的生活，并迅速地发展我们的生产，进行建设。"

这个讲话是吴晗未曾结集发表的职务文稿之一。

本条引自北京市档案馆 010 - 006 - 00036 号档案。

**8 月 8 日** 出席市区两级政府系统和工农青妇各系统文教干部大会并讲话。

【按】吴晗在会上说："在这个大会上，我们要布置一件有历史意义的工作，这就是，我们准备在今年十月展开一个轰轰烈烈的、大规模的识字运动，在三年的时期内，扫除全市的文盲、半文盲，使他们认识字，具备学习与掌握科学技术的能力，成为祖国建设上，有高度政治觉悟的积极战士。"

这个讲话是吴晗未曾结集发表的职务文稿之一。

本条引自北京市档案馆 152－001－00149 号档案。

**8 月 9 日**　出席和平中学的会议并讲话。

【按】吴晗说："在今年十月展开识字运动，三年左右时间扫盲。使能认字，念书，写字，初步具备并掌握科学技术能力，使之在建设祖国岗位上能掌握一定技术，一定政治觉悟。毛主席号召三年准备十年建设，现在未等到三年，仅两年半做了三年的事，在各级生产方面，我们正超过了计划。文化高潮现在已经来到了。"

这个讲话是吴晗未曾结集发表的职务文稿之一。

本条引自北京市档案馆 152－001－00149 号档案。

**8 月 11 日**　在北京市第四届第一次各界人民代表会议上做《关于开展爱国卫生运动的报告》。

【按】这篇报告 2009 年 3 月收入中国人民大学出版社出版的《吴晗全集》第十卷。

本条引自《吴晗全集》第十卷第 272 页。

**8 月 13 日** 在北京市第四届第一次各界人民代表会议上做《关于北京市第四届各界人民代表会议代表选举工作的报告》。

【按】这篇报告 2009 年 3 月收入中国人民大学出版社出版的《吴晗全集》第十卷。

本条引自《吴晗全集》第十卷第 272 页。

**8 月 24 日** 北京市人民广播电台播送《关于开展爱国卫生运动的报告》的录音。

【按】报告的录音在同一日上午和晚上分别播送，上午播送的时间是 9 点至 10 点 15 分，晚上播送的时间是 7 点 45 分至 9 点。

本条引自《人民日报》1952 年 8 月 20 日第一版。

**8 月 28 日** 《关于开展爱国卫生运动的报告》在《光明日报》发表。

【按】这篇报告是吴晗 8 月 11 日在北京市第四届第一次各界人民代表会议上所做。

本条引自《光明日报》1952 年 8 月 28 日第四版。

**8 月 30 日** 《关于开展爱国卫生运动的报告》（摘要）在《人民日报》发表。

【按】文章署名为"北京市人民政府副市长　吴晗"。

> 本条引自《人民日报》1952 年 8 月 30 日第
> 三版。

**本月**　出席北京市发展红十字会会员动员大会并做报告。

【按】会议在中山公园音乐堂召开，到会六千余人。总会会长李德全及副市长吴晗在会上做了动员报告和发展会员的指示。

> 这篇报告，编者迄今没有找到它的原文。

> 本条引自王康久主编：《北京卫生大事记》
> 第 14 页。

**10 月 6 日**　出席第一届全国戏曲观摩演出大会开幕典礼并致辞。

【按】大会由文化部主办。中央人民政府政务院副总理郭沫若，文化部部长沈雁冰，副部长周扬、丁西林，文化部艺术事业管理局局长田汉，中央和各大行政区、省、市文化行政机关的负责干部，和来京参加会演的京剧、评剧、越剧、豫剧、沪剧、秦腔、山西梆子、蒲州梆子、河北梆子、曲剧、江淮戏、川剧、粤剧、桂剧、湘剧、汉剧、楚剧、滇剧、江西采花剧、湖南花鼓戏、郿鄠戏等二十一个剧种的戏曲工作者等共三千多人到会。吴晗在会上致辞，代表首都二百五十万人民对参加这次观摩演出的全体人员表示热烈的欢迎。

这篇致辞，编者迄今没有找到它的原文。

本条引自《人民日报》1952 年 10 月 7 日第三版。

**10 月 8 日**　《和平的长城》在《光明日报》发表。

【按】文章署名为"吴晗"。

文章发表在亚洲及太平洋区域和平会议在北京召开之际。吴晗在文章中说："和平会议向全世界表明：亚洲人民站起来了，太平洋区域各国人民站起来了，亚洲及太平洋区域十六亿人民的大团结，就是保卫世界和平的一支无比强大的战斗力量。和平会议会向全世界表明：在各国人民之间，没有猜忌，没有仇恨，没有利益的冲突，大家可以和平相处，生活在一个友爱合作的大家庭里。和平会议会向全世界表明：一切战争挑拨者的阴谋和暴行，都将受到历史的裁判！每一个黩武主义者和法西斯分子，都是世界人民的公敌。"

这篇文章是吴晗未曾结集发表的职务文稿之一。

本条引自《光明日报》1952 年 10 月 8 日第六版。

**10 月 16 日**　出席北京市识字运动委员会办公室主任例会并讲话。

【按】出席这次例会的还有北京市识字运动委员会副主任廖沫沙以及委员薛成业等十多人。会议由薛成业主持。

这个讲话，编者迄今没有找到它的原文。

> 本条引自北京市档案馆 152 - 001 - 00161 号
> 档案。

**10 月 25 日下午**　出席北京市少年之家开幕仪式并讲话。

【按】出席会议的还有北京市秘书长薛子正、教育局副局长
侯俊岩、共青团北京市委副书记张大中和各校少年儿童代
表、教师和辅导员一个多人。

这个讲话，编者迄今没有找到它的原文。

> 本条引自北京市政协文史资料委员会编：
> 《北京文史资料》第五十八辑第 76 页。

**10 月 28 日**　参加北京市卫生领导机关行政工作干部会并
讲话。

【按】会上，吴晗在肯定成绩的同时，着重指出了工作中存
在的一些问题。

> 本条引自宋连生著：《吴晗的后二十年》第
> 59 页。

**11 月 7 日**　出席北京市庆祝苏联十月社会主义革命三十五周
年大会并致辞。

【按】下午，北京市民四万多人在先农坛举行大会，庆祝苏
联十月社会主义革命三十五周年。苏联文化工作者代表团
团长吉洪诺夫、苏军红旗歌舞团团长亚历山大罗夫、苏联

艺术工作团部分团员和苏军红旗歌舞团全体团员出席了大会。在主席台上就座的有北京市中苏友好协会副会长吴晗、许德珩、舒舍予,中国共产党北京市委员会副书记刘仁,北京市人民政府秘书长薛子正,中国人民解放军华北军区政治部副主任张致祥,中苏友好协会总会和华北中苏友好协会筹备委员会代表,北京市各界人民代表会议协商委员会委员和市人民政府委员,劳动模范,北京市各民主党派、人民团体和主要的工矿、企业、学校的负责人以及文化、艺术、科学界著名人士。北京市中苏友好协会副会长吴晗、苏联文化工作者代表团团长吉洪诺夫、苏军红旗歌舞团团长亚历山大罗夫先后在大会上致辞。

【按】苏军红旗歌舞团,全称亚历山大罗夫红旗歌舞团。它成立于 1928 年,是苏联国歌的曲作者、天才的指挥家亚历山大·瓦西里耶维其·亚历山大罗夫所创立,是当时俄罗斯军队中最高级别的歌舞团。红旗歌舞团创作和演出了大量的俄罗斯优秀的军旅歌曲,曾在苏联卫国战争中用歌声激励过千百万苏联人民。

本条引自《人民日报》1952 年 11 月 8 日第一版及《北京日报》1952 年 11 月 8 日第一版。

**同日晚**　在北京人民广播电台做《我们要加强中苏友谊,要善于向苏联学习》的广播讲话。

【按】北京市"中苏友好月"办公室和北京人民广播电台定

于 11 月 7 日至 13 日每晚 8 点 45 分到 9 点 45 分联合举办
"中苏友好月"特别广播节目。

这个讲话，编者迄今没有找到它的原文。

本条引自《人民日报》1952 年 11 月 4 日第
一版。


**11 月 8 日**　在北京市庆祝苏联十月社会主义革命三十五周年
大会上的致辞在《人民日报》摘录发表。

【按】这篇致辞摘录自新闻稿《北京市举行庆祝十月革命节
大会　吉洪诺夫、亚历山大罗夫致辞受到热烈欢迎》。

这篇致辞（摘录）是吴晗未曾结集发表的职务文稿
之一。

本条引自《人民日报》1952 年 11 月 8 日第
一版。


**同日**　致函北京市市长彭真。

【按】当时，北京市京剧四团正演出《伊帕尔罕》（伊帕尔
罕即香妃）一剧。《伊帕尔罕》是一出暴露清朝统治者残
害、掠夺少数民族的罪恶，歌颂少数民族反侵略、反压迫
的英勇事迹的历史剧。文化部部长周扬根据中央统战部部
长李维汉认为该剧的内容"对民族团结方面影响不好"的
意见，要求停演该剧。吴晗就该剧是修改还是停演，或是
先停演再修改和因停演对剧团予以补助等问题，与时任北
京市京剧四团团长的京剧表演艺术家吴素秋进行谈话和协

调工作。这封信是吴晗协调以后给市长彭真的汇报信。

这封信是吴晗未曾结集发表的遗著之一。

本条引自北京市档案馆 002－004－00107 号
档案。

**同日** 出席文化部举办的盛大宴会并讲话。

【按】当日，文化部欢宴各地来京参加第一届全国戏曲观摩
演出大会的一千二百多位演员及其他戏曲工作者。出席宴
会的有中央人民政府政务院文化教育委员会副主任马叙
伦，中央人民政府委员会办公厅主任齐燕铭，中央人民政
府委员会办公厅副主任余心清，北京市人民政府副市长吴
晗，以及首都文化艺术界人士老舍、阳翰笙、欧阳予倩、
艾青、洪深、张庚、吕骥等。席间马叙伦、齐燕铭、余心
清及吴晗都讲了话，庆祝戏曲观摩会演的胜利，并勉励各
地来京演员及戏曲工作者在这次会演胜利的基础上，进一
步贯彻毛主席"百花齐放，推陈出新"的戏曲工作方针。
代表团及到会的老艺人和著名演员梅兰芳、程砚秋、周信
芳、袁雪芬、常香玉、盖叫天等也互致祝词，相互勉励。

这个讲话，编者迄今没有找到它的原文。

本条引自《人民日报》1952 年 11 月 13 日第
一版。

**11 月 9 日** 出席并主持民盟北京市全体盟员庆祝十月社会主
义革命三十五周年晚会并做了《认真学习苏联先进经验》的

讲话。

【按】吴晗的这个讲话后发表在民盟中央机关刊物《中央盟讯》1952年第五、六期（合刊）。

这个讲话是吴晗未曾结集发表的职务文稿之一。

本条来自中国民主同盟中央委员会编：《中央盟讯》1952年第五、六期（合刊）。

**11月11日** 出席北京市卫生领导机关召集的各区卫生办公室主任联席会议并做报告。

【按】吴晗在会上对北京市第四阶段的爱国卫生运动的工作进行了检查和总结，对下一步的工作进行了安排。

这篇报告，编者迄今没有找到它的原文。

本条引自《北京日报》1952年11月16日第一版。

**同日** 出席苏军红旗歌舞团表演会并致辞。

【按】中午12点，以亚历山大罗夫为首的苏军红旗歌舞团在北京先农坛举行表演会。观看这次表演的有首都各工厂矿山工人、郊区农民、机关干部和市民共三万五千多人。吴晗代表首都人民上台致辞，他说："由于你们的卓越的艺术和广大的中国人民见面，更加增进了中苏两国人民之间的友谊和文化交流，使我们更深刻地认识到伟大的苏联军队不仅是一支保卫世界和平的不可战胜的力量，而且也是一支最有文化修养的军队。"吴晗说，"首都人民热爱苏联，我们牢牢地记着：苏联是我们的良师益友，苏联的今天就是我们的明天。我们正沿着十月社会主义革命所指示的道路前进。"

本条引自《人民日报》1952 年 11 月 12 日第一版。

**11 月 12 日** 在苏军红旗歌舞团表演会上的致辞在《人民日报》摘录发表。

【按】这篇致辞摘录自新闻稿《苏军红旗歌舞团表演音乐舞蹈》。

这篇致辞（摘录）是吴晗未曾结集发表的职务文稿之一。

本条引自《人民日报》1952 年 11 月 12 日第一版。

**11 月 15 日** 《认真学习苏联先进经验——在民盟北京市全体盟员庆祝十月社会主义革命三十五周年晚会上的讲话》在民盟中央机关刊物《中央盟讯》1952 年第五、六期（合刊）发表。

【按】吴晗在讲话中说："中国人民从苏联学到了马克思列宁主义，并在苏联人民高度热情大公无私的援助下取得了革命的胜利。中国革命的胜利又发展了中苏两国人民间兄弟般的深厚友谊……中苏两国人民兄弟般的同盟是巩固全世界和平事业的强大力量，是反对美帝国主义、日本军国主义复活，企图进行新侵略威胁的可靠保证，是保卫亚洲及全世界和平的坚强堡垒。"

这个讲话是吴晗未曾结集发表的职务文稿之一。

本条引自中国民主同盟中央委员会编：《中央盟讯》1952年第五、六期（合刊）。

**11月19日**　出席北京市全市爱国卫生运动工作人员大会并讲话。

【按】吴晗在会上安排了全市爱国卫生运动第五阶段的重点工作，还向提前完成每人捕鼠一只任务的丰台、南苑、石景山等区，发放锦旗各一面。

这个讲话，编者迄今没有找到它的原文。

本条引自《北京日报》1952年11月23日第一版。

**12月1日**　出席北京市科联成立大会并讲话。

【按】大会在中国科学院大礼堂召开。茅以升致开幕词，吴有训、侯德榜、吴晗等到会并讲话。会议推选十九人为第一届执行委员会委员。茅以升为主任委员，江泽民、赵进义为副主任委员，林榕为秘书长，陈占祥为副秘书长。

这个讲话，编者迄今没有找到它的原文。

本条引自首都科技网：《科技历史　1952》。

**12月3日晚**　主持盛大宴会欢送即将离京的以吉洪诺夫为首的苏联文化工作者代表团并致辞。

【按】出席宴会的有中苏友好协会总会副会长吴玉章、李济深，总干事钱俊瑞，中央人民政府人民革命军事委员会总政治部副主任萧华，北京市中苏友好协会副会长张奚若、许德珩、萧明、孙晓村、曹靖华，北京市第四届各界人民代表会议协商委员会副主席钱端升，北京市人民政府秘书长、副秘书长、各局处长和人民团体负责人，以及首都文化界人士周扬、李四光、范文澜、翦伯赞、艾青、田汉、欧阳予倩、李兆炳、何其芳、陈荒煤等。

【按】吉洪诺夫，即维亚切斯拉夫·吉洪诺夫（1928—2009），苏联和俄罗斯著名电影演员及导演。他以其主演的电影《白比姆黑耳朵》《战争与和平》和多集电视连续剧《春天的十七个瞬间》等蜚声苏联影坛。

本条引自《人民日报》1952 年 12 月 4 日第一版及《北京日报》1952 年 12 月 4 日第一版。

**12 月 4 日**　在欢送即将离京的以吉洪诺夫为首的苏联文化工作者代表团的宴会上的致辞在《人民日报》摘录发表。

【按】这篇致辞摘录自新闻稿《彭真市长盛宴欢送吉洪诺夫等　吴晗副市长代表彭真市长主持宴会并致辞》。

这篇致辞（摘录）是吴晗未曾结集发表的职务文稿之一。

本条引自《人民日报》1952 年 12 月 4 日第一版。

**12 月 8 日**　出席第二届全国卫生会议并讲话。

【按】参加这次大会的有全国卫生模范单位代表及模范工作者一百五十二名，特邀全国知名的医药卫生专家代表四十七名，中国卫生工作者赴苏参观团全体团员十五名，苏联医药卫生专家十九名，中央人民政府卫生部、中央人民政府人民革命军事委员会总后勤务部卫生部直属单位和各级卫生部门的代表，以及中央人民政府有关机关和全国性人民团体等出席、列席人员共七百七十五名。中央人民政府卫生部副部长傅连暲致开幕词，中央人民政府政务院文化教育委员会副主任马叙伦、北京市人民政府副市长吴晗等先后在会上讲话。

这个讲话，编者迄今没有找到它的原文。

本条引自《人民日报》1952 年 12 月 9 日第一版。

**12 月 18 日晚**　参加并主持北京市政府举行的欢送以楚拉基为首的苏联艺术工作团部分团员和以费道罗夫为首的苏联电影艺术工作者代表团全体团员的盛大宴会，并讲话。

【按】出席宴会的有中苏友好协会总会副会长吴玉章、李济深，总干事钱俊瑞，北京市中苏友好协会副会长萧明、孙晓村，华北中苏友好协会筹备会代表李之乾，北京市第四届各界人民代表会议协商委员会副主席钱端升，北京市人民政府各部门负责人和北京市各人民团体负责人，以及首都文化艺术界人士周扬、阳翰笙、田汉、郑振铎、熊复、张仲实、曹禺、李伯钊、周巍峙、吴雪、王阑西、蔡楚生、史东山、田方、汪洋、罗光达、李兆炳等。

1952 年 11 月，以费道罗夫为首的苏联电影艺术工作者代表团来中国参加"中苏友好月"活动，11 月 29 日至 12 月 1 日，以费道罗夫为首的苏联电影艺术工作者代表团到上影参观访问，并与上影部分导演、演员、摄影等进行座谈。代表团还到长春参观访问，参观了东北电影制片厂，与电影工作者进行座谈。代表团成员斯米尔诺娃应邀到东北师大报告了电影《乡村女教师》的创作经过。

【按】楚拉基即米哈依尔·伊凡诺维奇·楚拉基，苏联著名作曲家。莫斯科柴可夫斯基音乐学院教授、苏联部长会议艺术委员会副主席、苏联作曲家协会副主席。他的《第二交响曲》《假未婚夫》《青春》三部曲子，使他三次获得斯大林奖金。

【按】费道罗夫，著有《为科学服务的苏联电影》，小说《成熟》《地下省委在行动》。

本条引自《人民日报》1952 年 12 月 19 日第一版。

**12 月 19 日** 在欢送以楚拉基为首的苏联艺术工作团部分团员和以费道罗夫为首的苏联电影艺术工作者代表团全体团员的宴会上的讲话在《人民日报》摘录发表。

【按】这个讲话摘录自新闻稿《彭真市长昨晚举行盛大宴会欢送苏联艺术工作团部分团员和苏联电影艺术工作者代表

团全体团员》。

这个讲话（摘录）是吴晗未曾结集发表的职务文稿之一。

本条引自《人民日报》1952 年 12 月 19 日第一版。

**12 月 26 日**　代表彭真主持酒会，欢送行将离京的苏军红旗歌舞团并致辞。

【按】出席酒会的有中苏友好协会总会副会长吴玉章、李济深，总干事钱俊瑞，中央人民政府人民革命军事委员会总政治部副主任萧华，中央人民政府文化部副部长周扬，人民革命军事委员会办公厅主任萧向荣，人民革命军事委员会总政治部文化部部长陈沂，北京市中苏友好协会副会长张奚若、曹靖华，北京市人民政府各单位负责人，以及文化艺术界人士田汉、郑振铎、周巍峙、曹禺、李伯钊、程砚秋、赵沨、宋之的、李伟、陈其通、蓝马等。

本条引自《人民日报》1952 年 12 月 27 日第一版及《北京日报》1952 年 12 月 27 日第一版。

**12 月 27 日**　在欢送行将离京的苏军红旗歌舞团的酒会上的致辞在《人民日报》摘录发表。

【按】这篇致辞摘录自新闻稿《北京市人民政府彭真市长举行酒会欢送苏军红旗歌舞团》。

这篇致辞（摘录）是吴晗未曾结集发表的职务文稿之一。

本条引自《人民日报》1952 年 12 月 27 日第一版。

# 1953 年

**1 月 3 日** 致信义乌县县长。

【按】吴晗在信中说，"我离开家乡多年，关于吴店镇上这两处房子的情况一直不大清楚。我提出请求，请求把吴店这两处房产收归政府或地方人民所有。我自己是国家工作人员，在生活上有充分保证，既不需要住这些房子，也不需要这些房子的租金。保有它对我反而是一种麻烦"。

这封信 2009 年 3 月收入中国人民大学出版社出版的《吴晗全集》第十卷。

本条引自《吴晗全集》第十卷第 189 页。

**1 月 11 日** 参加北京市政府机关总俱乐部成立大会，并做《为广泛地开展市政府机关文化娱乐、体育活动而努力》的报告。

【按】大会在长安戏院举行。出席成立大会的有副市长吴晗、秘书长薛子正、市政府各局处首长、各区区长、各单位俱乐部负责人和文娱活动积极分子等共一千三百多人。大会首先由吴晗做《为广泛地开展市政府机关文化娱乐、体育活动而努力》的报告。后由副秘书长柴泽民宣布总俱乐部负责人名单：副市长吴晗任总俱乐部主任，副秘书长柴泽民和公安局副局长冯基平任副主任。会后，市政府秘书厅、劳动局、公安局、工商局、卫生工程局、建设局、市人民银行、合作总社等八家单位演出了文艺节目。

本条引自《北京日报》1953 年 1 月 18 日第二版。

**1 月 15 日晚**　出席各民主党派北京市级组织负责人集会并讲话。

【按】集会上座谈了中央人民政府委员会所通过的关于召开全国人民代表大会及地方各级人民代表大会的决议。中国国民党革命委员会北京市分部召集人蒋光鼐、民盟北京市支部主任委员吴晗、中国民主建国会北京市分会主任委员孙晓村、中国民主促进会北京市分会主任理事冯宾符、中国农工民主党北京市委员会副主任委员李伯球、九三学社北京市分社主任委员薛愚等先后在会上讲话。吴晗在讲话中说：在三年来许多胜利的基础上，中国共产党提议召开全国人民代表大会，实行普选，制定宪法，并且已经由中央人民政府委员会做成决议，这是非常及时、英明而伟大的措施。他代表民盟北京市支部全体盟员热烈拥护。

这个讲话，编者迄今没有找到它的原文。

本条引自《人民日报》1953 年 1 月 17 日第一版。

**1月18日** 在北京市政府机关总俱乐部成立大会上的报告在《北京日报》摘录发表。

【按】这篇报告摘录自新闻稿《市人民政府成立机关总俱乐部 吴晗副市长号召大家认真开展文化体育活动》。

这篇报告（摘录）是吴晗未曾结集发表的职务文稿之一。

本条引自《北京日报》1953年1月18日第二版。

**1月19日** 出席、主持北京市第二届卫生行政会议并做报告。

【按】1月19日至23日，北京市举行第二届卫生行政会议，全市各卫生部门代表、爱国卫生模范、卫生工作专家等三百多人出席了大会。吴晗在会上做了《进一步开展首都的爱国卫生运动》的报告。

这篇报告，编者迄今没有找到它的原文。

本条引自《光明日报》1953年1月26日第一版。

**1月20日** 在北京市第二届卫生行政会议做《进一步开展首都的爱国卫生运动》的报告并题词。

【按】北京市公共卫生局和卫生工程局于1月20日至23日联合召开了北京市第二届卫生行政会议。出席这次会议的代表有北京市各区卫生所、环境卫生科，全市各医院、诊所、卫生学校和主要厂矿卫生机关的负责干部，爱国卫生模范和卫生工作专家等三百多人。吴晗为大会的题词：做好卫生工作 建设人民首都。

这篇报告，编者迄今没有找到它的原文。

本条引自《中医杂志》1953 年第二期。

**2 月 3 日** 和弟弟吴春曦一同致信义乌县政府。

【按】吴晗在信中说："经过和家人充分商量，我们认为我们都是国家工作人员，自己生活和子女学习都有充分保证。家乡的土地房产对我们来说是完全不需要的。我们请求把土改后分得的土地房产以及房产内一切物品，连同土地房产所有证民字一五七七六号一纸献给政府。"

这封信 2009 年 3 月收入中国人民大学出版社出版的《吴晗全集》第十卷。

本条引自王宏志、闻立树主编：《怀念吴晗 百年诞辰纪念》第 285 页。

**2 月 26 日** 致函彭真、刘仁、张友渔。

【按】吴晗就"中学学生是否立即全部改学俄文的问题"，向彭真、刘仁、张友渔汇报了三条处理意见。

这封信是吴晗未曾结集发表的遗著之一。

本条引自北京市档案馆 002 - 005 - 00160 号档案。

**3月2日下午** 参加北京市爱国卫生运动委员会召开的全市爱国卫生运动动员及发奖大会并讲话。

【按】到会的有市公共卫生局局长严镜清、卫生工程局副局长贺翼张、基层卫生组织的干部和爱国卫生运动积极分子三千四百多人。吴晗作为市爱国卫生运动委员会主任在大会上讲话。

这个讲话，编者迄今没有找到它的全文。

本条引自宋连生著：《吴晗的后二十年》第60页。

**3月17日** 致函习副主任、钱秘书长。

【按】这封信是他就六一幼儿园新建校舍的跨年度问题和追加工程预算问题，致函中央人民政府政务院文教委员会习副主任和钱秘书长。中央人民政府政务院文教委员会于3月25日给予了复函。

这封信是吴晗未曾结集发表的遗著之一。

【按】习副主任，即时任中央人民政府政务院文教委员会副主任的习仲勋。

【按】钱秘书长，即时任中央人民政府政务院文教委员会秘书长的钱俊瑞。

本条引自北京市档案馆 011-001-00035 号档案。

**3月22日** 致函贺诚、苏井观。

【按】这封信的内容是介绍北京市文教委员会秘书长李续纲到中央人民政府卫生部面陈北京市本年卫生预算的情况。

这封信是吴晗未曾结集发表的遗著之一。

【按】贺诚、苏井观，均时任中央人民政府政务院卫生部副部长。

本条引自北京市档案馆 011－001－00032 号档案。

**3 月 23 日** 参加北京市爱国卫生运动委员会举行的各区爱国卫生运动委员会办公室主任联席会议并讲话。

【按】吴晗在讲话中说："今年的卫生工作必须在去年的基础上更提高一步，要做到经常化、普遍化，要深入，要消灭空白点。全市人民必须再接再厉，下定决心，把卫生工作做得更好。应根据本市具体情况，提出简单易行的要求，一切工作要围绕'三洁''三净''一捕五灭'的要求来进行。在'一捕五灭'工作中，目前主要是消灭蚊、蝇。在发动群众扑打蚊、蝇时，不要妨碍群众的工作和生产，要讲清蚊、蝇的害处，使人们养成看见蚊、蝇就打的习惯。在工作中，对单纯追求数字、虚报数字的偏向必须加以纠正。"

这个讲话，编者迄今没有找到它的原文。

本条引自北京市档案馆 011－001－00032 号档案。

**3月30日**　致函彭真、刘仁、张友渔。

【按】这封信向彭真、刘仁和张友渔汇报了北京市解决北京儿童医院拥挤现象的办法和反映北京市病床和医师十分缺乏的严重情况。建议这一问题应由卫生部按照首都的特殊情况和需要设法解决。

这封信是吴晗未曾结集发表的遗著之一。

本条引自北京市档案馆 011 - 001 - 00106 号档案。

**4月19日**　在中国民主同盟北京市支部第四届支部委员会选举大会上做《中国民主同盟北京市支部第三届支部委员会工作报告》。

【按】民盟总部秘书长章伯钧，民盟总部组织委员会主任委员胡愈之，中共北京市委常委、副市长张友渔到会祝贺。会议选举吴晗、闻家驷、闵刚侯、费孝通、陶大镛、关世雄、曾昭抡、钱端升、华罗庚、臧克家、张曼筠、浦熙修、沈一帆、陈鼎文、金若年、潘光旦等三十人为第四届支部委员会委员。选举吴晗为主任委员，闻家驷、闵刚侯、费孝通、陶大镛为副主任委员，关世雄为秘书长。

这篇文章2009年3月收入中国人民大学出版社出版的《吴晗全集》第十卷。

本条引自《吴晗全集》第十卷第282页。

**4月20日**　《民盟的盟务如何与高等学校的业务相结合》在

《光明日报》发表。

【按】文章署名为"吴晗"。

这篇文章原是民盟北京市支部主任委员吴晗在民盟地方组织文教工作汇报会上的报告，《光明日报》第三版的《党派生活》专栏发表时已做了摘要。

这篇文章是吴晗未曾结集发表的职务文稿之一。

本条引自《光明日报》1953 年 4 月 20 日第三版。

**4 月 26 日**　出席并主持北京市人民政府文化教育委员会第三次全体会议并讲话。

【按】会议讨论了八个方面的问题：一、小学生升学问题；二、超龄儿童问题；三、学生健康的问题；四、小学生课外读物的问题；五、博物馆地址问题；六、京剧剧场问题；七、医院调整问题；八、教师子弟入学问题。吴晗的讲话原文是记录稿。

这个讲话（记录稿）是吴晗未曾结集发表的职务文稿之一。

本条引自北京市档案馆 011 - 001 - 00016 号档案。

**4 月 28 日**　《加强中德两国的经济合作》在《人民日报》发表。

【按】文章署名为"北京市人民政府副市长　吴晗"。

　　这篇文章是吴晗未曾结集发表的职务文稿之一。

【按】4 月 27 日，德意志民主共和国工业展览会在北京劳动人民文化宫开幕，这是民主德国在国外举办的展览会中规模最大的一次。展览品所占面积共三千三百平方米，总重量为九百吨。会上陈列着各种重型机器、纺织机器、皮革工业用机器、木材加工工业用机器、化学工业用机器、地质钻探机器、部分农业机器和各种汽车及游艇，还展出了世界闻名的德国玻璃产品和各种精密仪器、绝缘材料、电气器材和轻工业产品等。

　　同期《人民日报》还发表了最高人民法院院长、全国人大副委员长、政协全国委员会副主席、中国民主同盟中央主席、中国人民参加 1951 年"德中友好月"代表团团长沈钧儒的文章《祝贺德意志民主共和国工业展览会的开幕》和德意志民主共和国驻华外交使团大使衔团长约翰·柯尼希的文章《在北京举行的德意志民主共和国工业展览会》。

　　　　　　本条引自《人民日报》1953 年 4 月 28 日第三版。

**5 月 16 日**　出席北京市青年第二届代表大会并讲话。

【按】大会 5 月 16 日至 17 日召开。北京市人民政府副市长吴晗和全国民主青年联合会副秘书长于北辰到会祝贺并讲话。北京市民主青年联合会第一届执行委员会主席张大中做了《北京市两年来青年工作及当前任务》的报告。

这个讲话，编者迄今没有找到它的原文。

本条引自北京青联网：《青联代表大会介绍》。

**5 月 31 日**　出席首都儿童庆祝"六一"国际儿童节大会并讲话。

【按】到会的有首都各中小学儿童代表六百多人，还有各国大使馆的小朋友一百多人。吴晗在讲话中热切希望小朋友们努力学习、锻炼身体、学习志愿军叔叔们的国际主义和爱国主义精神，准备将来为祖国服务。吴晗讲话后，儿童代表向吴晗献花。到会的朝鲜小朋友还向大会主席团献花，这时，主席团中的中国小朋友和朝鲜小朋友亲热地握着手，久久不放，引起全场长久的激动的掌声。

本条引自《人民日报》1953 年 6 月 1 日第一版及《北京日报》1953 年 6 月 2 日第四版。

**6 月 1 日**　在首都儿童庆祝"六一"国际儿童节大会上的讲话在《人民日报》摘录发表。

【按】这个讲话摘录自新闻稿《庆祝"六一"国际儿童节首都儿童举行庆祝大会》。

这个讲话（摘录）是吴晗未曾结集发表的职务文稿之一。

本条引自《人民日报》1953 年 6 月 1 日第一版。

**6 月 7 日**　出席北京市市属机关工作人员体育运动会并致辞。

【按】运动会于 6 月 7 日在先农坛体育馆隆重举行。吴晗作为大会主席，在会上首先致辞，接着中央人民政府体委副主任蔡廷锴讲话。

这篇致辞，编者迄今没有找到它的原文。

本条引自《北京日报》1953 年 6 月 8 日第一版。

**6 月 10 日**　出席中华全国青年第二次代表大会开幕式并致开幕词。

【按】大会在首都怀仁堂隆重开幕。出席大会的代表五百五十一人，列席一百一十七人。应邀参加大会的外宾有世界民主青年联盟的代表和苏联、朝鲜、蒙古、越南、波兰、捷克斯洛伐克、保加利亚、澳大利亚、英国、印度尼西亚等国青年组织的代表二十一人。大会由中华全国民主青年联合总会秘书长吴晗致开幕词。

本条引自《人民日报》1953 年 6 月 11 日第一版。

**6 月 11 日**　在中华全国青年第二次代表大会开幕式上致的开幕词在《人民日报》摘录发表。

【按】这篇开幕词摘录自新闻稿《全国青年代表大会开幕》。

这篇开幕词（摘录）是吴晗未曾结集发表的职务文稿

之一。

　　本条引自《人民日报》1953 年 6 月 11 日第
　　一版。

**6 月 22 日**　致函彭真、刘仁和张友渔。

【按】吴晗在信中建议北京市历史与建设博物馆推迟到 1954
年动工，并对北京市历史与建设博物馆的性质、范围、陈
列、目的、地点、经费、准备、馆长人选等八大问题做了
汇报。

　　这封信是吴晗未曾结集发表的遗著之一。

　　本条引自王宏志、闻立树主编：《怀念吴
　　晗　百年诞辰纪念》第 391 页。

**7 月 12 日**　致函彭真和张友渔。

【按】吴晗在信中向彭真和张友渔汇报了本市文物发掘和保
护的几个工作，并建议"市文教委成立京郊文物调查组以
外，拟建议以畅观楼为市博物馆筹备处，陈列本市的历史
文物"。

　　这封信是吴晗未曾结集发表的遗著之一。

　　本条引自王宏志、闻立树主编：《怀念吴
　　晗　百年诞辰纪念》第 392 页。

**7 月 16 日**　致函文化部党组书记、副部长周扬。

【按】吴晗在信中向周扬建议缓建北京市历史与建设博物

馆，他说，"中央本年批准在北京市建立历史与建设博物馆经费二十六亿元，因受建筑力量限制，我们拟延至明年开工，今年内则做好建筑设计等准备工作。又这项建筑因费用有限，日后落成称为'历史博物馆'，恐名实不太相称，因此，拟改称'文物陈列室（馆）'，俟将来有条件时，再发展为历史博物馆"。

这封信是吴晗未曾结集发表的遗著之一。

本条引自王宏志、闻立树主编：《怀念吴晗　百年诞辰纪念》第 391 页。

**7 月 21 日**　在北京市厂矿、工地卫生安全运动周报告动员大会上讲话。

【按】当日，北京市厂矿、工地卫生安全运动周办公室召开全市厂矿、建筑工程、市政建设、厂矿基本建设等单位的党、行政、工会、青年团负责干部报告动员会。到会的有北京市各厂矿、建筑工程单位和中共北京市委员会，以及北京市总工会和北京市政府有关各局共七百多家单位的党、行政、工会、青年团负责干部一千九百多人。北京市厂矿、工地卫生安全运动周主任吴晗和中共北京市委员会工业部部长，北京市厂矿、工地卫生安全运动周办公室副主任贾庭三相继做了动员讲话。

本条引自《北京日报》1953 年 7 月 21 日第一版。

**7 月 22 日** 《为做好厂矿、工地工人的卫生和安全工作，更好地完成和超额完成国家的生产建设任务而斗争——在北京市厂矿、工地卫生安全运动周报告动员大会上的讲话（摘要）》在《北京日报》发表。

【按】这个讲话稿较长，《北京日报》发表时已经做了摘要，发表在第一版和第四版。

这个讲话（摘录）是吴晗未曾结集发表的职务文稿之一。

本条引自《北京日报》1953 年 7 月 22 日第一版。

**8 月 1 日** 出席北京同仁医院庆祝北京市人民政府正式接办大会并讲话。

【按】北京同仁医院由北京市人民政府接办后改为北京市立同仁医院。陪同吴晗出席会议的有北京市公共卫生局局长严镜清。

这个讲话，编者迄今没有找到它的原文。

【按】北京同仁医院创建于 1886 年（清光绪十二年），是一所以眼科、耳鼻咽喉科和心血管疾病诊疗为重点的大型综合性医院。1886 年美国美以美教会创办同仁医院，当时仅为一个小眼科诊所。

本条引自《北京日报》1953 年 8 月 8 日第二版。

**8月10日** 出席北京市卫生模范和模范单位代表座谈会并讲话。

【按】出席座谈会的有北京市的全国卫生模范、华北区卫生模范、北京市卫生模范、各级卫生模范单位的代表及各区爱国卫生运动干部四十多人。

这个讲话，编者迄今没有找到它的原文。

本条引自《北京日报》1953年8月12日第二版。

**8月20日** 致函习仲勋。

【按】这封信是向中央人民政府政务院文教委员会汇报当年北京市小学生升学和上学问题的严重情况，并将拟订的解决方案报告中央。

这封信是吴晗未曾结集发表的遗著之一。

本条引自北京市档案馆011-001-00077号档案。

**8月24日** 在北京市第四届第二次各界人民代表会议上做《继续开展首都的爱国卫生运动》的报告。

【按】会议8月24日至26日在中山公园中山堂举行。报告的文稿为北京市档案馆011-001-00100号档案《在市各界代表会议上所做的〈进一步开展首都爱国卫生运动〉的报告》，原件题后有"修正稿"字样，文稿的最后一句为"以上是关于《继续开展首都的爱国卫生运动》的报告，请予审议"。但编者迄今尚未考证到吴晗是否在这次会议上做了该报告，8 月 24 日这个时间也是依据史料推定的。

这篇报告是吴晗未曾结集发表的职务文稿之一。

本条引自北京市档案馆 011 - 001 - 00100 号档案。

**同日** 在北京市第四届第二次各界人民代表会议上提交了《北京市人民政府关于一九五二年文教卫生工作的报告》的书面报告。

【按】报告共分为教育工作、文化工作和卫生工作三个部分。在教育工作部分，分别报告了学校教育和工农业余教育两个方面的工作；在文化工作部分，分别报告了戏剧电影工作，社会文化工作以及新闻出版、美术、科学普及、文物调查工作等三个方面的工作；在卫生工作部分，分别报告了传染病防治工作、医疗工作、妇幼卫生工作以及工矿学校的卫生工作等方面的工作。

这篇报告是吴晗未曾结集发表的职务文稿之一。

本条引自北京市人大常委会办公厅等编：《北京市人民代表大会文献资料汇编 1949—1993》第 227～230 页。

**8 月 29 日** 致函彭真、刘仁、张友渔。

【按】这封信是向彭真、刘仁、张友渔汇报刚刚开过的北京市统一招生工作检查委员会第一次会议的情况。

这封信是吴晗未曾结集发表的遗著之一。

本条引自北京市档案馆 011－001－00077 号档案。

**9 月 24 日** 参加北京市工矿企业干部、劳动模范大会并讲话。

【按】大会由中共北京市委工业部和北京市总工会联合召开。会上，中共北京市委副书记刘仁就北京市增产节约竞赛的问题做了报告，吴晗代表华北行政委员会向被选为华北区 1952 年工业劳动模范的北京市各单位和个人颁发奖品。他热情地祝贺了北京市职工在去年工业爱国增产节约运动中的光辉成就。他说：北京市职工和华北区广大职工一起在 1952 年超额完成了增产节约计划，全区共为国家多积累了七万亿元的财富。在运动中涌现了大批的模范单位和模范个人。接着他逐一介绍了北京市获得华北区工业劳动模范光荣称号的两个车间、五个小组和十六个个人的模范事迹。

这个讲话，编者迄今没有找到它的原文。

本条引自《人民日报》1953 年 9 月 29 日第一版。

**10 月 28 日** 出席赴朝慰问团在中国人民志愿军领导机关举行的慰问大会并讲话。

【按】当日，中国人民第三届赴朝慰问团在中国人民志愿军领导机关隆重举行慰问大会。参加大会的有中国人民志愿军领导机关干部、战士和各部队受勋英雄、模范、功臣代表共六千多人。中华全国民主青年联合会副主席、慰问团副总团长吴晗在讲话中指出：志愿军在战场上的英雄行为，时刻鼓舞着全国青年奋勇前进。特别是黄继光、邱少云、罗盛教等所表现的革命英雄主义和伟大的国际主义的高贵品质，已经成为青年们学习和行动的榜样。

这个讲话（摘录）是吴晗未曾结集发表的职务文稿之一。

本条引自《人民日报》1953 年 10 月 30 日第一版及《北京日报》1953 年 10 月 30 日第一版。

**12 月 28 日** 给彭真、刘仁、张友渔及周恩来总理做《关于首都古文物建筑处理问题座谈会的情况报告》。

【按】报告汇报了座谈会一致同意的几点意见和梁思成、俞同奎主张保留东四、西四牌楼等不同意见。但告知，梁思成表示如政府决定派他拆除，他一定坚决执行，但仍保留并主张他的反对意见。

这篇报告 2009 年 3 月收入中国人民大学出版社出版的《吴晗全集》第十卷。

本条引自《吴晗全集》第十卷第 294 页。

# 1954 年

**1 月 10 日**　向北京市全体民盟盟员做《英雄的朝鲜人民和英雄的中国人民志愿军》的报告。

【按】1953 年 10 月上旬到 12 月中旬，中国人民抗美援朝总会组织了中国人民第三届赴朝慰问团赴朝慰问。中国人民第三届赴朝慰问团（下属八个分团）一行五千四百四十八人，总团长贺龙，副团长章伯钧、蔡廷锴、章乃器、朱学范、吴晗、康克清、梅兰芳、老舍、王维舟、周信芳等。在朝鲜通过慰问会、报告会、座谈会、图片展览、演出、参观、访问、个别接触等多种形式，普遍地慰问了志愿军领导机关和各部队，并广泛地慰问了朝鲜地方党政机关、人民团体和人民群众以及朝鲜人民军部队。

吴晗在这篇报告中介绍了他作为中国人民第三届赴朝慰问团的成员在朝鲜的所见所闻。报告使全体盟员进一步认识英雄的朝鲜人民和英雄的中国人民志愿军的伟大精神，受到了一次深刻的爱国主义和国际主义的教育。

本条引自《北京盟讯》1954 年第二期。

**1 月 13 日**　在北京人民广播电台做关于推销 1954 年国家经济建设公债的讲话。

【**按**】晚 7 点，吴晗作为北京市公债推销委员会主任委员在北京人民广播电台讲话。他号召全市人民踊跃认购国家经济建设公债。

这个讲话，编者迄今没有找到它的原文。

本条引自《北京日报》1954 年 1 月 13 日第一版。

**1 月 18 日**　出席全市烈军属代表大会，并做赴朝慰问工作的报告。

【**按**】北京市民政局于 1 月 18 日至 19 日召开全市烈军属代表大会，由第三届赴朝慰问团代表吴晗、志愿军家属熊济芬和王温如分别向全市烈军属代表做传达赴朝慰问工作的报告。参加大会的有各区烈属、军属代表二千二百多人。

这篇报告是否和《英雄的朝鲜人民和英雄的中国人民志愿军》的报告一致，目前尚无考证。

本条引自《北京日报》1954 年 1 月 27 日第一版。

**2 月 8 日**　任改组后的《新建设》编委会主任。

【**按**】当日，改组后的《新建设》出版，并正式公布新组建的编委会名单，推举吴晗、邵宗汉、费孝通、雷洁琼、钱伟长等九人为常务编委，吴晗为编委会主任。

　　本条引自《光明日报》网上报史馆：《光明
日报社六十年大事记》。

**2月13日**　出席中苏友谊联欢晚会并讲话。

【按】晚会由北京市中苏友好协会和苏联对外文化协会联合
举办。参加联欢晚会的有北京市中苏友好协会副会长吴
晗、总干事曾平和首都文艺工作者、工人、学生、机关工
作人员、中国人民解放军等。

　　这个讲话，编者迄今没有找到它的原文。

　　本条引自《人民日报》1954年2月14日第
一版。

**2月26日**　致函彭真、刘仁、张友渔。

【按】吴晗就文化部拟决定在北京市建立两个公营剧团及一
个曲艺、评剧团的事情向彭真、刘仁、张友渔请示工作。
吴晗认为："如再搞两个公营剧团，演出的剧目和艺术水
平、政治水平很难保证，会陷于更被动、更困难的境地。
因此，我们告诉文化处要再研究一下，也请他们多考虑一
下。但是，这一决定是由文化部做出的，我们虽有不同意
见，又不能不遵照执行，如何处理，请予指示。"

　　这封信是吴晗未曾结集发表的遗著之一。

　　本条引自北京市档案馆002－006－00215号
档案。

**2 月 28 日**　出席中国民主同盟北京市支部召开的各高等学校
盟务工作汇报会议并讲话。

【按】会议上午 9 点召开。参加会议的有北京大学、清华大
学、北京师范大学、中国人民大学四所大学的区分部委
员、小组长和其他高等学校基层组织的代表八十余人，市
支部高等学校工作委员会的全体委员也参加了会议。会议
由市支部高等学校工作委员会主任委员华罗庚同志主持，
市支部主任委员吴晗在会上做了重要讲话。

这个讲话，编者迄今没有找到它的原文。

本条引自《北京盟讯》1954 年第三期。

**同日下午**　在各高等学校盟务工作汇报会议上做报告。

【按】吴晗做了《中国民主同盟北京市支部委员会关于一九
五四年度工作要点的决定》《关于〈中国民主同盟北京市
支部委员会关于一九五四年度工作要点的决定〉的说明》
的报告。

这两个报告是吴晗未曾结集发表的两篇职务文稿。

本条引自《北京盟讯》1954 年第三期。

**本月**　任《历史研究》编委。

【按】《历史研究》于 1954 年 2 月创刊，由中国科学院近代
史研究所《历史研究》编辑委员会编辑，科学出版社出
版，双月刊，十六开本，一百三十四页，右翻，竖排，繁

体字印刷，定价旧币五千元。创刊号封面装帧简洁明快，历史底蕴深厚，很有特色。该刊创刊时，时任政务院副总理、中国科学院院长的郭沫若撰写了《开展历史研究，迎接文化建设高潮——为〈历史研究〉发刊而作》的发刊词。召集人郭沫若，主编尹达，副主编刘大年，编委白寿彝、向达、吕振羽、杜国庠、吴晗、季羡林、侯外庐、胡绳、范文澜、陈垣、陈寅恪、夏鼐、嵇文甫、汤用彤、翦伯赞等十八人。

　　　　　本条引自光明网：《与新中国历史学同行》。

　　**本月**　《英雄的朝鲜人民和英雄的中国人民志愿军》在《北京盟讯》1954年第二期发表。

　　【按】这篇报告是吴晗未曾结集发表的职务文稿之一。

　　　　　本条引自《北京盟讯》1954年第二期。

　　**3月11日**　致函李公侠。

　　【按】信中，吴晗将一部分针对"建筑史家们关于首都建设和古代文物保护问题的看法和理论"所归纳的问题的札记送给李公侠参考。

　　　　这封信是吴晗未曾结集发表的遗著之一。

　　【按】李公侠，时任北京市人民政府副秘书长。

　　　　　本条引自北京市档案馆002－006－00235号档案。

**3 月 15 日** 致函李公侠。

【按】这封信与 3 月 11 日的信内容基本相同,两封信件的原稿都珍藏于同一份档案卷宗,但这封信的文字明显比上一封多出很多。是第二稿,还是两封不同的信,目前无从可考,有待继续考证。

这封信是吴晗未曾结集发表的遗著之一。

本条引自北京市档案馆 002 - 006 - 00235 号档案。

**3 月 22 日下午** 出席华北抗美援朝总分会举行的欢迎朝鲜人民访华代表团的宴会并致辞。

【按】出席作陪的有中共中央华北局第三书记刘澜涛、第三副书记刘秀峰,华北行政委员会副主席张苏、李烛尘,中国人民解放军华北军区副司令员杨成武,华北文学艺术界联合会筹备委员会主任阿英,中共北京市委员会副书记刘仁,北京市人民政府副市长张友渔、吴晗等六百多人。吴晗、刘澜涛先后致辞。吴晗说,朝鲜人民访华代表团来到我国短短的时日中,已经和我国人民进行了广泛的接触,传达了在朝鲜劳动党和金日成元帅领导下的英雄的朝鲜人民在伟大的卫国战争中和美李匪帮进行不屈不挠斗争的崇高精神;传达了朝鲜人民在朝鲜军事停战后进行国民经济恢复工作中所表现出的坚毅力量;传达了朝鲜人民对我国人民和中国人民志愿军的热爱。所有这些,对于正在进行伟大的社会主义建设的每一个中国人民都起着极大的鼓舞作用。

> 本条引自《人民日报》1954 年 3 月 23 日第
> 一版。

**3 月 23 日**　在欢迎朝鲜人民访华代表团的宴会上的致辞在《人民日报》摘录发表。

【按】这篇致辞摘录自新闻稿《华北抗美援朝总分会举行盛大欢迎会　欢迎朝鲜人民访华代表团　并设宴招待代表团及艺术团的全体人员》。

这篇致辞（摘录）是吴晗未曾结集发表的职务文稿之一。

> 本条引自《人民日报》1954 年 3 月 23 日第
> 一版。

**3 月 29 日**　出席北京市建筑工地爱国卫生运动动员大会并做了《为做好建筑工地卫生工作完成首都 1954 年基本建设任务而奋斗》的报告。

【按】主持会议的是北京市人民政府副秘书长柴泽民。出席大会的还有中共北京市建筑工程委员会副书记刘拓，北京市总工会副主席刘莱夫，北京市公共卫生局局长严镜清及中央、华北、市、区所属各建筑工程公司、工地行政和工会负责干部等约一千人。

【按】《吴晗全集》为这篇文章标注的时间是 1954 年 3 月 30 日。本书编者认为时间有误，理由有二：1. 经查阅，1954

年 4 月 2 日的《光明日报》第二版《北京市召开建筑工地
卫生运动大会》的通讯提到"北京市于 3 月 29 日召开了
建筑工地卫生运动大会"。2. 本书编者还查阅了 1954 年 3
月 30 日的《北京日报》。该报头版头条新闻《市政府昨日
召开建筑工地卫生运动动员大会  号召加强工地卫生完成
建设任务》中说："市人民政府于昨日（29 日）召开北京
建筑工地爱国卫生运动动员大会。"以上两条足以证明召
开动员大会的时间是 3 月 29 日，而不是 3 月 30 日。故将
本谱文编排至此。

本条引自《北京日报》1954 年 3 月 30 日第
一版。

**3 月 30 日**    《为做好建筑工地卫生工作完成首都 1954 年基
本建设任务而奋斗》在《北京日报》发表。

【按】这篇文章 2009 年 3 月收入中国人民大学出版社出版
的《吴晗全集》第十卷。

本条引自《北京日报》1954 年 3 月 30 日第
一版。

**本月**    在市支部各高等学校盟务工作汇报会议上的讲话在
《北京盟讯》1954 年第三期发表。

【按】这个讲话是吴晗未曾结集发表的职务文稿之一。

本条引自《北京盟讯》1954 年第三期。

**本月** 将《朱元璋传》第二次稿本赠送给北京图书馆收藏。

【按】据时任吴晗秘书的闻立树（闻一多先生胞弟闻家驷的长子）在《无尽的怀念和思考——纪念吴晗副市长》一文中回忆说，1954年3月，北京图书馆同吴晗联系，征集闻一多的遗稿，吴晗将自己撰写的《朱元璋传》第二次稿本赠送该馆收藏。这部手稿使用的是黄色手工纸，下面垫有红色方格稿纸，毛笔书写，字迹工整，改动甚少。吴晗曾于1948年秋将这部手稿呈毛泽东审阅。

【按】北京图书馆，即现在的国家图书馆，当时地处北京市文津街。当年办理这部手稿入藏手续的是吴晗的秘书闻立树和北京图书馆的馆员冯宝琳。2015年，国家典籍博物馆"名人手迹"馆中展出该稿本原件。

> 本条引自王宏志、闻立树主编：《怀念吴晗 百年诞辰纪念》第289页。

**4月1日** 对1948年毛泽东接见他时做的指示做了一次追记。

【按】据吴晗追记，他和毛泽东的晤谈，除毛泽东11月24日信中谈及的两次外，在同年的12月还有一次长谈。毛泽东当时提出：第一，彭（莹玉）的下落是消极的、道家的，称赞不当。第二，国家机器由军队、法庭、特务机构等组成，而不是由官僚机构和军队组成。第三，朱元璋由农民阶级转变为地主阶级，不是由个人的人性物欲决定的，团体利益决定个人利益。这次谈话产生了1954年的修订稿本，但未付梓，仅油印百余册征求意见。上述追记用钢笔记在中国科学院图书馆馆藏的稿本上，吴晗同时以毛笔加注曰：

"下面这一启札记是 1948 年 12 月间毛主席的当面指示，地点在河北平山县西柏坡毛主席的住处。谈话时间从下午 6 时到 12 时。主席指示的话很多，当时所记的仅仅是对于这一稿子的主要的话。吴晗追记。1954 年 4 月 1 日。"

这篇文章是吴晗未曾结集发表的遗著之一。

本条引自炎黄春秋网章立凡：《〈朱元璋传〉重版序言》。

**4 月 2 日**　《为做好建筑工地卫生工作完成首都 1954 年基本建设任务而奋斗》在《光明日报》摘录发表。

【按】这个讲话摘录自新闻稿《北京市召开建筑工地卫生运动大会》。

本条引自《光明日报》1954 年 4 月 2 日第二版。

**4 月 13 日**　参加全市夏季爱国卫生运动动员大会并做动员报告。

【按】为了使北京市的爱国卫生运动能够持续地开展下去，北京市爱国卫生运动委员会在中山公园音乐堂举行全市夏季爱国卫生运动动员大会。来自中央、华北、军委、市级厂矿、机关学校、建筑工程部门、各同业公会以及各级爱国卫生运动委员会负责干部、代表、街道卫生委员等共四千余人参会。

这篇报告，编者迄今没有找到它的原文。

本条引自宋连生著：《吴晗的后二十年》第61页。

**4 月 19 日**　《关于教育工作的发言（草稿）》撰写完毕。

【按】这篇文章应该是吴晗为即将召开的市人代会准备的发言稿。经查史料，距 1956 年 4 月 19 日最近的北京市人代会，是 1956 年 8 月 8 日至 15 日的北京市第一届第四次人代会。但在这次人代会的议程上没有这篇发言记录，也没有书面发言记录，推测这篇发言稿最后没有使用。

这篇发言稿（草稿）的几次稿上均没有标注写作日期，编者权且将第一次打印稿上留言标注的日期作为该发言稿（草稿）的写作日期，估计时间相差不会太远。

这篇发言稿（草稿）是吴晗未曾结集发表的职务文稿之一。

本条引自北京市档案馆 152 - 001 - 00328 号档案。

**4 月 20 日**　开始改写《朱元璋传》。

【按】这次改写的《朱元璋传》，即后来传世的 1955 年版。

本条引自《吴晗全集》第五卷第 2 页。

**5 月 12 日下午** 出席首都各界人民热烈拥护和支持我外长周恩来、苏联外长莫洛托夫、朝鲜外务相南日、越南副总理兼代理外长范文同在日内瓦会议上的立场和主张的盛大集会，并讲话。

【按】出席大会的有中华全国总工会副主席朱学范、中华全国民主妇女联合会副主席李德全、中华全国民主青年联合会副主席钱三强、中华全国学生联合会主席田德民、中华全国自然科学专门学会联合会副主席陈康白、中华全国科学技术普及协会主席梁希、中国人民保卫世界和平委员会华北总分会主席聂真、中国人民保卫世界和平委员会北京市分会副主席吴晗、作家老舍和宗教界人士王梓仲等。郭沫若、朱学范、钱三强、田德民、陈康白、梁希、老舍、聂真、吴晗等先后在会上讲话。

这个讲话，编者迄今没有找到它的原文。

【按】日内瓦会议，1954 年 4 月 26 日至 7 月 21 日，苏、美、英、法、中五国外交会议在瑞士日内瓦国联大厦举行。会议主要讨论如何和平解决朝鲜问题和关于恢复印度支那和平问题。与会各国签署了《越南停止敌对行动的协定》《老挝停止敌对行动的协定》《柬埔寨停止敌对行动的协定》，会议最后发表了《日内瓦会议最后宣言》。

本条引自《人民日报》1954 年 5 月 13 日第一版。

**5 月 28 日** 出席北京市百货大楼的建筑工程开工典礼并致辞。

【按】下午 4 点，北京市百货大楼的建筑工程破土动工。参加开工典礼的有北京市人民政府副市长吴晗、北京市人民政府商业局局长彭城、中央人民政府商业部代表、参加大楼建筑的全体建筑工人和中国百货公司北京市公司职工等七百多人。吴晗代表市政府致辞。典礼结束时由吴晗破土。

这篇致辞（摘录）是吴晗未曾结集发表的职务文稿之一。

本条引自《人民日报》1954年5月29日第二版。

**5月30日** 出席北京市科联第二次代表大会并讲话。

【按】会上，茅以升致开幕词，全国科联副主席陈康白、北京市副市长吴晗、文教委员会秘书长李续纲到会并讲话。大会通过了工作报告，讨论修改了市科联会章，并推选出由三十二人组成的委员会。二届一次委员会议推选茅以升为主任委员，江泽民、赵进义为副主任委员，许京骐为秘书长，陈方济为副秘书长。

这个讲话，编者迄今没有找到它的原文。

本条引自首都科技网：《科技历史 1954》。

**同日** 出席民盟北京市支部机关工作委员会召开的基层组织工作经验交流会并讲话。

【按】根据几年来北京市民盟基层组织迫切需要解决的问题，如盟究竟能否发挥盟的组织作用，如何发挥组织作用来保证完成行政工作，盟的组织生活内容是什么，区委会如何进行工作等，民盟北京市支部机关工作委员会举办了这次交流会。由人民出版社区分部、外文出版社区分部和燃料工业区分部等三家单位做经验介绍。民盟北京市支部主任委员吴晗和民盟北京市支部机关工作委员会主任委员吴昱恒先后在会上做了重要讲话。

　　　　本条引自《北京盟讯》1954 年第六期。

　　**同日**　《元末红军起义——〈朱元璋传〉的一节》写作完毕。

　　【按】这篇文章后发表在 1954 年第十一期的《新建设》杂志。

　　　　这篇文章是重写的 1955 年版《朱元璋传》的第一章第三节。

　　　　本条引自《吴晗全集》第五卷第 367 页。

　　**6 月 1 日**　出席首都儿童庆祝"六一"国际儿童节大会并讲话。

　　【按】大会在天桥剧场举行。北京市副市长吴晗，中国人民保卫儿童全国委员会秘书长、中华全国民主妇女联合会妇女儿童福利部部长康克清，中国新民主主义青年团中央委员会书记处书记区棠亮、胡克实，中华全国总工会副主席朱学范、女工部副部长杨之华，青年团华北工作委员会书记蔺步海和北京市青年团、民主妇联、市教育局、民政局负责人等到会。参加大会的儿童共一千五百多人。

> 本条引自《人民日报》1954年6月2日第二
> 版及《北京日报》1954年6月2日第一版。

**6月2日**　在首都儿童庆祝"六一"国际儿童节大会上的讲话在《人民日报》摘录发表。

【按】这个讲话摘录自新闻稿《首都儿童集会庆祝"六一"儿童节》。

这个讲话（摘录）是吴晗未曾结集发表的职务文稿之一。

> 本条引自《人民日报》1954年6月2日第二版。

**6月3日**　出席北京市第二届保育工作者代表大会并讲话。

【按】到会的有各托儿组织选出的代表、优秀的保教工作者等共五百六十多人。中华全国民主妇女联合会妇女儿童福利部部长康克清、北京市副市长吴晗到会讲话。他们一致指出：在我国已进入有计划的经济建设时期，培养下一代有着重要的意义，并希望到会代表要做到安心工作，树立专业思想；深钻业务，学习苏联先进经验；加强团结，开展批评与自我批评，为献身于保育事业而奋斗。

这个讲话，编者迄今没有找到它的原文。

> 本条引自《人民日报》1954年6月6日第三版。

**6 月 16 日** 《拥护中华人民共和国宪法草案》的谈话在《北京日报》摘录发表。

【按】中华人民共和国宪法草案公布以后，北京市各民主党派、人民团体市一级组织的负责人，都以兴奋的心情表示了对宪法草案的拥护，并表示要和各自组织的成员认真讨论和宣传宪法草案。

这篇谈话摘录自新闻稿《本市各民主党派、人民团体负责人发表谈话 拥护中华人民共和国宪法草案》。同期发表谈话的还有中国国民党革命委员会北京市分部召集人蒋光鼐，中国民主建国会北京市分会副主任委员浦洁修，中国民主促进会北京市分会主任理事冯宾符，中国农工民主党北京市主任委员彭泽明，九三学社北京市分社主任委员薛愚，中国新民主主义青年团北京市委员会书记、北京市民主青年联合会主席张大中，北京市总工会副主席刘莱夫，北京市农民协会主席柴泽民，北京市民主妇女联合会主席张晓梅，北京市学生联合会主席徐乃明，北京市工商业联合会副主任委员乐松生等。

这个谈话（摘录）是吴晗未曾结集发表的职务文稿之一。

本条引自《北京日报》1954 年 6 月 16 日第一版。

**6 月 17 日** 《全国人民政治生活中的大事情》在《北京日

报》发表。

【按】文章署名为"吴晗"。

文章发表在《首都各界人民热烈拥护宪法草案》专栏。同时发表文章的还有中国国民党革命委员会北京市分部召集人蒋光鼐,中国民主建国会北京市分会副主任委员浦洁修,中国民主促进会北京市分会主任理事冯宾符,中国农工民主党北京市主任委员彭泽明,九三学社北京市分社主任委员薛愚,中国新民主主义青年团北京市委员会书记、北京市民主青年联合会主席张大中,北京市总工会副主席刘莱夫,北京市农民协会主席柴泽民,北京市民主妇女联合会主席张晓梅,北京市学生联合会主席徐乃明,北京市工商业联合会副主任委员乐松生等。

这篇文章是吴晗未曾结集发表的职务文稿之一。

本条引自《北京日报》1954 年 6 月 17 日第二版。

**6 月 21 日**  在北京市文教委举行的扩大会议上做《北京市一九五三年文教工作总结》《一九五四年文教工作的方针与任务》两个报告。

【按】这次扩大会议着重讨论如何提高中小学教育质量的问题。

这两个报告是吴晗未曾结集发表的两篇职务文稿。

本条引自北京市档案馆 011 - 001 - 00038 号档案。

**6 月 27 日**　在北京市第四届第四次各界人民代表会议上发言。

【按】6 月 26 日至 28 日，北京市第四届第四次各界人民代表会议在北京中山公园召开。这次会议着重讨论了中华人民共和国宪法草案和提高北京市中小学教育质量的问题。北京市教育局局长翁独健在会上做了《关于中学和小学教育问题的报告》。27 日下午的大会发言，首先是市长彭真，接着是副市长吴晗。

这个发言是吴晗未曾结集发表的职务文稿之一。

本条引自北京市档案馆 002 - 006 - 00331 号档案。

**本月**　出席民盟北京市支部机关基层组织工作经验交流会并讲话。

【按】这个讲话主要是谈学习党的四中全会公报的体会；结合盟务工作的具体情况，提出几点意见供参加市支部机关基层组织工作经验交流会的同志们参考。

本条引自《北京盟讯》1954 年第六期。

**本月**　在市支部机关基层组织工作经验交流会上的讲话在《北京盟讯》1954 年第六期发表。

【按】这个讲话是吴晗未曾结集发表的职务文稿之一。

本条引自《北京盟讯》1954 年第六期。

**7月7日**　致函彭真。

【按】这封信向彭真汇报了中小学教学指导参考材料编辑委员会的筹备工作。此信同时抄送刘仁、张友渔和杨述。

这封信是吴晗未曾结集发表的遗著之一。

本条引自北京市档案馆 001 - 006 - 00960 号档案。

**7月14日**　出席北京市监察工作会议并做报告。

【按】会议传达了第三次全国监察工作会议的主要报告，初步总结了市属监察机关上半年的监察工作，肯定了成绩，指出了工作中的缺点，对缺点如何改进，成绩如何巩固和发扬定出了具体办法。

这篇报告是记录摘要稿，是吴晗未曾结集发表的职务文稿之一。

本条引自北京市档案馆 027 - 001 - 00089 号档案。

**7月16日**　出席市爱国卫生运动委员会举行的动员大会并做报告。

【按】大会动员全市各界人民群众进一步搞好卫生工作。出席会议的有全市各厂矿、工地、机关、学校、工商业、饮食行业的负责人或代表，各区人民政府卫生科科长，各派出所所长，民政干事等共两千多人。

这篇报告是根据吴晗在北京市加强夏秋季节爱国卫生运动动员大会上的报告手稿摘录的，报告原件上没有标注撰写和报告的时间。在原稿的背面上有一段文字为"播送吴晗副市长在北京加强夏秋季爱国卫生运动动员大会上所做的动员报告的录音"。将本条定为 7 月 16 日，是依据《北京日报》7 月 17 日的新闻报道而定的。

本条引自《北京日报》1954 年 7 月 17 日第一版。

**7 月 17 日**　在市爱国卫生运动委员会举行的动员大会上的报告在《北京日报》摘录发表。

【按】这篇报告摘录自新闻稿《市爱国卫生运动委员会举行大会　动员全市人民加强卫生工作》。

这篇报告（摘录）是吴晗未曾结集发表的职务文稿之一。

本条引自《北京日报》1954 年 7 月 17 日第一版。

**7 月 23 日晚**　出席首都各界人民为热烈庆祝印度支那停战和恢复和平问题达成协议举行的盛大集会，并讲话。

【按】出席大会的有中国人民保卫世界和平委员会在京常务委员和各部门负责人，全国各民主党派、各人民团体的负责人和代表，中央人民政府直属机关的工作人员，北京市各机关工作人员和各界人民群众代表共两千多人。彭真、廖承志、茅盾、蔡廷锴、章伯钧、李四光、李德全、吴晗等在主席台上就座。蔡廷锴、章伯钧、李烛尘、刘宁一、吴晗、茅盾、沙千里等先后在会上讲话。

【按】印度支那停战协定是 1954 年 7 月 20 日在日内瓦会议上，北越、南越、老挝、柬埔寨签署的关于在印度支那三国停止敌对行动的三个协定的总称。参与者还包括中国、苏联与美国。这三个协定包括越南人民军总司令代表同驻印度支那法军总司令代表签订的《关于在越南停止敌对行动的协定》、寮国抗战部队总司令和越南人民军总司令代表同驻印度支那法军总司令代表签订的《关于在老挝停止敌对行动的协定》、高棉抗战军总司令和越南人民军总司令代表同柬埔寨国家军总司令代表签订的《关于在柬埔寨停止敌对行动的协定》。

　　　　本条引自《人民日报》1954 年 7 月 24 日第一版。


**7 月 24 日**　在首都各界人民庆祝印度支那停战和恢复和平问题达成协议集会上的讲话在《人民日报》摘录发表。

【按】这个讲话摘录自新闻稿《庆祝印度支那停战和恢复和平问题达成协议　首都各界举行盛大庆祝会》。

　　这个讲话（摘录）是吴晗未曾结集发表的职务文稿之一。

　　　　本条引自《人民日报》1954 年 7 月 24 日第一版。

**8 月 17 日**　在北京市第一届人民代表大会第一次会议上做《关于北京市宣传、讨论〈中华人民共和国宪法〉（草案）工作的报告》。

【按】吴晗在报告中向大会汇报北京市这项工作大体分三个阶段进行：第一阶段，进行准备工作；第二阶段，展开普遍宣传，并组织初步讨论；第三阶段，进行逐章逐条讨论。并指出，今后宪法草案的讨论工作中，应更加注意运用具体条文联系各界自己的生产、工作和学习，使宪法草案的讨论成为推动生产、工作和学习的力量。

这篇文章 2009 年 3 月收入中国人民大学出版社出版的《吴晗全集》第十卷。

本条引自《吴晗全集》第十卷第 310 页。

**同日**　在北京市第一届人民代表大会第一次会议上提交《北京市人民政府关于一九五四年度文教卫生工作计划和上半年执行情况的报告》和《北京市人民政府关于一九五三年度文教卫生工作的报告》的书面报告。

【按】这两个书面报告是吴晗未曾结集发表的职务文稿之一。

本条引自北京市人大常委会办公厅等编：《北京市人民代表大会文献资料汇编 1949—1993》第 278~283 页。

**8月18日**　致函彭真、刘仁、张友渔。

【按】这封信就周总理当面指示的有关中山堂应挂孙中山巨型画像，音乐堂应加顶棚、孔庙、国子监修缮等几件事，向彭真、刘仁、张友渔做了报告。

这封信是吴晗未曾结集发表的遗著之一。

本条引自北京市档案馆002－006－00202号档案。

**8月22日**　出席全国政协常委会第五十八次扩大会议并发言。

【按】会上，中国国民党革命委员会主席李济深、中国民主建国会总会主任委员黄炎培、中国人民政协无党派民主人士郭沫若、中国民主促进会副主席王绍鏊、中国人民政协全国委员会委员卢汉、中国人民政协全国委员会委员傅作义、中华全国总工会副主席朱学范、中国文学艺术界联合会副主席沈雁冰、中华全国民主青年联合会副主席吴晗等就解决台湾问题发了言。

本条引自《人民日报》1954年8月23日第一版。

**8月23日**　在全国政协常委会第五十八次扩大会议上的发言在《人民日报》摘录发表。

【按】这篇发言摘录自新闻稿《在政协常委会第五十八次扩

大会议上 各界人士关于解放台湾的发言（摘要）》。

这篇发言（摘录）是吴晗未曾结集发表的职务文稿之一。

本条引自《人民日报》1954 年 8 月 23 日第一版。

**8 月 24 日** 在北京市第一届人民代表大会第四次会议做《北京市人民政府一九五三年度文教卫生工作计划及执行情况的报告》。

【按】报告分两个部分。其中第一部分工作计划中分别报告了教育、文化、卫生三个方面的工作。

这篇报告是吴晗未曾结集发表的职务文稿之一。

本条引自北京市人大常委会办公厅等编：《北京市人民代表大会文献资料汇编 1949—1993》第 230～232 页。

**8 月 25 日** 吴晗等北京市各民主党派、人民团体负责人在《北京日报》发表书面讲话，拥护《中华人民共和国各民主党派各人民团体为解放台湾联合宣言》。

【按】发表谈话的有中国国民党革命委员会北京市分部召集人蒋光鼐，中国民主同盟北京市支部主任委员吴晗，中国民主建国会北京市分会主任委员浦洁修，中国民主促进会北京市分会主任理事冯宾符，中国农工民主党北京市委员会主任委员彭泽民，九三学社北京市分社主任委员薛愚，中国新民主主义青年团北京市委员会书记、北京市民主青年联合会主席张大中，北京市总工会副主席刘莱夫，北京市农民协会主席柴泽民，北京市民主妇女联合会主席张晓梅，北京市学生联合会主席徐乃明，北京市文学艺术工作者联合会主席老舍，中华全国自然科学专门学会联合会北京分会主任委员茅以升，北京市科学技术普及协会主席钱崇澍，北京市工商业联合会主任委员乐松生，北京市中医学会主任委员赵树屏。

这个书面讲话（摘录）是吴晗未曾结集发表的职务文稿之一。

本条引自《北京日报》1954 年 8 月 25 日第一版。

**9 月 13 日**　出席北京市爱国卫生运动委员会举行的会议并做报告。

【按】吴晗在会上号召全市人民做好清洁扫除工作，迎接全国人民代表大会会议的召开和国庆节。

这篇报告，编者迄今没有找到原文。

本条引自《北京日报》1954 年 9 月 15 日第二版。

**9 月 25 日**　出席国营北京第一棉纺织厂开工生产典礼并讲话。

【按】参加典礼的有全厂职工，中央纺织工业部部长蒋光鼐及副部长钱之光、陈维稷、张琴秋，中华全国总工会副主

席邵井蛙，北京市副市长吴晗，中共北京市委工业部部长
贾庭三，北京市总工会副主席刘莱夫，德意志民主共和国
驻我国大使柯尼希以及郊区农民代表等共两千多人。杨慧
洁厂长致开幕词后，柯尼希、蒋光鼐、吴晗、贾庭三、刘
莱夫、郊区农民代表都先后在会上讲了话。他们一致为第
一棉纺织厂的开工生产庆贺。

这个讲话，编者迄今没有找到它的原文。

本条引自《人民日报》1954 年 9 月 26 日第
二版。

**9 月 27 日** 参加北京师范学院专修班开学典礼并为学校
题词。

【按】在开学典礼上，吴晗代表北京市政府宣布了北京师范
学院第一批领导人员的名单。

这个题词，编者迄今没有找到它的原文。

本条引自王宏志、闻立树主编：《怀念吴
晗 百年诞辰纪念》第 421 页。

**10 月 7 日** 《移风易俗的爱国卫生运动在北京》在《人民
日报》发表。

【按】文章署名为"全国人民代表大会代表 北京市人民政
府副市长 吴晗"。

吴晗时任北京市爱国卫生运动委员会主任，其任期从
1952 年 8 月至 1955 年 3 月。1955 年 3 月后由北京市副市

长王昆仑继任。

这篇文章是吴晗未曾结集发表的职务文稿之一。

本条引自《人民日报》1954年10月7日第三版。

**10月10日** 出席北京师范学院成立大会暨开学典礼并讲话。

【按】吴晗勉励大家为培养和造就大批合格的中学教师、为提高北京市的教育水平而努力奋斗！

这个讲话，编者迄今没有找到它的原文。

【按】北京师范学院是现首都师范大学的前身。所有史料，包括首都师范大学官网都说它创建于1954年。但刘光永在《清官梦——吴晗传》一书中介绍吴晗出席北京师范学院成立大会暨开学典礼的时间为1955年10月10日，本书编者采信了首都师范大学的网页等史料的说法，将此谱条安排于此。

本条引自刘光永著：《清官梦——吴晗传》第264页。

**10月23日** 致函彭真。

【按】这封信汇报了教材编辑工作、卫生工作以及植物园的建设问题等工作。

这封信是吴晗未曾结集发表的遗著之一。

本条引自北京市档案馆001-006-00960号档案。

**11 月 3 日** 《元末红军起义——〈朱元璋传〉的一节》在《新建设》第十一期发表。

【按】这篇文章是 1954 年 4 月开始改写的 1955 年版《朱元璋传》中改写完毕的第二节。

这篇文章 2009 年 3 月收入中国人民大学出版社出版的《吴晗全集》第五卷。

本条引自《新建设》1954 年第十一期。

**12 月 25 日** 在政协第二届全国委员会第一次全体会议上发言。

【按】发言的还有傅作义、王葆真、承淡安、张修竹、冀朝鼎、叶雨田、查干葛根、陶述曾。

本条引自《人民日报》1954 年 12 月 26 日第一版。

**12 月 26 日** 在政协第二届全国委员会第一次会议上的发言在《北京日报》发表。

【按】这篇发言是吴晗以中华全国民主青年联合会副主席的身份所做的。

这篇发言是吴晗未曾结集发表的职务文稿之一。

本条引自《北京日报》1954 年 12 月 26 日第四版。

**12 月 27 日**　在政协第二届全国委员会第一次会议上的发言在《人民日报》发表。

【按】这版还刊载有全国政协委员翁文灏、梁漱溟、张大中、傅作义等七人的发言。

本条引自《人民日报》1954 年 12 月 27 日第二版。

**12 月 29 日**　在中苏友好协会第二次全国代表会议上发言。

【按】12 月 28 日，中苏友好协会第二次全国代表会在北京举行。出席代表会的有中苏友好协会会长刘少奇，副会长宋庆龄、吴玉章、沈钧儒、李济深、郭沫若、张澜、黄炎培，中苏友好协会总干事钱俊瑞，以及中苏友好协会理事、干事，中国共产党和各民主党派、各人民团体和军队等团体会员的代表，各地中苏友好协会的代表等共三百五十五人。

吴晗以中华全国民主青年联合会副主席的身份参加会议。出席会议的中华全国民主青年联合会代表还有于北辰、李庚、廖承志、钱三强、关世雄。

代表会于 12 月 29 日下午闭幕。在 29 日的会议上有十五位代表发言。他们是吴晗、张治中、章伯钧、薄一波、罗隆基、叶季壮、许广平、李烛尘、陈其瑗、许德珩、鲍尔汉、李德全、梁希、吴耀宗、曾平。他们在发言中一致指出：为了推进我国社会主义建设，增强保卫亚洲和世界和平的力量，为了反对美国侵略者的战争挑衅，必须加紧学习苏联，进一步增强中苏两国人民牢不可破的友谊。

本条引自《人民日报》1954 年 12 月 30 日第
二版。

**12 月 30 日**　在中苏友好协会第二次全国代表大会上的发言
在《人民日报》发表。

【按】这篇发言是吴晗未曾结集发表的职务文稿之一。

本条引自《人民日报》1954 年 12 月 30 日第
二版。

## 1955 年

**1 月 12 日** 在北京人民广播电台向全市人民做关于推销 1955 年国家经济建设公债的讲话。

【按】吴晗在讲话中号召全市人民踊跃购买经济建设公债，完成北京市一千七百亿元（旧币）的任务。

这个讲话，编者迄今没有找到它的原文。

本条引自《北京日报》1955 年 1 月 13 日第一版。

**3 月** 致函立民先生。

【按】这封信是他给张立民先生的复函。

1955 年 3 月号《新建设》的《信箱》栏目中以"关于元末红军组织者彭莹玉和尚阵亡的时间和地点问题"为题同时刊登了张立民给编辑的信和吴晗的回信。

这封信是吴晗未曾结集发表的遗著之一。

【按】立民先生即张立民（1900—1977），师从著名学者熊十力、马一浮。1939 年，在四川乐山复性书院任教。1949 年解放后，经潘梓年聘请，张立民到武汉中原大学历史系任教，后转到华中师范学院从事教学。张立民先后在南京、北京、四川、杭州、武汉致力教学研究工作，是一位造诣很高的学者。

本条引自《新建设》1955 年第三期。

**4 月 14 日** 《明初社会生产力的发展》写作完毕。

【按】这篇文章后发表在 1955 年 6 月的《历史研究》第三期。

本条引自《吴晗全集》第二卷第 492 页。

**4 月 22 日** 《朱元璋传》（1955 年本）修改完毕，油印一百本，广泛征求意见。

【按】据闻立树在《无尽的怀念和思考——纪念吴晗副市长》一文中回忆说："吴晗的《朱元璋传》第三次文稿写完后，由我送到宣武门外上斜街的一家誊印社油印装订成上下两册。我在交稿时，郑重地向誊印社负责人交代，这是吴副市长的手稿，刻印质量要有保证，稿本切勿污损。这部油印稿本印了百余套，印刷装订质量很好，刻工精细，文字清晰。吴晗署名分送领导同志和学术界人士征求意见，其中一套是送给毛泽东主席的。"

毛泽东阅后的意见是："朱元璋是农民起义领袖，是该肯定的，应该写得好点，不要写得那么坏（指朱的晚年）。"

本书 2009 年 3 月收入中国人民大学出版社出版的

《吴晗全集》第六卷。

> 本条引自刘光永著：《清官梦——吴晗传》
> 第405页及王宏志、闻立树主编：《怀念吴
> 晗 百年诞辰纪念》第290页。

**5月28日** 在民盟北京市第一次代表大会上致开幕词。

【按】5月28日至29日，中国民主同盟北京市第一次代表大会在北京召开。出席大会的有代表二百一十二人，列席代表十四人。大会由支部主任委员吴晗主持开幕。总部代表、中央文教委员会主任楚图南同志和中央组织委员会主任郭则沉同志分别向大会做了关于盟务工作和盟章修正草案的报告。大会选出吴晗为主任委员，选出闻家驷、闵刚侯、费孝通、陶大镛为副主任委员，关世雄为秘书长。

大会一致通过了声讨胡风和胡风集团反党、反人民、反革命罪行的代电。

> 本条引自《北京盟讯》1955年第五期。

**5月29日下午** 在民盟北京市第一次代表大会上做了《学习唯物主义 批判唯心主义思想》的讲话。

【按】这个讲话原载《北京盟讯》1955年第六期，题目是"吴晗同志在大会上的讲话（摘要）"。文章前有一段编辑写的话："市支部主任委员吴晗同志在二十九日下午休会前，在大会上作了关于学习唯物主义、批判唯心主义思想

的讲话，以下是记录的摘要。"

　　　　本条引自《北京盟讯》1955 年第六期。

**6 月 12 日**　代表民盟北京市支部在《北京日报》发表书面谈话，声讨胡风反革命集团。

　　【按】当天还发表了民革北京市委、民建北京市分会、民进北京市分会、农工民主党北京市委、九三学社北京市分社的书面谈话。

　　　　这个书面谈话是吴晗未曾结集发表的职务文稿之一。

　　　　本条引自《北京日报》1955 年 6 月 12 日第三版。

**6 月 14 日**　《一定要彻底粉碎胡风反革命集团》在《光明日报》发表。

　　【按】当日的《光明日报》第三版，在《彻底粉碎胡风反革命集团，清除一切暗藏的反革命分子》栏目还刊载了中国协和医学院院长李宗恩的《彻底肃清胡风反革命集团》，中国科学院生物学地学学部委员、南京大学校长潘菽的《胡风事件给我的教训》和中国科学院生物学地学学部委员、中央人民医院院长钟惠澜的《医务工作者要清算胡风集团的罪行》等三篇文章。

　　　　这篇文章是吴晗未曾结集发表的职务文稿之一。

　　　　本条引自《光明日报》1955 年 6 月 14 日第三版。

同日 《一定要彻底粉碎胡风反革命集团》在《人民日报》发表。

【按】当日的《人民日报》第三版，在《坚决肃清胡风集团和一切暗藏的反革命分子》栏目还刊载了章乃器的《胡风反革命集团的罪恶事件给予我们的教训》、王崇伦的《坚决消灭暗藏的反革命分子》、苏步青的《提高警惕，同反革命分子作斗争》以及陈见真、桑吉悦希、王家楫、杨之华等人的文章共十一篇以及一些群众的来信。

本条引自《人民日报》1955年6月14日第三版。

**6月19日** 出席北京市民盟支部全体盟员大会并做报告。

【按】大会声讨了胡风反革命集团。市支部副主任委员陶大镛主持，市支部主任委员吴晗做了《关于彻底肃清胡风反革命集团和一切暗藏反革命分子》的报告。报告分四个部分：第一，胡风反革命集团的活动及其本质；第二，胡风反革命集团的危害性；第三，从胡风事件中我们应获得什么教训；第四，我们的任务。吴晗还结合在这一斗争中盟员的思想情况和盟的工作做了分析、批判和指示。

会后放映了以反特斗争为题材的苏联电影《不能忘记这件事》。

这篇报告是吴晗未曾结集发表的职务文稿之一。

本条引自《北京盟讯》1955年第七期。

**6 月 24 日**　出席北京市第一次职工业余文化教育会议并讲话。

【按】6 月 23 日至 24 日，北京市第一次职工业余文化教育会议在东交民巷台基厂三条市工会联合会礼堂召开。这次会议由北京市工农业余教育局和北京市工会联合会联合召开。出席会议的有各区文教科长、各厂矿企业行政教育科长、各区工会宣传科长、各厂矿工会宣传委员和各职工业余学校的教务主任共二百余人。吴晗和中共北京市委工业部陆禹副部长到会并讲话。

这个讲话是吴晗未曾结集发表的职务文稿之一。

本条引自欧阳璋主编：《成人教育大事记1949—1986》第 104 页。

**本月**　《明初社会生产力的发展》在《历史研究》第三期发表。

【按】文章署名为"吴晗"。

这期还刊载了范文澜的《看看胡适的"历史态度"和"科学方法"》和尚钺的《中国资本主义生产因素的萌芽及其增长》等六篇文章。

这篇文章 1988 年 3 月收入人民出版社出版的《吴晗史学论著选集》第三卷；1988 年 3 月收入北京出版社出版的《吴晗文集》第一卷；2009 年 3 月收入中国人民大学出版社出版的《吴晗全集》第二卷。

本条引自《历史研究》1955 年第三期。

本月　在民盟北京市第一次代表大会上的开幕词在《北京盟讯》1955年第六期发表。

【按】这个开幕词是吴晗未曾结集发表的职务文稿之一。

本条引自《北京盟讯》1955年第六期。

本月　在民盟北京市第一次代表大会上的讲话在《北京盟讯》1955年第六期发表。

【按】这个讲话是吴晗未曾结集发表的职务文稿之一。

本条引自《北京盟讯》1955年第六期。

本月　当选为中国历史学会第一届理事会理事。

【按】中国历史学会下设中国古代史、中国近代史、中国现代史、世界古代史、世界近代史、世界现代史、中学历史教学、文博、民族史、史学理论与史学史等十个专业组，开展有关学术活动。学会每三年举行一次代表大会。常务理事会主持学会会务工作，日常办事机构为学会秘书处。

本条引自刘光永著：《清官梦——吴晗传》第405页。

7月15日　出席并主持北京市民盟区主委、直属小组长联席会议，并做了有关肃反工作的讲话。

【按】当时，肃清胡风集团及一切暗藏反革命分子的运动已先后在各机关、学校、团体内展开。民盟北京市支部为了了解各基层组织在这一运动中的工作情况，并对各基层组织做出如何在党政的统一领导下配合所在单位开展肃反工作的指示，于 7 月 15 日和 8 月 9 日按各单位运动开展的进度，分两批召开了各区主委和直属小组长联席会议。7 月 15 日的会议由吴晗主持。在各基层组织出席人汇报了工作情况之后，吴晗做了有关肃反工作的重要讲话。

这个讲话后发表在《北京盟讯》1955 年第八期。

本条引自《北京盟讯》1955 年第八期。

**本月** 《提高革命警惕，坚决肃清一切反革命分子》在《北京盟讯》1955 年第七期发表。

【按】文章署名为"吴晗"。

这篇文章是吴晗未曾结集发表的职务文稿之一。

本条引自《北京盟讯》1955 年第七期。

**本月** 在北京市民盟支部全体盟员大会上的报告在《北京盟讯》1955 年第七期摘录发表。

【按】这篇报告摘录自新闻稿《市支部召开全体盟员大会声讨胡风反革命集团　吴晗主任委员在会上作了报告》。

这篇报告（摘录）是吴晗未曾结集发表的职务文稿之一。

本条引自《北京盟讯》1955 年第七期。

**本月** 代表民盟北京市支部在《北京日报》发表的声讨胡风

反革命集团的书面谈话在《北京盟讯》1955 年第七期发表。

【按】这个书面谈话原发表在 6 月 12 日的《北京日报》，《北京盟讯》以新闻《中国民主同盟北京支部为声讨胡风反革命集团发表书面谈话》的方式全文发表。新闻稿在书面谈话之前配文说："《人民日报》三批关于胡风反革命集团材料的揭露，确凿地证实了胡风反革命集团的本质，全市盟员无不感到极端的愤慨。市支部为此特于六月十二日在《北京日报》发表书面谈话如下……"

本条引自《北京盟讯》1955 年第七期。

**8 月 18 日**　《〈读史劄记〉后记》写作完毕。

【按】吴晗在《后记》中说："多年来喜欢读历史，随手札录，类集了很多史料。读的书很杂，注意的问题也很多，一个专题的史料积累到可以提出问题了，再进一步有系统地读有关的书，发掘更多的史料。从一九三一年到一九四八年，边读边写，发表了几十篇札记式的论文。三联书店建议把这些论文编辑出版，认为也许可以供今天历史工作者参考。"

【按】《读史劄记》1956 年 2 月由生活·读书·新知三联书店出版。该书三十二开，三百五十八页，二十六万字，收录吴晗的文学、史学论著十一篇。

本条引自《吴晗全集》第三卷第 326 页。

**8 月 23 日晚**　出席首都各界人民支援印度人民收复果阿大会

并讲话。

【按】参加大会的工人、郊区农民、机关干部、科学工作者、教师、医务工作者、伊斯兰教徒和佛教徒一致通过决议，支援印度人民收复果阿的斗争。大会向为了保卫祖国领土主权而英勇斗争的印度人民致以崇高的敬意，向受害的印度爱国者及其家属表示深切的哀悼和慰问，并以极大的愤慨抗议葡萄牙殖民主义者的暴行。在主席台上就座的有中印友好协会会长丁西林、副会长陈翰笙，中国各人民团体负责人廖承志、赖若愚、李德全、吴晗、茅盾、张奚若、阳翰笙，亚洲及太平洋区域和平联络委员会副秘书长龟田东伍、万徒勒里，印度驻华大使赖嘉文。大会由中印友好协会副会长陈翰笙主持。丁西林、廖承志、赖若愚、李德全、吴晗、茅盾相继讲话，代表六亿中国人民对印度人民收复果阿的正义斗争表示支援。

讲话结束后，全场一致通过了大会致印度共和国尼赫鲁总理和致印中友好协会支持印度人民收复果阿这一正义斗争的电报。

【按】果阿位于印度南部西海岸，是印度领土的一部分。然而在历史上，果阿却长期遭受葡萄牙的殖民统治。为了收复果阿地区，印度政府在 1955 年 8 月 15 日，派遣了五千名没有携带武器的志愿人员进入果阿，支持和配合当地人民的解放斗争。葡萄牙当局竟然用自动武器对这些赤手空拳的志愿人员进行了血腥的攻击，打死打伤二百多人。葡萄牙当局的暴行引起了印度人民的愤怒，印度政府也宣布同葡萄牙断绝一切外交关系。印度人民争取收回果阿的正义斗争得到了包括中国在内的世界许多国家和人民的同情和支持。

　　　　　本条引自《人民日报》1955 年 8 月 24 日第一版。

**8 月 24 日**　在首都各界人民支援印度人民收复果阿大会上的讲话在《人民日报》摘录发表。

【按】原文系属《北京各界五千多人举行大会支援印度人民收复果阿》的新闻。

　　这个讲话（摘录）是吴晗未曾结集发表的职务文稿之一。

　　　　　本条引自《人民日报》1955 年 8 月 24 日第一版。

**本月**　在北京市民盟区主委、直属小组长联席会议上的讲话在《北京盟讯》1955 年第八期摘录发表。

【按】这个讲话摘录自通讯稿《市支部召开各区主委、小组长联席会议　吴晗同志在会上作了关于肃反工作的讲话》。

　　这个讲话（摘录）是吴晗未曾结集发表的职务文稿之一。

　　　　　本条引自《北京盟讯》1955 年第八期。

**9 月 19 日**　在北京市第一届人民代表大会第三次会议上做了《关于进一步提高教育质量工作》的发言。

【按】这篇文章 2009 年 3 月收入中国人民大学出版社出版的《吴晗全集》第十卷。

本条引自《吴晗全集》第十卷第 315 页。

**10 月 3 日**　与郭沫若、沈雁冰等向政务院呈报《关于发掘明长陵的请示报告》。

【按】吴晗于 10 月 3 日和 10 月 14 日先后两次起草该报告，并请郭沫若、沈雁冰、邓拓、范文澜、张苏签名报请周恩来总理，很快得到周总理的批准。

这篇文章 2009 年 3 月收入中国人民大学出版社出版的《吴晗全集》第十卷。

本条引自《吴晗全集》第十卷第 322 页。

**10 月 12 日**　《自觉地、顽强地坚持广播函授学习》在《北京日报》发表。

【按】文章署名为"北京市副市长　吴晗"。

这篇文章 2009 年 3 月收入中国人民大学出版社出版的《吴晗全集》第九卷。

本条引自《北京日报》1955 年 10 月 12 日第二版。

**10 月 13 日**　致函中国科学院院长郭沫若。

【按】这封信主要是和郭沫若谈发掘长陵的事情。想请郭沫若领衔挂帅，并告知范文澜、沈雁冰、邓拓、张苏都会签名赞成。

这封信 2009 年 3 月收入中国人民大学出版社出版的《吴晗全集》第十卷。

本条引自《吴晗全集》第十卷第 192 页。

**本月** 《关于进一步提高中、小学教育质量的工作——在市人民代表大会第三次会议上的发言（摘要）》在《北京盟讯》1955 年第十期发表。

【按】文章署名为"北京市副市长　吴晗"。

本条引自《北京盟讯》1955 年第十期。

**11 月 1 日** 《自觉地、顽强地坚持广播函授学习》在《广播爱好者》1955 年第五期发表。

【按】这期还刊载了吕韶的《介绍北京广播函授学校》等七篇有关介绍广播函授的文章。

这篇文章 2009 年 3 月收入中国人民大学出版社出版的《吴晗全集》第九卷。

【按】《广播爱好者》，1955 年 7 月 1 日创刊，月刊，每月 1 日出版，到 1956 年 12 月仅发行十八期就终刊了。其中 1955 年发行六期（含创刊号），1956 年发行十二期。

本条引自《广播爱好者》1955 年第五期。

**11 月 16 日** 致函张友渔、刘仁。

【按】这封信的内容是关于建立北京植物园的事。吴晗谈了五个问题：一、建议和科学院一起报请国务院拨专款修建；二、北京市和科学院的分工；三、经费问题；四、筹备机构问题；五、建议先建立小型植物园问题。

这封信是吴晗未曾结集发表的遗著之一。

本条引自北京市档案馆 002 – 009 – 00160 号档案。

**11 月 18 日下午** 在全国人民代表大会代表和中国人民政治协商会议全国委员会委员在京视察工作座谈会上做《关于北京市街道工作的情况》的讲话。

【按】吴晗在讲话中向代表和委员们汇报了北京市在街道上建立各种群众性组织，特别是群众性、自治性的居民委员会的工作。

这个讲话 2009 年 3 月收入中国人民大学出版社出版的《吴晗全集》第十卷。

本条引自《吴晗全集》第十卷第 325 页。

**11 月 23 日** 致函习仲勋。

【按】这封信谈的是有关开发长陵的事情。吴晗将他 11 月 22 日邀约国务院、文化部有关人员进行初步研究，取得的一些共同意见向习仲勋予以汇报、请示。

这封信 2009 年 3 月收入中国人民大学出版社出版的《吴晗全集》第十卷。

【按】习仲勋，时任国务院秘书长。

本条引自《吴晗全集》第十卷第 193 页。

**12月6日** 在北京大学历史系做《关于中国资本主义萌芽的一些问题》的报告。

【按】报告共分七个部分：一、关于手工业工场；二、新的商业城市的兴起；三、倭寇、葡萄牙海盗与沿海通商问题；四、内地官僚地主也进行商业活动和经营手工业工场；五、当时人对于这个时期社会情况变化的总结；六、货币经济的发展；七、文学作品的反映。

本条引自《吴晗全集》第七卷第461页。

**12月22日** 《关于中国资本主义萌芽的一些问题——在北京大学历史系所作的报告》在《光明日报》发表。

【按】文章署名为"吴晗"。

这篇文章发表在当日《光明日报》第三版的《史学》双周刊第七十二期。这期还刊载了丁则民的《第二次世界大战性质的初步探讨》。

这篇文章1960年6月收入生活·读书·新知三联书店出版的《灯下集》；1988年3月收入人民出版社出版的《吴晗史学论著选集》第三卷；1987年8月收入光明日报出版社出版的《吴晗史论集》；1988年3月收入北京出版社出版的《吴晗文集》第一卷；2009年3月收入中国人民大学出版社出版的《吴晗全集》第七卷。

本条引自《光明日报》1955年12月22日第三版。

**12 月 24 日** 出席欢迎伊斯兰教青年国际大会代表团和埃及新闻工作者代表团宴会并致欢迎词。

【按】当晚，中华全国民主青年联合会、中国新闻工作者联谊会、北京市民主青年联合会和中国新闻工作者联谊会北京分会四团体联合举行宴会，欢迎以卡迈尔·雅各布·萨布里为首的伊斯兰教青年国际大会代表团、以阿卜杜勒·莫内姆·马茂德·萨韦为首的埃及新闻工作者代表团。参加招待会的有中华全国民主青年联合会副主席吴晗，中国新民主主义青年团中央委员会书记处书记罗毅，中国新闻工作者联谊会会长邓拓、副会长吴冷西，北京市民主青年联合会副主席关世雄、孙孚凌，中国新闻工作者联谊会北京分会会长范瑾，中华全国学生联合会主席田德民，中华人民共和国外交部西欧非洲司司长黄华、新闻司司长龚澎，中国伊斯兰教协会副主任达浦生、秘书长张玉珍，首都各新闻机关、报刊的负责人和中外记者、各界青年代表等一百多人。吴晗代表四团体在会上致欢迎词。萨韦、萨布里相继讲话。

> 本条引自《人民日报》1955 年 12 月 25 日第一版。

**12 月 25 日** 在欢迎伊斯兰教青年国际大会代表团和埃及新闻工作者代表团宴会上的讲话在《人民日报》摘录发表。

【按】这个讲话摘录自新闻稿《欢迎伊斯兰教青年国际大会

代表团和埃及新闻代表团　全国青联等四团体联合举行招待会　伊斯兰教协会设宴招待埃及新闻代表团》。

这个讲话（摘录）是吴晗未曾结集发表的职务文稿之一。

本条引自《人民日报》1955年12月25日第一版。

# 1956 年

**1 月 1 日** 参加北京市少年宫开幕仪式并讲话。

【按】上午 9 点，五百名红领巾聚集在少年厅里，吴晗说："北京市的少年儿童们：我在这里宣布，今天，我代表市人民政府把这座美丽的少年宫送给你们。从今天起，你们就是这所宫殿的主人。祝你们好好学习，健康成长，准备着建设我们伟大的祖国！"

这个讲话，编者迄今没有找到它的原文。

【按】北京市少年宫的前身是 1952 年建立的北京市少年之家。1956 年，在彭真同志的亲切关怀下成立北京市少年宫。北京市少年宫自成立起就受到了党和国家领导人无微不至的关怀，老一辈无产阶级革命家毛泽东、刘少奇、朱德、宋庆龄、周恩来都曾经到北京市少年宫参加活动。

本条引自中华网：《北京少年宫建成始末》。

**1 月 4 日** 出席北京市公债推销委员会 1956 年第一次会议并讲话。

【按】会议决定开始推销 1956 年国家经济建设公债。市公债推销委员会主任委员吴晗在会上讲话。职工、部队、医务界、工商界等分会负责人，都表示要发动各阶层人民踊跃认购公债，为社会主义建设积累更多的资金，争取提早完成和超额完成五年计划。

　　本条引自《北京日报》1956 年 1 月 5 日第二版。

**1 月 5 日**　　在北京市公债推销委员会 1956 年第一次会议上的讲话在《北京日报》摘录发表。

　　【按】这个讲话摘录自新闻稿《本市开始推销 1956 年公债》。

　　这个讲话（摘录）是吴晗未曾结集发表的职务文稿之一。

　　本条引自《北京日报》1956 年 1 月 5 日第二版。

**1 月 6 日**　　致函中共中央统战部副部长徐冰。

　　【按】信中说："我的问题（即他申请入党的问题。——编者注）还未解决，十分苦恼。因为不在组织内，没有人批判我，指正我，而且不明白情况，生怕犯错误。成天战战兢兢，既非消极，但绝不是积极。一心愿做事，而又做不出事。因为不知道什么是该做的、不该做的，或如何做才好。当然比以前是好多了，工作有了重点，不必成天去参加种种的会。而且更好的是有了读书的时间了。但是问题还是有的，问题是没有人带着我走，没有人严厉指正批评，像对待同志那样。这样，我就成为上不着天，下不着地的人。怎么办？请指教！"

这封信，编者迄今没有找到它的全文。

本条引自王宏志、闻立树主编：《怀念吴晗 百年诞辰纪念》第 283 页。

**1 月 17 日晚** 率中印友好协会访印文化代表团乘飞机到达新德里，并在机场发表讲话。

【按】以吴晗为首的中印友好协会访印文化代表团是应印中友好协会的邀请前往印度进行访问的。

这个讲话是吴晗未曾结集发表的职务文稿之一。

本条引自《人民日报》1956 年 1 月 19 日第四版及北京市档案馆 002 - 008 - 00068 号档案。

**1 月 22 日** 出席印中友好协会德里分会举行的招待会并讲话。

【按】当晚，印中友好协会德里分会在宪法俱乐部举行招待会，欢迎以吴晗为首的中印友好协会文化代表团。出席招待会的有德里各界人士二百五十多人。

这个讲话（摘录）是吴晗未曾结集发表的职务文稿之一。

本条引自《光明日报》1956 年 1 月 24 日第四版及北京市档案馆 002 - 008 - 00068 号档案。

**1月25日** 出席印中友好协会举行的欢迎会并讲话。

【按】当晚，印中友好协会全国执行委员会主席潘尼迦和委员们在新德里宪法俱乐部举行欢迎会，欢迎以吴晗为首的中印友好协会访印文化代表团。

这个讲话是吴晗未曾结集发表的职务文稿之一。

本条引自《人民日报》1956年1月28日第四版及北京市档案馆002 – 008 – 00068号档案。

**2月26日** 出席印中友好协会德里分会举行的群众欢迎会并致答词。

【按】当晚，印中友好协会德里分会在旧德里的甘地广场举行群众欢迎会，欢迎在印度访问了三十多个城市后回来的中印友好协会文化代表团。吴晗致答词，感谢对代表团的热烈欢迎。他说，中国和印度之间的文化交流在过去的历史中，曾经对促进两国之间的文化联系起了重要的作用。

这个讲话，编者迄今没有找到它的全文。

本条引自《人民日报》1956年2月29日第四版及北京市档案馆002 – 008 – 00068号档案。

**2月27日** 出席印度文化艺术界举行的欢送会并讲话。

【按】这个讲话是吴晗未曾结集发表的职务文稿之一。

本条引自北京市档案馆002 – 008 – 00068号档案。

**2 月 28 日下午**　　出席德里市政委员会举行的招待会并致答词。

【按】吴晗说，代表团在访问印度期间，对于印度人民所怀有的对中国人民友好的感情留下了深刻印象。他说，自从印中两国总理发表关于《和平共处的五项原则》的联合声明以来，中印友谊已经进入了新的纪元。他指出，中印两国将近十亿人民的紧密团结是保障世界和平的重要因素。

这个答词（摘录）是吴晗未曾结集发表的职务文稿之一。

本条引自《人民日报》1956 年 3 月 1 日第四版。

**本月**　　多次在印度各地招待会上发表讲话。

【按】这个讲话稿的原件上没有标注时间。推测，该讲话稿是访印期间，在各地招待会的通用讲话稿。

这个讲话稿（摘录）是吴晗未曾结集发表的职务文稿之一。

本条引自北京市档案馆 002 - 008 - 00068 号档案。

**本月**　　《读史劄记》由生活·读书·新知三联书店出版。

【按】本书是吴晗的第三本作品集，它是一部文学史论集，其中收入吴晗的文学论著一篇，史学论著十篇，后记一篇。

　　这本书 2009 年 3 月收入中国人民大学出版社出版的《吴晗全集》第三卷。

　　　　本条引自《吴晗全集》第三卷第 2 页。


**3 月 8 日**　在德里市政委员会举行的招待会上的答词在《人民日报》摘录发表。

　　【按】新闻稿《尼赫鲁接见中印友好协会文化代表团》摘录了这篇答词。

　　这篇答词（摘录）是吴晗未曾结集发表的职务文稿之一。

　　　　本条引自《人民日报》1956 年 3 月 8 日第四版及北京市档案馆 002 - 008 - 00068 号档案。


**3 月 12 日**　《中印友协赴印中国文化代表团工作总结》撰写完毕。

　　【按】吴晗在总结中说："代表团于 1956 年 1 月 10 日离京，3 月 10 日返京，行程历时两个月。成员包括古典文学，儿童文学，法律，作曲，器乐，歌唱，舞蹈，木刻和电影等十个专业。"

　　这个总结是吴晗未曾结集发表的职务文稿之一。

　　　　本条引自北京市档案馆 002 - 008 - 00068 号档案。


**3 月 16 日**　在中国人民外交学会举行的访印文化代表团归国

报告会上做访印观感的报告。

【按】代表团团长吴晗、秘书长严文井在会上报告了访印观感。报告中说，代表团在印度访问的四十多天中，和二十万左右的印度人民见了面，受到了印度人民的热烈欢迎。代表团的成员分别和印度的作家、音乐家以及法律界人士等进行了接触，对加强中印两国人民的友谊起了很好的作用。

这篇报告是否和 3 月 24 日吴晗在北京市科级以上干部会议上所做的《中国文化代表团访问印度情况的报告》系属同一个文稿，编者尚未考证。

本条引自《人民日报》1956 年 3 月 19 日第三版。

**3 月 21 日** 致函彭真、刘仁和张友渔。

【按】吴晗于 3 月 10 日访问印度返京，12 日到市政府报到工作。这封信是代表团的工作总结。

这封信是吴晗未曾结集发表的遗著之一。

本条引自北京市档案馆 002 - 008 - 00068 号档案。

**3 月 24 日** 在北京市科长级以上干部会议上做《中国文化代表团访问印度情况的报告》。

【按】吴晗是以中国文化代表团的名义去印度访问的。在印度访问共四十多天，访问了四十二个大小城市，走了一万多公里路。吴晗在这篇报告中介绍了他在印度的所见所闻。

这篇报告是吴晗未曾结集发表的职务文稿之一。

本条引自北京市档案馆 002－008－00068 号档案。

**3月28日** 主持召开有关长陵发掘的会议。

【按】吴晗召集科学院秦力生、王崇武，考古所夏鼐，文化部陈滋德及北京市文化局的负责同志，研究发掘长陵的具体计划。会议一致同意由科学院和考古所负责抽调所需科学技术专家，一般技术人员由各方面调派。并认为，由于考古所的科学技术专家七八月份才能回京，夏鼐也将公出，若最近施工，乃无人负责技术领导，同时没有挖掘古墓的经验。基于以上情况，大家认为趁夏鼐在京期间，先开掘定陵，取得经验后再开掘长陵。

本条引自《吴晗全集》第十卷第195页。

**本月** 致函彭真、张友渔。

【按】吴晗提出"今后的工作，我希望能重做安排。市代表大会，下次议程将要选举市人委，我恳求不要列名"，"现在我提出撤除市委和民盟的工作，请予考虑"。吴晗再次要求让他去"钻故纸堆"，即研究历史。他说："在故纸堆里做些研究工作，我向你们保证，一定可以做出对下一代有贡献的成绩来。"

这封信，编者迄今没有找到它的全文。

> 本条引自王宏志、闻立树主编：《怀念吴
> 晗 百年诞辰纪念》第 529 页。

**4 月 2 日** 致函郭沫若。

【按】这封信谈的是有关发掘定陵的事。

吴晗向郭沫若汇报了 3 月 28 日会议的情况。

这封信 2009 年 3 月收入中国人民大学出版社出版的
《吴晗全集》第十卷。

> 本条引自《吴晗全集》第十卷第 195 页。

**4 月 8 日** 《我们带回来印度人民的深厚友谊》在《人民日
报》发表。

【按】文章署名为"吴晗"。

吴晗在文中说，"我们从印度回到北京的第四天，在
印度大使馆的电影招待晚会上，主人拉·库·尼赫鲁大使
和夫人问我：'你从印度带回来什么？'我说：'友谊，我
们带回来印度人民对中国人民的深厚友谊。'……友谊，
深厚的友谊，我们带回来了。我们认为我们带回来的是任
何物质的东西所不能比拟的，最最珍重的礼物"。

这篇文章 2009 年 3 月收入中国人民大学出版社出版
的《吴晗全集》第九卷。

> 本条引自《人民日报》1956 年 4 月 8 日第
> 三版。

**4月9日**　与范文澜致函援庵。

【按】这封信的内容是将标点本《资治通鉴》的《标点说明》呈送给陈垣，请求提出修正意见。

这封信是吴晗未曾结集发表的遗著之一。

【按】援庵，即陈垣。陈垣，字援庵，著名历史学家、宗教史学家、教育家。

本条引自陈智超编注：《陈垣来往书信集》第817页。

**4月12日**　致函彭真。

【按】信中，吴晗根据彭真的提议和市人代会提案要求，提出"建立一个服务于中、小学，按中、小学植物教科书教学进行布置的植物园"。

这封信是吴晗未曾结集发表的遗著之一。

本条引自科技百科网：《北京教学植物园》及北京市档案馆002－009－00160号档案。

**4月19日**　出席北京市教养员经验交流会并讲话。

【按】会上，二十三个教养员做了经验介绍。河北、郑州、海南以及内蒙古等外省、市、自治区代表出席了这次会议。

这个讲话是吴晗未曾结集发表的职务文稿之一。

【按】我国在解放初期称幼儿园的教师为教养员。

本条引自北京市档案馆152－004－02486号档案。

**4 月 24 日**　出席中捷友好农业生产合作社命名大会并讲话。

【按】北京市丰台区张郭庄乡农业生产合作社举行中捷友好农业生产合作社命名大会。捷克斯洛伐克驻华大使格里哥尔和吴晗先后在会上讲话，向中捷友好农业生产合作社社员们表示祝贺。

这个讲话，编者迄今没有找到它的原文。

本条引自《人民日报》1956 年 4 月 26 日第二版。

**4 月 28 日**　出席中印友好协会理事会会议并做访印报告。

【按】会上，会长丁西林报告了最近会务发展的情况，吴晗报告了访印情况。

本条引自《人民日报》1956 年 4 月 30 日第三版。

**本月**　关于教育工作的发言（草稿）撰写完毕。

【按】这篇发言（草稿）有好几次稿，上面均没有标注写作日期，但有一份原打印稿的页眉上有用钢笔写的文字"巩谭　关局长：送上代表大会发言一份，请你们阅。吴副市长办公室　24/4"。另一打印稿的页眉上有"此系草稿，请你一阅。吴副市长办公室　19/4"。从这些文字看，本文应该是吴晗为即将召开的市人大会准备的发言稿。经查史料，距 1956 年 4 月 19 日最近的北京市人代会，是 1956

年8月8日至15日的北京市第一届第四次人代会。但在这次人代会的议程上没有这篇发言稿的记录，也没有书面发言稿的记录，推测这篇发言稿最后并没有使用。编者权且将第一次打印稿上标注的日期作为该发言稿的写作日期，估计时间相差不会太远。

这篇发言稿（草稿）是吴晗未曾结集发表的职务文稿之一。

本条引自北京市档案馆 152 - 001 - 00328 号档案。

**5月12日**　在中国民主同盟北京市代表大会上代表北京市支部第四届委员会做《密切联系群众，努力学习理论，充实组织生活，为建设社会主义而奋斗》的工作报告。

【按】吴晗在报告中对民盟北京市支部第四届委员会三年来的工作进行了总结，对今后继续根据民盟第二次全国代表大会提出的"发挥潜力，提高觉悟，加强团结，联系群众"四项主要任务，积极地、创造性地进行工作，特别是在文教界的高级知识分子中贯彻党对知识分子团结、教育、改造的政策应该采取的几项措施。

这篇文章2009年3月收入中国人民大学出版社出版的《吴晗全集》第十卷。

本条引自《吴晗全集》第十卷第328页。

**6月1日**　出席北京市欢庆"六一"国际儿童节活动并讲话。

【按】上午 8 点，一千六百多个中外儿童在北京饭店新大厅里欢庆"六一"国际儿童节。吴晗到会向孩子们祝贺节日并发表了讲话。出席活动的还有郭沫若、蔡畅、董昕、胡克实、傅连暲、陈曾固、叶圣陶，以及许多作家、音乐家和北京市各部门的负责人。

这个讲话，编者迄今没有找到它的原文。

本条引自《人民日报》1956 年 6 月 2 日第一版。

**6 月 16 日**　出席北京市教育局举办的回国留学生和留学生家属座谈会并讲话。

【按】北京市教育局邀请已经回国的留学生和还没有回国的留学生家属二百多人在中山公园举行座谈会。座谈会上，吴晗代表北京市人民委员会对回国留学生表示欢迎和祝贺，对留学生的家属表示亲切的慰问。吴晗说："目前在美国、英国、法国和日本等国工作和学习的近万名中国科学家和留学生，是祖国十分宝贵的财产。留学生回到祖国怀抱为人民服务，成为建设祖国的有用人才，会受到祖国人民的热烈欢迎和尊敬。"他希望到会的留学生和留学生家属多和自己国外的朋友和亲人通信，帮助他们早日回到祖国的怀抱。刚从美国回国的留学生林一博士、廖山涛博士和留学生家属杨哲娴在会上发言。

这个讲话是吴晗未曾结集发表的职务文稿之一。

本条引自《人民日报》1956 年 6 月 17 日第一版。

**6月27日下午** 在第一届全国人民代表大会第三次会议上发言。

【按】在会议上发言的人民代表和国家机关各部门负责人共二十人。他们是地质部部长李四光,湖南省省长程潜,北京市副市长吴晗、黄绍竑,西藏代表计晋美,青海省副省长喜饶嘉措,云南怒江傈僳族自治区代表裴阿欠,内蒙古自治区代表胡和勒泰,吉林延边朝鲜族自治州代表金时龙,陕西省省长赵寿山,缅甸华侨徐四民,文教工作者王祝晨,音乐家贺绿汀,山东吕剧演员郎咸芬,工程技术人员胡兆森,工商业者李国伟、熊应栋,农业劳动模范殷维臣,政协河北省委员会副主席王葆真,出版工作者舒新城。

本条引自《人民日报》1956年6月28日第一版。

**6月28日** 《北京日报》报道了在第一届全国人民代表大会第三次会议上的发言。

【按】新闻稿《在全国人民代表大会昨天的会议上 二十位人民代表和国家机关负责人发言》报道了李四光、程潜、吴晗、黄绍竑、计晋美、喜饶嘉措、徐四民的发言摘要。吴晗的发言摘要的小标题是"吴晗谈中央和地方关系的问题,批评中央文教卫生部门垂直布置并管得过细过死等缺点"。

这篇发言是吴晗未曾结集发表的职务文稿之一。

本条引自《北京日报》1956 年 6 月 28 日第一版。

**6 月 29 日** 《人民日报》全文刊载了在第一届全国人民代表大会第三次会议上的发言。

【按】发言的题目是"关于北京市工作中的两个问题——在第一届全国人民代表大会第三次会议上的发言"。

本条引自《人民日报》1956 年 6 月 29 日第八版。

**同日** 《北京日报》全文刊载了在第一届全国人民代表大会第三次会议上的发言。

【按】发言的题目是"关于北京市无业失业的人就业问题与中央和地方的关系问题"。

本条引自《北京日报》1956 年 6 月 29 日第六版。

**6 月 30 日** 《光明日报》全文刊载了在第一届全国人民代表大会第三次会议上的发言。

【按】发言的题目是"关于北京市就业问题与中央和地方的关系问题的一些意见"。

本条引自《光明日报》1956 年 6 月 30 日第六版。

**本月** 主持的标点本《资治通鉴》由古籍出版社出版。

【按】这部由吴晗主持的"标点资治通鉴小组"校点的《资治通鉴》，是由古籍出版社出版、中华书局上海印刷厂制版、商务印书馆上海印刷厂印刷、全国新华书店发行的。全书共二十册。

1976 年，吕叔湘先生将该套《资治通鉴》订正两千余处错误，改由中华书局出版。以后出版的《资治通鉴》大都是这个版本。

本条引自古籍出版社出版：《资治通鉴》。

**8 月 29 日** 致函杨祖霖等。

【按】1955 年至 1957 年，我国发动了一场大规模的群众性的肃清暗藏的反革命分子的政治运动，即"肃反运动"。运动时期出现了"左"的错误倾向，造成了一些冤假错案。吴晗的义乌老乡、时任义乌县吴店中心小学教员的杨祖霖等三人在这次肃反运动中被"从人民教师队伍中清除了出去"，故写信给吴晗，希望帮助其解决问题。吴晗在收到杨祖霖等三人的来信后，将其来信转给了浙江省人民政府。这封信就是吴晗给杨祖霖等人的回信。

这封信是吴晗未曾结集发表的遗著之一。

本条引自《北京日报》1966 年 5 月 21 日第六版。

**11 月 2 日下午**　出席北京各民主党派、各人民团体的负责人的集会并讲话。

【按】集会要求各界人民立即行动起来，支援埃及人民的正义斗争。政协北京市委员会副主席吴晗、中国民主促进会北京市委员会主任理事雷洁琼、北京市伊斯兰教代表牛街礼拜寺阿訇杨德亮先后在会上发言，一致指斥英法帝国主义者武装侵略埃及的罪行。

这个讲话，编者迄今没有找到它的原文。

本条引自《人民日报》1956 年 11 月 3 日第四版。

**11 月 22 日**　致函廖沫沙。

【按】吴晗在信中和廖沫沙具体商谈有关教育系统机构、编制和校外教育机构等问题。

这封信 2009 年 3 月收入中国人民大学出版社出版的《吴晗全集》第十卷。

【按】廖沫沙（1907—1990），著名作家、杂文家，笔名繁星，历任中共北京市委宣传部副部长、教育部部长、统战部部长，1966 年 5 月廖沫沙和邓拓、吴晗三人被错定为"三家村反党集团"，遭到残酷迫害。

本条引自《吴晗全集》第十卷第 198 页。

**11 月 28 日晚**　出席苏联马戏团访问北京的末次演出并致辞。

【按】在苏联马戏团的末次演出开始前，吴晗致辞，代表北京全体人民向苏联马戏团表示感谢和敬意。他说："你们通过精彩的演出，把伟大苏联人民的深厚友谊带给了北京市的人民。你们的卓越的艺术成就，使北京人民感到极大的兴趣。"末次演出结束后，吴晗设宴招待苏联马戏团全体人员。

这篇致辞，编者迄今没有找到它的原文。

本条引自《人民日报》1956 年 11 月 29 日第一版。

**12 月 25 日**　在中国人民政治协商会议北京市第一届委员会第二次全体会议做工作报告。

【按】吴晗以北京市政协副主席的身份，在报告中汇报了一年半来常务委员会进行的五项主要工作，提出了为了适应今后的工作需要，市政协应该加强的三个方面的工作。

这篇文章 2009 年 3 月收入中国人民大学出版社出版的《吴晗全集》第十卷。

本条引自《吴晗全集》第十卷第 341 页。

**12 月 28 日**　致函刘仁、张友渔和廖沫沙。

【按】吴晗就"本市几个干部子弟小学将在 1957 年全部改为住宿制小学"一事，提出三条意见，建议他们阅后如同意，拟提交行政会议讨论。

这封信是吴晗未曾结集发表的遗著之一。

本条引自北京市档案馆 002－009－00169 号档案。

**本年**　在迁京出版的大公报报社做关于治史与新闻工作的演讲。

【按】吴晗在演讲中说，历史是过去的新闻，今天的新闻又是今后的历史。唐朝的史学家刘知几讲治史要有史才、史学、史识，做新闻工作何独不然？没有才、学、识，哪能做好新闻报道，写好评论文章？当然最重要的还是史德，即立场问题、为谁服务的问题。

《大公报》曾将这个演讲刊登在报社内部刊物《大公报人》上，后因"文革"，这些历史资料全部散佚，再也找不到了。

【按】在新中国成立的最初几年中，读者主要阅读《人民日报》等几份中共机关报刊，上海《大公报》的发行量很快即降至五万三千份，广告收入也急剧下降，经营出现了亏损。上海《大公报》总编辑王芸生心急如焚，开始为报纸的生存担忧，不得已于1952年夏给毛泽东主席写了一封长信（托中宣部部长陆定一转交），希望中央帮助解决报社暂时的困难。不久，毛主席在北京接见了王芸生，当面向他宣布了中共中央的决定，即"上海《大公报》与天津《进步日报》（原天津版《大公报》）合并迁京，择地建新馆，报名仍叫《大公报》。作为中央直接管理的全国性报纸，分工报道国际新闻和财经政策"。

本条引自王宏志、闻立树主编：《怀念吴晗　百年诞辰纪念》第96页。

**本年** 《1946年、1948年我的两次沪上之行》在《上海文史资料选辑》第一一九辑发表。

【按】这篇文章的原件上没有标注写作的年代。但本文的最后吴晗说了"这件事就作罢了"一话，编者依据史料所记载的有关吴晗在1957年反右派运动中的所谓批斗"章罗联盟"的大会上，取出当年罗隆基等要他转交给中共中央（据黄裳说是转交给在香港的民盟主要负责人）的密信予以揭发、给罗隆基以最沉重的打击一事分析，这个"这件事就作罢了"的话，应该是在反右派运动之前，故推定这篇文章的写作时间为1956年，准确与否，尚待以后考证。

本条引自民盟上海市委员会编：《民盟总部在沪活动纪实》第78~79页。

# 1957 年

**1 月 7 日**　致函郭沫若。

【按】吴晗写到，有关定陵的发掘，"这一个多月来曾做了初步勘测工作，具体计划需要召开会议商定"，建议"由科学院召开会议进行工作，以免延误"。并派市文化局朱欣陶向郭沫若具体汇报。

这封信是吴晗未曾结集发表的遗著之一。

本条引自论文网苏双碧：《郭沫若与吴晗的诚挚交往》。

**5 月 21 日下午**　参加各民主党派北京市组织负责人座谈会并发言。

【按】座谈会征求了对共产党的意见。会上，吴晗对民主党派的工作提出了两个问题：一个是民主党派干部的来源问题，另一个是民盟的发展问题。

本条引自《北京日报》1957 年 5 月 22 日第二版。

**5 月 22 日**　在中共北京市委邀请各民主党派北京市组织负责人的座谈会上的发言在《北京日报》摘录发表。

【按】这篇发言摘录自新闻稿《各民主党派市级负责人应邀在市委座谈　要求加强统战工作以适应新的形势》。

这篇发言（摘录）是吴晗未曾结集发表的职务文稿之一。

本条引自《北京日报》1957 年 5 月 22 日第二版。

**6 月 9 日晚**　出席民盟中国人民大学支部举行的座谈会并讲话。

【按】会上大家着重对如何帮助党整风和开展批评与反批评等问题进行了讨论。关于有些盟员在整风中发表的意见是不是代表盟组织的意见这个问题，吴晗认为，他们的意见不能代表盟组织的意见，只能作为个人意见。对于过去盟员发表的某些意见，吴晗也表示了他的看法。吴晗最后就民盟帮助党整风的问题也讲了话。

本条引自《人民日报》1957 年 6 月 10 日第二版。

**6 月 10 日**　在民盟中国人民大学支部举行的座谈会上的讲话在《人民日报》摘录发表。

【按】这个讲话摘录自新闻稿《在民盟中国人民大学支部座谈会上　吴晗表示应该批判在北京等人的意见》。

这个讲话（摘录）是吴晗未曾结集发表的职务文稿之一。

> 本条引自《人民日报》1957 年 6 月 10 日第二版。

**同日** 出席民盟《光明日报》支部批判储安平的会议并讲话。

【按】下午，民盟光明日报社支部召开全体盟员大会，一致反对储安平以《光明日报》总编辑的名义在中共中央统战部座谈会上的发言，对他所谓"党天下"的错误言论进行了严厉的驳斥，并坚决表示绝不容许把《光明日报》拉出社会主义的轨道。参加这次大会的除盟员外还有部分非盟同志，共三十多人。民主同盟北京市委会主委吴晗和秘书长关世雄也参加了大会。

【按】储安平，时任《光明日报》总编辑。

> 本条引自《光明日报》1957 年 6 月 11 日第二版。

**6 月 11 日** 《人民日报》发表《吴晗谈话批驳章伯钧罗隆基》。

【按】《人民日报》为吴晗的谈话加了黑体副标题："章伯钧主张另搞一个政治设计院，是否不同意宪法？""罗隆基提出另外建立平反机构，就是不信任党的领导""储安平'党天下'的论调是恶毒的诬蔑"。

这篇文章是吴晗未曾结集发表的职务文稿之一。

>本条引自《人民日报》1957 年 6 月 11 日第二版。

**同日** 在民盟《光明日报》支部全体大会上的发言在《光明日报》摘录发表。

【按】该文系属一篇《吴晗严正批判储安平的发言 指出他的中心思想是反党反社会主义》的新闻稿。

这篇发言（摘录）是吴晗未曾结集发表的职务文稿之一。

>本条引自《光明日报》1957 年 6 月 11 日第二版。

**6 月 15 日** 出席并主持民盟北京市常委会议并讲话。

【按】会上，参会盟员热烈发言，驳斥和揭露章伯钧、罗隆基、储安平、陈新桂等人的所谓反党反社会主义的言论和面目。

>本条引自《北京日报》1957 年 6 月 16 日第一版及《人民日报》1957 年 6 月 16 日第二版。

**6 月 16 日** 在民盟北京市常委扩大会议上的讲话在《北京日报》摘录发表。

【按】这个讲话摘录自新闻稿《民盟北京市常委会议揭发章

伯钧罗隆基储安平等人反动面目 坚决表示永远跟着共产党走 要求民盟中央表明态度立场》。

这个讲话（摘录）是吴晗未曾结集发表的职务文稿之一。

本条引自《北京日报》1957 年 6 月 16 日第一版。

**同日** 在民盟北京市委常委扩大会议上的讲话在《人民日报》摘录发表。

【按】这个讲话摘录自新闻稿《民盟北京上海等地方组织要求民盟中央表明态度 跟共产党走 还是跟章伯钧罗隆基走?》。

本条引自《人民日报》1957 年 6 月 16 日第二版。

**6 月 18 日下午** 出席民盟中央常务委员会扩大会议并发言。

【按】会议一致通过《中国民主同盟中央常务委员会为号召全盟展开反右派斗争并开始盟内整风的决定》。民盟主席沈钧儒，副主席马叙伦，民盟秘书长胡愈之，副秘书长叶笃义，中央常务委员吴晗、邓初民、刘清扬、马哲民，中央委员彭迪先、宋云彬、范朴斋等先后发言。

本条引自《人民日报》1957 年 6 月 19 日第五版。

6月19日　在民盟中央常务委员会扩大会议上的发言在《人民日报》摘录发表。

【按】这篇发言摘录自新闻稿《民盟中央作出重大决定　号召全盟揭露右派的言行　立即开始在盟内进行整风》。

这篇发言（摘录）是吴晗未曾结集发表的职务文稿之一。

本条引自《人民日报》1957年6月19日第五版。

同日　《我们坚决走社会主义道路》在《北京日报》发表。

【按】文章署名为"民盟中央常务委员　民盟北京市主任委员　吴晗"。

这篇文章2009年3月收入中国人民大学出版社出版的《吴晗全集》第九卷。

本条引自《北京日报》1957年6月19日第三版。

同日　《我们坚决走社会主义道路》在《人民日报》发表。

本条引自《人民日报》1957年6月19日第六版。

6月25日　出席民盟中央小组扩大座谈会并讲话。

【按】会议的议题是揭露罗隆基反对党的领导的言论和行动。座谈会上陈鼎文、费孝通、潘大逵、叶笃义、胡愈之、吴景超、吴晗、聂国清、刘清扬、钱端升等先后发言，千家驹、华罗庚、童第周三人做了联合发言。

> 本条引自《人民日报》1957 年 6 月 26 日第二版及《光明日报》1957 年 6 月 26 日第三版。

**6 月 26 日**　《在民盟中央小组扩大座谈会上的讲话》在《人民日报》摘录发表。

【按】这个讲话摘录自新闻稿《民盟中央小组扩大座谈会集中揭露罗隆基的右派真面目　罗隆基说要检查自己，但对揭发的重要事实坚决抵赖》。

6 月 25 日的民盟中央小组扩大座谈会上，揭露了罗隆基所谓反对党的领导的言论和行动以及他的所谓"无形的"小集团。在座谈会以前，举行了民盟中央常委扩大会议，通过了关于盟内整风运动的补充指示。

这个讲话（摘录）是吴晗未曾结集发表的职务文稿之一。

> 本条引自《人民日报》1957 年 6 月 26 日第二版。

**6 月 27 日**　出席民盟北京市委召开的学校盟员大会并做报告。

【按】民盟北京市委在北京大学召开了有七百多位在大学和科学院工作的盟员参加的大会，吴晗做了开展反右派斗争和盟内整风的报告，动员在大学和科学院工作的盟员积极开展反右派斗争和进行盟内整风。

> 本条引自《光明日报》1957年6月28日第二版。

**6月28日** 《在民盟北京市委召开的学校盟员大会上的报告》在《光明日报》摘录发表。

【按】这篇报告摘录自新闻稿《动员盟员开展反右派斗争和进行整风　民盟北京市委召开大学校盟员大会》。

这篇报告（摘录）是吴晗未曾结集发表的职务文稿之一。

> 本条引自《光明日报》1957年6月28日第二版。

**7月2日** 到北京政法学院做报告。

【按】报告说钱端升是罗隆基的"无形小组"和"策划于密室"中的人物。

这篇报告，编者迄今没有找到它的原文。

> 本条引自《人民日报》1957年7月2日第七版。

**7月6日** 在第一届全国人民代表大会第四次会议大会讨论中发言。

【按】在大会上发言的代表有周谷城、荣毅仁、吴晗、吴通明等，书面发言的有马叙伦、叶圣陶等共二十人。

本条引自《人民日报》1957 年 7 月 7 日第一版。

**7 月 7 日** 《愤怒控诉章罗联盟反党反社会主义的罪恶活动——在全国人民代表大会第四次会议上的发言》在《北京日报》发表。

【按】文章署名为"全国人民代表大会代表 吴晗"。

同日的《光明日报》和《人民日报》也刊载了这篇发言，但标题和章节的编排稍有不一，刊载的分别是《控诉章伯钧、罗隆基的罪恶活动——吴晗代表在全国人民代表大会上的发言》和《我愤恨，我控诉！》。

这篇发言是吴晗未曾结集发表的职务文稿之一。

本条引自《北京日报》1957 年 7 月 7 日第四版。

**同日** 《控诉章伯钧、罗隆基的罪恶活动——吴晗代表在全国人民代表大会上的发言》在《光明日报》发表。

本条引自《光明日报》1957 年 7 月 7 日第三版。

**同日** 《我愤恨，我控诉！》在《人民日报》发表。

本条引自《人民日报》1957 年 7 月 7 日第四版。

7月24日　在北京市第二届人民代表大会第二次会议上做《关于教育、卫生、文化工作的报告》。

【按】吴晗在报告中分别汇报了北京市的教育、卫生、文化三个方面发展的基本情况，指出了目前存在的问题和差距。

本条引自《吴晗全集》第十卷第347页。

7月25日　《关于教育、卫生、文化工作的报告》在《北京日报》全文发表。

【按】文章署名为"吴晗"。

这篇报告2009年3月收入中国人民大学出版社出版的《吴晗全集》第十卷。

本条引自《北京日报》1957年7月25日第二版。

7月28日　《谴责以章罗为首的一批民盟右派分子的罪恶活动》在《北京日报》发表。

【按】文章署名为"民盟北京市委主任委员　吴晗"。

这篇文章是在北京市第二届人民代表大会第二次会议上的发言摘要。发言分为五个章节：一、章罗联盟阴谋窃取几个大城市盟组织的领导权，在六年前就开始了窃取北京盟组织的领导权的罪恶活动；二、章罗争夺北京民盟组织刊物的领导权，用以笼络知识分子，传播反党、反社会主义理论；三、章罗集中一批落后、反党的人做骨干，大肆发展组织，要和共产党分设"防区"；四、整风开始后，章罗亲自"点火"，并通过盟员大肆"点火"，一把火是要把党委赶出高等院校、国家机关，另一把火是平反；五、章罗妄想拉民盟走资本主义的道路，但绝大多数盟员反对他们这种罪恶的言行，坚决接受党的领导。

这篇文章是吴晗未曾结集发表的职务文稿之一。

本条引自《北京日报》1957 年 7 月 28 日第三版。

**同日**　在北京市第二届人民代表大会第二次会议上的报告（摘要）在《光明日报》发表。

【按】文章署名为"吴晗"。

这篇发言在《光明日报》发表的题目是"拒绝章罗联盟的领导坚持走社会主义道路　民盟北京市组织坚决接受党的领导——吴晗在北京市人民代表大会上的发言摘要"。

这篇发言摘要和同日《北京日报》的《谴责以章罗为首的一批民盟右派分子的罪恶活动》的大会发言文字一致，只是删去了五个章节的小标题和文章开始的一段引言及结尾的口号。

本条引自《光明日报》1957 年 7 月 28 日第二版。

**8 月 1 日**　出席北京市第二届人民代表大会第二次会议并致欢迎词。

【按】应彭真市长邀请，锡兰科伦坡市长苏加塔达萨率领锡兰科伦坡市政议会访华友好代表团来华访问，并出席北京市第二届人民代表大会第二次会议会场，全体代表起立鼓掌欢迎，吴晗致欢迎词。

本条谱文的史料引自北京市档案馆 002－009－00223 号档案，但是该档案没有收录欢迎词原文。

本条引自北京市档案馆 002－009－00223 号档案。

**8 月 10 日**　出席民盟中央第六次整风扩大座谈会并讲话。

【按】下午，民盟中央在南河沿大街政协文化俱乐部举行第六次整风扩大座谈会。吴晗、吕光光、梁思成等在会上发言，对罗隆基所谓一贯反动的政治本质做了揭发。

本条引自《人民日报》1957 年 8 月 11 日第二版。

**8 月 11 日**　在民盟中央第六次整风扩大座谈会的发言在《人民日报》摘录发表。

【按】这篇发言摘录自新闻稿《吴晗指出罗隆基所谓拥护中共是一派胡言》。

这篇发言（摘录）是吴晗未曾结集发表的职务文稿之一。

本条引自《人民日报》1957 年 8 月 11 日第二版。

**本月下旬**　出席北京出版界反右派斗争座谈会并发言。

【按】8 月 24 日、28 日和 31 日，出版界分别举行座谈会，对民盟北京市支部副秘书长、外文出版社民盟支部主任委员冯亦代进行了批判。在这三次会上发言的共有二十多人。吴晗对右派分子歪曲利用"长期共存、互相监督"政策向共产党进攻的反动言行专门做了批驳。吴晗最后在讲话中指出，所有民盟的成员必须积极参加这次反右派斗争，使民主党派的工作重新得到健康发展。

本条引自《人民日报》1957 年 9 月 2 日第三版。

**9 月 2 日**　在北京出版界反右派斗争座谈会上的发言在《人民日报》摘录发表。

【按】这篇发言摘录自新闻稿《勾结右派集团，妄图篡夺党对文教界的领导权冯亦代的阴谋被揭穿》。

这篇发言（摘录）是吴晗未曾结集发表的职务文稿之一。

本条引自《人民日报》1957 年 9 月 2 日第三版。

**9 月 16 日**　出席北京文物界反右派斗争座谈会并发言。

【按】据夏鼐的日记记载：1957 年 9 月 16 日，吴晗出席北京文物界反右派斗争座谈会并在会上讲话。座谈会由国家文物局局长王冶秋报告了右派分子点火的经过，郭沫若、翦伯赞、吴晗在会上发言。会议一直开到下午 6 点半才散会。

这篇发言，编者迄今没有找到它的原文。

本条引自夏鼐著：《夏鼐日记》。

**9 月 27 日**　《北京市的文物保护工作》在《文物参考资料》第九期（总第八十五期）的《文物界反右派斗争座谈会》特辑发表。

【按】文章署名为"吴晗"。

这个特辑刊载的文章全部是在文物界反右派斗争座谈会上的发言，依次是郭沫若、翦伯赞、吴晗、郭宝钧、梁思成、夏鼐、陈乔、王冶秋、裴文中、唐兰、曾昭燏、赵正之、莫宗江、林寿晋、王书庄等。

这篇文章 2009 年 3 月收入中国人民大学出版社出版的《吴晗全集》第九卷。

【按】《文物参考资料》，1950 年 1 月 31 日在北京创刊，文物参考资料编辑委员会编。原为内部刊物，1951 年改为公开发行的不定期刊物，1953 年改为月刊。1959 年第一期（总一百零一期）起改名为《文物》。1966 年 5 月停刊。1972 年 1 月复刊。

本条引自《文物参考资料》1957 年第九期《文物界反右派斗争座谈会特辑》。

**9 月 29 日**　参加我国第一座大型专业天文馆——北京天文馆开馆典礼并致辞。

【按】参加开幕典礼的有国务院副总理陈毅、中共中央宣传部部长陆定一、著名天文学家程茂兰和科学家高士其等六百多人。中华全国科学技术普及协会主席梁希致开幕词，北京市副市长吴晗和民主德国来宾致贺词。开幕式当天，天文馆天象厅进行了首场招待演出。开幕式结束后，陈毅、郭沫若等国家领导还参观了北京天文馆的圆廊展览。

这篇致辞，编者迄今没有找到它的原文。

本条引自崔振华主编：《北京天文馆文集（1957—1997）》第 2 页及《人民日报》1957 年 9 月 30 日第四版。

**11 月 4 日**　针对苏联第二颗人造卫星发射成功对新华社记者发表讲话。

【按】11 月 3 日，苏联第二颗人造卫星发射成功。11 月 4 日，新华社采访了北京市中苏友好协会副会长吴晗。吴晗说："苏联的两颗人造卫星，进一步证明了科学事业只有在共产党的领导下，在社会主义制度下才有发展的无比优越条件。"

这个讲话，编者迄今没有找到它的全文。

本条引自《人民日报》1957 年 11 月 5 日第八版。

**11 月 8 日**　出席苏联国民教育展览会开幕式并发言。

【按】国务院总理周恩来出席了开幕式并为展览会剪彩。出席开幕式的还有贺龙、陈毅、徐特立以及大学教授和优秀教师等四百多人。张奚若、吴晗等先后在开幕式上发言。

这篇发言，编者迄今没有找到它的原文。

本条引自《人民日报》1957 年 11 月 9 日第二版。

**11 月 25 日**　致信嵇直。

【按】吴晗在信中与嵇直商谈有关研究结果材料整理汇总等事宜。

这封信的原件上没有标注写信的年份，只标注了"十一、廿五"。《吴晗全集》上标注为 19××年 11 月 25 日。编者依据该信函内容分析，应为吴晗担任北京市分管文教卫（包括民政工作）的副市长、文字改革委员会地名审查修改小组组长时，与时任国家内务部民政司副司长、文字改革委员会地名审查修改小组组员的嵇直的职务信函，时间大约应在 1957 年，故将此谱条暂时安排至此，精准的时间还有待于以后继续考证。

这封信 2009 年 3 月收入中国人民大学出版社出版的《吴晗全集》第十卷。

本条引自《吴晗全集》第十卷第 220 页。

# 1958 年

**2 月 10 日**    在第一届全国人民代表大会第五次会议上做关于目前国际形势和我国外交政策的发言。

【按】下午，周恩来总理在第一届全国人民代表大会第五次会议上就"目前国际形势和我国外交政策"做了重要讲话。在大会上发言或书面发言的有中华全国工商业联合会主任委员陈叔通，上海市副市长刘述周，教育部副部长董纯才，九三学社主席、水产部部长许德珩，北京市副市长吴晗，民革中央常委邵力子，中国戏剧家协会主席田汉，共青团中央书记处书记王伟，第二机械工业部工程师昝凌等四十四人。

这篇发言，编者迄今没有找到它的原文。

本条引自《人民日报》1958 年 2 月 11 日第一版。

**2 月 11 日**    参加第一届全国人民代表大会第五次会议并讲话。

【按】吴晗在讲话中报告了北京市开展以除四害为中心的爱

国卫生运动的情况。

> 本条引自《吴晗全集》第九卷第 228 页。

**2 月 12 日**　在第一届全国人民代表大会第五次会议上的讲话在《北京日报》发表。

【按】这个讲话发表时署名为"北京市副市长　吴晗"。发表时的题目是："实现前人不敢梦想的事业——在第一届全国人民代表大会第五次会议上的发言"。

这个讲话是吴晗未曾结集发表的职务文稿之一。

> 本条引自《北京日报》1958 年 2 月 12 日第五版。

**同日**　在第一届全国人民代表大会第五次会议上的讲话在《人民日报》发表。

【按】这个讲话发表时的题目是："首都布下天罗地网鼠雀蚊蝇无处躲藏",但收录时删掉了原文的第四章节《新倡议、新气象,商业职工和工农比干劲》。

《人民日报》在正文之前加了一段话："吴晗代表报告北京市开展以除四害为中心的爱国卫生运动,他说:我们将以最文明的国家、最文明的人民,对世界文明做出最文明的贡献。"

> 本条引自《人民日报》1958 年 2 月 12 日第九版。

**3月9日** 出席民盟北京市委召开的盟员誓师大会并做《鼓起革命干劲，加速自我改造》的报告。

【按】下午，民盟北京市委召开促进一般整风、加速自我改造的盟员大会。会上通过了一项向全国各兄弟组织提出的挑战书草稿，提出北京市的盟员争取在三年内，基本上由资产阶级知识分子改造成工人阶级知识分子，从而使资产阶级性质的政党改变为社会主义性质的政党。这个挑战书即将提交民盟北京市各基层组织讨论。参加大会的有盟员一千多人。民盟主席沈钧儒，副主席高崇民和民盟秘书长胡愈之等出席了大会。

　　　　　　　　本条引自《光明日报》1958 年 3 月 10 日第一版。

**3月10日** 《鼓起革命干劲，加速自我改造》的报告在《光明日报》摘录发表。

【按】这篇报告是从新闻稿《民盟北京市委开盟员誓师大会促进一般整风　加速自我改造》摘录的。

　　　　　　　　本条引自《光明日报》1958 年 3 月 10 日第一版。

**春** 在南开大学讲读书和治史问题。

【按】魏宏运在《吴晗南开讲学的故事》一文中叙述说："1958 年春，吴晗来南开三天，讲了两天半关于读书和治史问题。他曾讲到治史'要三勤，勤读、勤抄、勤写'，为了要继承就必须钻到古书堆里去，要有勇气。那时在史学界流行'以论代史'之风，他不同意这种提法，他说：'论在史之中，不是在史之外。'他认为'只要把真正的史实摆清楚了，观点自然就出来了'。听众对他的演说无不敬佩。"

这些演讲稿，编者迄今没有找到它的原文。

【按】魏宏运（1925—　），南开大学教授，博士生导师。

本条引自南开大学校史网魏宏运：《吴晗南开讲学的故事》。

**4 月 10 日**　出席北京市各民主党派、无党派民主人士向党交心大会并致辞。

【按】大会在中山公园音乐堂举行。会议由民革中央常委蒋光鼐主持。

本条引自《人民日报》1958 年 4 月 11 日第一版。

**4 月 11 日**　在北京市各民主党派、无党派民主人士向党交心大会上的致辞在《人民日报》摘录发表。

【按】这篇致辞摘录自新闻稿《化三心二意为一心一意北京市民主党派、民主人士向党交心》。

这篇致辞（摘录）是吴晗未曾结集发表的职务文稿之一。

本条引自《人民日报》1958 年 4 月 11 日第一版。

**8 月 5 日**　致函习仲勋。

【按】这封信是向习仲勋汇报长陵发掘的工作和问题，并向习仲勋提出了"长陵发掘委员会任务已经完成，应即撤销"和"利用原有人力、设备和展出收入，进行长陵发掘工作，不再向国家要求经费"等建议。

这封信 2009 年 3 月收入中国人民大学出版社出版的《吴晗全集》第十卷。

本条引自《吴晗全集》第十卷第 199 页。

**9 月 3 日**　《中国戏曲歌舞团在法国》在《光明日报》发表。

【按】文章署名为"吴晗"。

中国戏曲歌舞团于 4 月 19 日、20 日先后由团长吴晗，副团长张东川、王一达率领离京赴巴黎参加第三届国际戏剧节。中国戏曲歌舞团在戏剧节上演出了昆曲、京戏、民族歌舞、民间器乐演奏（昆曲是第一次出国演出）。戏曲歌舞团的成员有著名戏曲演员俞振飞、李玉茹、言慧珠、张美娟、王泉奎等，舞蹈演员赵青、汪曙云等，器乐演奏者张锐、孟庆云等。节目有戏曲《挡马》《惊变埋玉》《拾玉镯》《卧虎沟》《打渔杀家》《赠剑》等和舞蹈《孔雀舞》《花儿与少年》《花鼓灯》《鄂尔多斯舞》《友谊舞》等。此外还有曾经获得西欧观众赞扬的戏曲《三岔口》《闹天宫》《雁荡山》，舞蹈《红绸舞》等。

　　这篇文章 2009 年 3 月收入中国人民大学出版社出版的《吴晗全集》第九卷。

　　　　本条引自《光明日报》1958 年 9 月 3 日第四版。

**9 月 20 日**　致函蔡美彪。

【按】9 月 13 日，吴晗、范文澜邀请中国科学院历史研究所第一所副所长尹达、历史研究所第二所副所长侯外庐、中华书局总编辑金灿然、地图出版社总编辑张思俊在近代史研究所召开会议，由吴晗传达毛泽东关于标点"前四史"的指示。蔡美彪做会议记录，吴晗调看会议记录后，于 9 月 20 日写信给蔡美彪说，"美彪同志：记录已看过，即请印发（并送姜君辰同志二份）。　敬礼　吴晗　九，二十"。

　　姜君辰时任国务院科学规划委员会社会科学组负责人。

　　　　本条引自谢一彪著：《范文澜传·下卷》第490 页。

　　**秋**　在中学历史教师大会上，建议为青少年编写一套课外历史读物。

【按】这个建议的目的是向广大青少年读者传播历史知识，并以此进行爱国主义和历史唯物主义的教育。

　　　　本条引自张越、方宏：《〈中国历史小丛书〉的编纂与历史知识的传播》。

随即 组成编委会并亲自担任主编，展开实施。

【按】吴晗邀请中华书局总经理金灿然和编辑李侃、北京教师进修学院院长陈哲文、教育局副局长胡朝芝等人一起开会讨论，决定编写一套"中国历史小丛书"，当即成立"中国历史小丛书"编委会。吴晗亲自挂帅任主编，编委有金灿然、陈哲文、潘洁兹、翁独健、白寿彝、任继愈、何兹全、周一良、陈乐素、侯仁之、马少波、戴逸等。编委对小丛书的编写任务进行了分工，并制订了具体的工作计划。小丛书的具体编辑和出版由中华书局的李侃负责，中华书局近代史编辑组的柯双生、胡宜柔负责具体工作。

本条引自张越、方宏：《〈中国历史小丛书〉的编纂与历史知识的传播》。

**中学历史教师大会后** 召开北京市五十所中学校长会议和文科教师会议，动员各校教师参加编写工作。

【按】作为小丛书的主编，吴晗并非挂挂名而已，而是实打实地参与编委会的工作。他常常召集编委会议，亲自拟订选题，还亲自组稿。凡送给他审阅的书稿，他都一丝不苟、认真修改润色。工作再忙，也从不拖延、积压——全靠牺牲休息时间赶拼。他常在坐车途中，一路颠簸，一路看书的清样。小丛书的二校样，他都亲自过目，做最后的审改，严加把关。认定确无问题了，才签字付印。

> 本条引自刘光永著：《清官梦——吴晗传》
> 第 286 页。

**秋**　《新建设》成立新的编辑委员会，吴晗为委员。

【按】秋季，中宣部决定将《新建设》划归科学院哲学社会
科学学部领导，成为由中国共产党领导的我国第一个哲学
社会科学综合性学术杂志。《新建设》划归科学院哲学社
会科学学部领导后，先是由刘导生主管，张友渔调到学部
后，经学部分党组决定，成立新的《新建设》编辑委员
会，张友渔任编委会主任，潘梓年、尹达、何其芳、刘大
年、孙冶方、艾思奇、郑昕、吴晗、张志让、吉伟青等任
编委。

> 本条引自百年潮网吉伟青：《我所了解的
> 〈新建设〉》。

**10 月 6 日**　与范文澜联名致函毛泽东主席。

【按】这封信是吴晗和范文澜共同向毛泽东主席汇报他们在
《资治通鉴》标点工作结束后，根据毛泽东的再一次要求，
又开始了对"前四史"（即《史记》《汉书》《后汉书》
《三国志》）进行标点的工作进度情况。他们在该信中说：
"关于标点'前四史'的工作，已遵示约同各方面有关同
志讨论并布置，决定于明年十月前出书，作为国庆十周年
献礼。其余二十一史及杨守敬历史地图改绘工作，也作了

安排。"

这封信 2009 年 3 月收入中国人民大学出版社出版的《吴晗全集》第十卷。

本条引自《吴晗全集》第十卷第 200 页。

**同日**　再次致函蔡美彪。

【按】蔡美彪收到吴晗 9 月 20 日的信后，立即按照吴晗修改的会议记录稿进行打印，并对吴晗拟写的致姜君辰的信稿提了一点建议。故此，吴晗又于 10 月 6 日再次致函蔡美彪说，"美彪同志：致姜信已照尊旨加上一句，原稿附还，即请加印二份发出。地图出版社拟稿已送科委，请您即检催（我处无地址）。记录已由我处送主席一份，具范、吴名，并请转告范老（底稿附）。敬礼　吴晗　十，六"。

本条引自谢一彪著：《范文澜传·下卷》第 490 页。

**本月中旬**　再一次致函蔡美彪。

【按】蔡美彪收到吴晗 10 月 6 日的信后没几天，就再一次收到了吴晗的信。吴晗在信中说，毛泽东已回信，原件由他保存着，寄来一份抄件，请转送范文澜。毛泽东的回信极为简要，大意为：范吴同志，来信收到，计划很好，望照此执行。

本条引自谢一彪著：《范文澜传·下卷》第 490 页。

**10 月 15 日**　出席北京市第一届小学生运动会开幕式并讲话。

【按】运动会在先农坛体育场开幕。吴晗副市长、老体育家马约翰、市体委主任张青季参观了比赛和表演。

这个讲话，编者迄今没有找到它的原文。

本条引自《北京日报》1958 年 10 月 16 日第四版。

**10 月 26 日**　出席中保友好人民公社命名大会并讲话。

【按】北京西郊西山乡一个人民公社这天命名为中保友好人民公社，并举行了命名大会。参加大会的有保加利亚驻华大使潘切夫斯基、农业部部长廖鲁言、北京市副市长吴晗、农业部副部长杨显东。

这个讲话是吴晗未曾结集发表的职务文稿之一。

本条引自《人民日报》1958 年 10 月 27 日第二版。

**12 月 18 日**　在北京师范学院做《谈谈"厚古薄今"和"古为今用"的问题》的报告。

【按】吴晗在报告中强调："历史是总结生产斗争和阶级斗争经验的科学，它必须为现实的政治斗争服务。今天我们这样看，其实，过去的历史学家也是这样看。"吴晗以司马光的《资治通鉴》为例说，《资治通鉴》这部书的名称本身，用现代的话来说，就是为统治阶级服务的。

这篇报告 2009 年 3 月收入中国人民大学出版社出版的《吴晗全集》第九卷。

本条引自宋连生著：《吴晗的后二十年》第 73 页。

**12 月 30 日下午**　出席北京市人民委员会扩大会议并做报告。

【按】会议共有二千二百人参加，其中包括市、区党政各单位负责干部，城市街道、农村人民公社、工矿企业、文教卫生等部门的党政负责干部，还有民主党派、各人民团体的负责干部。万里、吴晗、程宏毅、贾庭山和赵凡在会上分别就 1958 年北京市工业、基本建设、农业、城市供应和教育等方面的工作做了报告。

这篇报告，编者迄今没有找到它的原文。

本条引自《彭真传》编写组编：《彭真年谱》第三卷第 365 页。

## 1959 年

**1 月 8 日** 《从商品生产想到中国商人的起源》在《人民日报》发表。

【按】文章署名为"刘勉之"。

这篇文章刊载在第八版的《读书札记》栏目。

这篇文章 1960 年 6 月收入生活·读书·新知三联书店出版的《灯下集》；1988 年 3 月收入北京出版社出版的《吴晗文集》第四卷；2009 年 3 月收入中国人民大学出版社出版的《吴晗全集》第七卷。

本条引自《人民日报》1959 年 1 月 8 日第八版。

**1 月 9 日** 《郑国的商人》在《人民日报》发表。

【按】文章署名为"刘勉之"。

这篇文章刊载在第八版的《读书札记》栏目。

这篇文章 1960 年 6 月收入生活·读书·新知三联书店出版的《灯下集》；1988 年 3 月收入北京出版社出版的《吴晗文集》第四卷；2009 年 3 月收入中国人民大学出版

社出版的《吴晗全集》第七卷。

本条引自《人民日报》1959 年 1 月 9 日第八版。

**1 月 13 日**　《劳动》在《人民日报》发表。

【按】文章署名为"刘勉之"。

这篇文章刊载在第八版的《读书札记》栏目。

这篇文章 1960 年 6 月收入生活·读书·新知三联书店出版的《灯下集》；1988 年 3 月收入北京出版社出版的《吴晗文集》第四卷；2009 年 3 月收入中国人民大学出版社出版的《吴晗全集》第七卷。

本条引自《人民日报》1959 年 1 月 13 日第八版。

**1 月 16 日**　《论赤壁之战里的鲁肃》在《人民日报》发表。

【按】文章署名为"刘勉之"。

这篇文章刊载在第八版的《读书札记》栏目，当天没有刊载完毕，在第二天同一栏目中刊载完毕。

这篇文章 1960 年 6 月收入生活·读书·新知三联书店出版的《灯下集》；1988 年 3 月收入人民出版社出版的《吴晗史学论著选集》第三卷；1988 年 3 月收入北京出版社出版的《吴晗文集》第四卷；2009 年 3 月收入中国人民大学出版社出版的《吴晗全集》第七卷。

本条引自《人民日报》1959 年 1 月 16 日第八版。

**1月17日** 《论赤壁之战里的鲁肃（续完）》在《人民日报》发表。

【按】这篇文章刊载在第八版的《读书札记》栏目。

这篇文章1960年6月收入生活·读书·新知三联书店出版的《灯下集》；1988年3月收入北京出版社出版的《吴晗文集》第四卷；2009年3月收入中国人民大学出版社出版的《吴晗全集》第七卷。

本条引自《人民日报》1959年1月17日第八版。

**1月20日** 《论赤壁之战里的周瑜、诸葛亮、张昭》在《人民日报》发表。

【按】文章署名为"刘勉之"。

这篇文章刊载在第八版的《读书札记》栏目。

当时，正值中国京剧团和北京京剧团在京联合公演大型历史剧《赤壁之战》。这篇文章对广大群众熟悉的三国时代的人物做了历史唯物主义的评价。在文章的末尾，吴晗特别对当时吴蜀两方统帅的年龄做了一个有趣的考证：鲁肃三十七岁、周瑜三十四岁、诸葛亮二十七岁，从而澄清了人们从戏曲小说中得出周瑜比诸葛亮年轻的错误传统印象。

这篇文章1960年6月收入生活·读书·新知三联书店出版的《灯下集》；1988年3月收入人民出版社出版的

《吴晗史学论著选集》第三卷；1988 年 3 月收入北京出版社出版的《吴晗文集》第四卷；2009 年 3 月收入中国人民大学出版社出版的《吴晗全集》第七卷。

本条引自《人民日报》1959 年 1 月 20 日第八版。

**1 月 23 日** 《诈降和质子》在《人民日报》发表。

【按】文章署名为"刘勉之"。

这篇文章刊载在第八版的《读书札记》栏目。

这篇文章 1960 年 6 月收入生活·读书·新知三联书店出版的《灯下集》；1988 年 3 月收入北京出版社出版的《吴晗文集》第四卷；2009 年 3 月收入中国人民大学出版社出版的《吴晗全集》第七卷。

【按】质子，即人质。古代派往敌方或他国去的人质，多为王子或世子等出身贵族的人。

本条引自《人民日报》1959 年 1 月 23 日第八版。

**2 月 1 日** 《元代的民间海外贸易》在《人民日报》发表。

【按】文章署名为"刘勉之"。

这篇文章刊载在第八版的《读书札记》栏目。

这篇文章 1960 年 6 月收入生活·读书·新知三联书店出版的《灯下集》；1988 年 3 月收入人民出版社出版的《吴晗史学论著选集》第三卷；1988 年 3 月收入北京出版

社出版的《吴晗文集》第一卷；2009 年 3 月收入中国人民

大学出版社出版的《吴晗全集》第七卷。

本条引自《人民日报》1959 年 2 月 1 日第八版。

**2 月 5 日**　　《谈谈"厚古薄今"和"古为今用"的问题——
1958 年 12 月 18 日在北京师范学院的讲话》在《文史教学》第一
期（试刊）发表。

【按】文章署名为"吴晗"。

这篇文章 2009 年 3 月收入中国人民大学出版社出版
的《吴晗全集》第九卷。

【按】《文史教学》，北京师范学院文史教学杂志社编辑，
1959 年 2 月 5 日由北京出版社试刊出版。当时属于内部发
行刊物，只作为赠阅。

本条引自《文史教学》1959 年第一期（试刊）。

**2 月 18 日**　　《古代的战争》在《人民日报》发表。

【按】文章署名为"刘勉之"。

这篇文章刊载在第八版的《读书札记》栏目。

这篇文章 1960 年 6 月收入生活·读书·新知三联书
店出版的《灯下集》；1988 年 3 月收入人民出版社出版的
《吴晗史学论著选集》第三卷；2009 年 3 月收入中国人民
大学出版社出版的《吴晗全集》第七卷。

本条引自《人民日报》1959 年 2 月 18 日第八版。

**2 月 21 日**　《古代的斗将》在《人民日报》发表。

【按】文章署名为"刘勉之"。

这篇文章刊载在第八版的《读书札记》栏目。

这篇文章 1960 年 6 月收入生活·读书·新知三联书店出版的《灯下集》；1988 年 3 月收入北京出版社出版的《吴晗文集》第四卷；2009 年 3 月收入中国人民大学出版社出版的《吴晗全集》第七卷。

本条引自《人民日报》1959 年 2 月 21 日第八版。

**2 月 24 日**　《斗将的武艺》在《人民日报》发表。

【按】文章署名为"刘勉之"。

这篇文章刊载在第八版的《读书札记》栏目。

这篇文章 1960 年 6 月收入生活·读书·新知三联书店出版的《灯下集》；1988 年 3 月收入北京出版社出版的《吴晗文集》第四卷；2009 年 3 月收入中国人民大学出版社出版的《吴晗全集》第七卷。

本条引自《人民日报》1959 年 2 月 24 日第八版。

**2 月 27 日**　《宋元以来老百姓的称呼》在《人民日报》发表。

【按】文章署名为"刘勉之"。

这篇文章刊载在第八版的《读书札记》栏目。

这篇文章 1960 年 6 月收入生活·读书·新知三联书店出版的《灯下集》；1988 年 3 月收入人民出版社出版的《吴晗史学论著选集》第三卷；1988 年 3 月收入北京出版社出版的《吴晗文集》第四卷；2009 年 3 月收入中国人民大学出版社出版的《吴晗全集》第七卷。

本条引自《人民日报》1959 年 2 月 27 日第八版。

**本月**　《用实事求是的精神办托儿所》在《中国妇女》第二期发表。

【按】文章署名为"勉之"。

这篇文章 2009 年 3 月收入中国人民大学出版社出版的《吴晗全集》第九卷。

本条引自《中国妇女》1959 年第二期。

**3 月 6 日**　和梁思成等联名向周总理、彭真、万里送交《关于国庆工程设计审查会议工作报告》。

【按】联名上交这篇报告的还有汪季琦、杨廷宝、赵深、茅以升、钱令希、邓恩诚等人。

【按】1959 年 2 月，为庆祝新中国成立十周年，北京市确定了十大国庆工程项目，它们是新建人民大会堂、中国人民革命历史博物馆、中国人民革命军事博物馆、全国农业展览馆、北京火车站、工人体育场、民族文化宫、民族饭店、迎宾馆（钓鱼台国宾馆）、华侨大厦（1988 年，旧华侨大厦被拆除重建）。

本条引自《北京档案史料》2003 年第二期。

**3 月 7 日**　《宋明间统治阶级的内部矛盾》在《新建设》1959 年第三期发表。

【按】文章署名为"吴晗"。

这期还发表了邓拓的《"两条腿走路"的意义》、翦伯赞的《关于打破王朝体系的问题》等。

这篇文章 1988 年 3 月收入人民出版社出版的《吴晗史学论著选集》第三卷；2009 年 3 月收入中国人民大学出版社出版的《吴晗全集》第七卷。

本条引自《新建设》1959 年第三期。

**3 月 12 日**　《唐顺之论明代刻书》在《人民日报》发表。

【按】文章署名为"刘勉之"。

这篇文章刊载在《读书札记》栏目，同一版面还刊载了朱德的《诗八首》。

这篇文章 1960 年 6 月收入生活·读书·新知三联书店出版的《灯下集》；1988 年 3 月收入人民出版社出版的《吴晗史学论著选集》第三卷；2009 年 3 月收入中国人民大学出版社出版的《吴晗全集》第七卷。

【按】唐顺之（1507—1560），字应德，号荆川，武进人。明代儒学大师、军事家、散文家、数学家，抗倭英雄。唐顺之学识渊博，对天文、地理、数学、历法、兵法及乐律皆有研究。

　　　　　本条引自《人民日报》1959 年 3 月 12 日第

　　　　八版。


**3 月 13 日**　　《谈曹操》写作完毕。

【按】这篇文章后发表在 1959 年 3 月 19 日的《光明日报》。

　　　　　本条引自吴晗著：《灯下集》第 129 页。


**3 月 17 日**　　《炮》在《人民日报》发表。

【按】文章署名为"刘勉之"。

　　这篇文章 2009 年 3 月收入中国人民大学出版社出版

的《吴晗全集》第九卷。

　　　　　本条引自《人民日报》1959 年 3 月 17 日第

　　　　八版。


**3 月 19 日**　　《谈曹操》在《光明日报》发表。

【按】文章署名为"吴晗"。

　　这篇文章 1988 年 3 月收入人民出版社出版的《吴晗

史学论著选集》第三卷；1987 年 8 月收入光明日报出版社

出版的《吴晗史论集》；1988 年 3 月收入北京出版社出版

的《吴晗文集》第四卷；2009 年 3 月收入中国人民大学出

版社出版的《吴晗全集》第七卷。

　　　　　本条引自《光明日报》1959 年 3 月 19 日第

　　　　三版。

**3 月 24 日**　《明代的火器》在《人民日报》发表。

【按】文章署名为"刘勉之"。

这篇文章刊载在《读书札记》栏目。

这篇文章 1960 年 6 月收入生活·读书·新知三联书店出版的《灯下集》；1987 年 8 月收入光明日报出版社出版的《吴晗史论集》；2009 年 3 月收入中国人民大学出版社出版的《吴晗全集》第七卷。

本条引自《人民日报》1959 年 3 月 24 日第八版。

**3 月 25 日**　出席解放军炮兵第二届积极分子代表会议开幕式并讲话。

【按】来自陆、海、空和全国各地的六百四十二名炮兵积极分子代表参会。中国人民解放军副总参谋长张爱萍上将、总政治部副主任甘泗淇上将、北京市副市长吴晗到会讲话，祝贺大会的召开。

这个讲话，编者迄今没有找到它的原文。

本条引自《人民日报》1959 年 3 月 26 日第六版。

**4 月 7 日**　《阵图和宋辽战争》在《新建设》1959 年第四期发表。

【按】文章署名为"吴晗"。

这期还刊载了郭沫若的《关于目前历史研究的几个问题》、侯外庐的《关于封建主义生产关系的一些普遍问题》等文章。

这篇文章1988年3月收入人民出版社出版的《吴晗史学论著选集》第三卷；2009年3月收入中国人民大学出版社出版的《吴晗全集》第七卷。

本条引自《新建设》1959年第四期。

**4月9日** 《古代的农书——〈齐民要术〉》在《人民日报》发表。

【按】文章署名为"刘勉之"。

这篇文章刊载在《读书札记》栏目。同一版面还刊载了马可作曲的歌曲《革命人永远向前走》。

这篇文章1960年6月收入生活·读书·新知三联书店出版的《灯下集》；2009年3月收入中国人民大学出版社出版的《吴晗全集》第七卷。

本条引自《人民日报》1959年4月9日第八版。

**4月16日** 《春天的诗》在《新观察》1959年第八期发表。

【按】文章署名为"全国人民代表大会代表 吴晗"。

这期第6~8页还配发了记者拍摄的"全国人民代表大会代表李济深、沈钧儒、吴晗等在温泉村视察"的两张照片。

这篇文章 1961 年 12 月收入作家出版社出版的《春天集》；1979 年 12 月收入人民文学出版社出版的《吴晗杂文选》；2009 年 3 月收入中国人民大学出版社出版的《吴晗全集》第八卷。

本条引自《新观察》1959 年第八期。

**4 月 27 日**　在第二届全国人民代表大会做《北京市教育工作空前发展》的发言。

【按】在大会上发言的有广东省省长陈郁（吴晗的姨姐夫，袁溥之的丈夫。——编者注）、四川省省长李大章、河北省省长刘子厚、山东省省长谭启龙、黑龙江省省长李范五、河南省副省长赵文甫、内蒙古自治区副主席奎璧和王再天、北京市副市长吴晗、上海市副市长赵祖康和中共辽宁省省委书记处书记喻屏等代表，都就本地区 1958 年工农业生产的辉煌成就和实现 1959 年国民经济计划的措施等问题做了发言。

吴晗在发言中汇报了北京市教育事业飞速发展的情况，特别重点介绍了北京市各中学普遍组织学生参加各种劳动，学校与工厂挂钩，在学校设立车间等新的尝试的经验。

本条引自《吴晗全集》第十卷第 361 页。

**4 月 30 日**　《北京市教育工作空前发展》在《人民日报》发表。

【按】这篇文章 2009 年 3 月收入中国人民大学出版社出版的《吴晗全集》第十卷。

　　　　本条引自《人民日报》1959 年 4 月 30 日第十三版。

**5 月 3 日**　《首都教育工作空前发展》在《北京日报》发表。

【按】这篇文章是吴晗 4 月 27 日在第二届全国人民代表大会讨论时的发言。《北京日报》上刊载的与《人民日报》上刊载的《北京市教育工作空前发展》内容相同。

　　　　本条引自《北京日报》1959 年 5 月 3 日第五版。

**5 月 11 日晚**　在首都保育工作者广播大会上讲话。

【按】吴晗和北京市民主妇女联合会主任张晓梅在会上勉励保育人员加强业务学习和思想锻炼，在进一步开展红旗竞赛中，要互相学习、互相帮助，同时注意总结推广先进经验。

　　这个讲话，编者迄今没有找到它的原文。

　　　　本条引自《人民日报》1959 年 5 月 12 日第六版。

**5 月 14 日**　《刺配》在《人民日报》发表。

【按】文章署名为"刘勉之"。

　　这篇文章刊载在《读书札记》栏目。在同一版面还刊载了谢觉哉的诗歌《株洲吟》。

这篇文章 1960 年 6 月收入生活·读书·新知三联书店出版的《灯下集》；2009 年 3 月收入中国人民大学出版社出版的《吴晗全集》第七卷。

本条引自《人民日报》1959 年 5 月 14 日第八版。

**5 月 18 日**　《人和鬼》在《人民日报》发表。

【按】文章署名为"吴晗"。

这篇文章 1961 年 12 月收入作家出版社出版的《春天集》；1979 年 12 月收入人民文学出版社出版的《吴晗杂文选》；1988 年 3 月收入北京出版社出版的《吴晗文集》第四卷；2009 年 3 月收入中国人民大学出版社出版的《吴晗全集》第八卷。

本条引自《人民日报》1959 年 5 月 18 日第八版。

**5 月 27 日**　《度牒》在《人民日报》发表。

【按】文章署名为"刘勉之"。

这篇文章刊载在《读书札记》栏目。同一版面还刊载了梁上泉的诗歌《蚕娘娘》和方成的漫画《资本主义的西洋镜》。

这篇文章 1960 年 6 月收入生活·读书·新知三联书店出版的《灯下集》；1988 年 3 月收入人民出版社出版的

《吴晗史学论著选集》第三卷；2009 年 3 月收入中国人民
大学出版社出版的《吴晗全集》第七卷。

　　　　本条引自《人民日报》1959 年 5 月 27 日第
　　　　八版。


**5 月 31 日晚**　出席首都少年儿童庆祝"六一"国际儿童节游
园晚会并致祝词。

【按】吴晗向孩子们祝贺节日，向到会的外国小朋友表示热
烈欢迎。他在祝词中希望孩子们用功读书、热爱劳动、尊
敬劳动人民、锻炼好身体，做一个诚实、正直、勇敢的好
孩子。最后嘱咐孩子们要永远听党的话，听毛主席的话，
天天向上，立志做一个有社会主义觉悟、有文化、爱劳动
的建设共产主义的优秀接班人。国务院副总理李富春、李
先念，中国人民解放军总参谋长黄克诚，中华人民共和国
全国妇女联合会主席蔡畅，中共北京市委书记处书记范儒
生，北京市副市长程宏毅、贾庭三，以及中央和北京市许
多部门的负责同志和孩子们一起欢度这个美好的夜晚。以
朝鲜民主主义人民共和国内阁副首相郑一龙为首的工业参
观团人员和在京的许多其他国家的外宾，也应邀参加了孩
子们的晚会。

　　这篇文章，编者迄今没有找到它的全文。

　　　　本条引自《人民日报》1959 年 6 月 1 日第
　　　　六版。

本月　吴晗的《谈谈机关女干部的政治理论学习》一文在《中国妇女》1959 年第五期发表。

【按】这篇文章署名为"勉之"。

这篇文章 2009 年 3 月收入中国人民大学出版社出版的《吴晗全集》第九卷。

本条引自《中国妇女》1959 年第五期。

**6 月 5 日**　《古代的服装及其他》在《人民日报》发表。

【按】文章署名为"刘勉之"。

这篇文章刊载在《读书札记》栏目。

这篇文章 1960 年 6 月收入生活·读书·新知三联书店出版的《灯下集》；1988 年 3 月收入人民出版社出版的《吴晗史学论著选集》第三卷；1988 年 3 月收入北京出版社出版的《吴晗文集》第四卷；2009 年 3 月收入中国人民大学出版社出版的《吴晗全集》第七卷。

本条引自《人民日报》1959 年 6 月 5 日第八版。

**6 月 10 日**　《木棉的广泛种植和传入朝鲜》在《人民日报》发表。

【按】文章署名为"刘勉之"。

这篇文章刊载在《读书札记》栏目。同版面还刊载了张爱萍的革命回忆录《布下天罗地网捉敌探》。

这篇文章 1960 年 6 月收入生活·读书·新知三联书

店出版的《灯下集》；1988 年 3 月收入人民出版社出版的
《吴晗史学论著选集》第三卷；2009 年 3 月收入中国人民
大学出版社出版的《吴晗全集》第七卷。

> 本条引自《人民日报》1959 年 6 月 10 日第
> 八版。

**6 月 15 日**　《反对繁文》在《人民日报》发表。

【按】文章署名为"吴晗"。

这篇文章 1961 年 12 月收入作家出版社出版的《春天
集》；1979 年 12 月收入人民文学出版社出版的《吴晗杂文
选》；1988 年 3 月收入北京出版社出版的《吴晗文集》第
四卷；2009 年 3 月收入中国人民大学出版社出版的《吴晗
全集》第八卷。

> 本条引自《人民日报》1959 年 6 月 15 日第
> 八版。

**6 月 16 日**　《海瑞骂皇帝》在《人民日报》发表。

【按】文章署名为"刘勉之"。

这篇文章 1988 年 3 月收入北京出版社出版的《吴晗
文集》第四卷；2009 年 3 月收入中国人民大学出版社出版
的《吴晗全集》第四卷。

> 本条引自《人民日报》1959 年 6 月 16 日第
> 八版。

**6 月 24 日**　《孙权劝吕蒙学习的故事》在《北京日报》发表。

【按】文章署名为"赵彦"。

这篇文章 1960 年 6 月收入生活·读书·新知三联书店出版的《灯下集》；1988 年 3 月收入北京出版社出版的《吴晗文集》第四卷；2009 年 3 月收入中国人民大学出版社出版的《吴晗全集》第七卷。

本条引自《北京日报》1959 年 6 月 24 日第三版。

**6 月 25 日**　致函万里并总理、彭真。

【按】吴晗在信中向万里并总理、彭真汇报"关于人民大会堂宴会厅楼梯上下两面墙的艺术处理问题，遵总理指示"和"美协蔡若虹、张谔同志研究"的意见。

这封信 2009 年 3 月收入中国人民大学出版社出版的《吴晗全集》第十卷。

本条引自《北京档案史料》2009 年第三期。

**同日**　《厚古薄今和古为今用》在中共北京市委机关刊物《前线》1959 年第十二期发表。

【按】文章署名为"吴晗"。

这篇文章 1960 年 6 月收入生活·读书·新知三联书店出版的《灯下集》；1988 年 3 月收入人民出版社出版的《吴晗史学论著选集》第三卷；2009 年 3 月收入中国人民

大学出版社出版的《吴晗全集》第七卷。

本条引自《前线》1959 年第十二期。

**本月** 给中华书局总经理兼总编辑金灿然回信。

【按】在准备出版谈迁的《枣林杂俎》一书时，因为对书中讲神鬼、变异、迷信的内容要不要删除，中华书局内外有不同看法，金灿然就这个问题，写信征求吴晗的意见。吴晗在回信中对此提了非常中肯的意见。

这封信，编者迄今没有找到它的原文。

本条引自王宏志、闻立树主编：《怀念吴晗 百年诞辰纪念》第 343 页。

**7 月 1 日** 出席北京工农师范学院开学典礼并讲话。

【按】北京市副市长吴晗、市委教育部部长张文松、中央教育部工农教育司副司长李舜琴参加了开学典礼并讲了话。吴晗以"文化翻身，勤俭办校，因材施教，努力学习"四点勉励学院的师生。他说，这个学校的创办有着很大的意义，是关系着工农群众的知识化，使他们尽速掌握文化科学知识，来建设社会主义的大事。

这个讲话，编者迄今没有找到它的全文。

【按】北京工农师范学院，1958 年创建，1962 年并入北京师范学院（今首都师范大学）。

本条引自《北京晚报》1959 年 7 月 1 日第一版。

**同日** 《海瑞的故事》在《新观察》1959 年第十三期发表。

【按】文章署名为"吴晗"。

这期第 35 页还配发了一帧"梁启超家藏海瑞画像"。

这篇文章 1988 年 3 月收入人民出版社出版的《吴晗史学论著选集》第三卷；1988 年 3 月收入北京出版社出版的《吴晗文集》第四卷；2009 年 3 月收入中国人民大学出版社出版的《吴晗全集》第四卷。

本条引自《新观察》1959 年第十三期。


**同日** 《从曹操问题的讨论谈历史人物评价问题》在《历史教学》1959 年第七期发表。

【按】文章署名为"吴晗"。

这篇文章发表时还有一个副标题：在北京教师进修学院对中学历史教师的讲话。

这期还刊载了张习孔写的一篇"消息"稿《北京中学教师集体编写 "中国历史小丛书"开始出版》。

这篇文章 1960 年 6 月收入生活·读书·新知三联书店出版的《灯下集》；1988 年 3 月收入北京出版社出版的《吴晗文集》第一卷；1988 年 3 月收入人民出版社出版的《吴晗史学论著选集》第三卷；2009 年 3 月收入中国人民大学出版社出版的《吴晗全集》第七卷。

【按】《历史教学》1951 年 1 月在天津创刊出版，是新中国成立后国内创办最早的历史专业刊物之一，是最具权威性的历史教学类杂志。自创刊起得到一大批学者的支持，郭沫若、范文澜、陈垣、吕振羽、侯外庐、季羡林、翦伯赞、罗尔纲、吴晗、雷海宗、郑天挺、周一良、齐世荣等著名学者都为杂志撰写过稿件。刊物自创刊以来，除 1966 年至 1978 年停刊外，一直连续出版。至 2011 年年底，已出版一百零六卷六百三十七期，并保持了较高的学术水平和较大的发行量，在学术界和中学历史教学界有较高的影响力。

本条引自《历史教学》1959 年第七期。

**7 月 6 日** 为《投枪集》撰写的《前言》写作完毕。

【按】吴晗在《前言》中谈及书名的原委："那时候，人民解放军用真枪真刀打敌人，我呢，躲在大后方，既无枪，又无刀，有了也不会使，只有一支笔，真刀真枪比不上，比它一杆木头枪吧。木头枪伤不了人，不能说放，但是，有枪总得使，怎么办？放不得，投它一下如何，管它三七二十一，要是投中了，也会有点痛，怎么会连李公朴、闻一多这样的人也乱杀？无已，姑名之曰《投枪集》。"

这篇文章 2009 年 3 月收入中国人民大学出版社出版的《吴晗全集》第七卷。

本条引自《吴晗全集》第七卷第 213 页。

**同日** 《农桑辑要》在《人民日报》发表。

【按】文章署名为"刘勉之"。

这篇文章刊载在《读书札记》栏目。

这篇文章 1960 年 6 月收入生活·读书·新知三联书店出版的《灯下集》；2009 年 3 月收入中国人民大学出版社出版的《吴晗全集》第七卷。

【按】《农桑辑要》是我国元代初年司农司编纂的一部综合性农书，成书于至元十年（1273）。此书编成后颁发各地作为指导农业生产之用。因系官书，不提撰者姓名，但据元刊本及各种史籍记载，孟祺、畅师文和苗好谦等曾参与编撰或修订、补充。

本条引自《人民日报》1959 年 7 月 6 日第八版。

**7 月 10 日**　《谈迁和〈国榷〉》写作完毕。

【按】这篇文章后发表在 7 月 23 日《光明日报》的《史学》栏目。

本条引自吴晗著：《灯下集》第 185 页。

**7 月 14 日**　《爱国的历史家谈迁》写作完毕。

【按】这篇文章后发表在 1959 年 8 月 1 日《新观察》第十五期。

这篇文章在 1960 年 4 月中华书局出版的谈迁著、汪北平校点的《北游录》作为代序。

本条引自《吴晗全集》第四卷第 327 页。

**7月16日** 出席中波友好人民公社命名大会并讲话。

【按】北京市郊顺义区李桥人民公社被命名为中波友好人民公社。吴晗在讲话中说，中波两国人民有着深厚的友谊，让我们更加紧密地团结在以苏联为首的社会主义大家庭里，为社会主义建设事业，为维护世界和平共同奋斗。在命名大会上，基里洛克大使以波兰人民共和国政府的名义，赠给中波友好人民公社农业机械、收音机、照相机和波兰书刊等礼品。会后，基里洛克大使和使馆人员参观了公社的机械修配厂、粮食加工厂和幼儿园。参加命名大会的还有农业部副部长蔡子伟、外交部苏联东欧司副司长余湛、中波友好协会副会长何成湘和北京市人民委员会副秘书长兼外事处处长辛毅。

这个讲话是吴晗未曾结集发表的职务文稿之一。

本条引自《人民日报》1959年7月17日第四版及北京市档案馆102 - 001 - 00053号档案。

**7月21日** 《北京大学古典文献专业招生志喜》在《中国青年报》发表。

【按】文章署名为"吴晗"。

这篇文章1961年12月收入作家出版社出版的《春天集》；1988年3月收入人民出版社出版的《吴晗史学论著选集》第三卷；2009年3月收入中国人民大学出版社出版的《吴晗全集》第八卷。

【按】北京大学古典文献专业创建于 1959 年，是我国第一个培养古文献学和古籍整理专门人才的专业。魏建功先生担任教研室主任，阴法鲁先生担任教研室副主任，吴竟存先生担任教研室秘书，翦伯赞先生为专业命名。

本条引自《中国青年报》1959 年 7 月 21 日第三版。

**7 月 22 日**　《清官海瑞》在《北京日报》发表。

【按】文章署名为"赵彦"。

这篇文章刊载在第三版的《读书随笔》栏目。

这篇文章 1988 年 3 月收入北京出版社出版的《吴晗文集》第四卷；2009 年 3 月收入中国人民大学出版社出版的《吴晗全集》第四卷。

本条引自《北京日报》1959 年 7 月 22 日第三版。

**7 月 23 日**　《谈迁和〈国榷〉》在《光明日报》发表。

【按】文章署名为"吴晗"。

文章刊载在第三版的《史学》栏目。

这篇文章 1960 年 6 月收入生活·读书·新知三联书店出版的《灯下集》；1988 年 3 月收入人民出版社出版的《吴晗史学论著选集》第三卷；1987 年 8 月收入光明日报出版社出版的《吴晗史论集》；2005 年 8 月中华书局出版的《国榷》（全六册）一书放置在篇首作为代序；2009 年

3月收入中国人民大学出版社出版的《吴晗全集》第七卷。

> 本条引自《光明日报》1959 年 7 月 23 日第三版。

**7月31日** 出席首都庆祝"八一"建军节三十二周年晚会并讲话。

【按】当晚,首都二千多名烈属、军属和残疾、复员、退伍、转业军人在中山公园音乐堂举行晚会,庆祝"八一"建军节三十二周年。吴晗在会上叙述了烈属、军属和残疾、复员、退伍、转业军人在各个战线上所取得的成就,并要求大家继续鼓足干劲,在各个不同战线上发挥积极带头作用,和群众一起实干、苦干、巧干,用更出色的成绩迎接伟大的国庆十周年。内务部副部长郭炳坤、中国人民解放军驻北京某部队副政治委员张廷桢少将等也参加了晚会。在晚会上,参加中国人民解放军第二届文艺会演的广州代表队演出了优秀节目《五朵红云》。

这个讲话,编者迄今没有找到它的原文。

> 本条引自《人民日报》1959 年 8 月 1 日第一版。

**本月** 致函中华书局总经理兼总编辑金灿然。

【按】信中主要谈谈迁所著《北游录》一事。认为"《北游录》这部书很值得印"。

这封信，编者迄今没有找到它的原文。

　　　　　　本条引自王宏志、闻立树主编：《怀念吴晗　百年诞辰纪念》第 344 页。

**暑期**　为南开大学师生讲述非洲之行的印象和观感。

【按】魏宏运在《吴晗南开讲学的故事》一文中叙述说："1959 年暑假，郑老和我带同学到北京实习参观，住在铁狮子胡同人民大学校园（人大旧址。——编者注），了解段祺瑞执政制造的三一八惨案，察看了当年段祺瑞国务院的遗迹。同时请吴晗给同学讲他非洲之行的印象和观感。"

【按】郑天挺，时任南开大学历史系教授，中国历史研究系主任。

　　　　　　本条引自南开大学校史网魏宏运：《吴晗南开讲学的故事》。

**8 月 1 日**　《爱国的历史家谈迁》在《新观察》1959 年第十五期发表。

【按】文章署名为"吴晗"。

同期还配发了署名樵渔的文章《〈爱国的历史家谈迁〉读后》。

这篇文章 2009 年 3 月收入中国人民大学出版社出版的《吴晗全集》第四卷。

　　　　　　本条引自《新观察》1959 年第十五期。

同日 《关于历史知识的普及问题——对武汉史学工作者和高等院校历史系同学的讲话》在《新观察》1959年第十五期发表。

【按】文章署名为"吴晗"。

这篇文章是他应武汉大学校长李达之邀，为武汉史学工作者和高等院校历史系的学生所做的演讲。文章论述了历史知识普及和提高的关系，认为二者之间是互相促进、互为因果、不断反复的；通俗读物、教科书和历史剧都是普及历史知识最有效的工具。为此，文章号召大家积极参与历史知识的普及工作。

这篇文章1988年3月收入人民出版社出版的《吴晗史学论著选集》第三卷；2009年3月收入中国人民大学出版社出版的《吴晗全集》第九卷。

【按】编者的这条史料引自学林出版社出版、周靖主编的《百年中国历史教育箴言集萃》第194~195页和《吴晗全集》第九卷第255页，但编者在《新观察》1959年第十五期没有找到这篇文章。故该信息还有待于继续考证。

本条引自《吴晗全集》第九卷第255页及周靖主编：《百年中国历史教育箴言集萃》第194~195页。

8月14日 《两个朋友》写作完毕。

【按】这篇文章后发表在 1959 年 9 月 26 日的《人民日报》。

　　本条引自《吴晗全集》第八卷第 63 页。

**8 月 26 日**　《明代的科举情况和绅士特权》在《光明日报》发表。

【按】文章署名为"吴晗"。

　　这篇文章刊载在第三版的《东风》副刊。同一版面还刊载了周立波的文章《谈创作》。

　　这篇文章 1960 年 6 月收入生活·读书·新知三联书店出版的《灯下集》；1988 年 3 月收入人民出版社出版的《吴晗史学论著选集》第三卷；2009 年 3 月收入中国人民大学出版社出版的《吴晗全集》第七卷。

　　本条引自《光明日报》1959 年 8 月 26 日第三版。

**9 月 11 日**　《一个倡议》在《人民日报》发表。

【按】文章署名为"吴晗"。

　　这篇文章 1961 年 12 月收入作家出版社出版的《春天集》；2009 年 3 月收入中国人民大学出版社出版的《吴晗全集》第八卷。

　　本条引自《人民日报》1959 年 9 月 11 日第八版。

**9 月 12 日**　在第二届全国人民代表大会常务委员会第七次扩

大会议上做了有关中印边界问题的书面发言。

【按】吴晗在发言中坚决反对印度政府把边界问题上的片面主张强加于中国，严厉谴责印度军队侵占中国领土的行为，希望尼赫鲁总理和印度政府要以中印友谊为重，根据五项原则，通过友好协商的方式，全面解决中印边界问题。

本条引自《人民日报》1959年9月13日第一版及《光明日报》1959年9月13日第一版。

**9月13日**　《在第二届全国人民代表大会常务委员会第七次扩大会议上作的有关中印边界问题的书面发言》在《人民日报》摘录发表。

【按】这个讲话摘录自新闻稿《谴责印度军队侵犯我国领土》。

这个讲话（摘录）是吴晗未曾结集发表的职务文稿之一。

本条引自《人民日报》1959年9月13日第一版。

**9月16日**　《我爱北京》在《新观察》1959年第十八期发表。

【按】文章署名为"吴晗"。

杂志还配发了署名王琦的一幅速写《披上新装的天安门广场》。

这篇文章2009年3月收入中国人民大学出版社出版

的《吴晗全集》第八卷。

本条引自《新观察》1959 年第十八期。

**同日** 《天安门赞歌》在《新观察》1959 年第十八期发表。

【按】文章署名为"吴晗"。

文章的题头配发了署名潘德润的照片《从新北京鸟瞰西长安街》。

这篇文章 1961 年 12 月收入作家出版社出版的《春天集》;1979 年 12 月收入人民文学出版社出版的《吴晗杂文选》;2009 年 3 月收入中国人民大学出版社出版的《吴晗全集》第八卷。

本条引自《新观察》1959 年第十八期。

**9 月 17 日** 《论海瑞》写作完毕。

【按】这篇文章后发表在 1959 年 9 月 21 日的《人民日报》。

本条引自《人民日报》1959 年 9 月 21 日第十一版。

**9 月 21 日** 《论海瑞》在《人民日报》发表。

【按】文章署名为"吴晗"。

这篇文章以整版的篇幅刊登在第十一版。

这篇文章 1960 年 6 月收入生活·读书·新知三联书店出版的《灯下集》;1988 年 3 月收入人民出版社出版的《吴晗史学论著选集》第三卷;1987 年 8 月收入光明日报

出版社出版的《吴晗史论集》；1988 年 3 月收入北京出版社出版的《吴晗文集》第一卷；2009 年 3 月收入中国人民大学出版社出版的《吴晗全集》第七卷。

本条引自《人民日报》1959 年 9 月 21 日第十一版。

**9 月 23 日**　致函作民。

【按】夏鼐看到 1959 年 9 月 21 日《人民日报》上的《论海瑞》，指出其中一段有关引《海瑞行状》的话译法有误。吴晗收到信后，立即给夏鼐写了这封回信。

这封信 2009 年 3 月收入中国人民大学出版社出版的《吴晗全集》第十卷。

【按】作民，即夏鼐，字原为作铭。

本条引自《吴晗全集》第十卷第 205 页。

**9 月 24 日**　北京市人民广播电台播放吴晗向蒙古人民共和国和乌兰巴托市人民的广播讲话录音。

【按】9 月 18 日，北京市政府外事办主任辛毅致函贾秘书长，拟就一篇给万里同志在 9 月 24 日向内蒙古乌兰巴托市人民的广播讲话稿，要求 9 月 23 日录音。后万里因故不能前往，改由吴晗代替。

这个讲话稿是吴晗未曾结集发表的职务文稿之一。

本条引自北京市档案馆 102 - 001 - 00050 号档案。

**9 月 26 日**　《两个朋友》在《人民日报》发表。

【按】文章署名为"吴晗"。

　　这篇文章 1961 年 12 月收入作家出版社出版的《春天集》；1979 年 12 月收入人民文学出版社出版的《吴晗杂文选》；2009 年 3 月收入中国人民大学出版社出版的《吴晗全集》第八卷。

　　本条引自《人民日报》1959 年 9 月 26 日第十二版。

**9 月 27 日**　出席北京市第二次国际聋人节庆祝会并讲话。

【按】庆祝会在中山公园音乐堂举行，吴晗代表首都人民向聋哑人祝贺节日。世界聋人联合会决定每年 9 月的第四个星期日为国际聋人节。当天晚上，全市聋哑人举行了联欢会，聋哑人演出了文娱节目。

【按】国际聋人节由世界聋人联合会设立。1957 年，世界聋人联合会根据欧洲各国聋人组织的倡议，将 1958 年 9 月 28 日定为第一个国际聋人节，并规定以后每年 9 月最后一个星期日为国际聋人节。1959 年 9 月的最后一个星期日为 27 日。

　　本条引自《人民日报》1959 年 9 月 28 日第六版。

**9 月 28 日**　在北京市第二次国际聋人节庆祝会上的讲话在《人民日报》摘录发表。

【按】这个讲话摘录自新闻稿《北京聋人协会集会　庆祝第二次国际聋人节》。

这个讲话（摘录）是吴晗未曾结集发表的职务文稿之一。

本条引自《人民日报》1959 年 9 月 28 日第六版。

**本月**　《投枪集》一书由作家出版社出版。

【按】这本书署名为"吴晗"。

《投枪集》是吴晗的第四本作品集。该书把吴晗 1943 年至 1948 年所写的一部分杂文基本按时间顺序编排，共收杂文六十篇，前言一篇。

这六十一篇文章，2009 年 3 月均收入中国人民大学出版社出版的《吴晗全集》第七卷。

本条引自《吴晗全集》第七卷第 212 页。

**本月**　"中国历史小丛书"开始由中华书局出版。至新中国成立十周年前夕，已出版一百种。

【按】小丛书的选题主要包括史前文化、古代经济生活与制度、传统文化专题、著名战役和将领、农民起义、名山大川、名胜古迹和旅行家、古代帝王、古代政治家、古代思想家、古代文学家等。目的在于向社会大众传播历史知识，进行爱国主义和历史唯物主义教育，内容深入浅出，语言简练生动，颇受学界和广大读者欢迎。到 1966 年

"文革"前一共出版了一百四十七种。

> 本条引自刘光永著：《清官梦——吴晗传》
> 第 287 页。

**10 月 1 日**　《北京，巨大变化的十年》在《人民画报》
1959 年第十期发表。

【按】文章署名为"吴晗"。

> 这篇文章 1961 年 12 月收入作家出版社出版的《春天
> 集》；1979 年 12 月收入人民文学出版社出版的《吴晗杂文
> 选》；1988 年 3 月收入北京出版社出版的《吴晗文集》第
> 四卷；2009 年 3 月收入中国人民大学出版社出版的《吴晗
> 全集》第八卷。

> 本条引自《人民画报》1959 年第十期。

**10 月 16 日**　出席中国戏剧家协会和北京市文联召开的越剧
《则天皇帝》座谈会。

【按】著名历史学家吕振羽、翦伯赞、吴晗、尚钺和著名戏
剧家田汉等出席会议。吴晗在会上做了有关《历史的真实
与艺术的真实》的发言。

> 本条引自中国郭沫若研究会、郭沫若纪念馆
> 编：《郭沫若越剧五十年》第 310 页。

**10 月 17 日**　致函王昆仑、李续纲。

【按】吴晗就中国美术家协会请求督办成立荣宝斋裱画

装潢工场一事致函北京市副市长王昆仑和副秘书长李续纲。

这封信是吴晗未曾结集发表的遗著之一。

本条引自北京市档案馆 002 - 011 - 00008 号档案。

**10 月 20 日**  《谈烟草》写作完毕。

【按】吴晗在文章开头说："几个月前，和夏衍同志一起闲谈，谈到烟草的传布历史，他把我的说法写在《花木瓜果之类》的文章中，发表在《新观察》上。这几天我又查了过去所写的文章，看了一些书，恰好相反，那天我记错了，把话说倒了……那次说拧了，也应该更正。写《谈烟草》。"

本条引自吴晗著：《灯下集》第 23 页。

**10 月 27 日**  在南开大学做《关于评价历史人物的一些初步意见——在南开大学科学讨论会上的讲话》的报告。

【按】魏宏运在《吴晗南开讲学的故事》一文中叙述说："1959 年 10 月南开校庆，举行学术讨论会，我们又请来吴晗讲历史人物评价问题，这是当时学界议论的热点。吴晗所讲内容大体包括下列几点：一、衡量历史人物，应将所论人物放在其所处的历史时期来认识，不应以今天的标准作尺度。二、对历史上有作为的帝王将相，应写出其对历史的贡献，如秦始皇、汉武帝、唐太宗、康熙、乾隆，以及曹操、武则天等等，'不能一见历史上的奴隶主、封建主、资产阶级，就喊打倒。如果那样，祖国的历史就漆黑一团了'。三、中国历史上是有'清官'的，如包公、海瑞，代代相传，为人们所称道。"

吴晗在这篇报告中谈了他研究过的四个典型的历史人物：一是曹操；二是武则天；三是海瑞；四是谈迁。

这篇文章1960年6月收入生活·读书·新知三联书店出版的《灯下集》；1988年3月收入北京出版社出版的《吴晗文集》第一卷；2009年3月收入中国人民大学出版社出版的《吴晗全集》第七卷。

本条引自南开大学校史网魏宏运：《吴晗南开讲学的故事》。

**10 月 28 日**　《谈烟草》在《光明日报》发表。

【按】文章署名为"吴晗"。

这篇文章发表在第六版《东风》副刊。

这篇文章1988年3月收入人民出版社出版的《吴晗史学论著选集》第三卷；2009年3月收入中国人民大学出版社出版的《吴晗全集》第七卷。

本条引自《光明日报》1959年10月28日第六版。

**10 月 30 日**　《戏剧报》1959年第二十期刊载吴晗与尚钺的有关《历史的真实与艺术的真实》的文章。

【按】文章刊载在《问题讨论》栏目。这一期刊载的是吴晗和尚钺的文章，第二十一期刊载的是翦伯赞、吕振羽的文章。

这篇文章1960年6月收入生活·读书·新知三联书店出版的《灯下集》；1988年3月收入人民出版社出版的《吴晗史学论著选集》第三卷；2009年3月收入中国人民大学出版社出版的《吴晗全集》第七卷。

本条引自《戏剧报》1959年第二十期。

**同日**　致函健庵。

【按】这是吴晗与尚钺论学的信，尚钺就一部有关明代资本主义萌芽的书稿向吴晗征求意见，吴晗回信予以答复。

这封信是吴晗未曾结集发表的遗著之一。

【按】健庵，即尚钺（1902—1982），中国历史学家，字健庵。

本条引自毛佩琦新浪博客：《安徽绩溪惊现吴晗的信》。

**10月31日**　上海《文汇报》发表翦伯赞、吴晗、吕振羽、尚钺、田汉等人的文章《武则天应该是正面人物》。

【按】为武则天翻案的那场学术大讨论，是在20世纪50年代进行的。第一篇比较公正而全面地评价武则天历史功过的论文是隋唐史专家罗元贞教授的《武则天问题批判》，发表于1951年9月22日《光明日报》，此后陆续有学者发表肯定武则天的文章。到 50 年代后期，讨论形成高潮，对武则天已成基本肯定之势。最有影响的是 1959 年 10 月 31 日上海《文汇报》所发表翦伯赞、吴晗、吕振羽、尚钺、田汉等人的《武则天应该是正面人物》，紧接着又发表了吴泽《武则天在历史中的作用》、张家驹《也谈武则天》等文，使武则天在 50 年代成为被基本肯定的历史人物。

> 本条引自《读书》1997 年第五期《关于武则天评价问题》。

**11 月 3 日**　致函金灿然。

【按】这封信是与时任中华书局总经理兼总编辑的金灿然商量有关校点《明实录》和有关历史普及工作等事情。

这封信是吴晗未曾结集发表的遗著之一。

> 本条引自陈世崇主编：《北京市文学艺术界联合会 50 年》第 14 页。

**11 月 10 日**　《历史的真实与艺术的真实》在《人民日报》摘要发表。

【按】《人民日报》的编者按说："今年，由为曹操翻案引起的讨论，不仅涉及正确评价历史人物问题，同时也涉及了有关古典小说《三国演义》、传统的三国戏的评价以及当代历史剧的创作实践问题，受到历史界和文艺界的重视。最近上海越剧院编演的新剧目《则天皇帝》，又涉及了武则天的翻案问题，引起了历史界、文艺界的注意。《戏剧报》第二十期（1959 年 10 月 30 日。——编者注）发表了这一次座谈会上的发言，在这里，我们摘要发表了吴晗同志的发言。"

本条引自《人民日报》1959 年 11 月 10 日第七版。

**11 月 14 日**　为编入"中国历史小丛书"的《海瑞的故事》第一版作题记。

【按】"中国历史小丛书"之一的《海瑞的故事》，由身为该丛书主编的吴晗亲自所著，1959 年 12 月由中华书局出版。

本条引自《吴晗全集》第九卷第 393 页。

**同日**　为《灯下集》撰写的前言《前言——灯下杂谈》写作完毕。

【按】这篇文章 2009 年 3 月收入中国人民大学出版社出版的《吴晗全集》第七卷。

本条引自《吴晗全集》第七卷第 395 页。

**12 月 1 日**　《关于评价历史人物的一些初步意见》在《历史教学》第十二期发表。

【按】文章署名为"吴晗"。

文章前有编者按："这篇文章，是吴晗同志于 10 月 27

日在南开大学科学讨论会上的讲话，经征得吴晗同志同意，将讲话记录发表于此，供读者参考。我们对本文曾稍作了一些删节。——编者。"

这篇文章 1960 年 6 月收入生活·读书·新知三联书店出版的《灯下集》；1988 年 3 月收入人民出版社出版的《吴晗史学论著选集》第三卷；2009 年 3 月收入中国人民大学出版社出版的《吴晗全集》第七卷。

本条引自《历史教学》1959 年 12 月第十二期。

**本月**　《海瑞的故事》一书由中华书局出版。

【按】这本书署名为"吴晗"。

这本书 2009 年 3 月收入中国人民大学出版社出版的《吴晗全集》第四卷。

【按】《海瑞的故事》是"中国历史小丛书"中的一本。当时，吴晗对丛书的出版工作抓得很紧，一般至少每月召开一次编委会，要求每月至少出版一本，他还提倡编委写稿，他自告奋勇，带头写了这本《海瑞的故事》。《海瑞的故事》这本书中共收录了吴晗 1959 年 7 月 1 日发表在《新观察》第十三期的文章《海瑞的故事》、1959 年 7 月 22 日发表在《北京日报》第三版的《清官海瑞》以及 1959 年 6 月 16 日发表在《人民日报》第八版的《海瑞骂皇帝》等三篇文章。

本条引自吴晗著：《海瑞的故事》。

**本月**　致函郭沫若。

【按】吴晗在信中谈及他两周前在天津南开大学做了几次有关武则天问题的演讲的情况。同时转达了南开大学要求郭老去"讲一次，打打气"的邀请。

这封信是吴晗未曾结集发表的遗著之一。

本条引自论文网苏双碧：《郭沫若与吴晗的诚挚交往》。

**本年×月18日**　致函斐云先生。

【按】这封信是请求斐云先生帮忙外借《中朝实录》和请斐云先生帮忙寻找相关资料等事宜。

这封信的原件上没有标注写信的年月，仅标注了"十八日上午九时"。《吴晗全集》标注为"1959年×月18日"。编者迄今尚未考证出吴晗撰写该信的具体年月，暂且将该条目编排于此。

这封信2009年3月收入中国人民大学出版社出版的《吴晗全集》第十卷。

【按】斐云先生，即赵万里，字斐云，别号芸盦、舜盦。著名文献学家、敦煌学家，精于版本、目录、校勘、辑佚之学。时任北京图书馆（今中国国家图书馆）研究员，兼善本特藏部主任。

本条引自《吴晗全集》第十卷第207页。

**本年**　将抄录的三百多万字的《李朝实录》史料重新校补、标点，定名为《朝鲜〈李朝实录〉中之中国史料》，交中华书局，建议出版。

【按】这本书耗费了吴晗大量心血，直到他逝世十一年后的 1980 年 3 月才由中华书局出版，改名为《朝鲜李朝实录中的中国史料》，全书共十二册。

《吴晗全集》第十卷中刊载了吴晗的《朝鲜李朝实录中的中国史料》一书的目录和翁独健为该书撰写的序言。

本条引自刘光永著：《清官梦——吴晗传》第 159 页。

**50 年代末**　为中小学历史地图编写条例起草了指导方针。

【按】50 年代末，中宣部副部长张盘石让李新主持中小学历史地图的编写工作，李新为此召集有关部门负责人及部分历史学家讨论编写条例。这个编写条例的指导方针就是由吴晗起草并经周恩来批准的。指导方针的基本原则是要根据新中国的疆域来解释历史，将历史上不同民族之间的国与国的矛盾看作是国内的民族矛盾。

本条引自《历史教学（上半月刊）》2007 年第五期。

# 1960 年

**年初**  魏静生、马连良等同志要求吴晗将"海瑞的提纲"改写成剧本。

【按】据郭星华在《书生本色，太史奇冤——〈海瑞罢官〉写作经过纪实》一文中回忆说："1959 年下半年，北京京剧团马连良先生约吴晗同志写一个有关海瑞的提纲，准备编一出京戏……提纲送到京剧团后，京剧团的同志感到他们对海瑞这个人缺乏研究，要把这个提纲改写成剧本，恐难成功，最好还是请吴晗同志自己改写。""1960 年初，魏静生、马连良、王雁、李慕良等同志到北京市人委找吴晗同志，要求把提纲改写成剧本。当时吴晗表示，没有写过剧本，写不了。经他们再三邀请，才答应试一试。"

【按】魏静生，曾任延安评剧院《三打祝家庄》执行导演，时任北京京剧团政治协理员、副团长。

马连良，著名京剧表演艺术家，时任北京京剧团团长。

王雁，著名剧作家，时任北京京剧团编剧。

李慕良，著名琴师，1939 年起一直为马连良操琴，时任北京京剧团琴师。

本条引自王宏志、闻立树主编：《怀念吴
晗 百年诞辰纪念》第 672 页。

**2 月 22 日** 吴晗等五百四十六人发表《对美国帝国主义阴谋
劫夺我国在台湾珍贵文物的抗议书》。

【按】美国国务院 2 月 12 日在华盛顿发表声明说，蒋介石
集团驻美"大使"叶公超授权和美国国立美术馆秘书凯恩
斯草签了一份"合同"，准备把北京故宫博物院、南京博
物院（解放前国民党政府的中央博物院筹备处）在台湾的
大批珍贵文物以"长期出借"的方式运往美国。在这批珍
贵文物里，计有绘画、书法、织绣、铜器、玉器、瓷器、
珐琅、雕漆、雕刻等项共二百五十三件。它们无一不是故
宫博物院存台文物中的至精之品，也是我国历代艺术品中
最杰出的代表。美帝国主义者久已对这批"无价之宝"垂
涎欲滴，不顾中国人民历次的警告和声明，竟悍然用海军
军舰来劫夺我国的文化遗产，这激起了中国人民无比的愤
怒，美帝国主义这种蛮横的盗劫行为是中国人民绝对不能
容忍的。

当日，首都文化界人士五百四十六人发表了《对美国
帝国主义阴谋劫夺我国在台湾珍贵文物的抗议书》，严正
谴责美国帝国主义图谋劫夺我国珍贵文物的新罪行，警告
美国帝国主义必须立即停止对我国在台湾文物的劫夺行
为。这五百四十六位首都文化界人士主要有郭沫若、黄炎

培、陈叔通、沈雁冰、张奚若、钱俊瑞、夏衍、齐燕铭、许广平、邓拓、吴晗等。

本条引自《光明日报》1960年2月23日第二版。

**2月26日** 出席北京市文教战线群英会并致开幕词。

【按】2月26日至29日，北京市教育和文化、卫生、体育等方面社会主义建设先进单位和先进工作者代表大会（亦称北京市文教群英会）在人民大会堂隆重举行。参加这次大会的先进单位和先进工作者代表共七千四百余人，他们中间有大中小学、业余学校的教员，保育员，医生，护士，文艺工作者，新闻工作者，运动员，工勤人员，等，是北京市二十二万余名文教战线职工中的优秀人物。开幕式上，北京市副市长吴晗致开幕词，中共北京市委书记处书记邓拓代表市委和市人民委员会向大会做了重要报告。

这个开幕词是吴晗未曾结集发表的职务文稿之一。

本条引自《北京日报》1960年2月27日第一版及北京市档案馆 002 - 012 - 00229 号档案。

**3月** 将京剧《海瑞》剧本送北京京剧团。

【按】据时任吴晗秘书的郭星华回忆说，"王雁、马连良又到吴晗家里讨论修改，稿本印了一次油印本，两次铅印本，曾分送文化、戏剧界的负责同志齐燕铭、老舍、陈克寒、王昆仑、孙方山、阿甲、肖甲、马少波等征求意见。"

> 本条引自王宏志、闻立树主编：《怀念吴
> 晗 百年诞辰纪念》第 672 页。

**4 月 7 日** 在全国人民代表大会上讨论发言。

【按】这篇发言在 4 月 8 日的《人民日报》发表。

大会上，吴晗、茅以升、陈望道、苏步青等代表都谈
到了教育事业的成就。他们表示今后要继续坚持教育为无
产阶级政治服务、教育和生产劳动相结合的方针，坚持普
及和提高相结合的方针，促进教育事业的继续跃进。

> 本条引自《人民日报》1960 年 4 月 8 日第
> 九版。

**4 月 8 日** 在全国人大会议上的发言《北京市的教育工作跃
进再跃进》在《人民日报》发表。

【按】这篇发言是吴晗未曾结集发表的职务文稿之一。

> 本条引自《人民日报》1960 年 4 月 8 日第
> 九版。

**4 月 14 日** 《喜看话剧〈文成公主〉》在《文汇报》发表。

【按】文章署名为"吴晗"。

这篇文章是吴晗看了田汉创作的话剧《文成公主》在
中国青年剧院公演之后写的。文章称赞该剧"艺术上的真
实性和历史上的真实性达到和谐的统一，是历史戏，是好

戏"，"这个戏反映了历史上的民族团结的情况，也将有助于今天各民族人民之间的团结"。

这篇文章1961年12月收入作家出版社出版的《春天集》；2009年3月收入中国人民大学出版社出版的《吴晗全集》第八卷。

本条引自《吴晗全集》第八卷第98页。

**4月15日** 对北京师范学院历史系十年制教材做出指示。

【按】这个指示的记录稿是根据北京师范学院历史系创系元老、著名世界史专家戚国淦先生当年的笔记整理，并存入北京市档案馆的。

这个指示是吴晗未曾结集发表的职务文稿之一。

【按】北京师范学院，即现在的首都师范大学。

本条引自《历史学家茶座》2010年第二期。

**同日** 《谈文成公主》在《北京晚报》发表。

【按】文章署名为"吴晗"。

这篇文章发表在《五色土》副刊。

这篇文章2009年3月收入中国人民大学出版社出版的《吴晗全集》第四卷。

本条引自《北京晚报》1960年4月15日第三版。

**4月16日** 致函张习孔。

【按】这是一封复函。张习孔将一篇他人有关武则天的文稿呈送给吴晗审阅修改，本信函是吴晗谈他看后的意见。吴晗在信中说，"这稿子基本可用。武则天的十二条建议并未完全实行。发展生产的史料，没有什么记载。书中说她教的主要是劳动人民也不完全合乎事实。这些地方我已加以删改。请作者再改一次，便可付印"。

这封信的原件上只有写信的月日，没有年份，编者依据信函中所谈及的问题是 1959 年年底至 1962 年间学术界广泛讨论的"为武则天翻案"的问题，推断该信在 1960 年前后，故编排在此。

这封信是吴晗未曾结集发表的遗著之一。

【按】张习孔，北京教育学院原历史系教授。师从著名教育家、史学家陈垣先生。历任北京教育学院历史系教师、教授，北京市历史学会常务理事，北京市文史馆馆员。

本条引自孔夫子旧书网：著名历史学家吴晗——信札一页（图片）。


**4 月 23 日**　对北京师范学院历史系做了关于编写历史教材的讲话。

【按】这个讲话是根据北京师范学院历史系创系元老、著名世界史专家戚国淦先生当年的笔记整理，并存入北京市档案馆的。

这个讲话是吴晗未曾结集发表的职务文稿之一。

本条引自《历史学家茶座》2010 年第二期。

**4月27日**　《老护士》写作完毕。

【按】这篇文章后发表在1960年第十期的《新观察》。

本条引自《吴晗全集》第八卷第66页。

**4月29日**　致函蒋星煜。

【按】这封信是他给蒋星煜的复函。

"中国历史小丛书"《海瑞的故事》出版后，对书中的某些事迹和细节，蒋星煜有些不同的看法，就写了一篇短文，寄给《新观察》杂志转交给吴晗，和吴晗商榷。吴晗对蒋星煜及其所提的不同看法极为尊重。他在复函中说："《新观察》转来大作，极感教益……故事写完后，才读到尊著《海瑞》，用力极深，十分佩服。"

早在1957年9月，蒋星煜就在上海人民出版社出版了当时我国第一本有关海瑞的人物传记《海瑞》，比吴晗的《海瑞的故事》一书要早出两年零三个月；在中华书局出版吴晗的《海瑞的故事》一书的同月（1959年12月），蒋星煜的《海瑞的故事》一书也由少年儿童出版社出版。

吴晗的这封写给蒋星煜的信，原件上没有写作的年份，只标注为"四，廿九"。考虑到吴晗的《海瑞的故事》一书是1959年12月出版的，故编者推定该信应为1960年。

这封信是吴晗未曾结集发表的遗著之一。

本条引自蒋星煜著：《文坛艺林备忘录续集》第92~93页。

**本月**　中华书局出版的《北游录》采用了吴晗的《爱国的历史家谈迁》作为代序。

【按】《爱国的历史家谈迁》是 1959 年 7 月 14 日撰写，1959 年 8 月 1 日在《新观察》1959 年第十五期发表的。

【按】《北游录》的作者谈迁是我国 17 世纪的爱国历史学家，《北游录》记述了他 1653 年到 1656 年在北京的经历见闻和他写的一些诗文。真实地记录了北京的气候、地理、景观、百姓生活状况以及知名的历史人物的活动情况等诸多方面。从这些文字中，我们可以看到这位爱国的历史学家，为了完成他的《国榷》这部著作，在搜集史料，考订史实过程中的辛劳。《北游录》成书后没有刊刻，只有抄本流传于世。1947 年北京大学教授邓之诚从传抄本转录《北游录》，随笔勘正，寄希望"好事者能付之梓"，直到 1960 年才由中华书局首次出版。

　　　　本条引自王宏志、闻立树主编：《怀念吴晗　百年诞辰纪念》第 342 页。

**本月**　《天安门赞歌》《我爱北京》两篇文章收入北京出版社出版的《北京赞》一书。

【按】《北京赞》，1960 年 4 月由北京出版社出版。三十二开，一百零四页，六万九千字。其中收录了谢觉哉的《瞻仰天安门》，吴晗的《天安门赞歌》《我爱北京》，刘白羽的《青春的闪光》，冰心的《仰望天安门》，梁斌的《致北京》，杨沫的《北京的灯光》等十七人二十篇文章（其中吴晗两篇、冰心三篇）。

本条引自北京出版社出版：《北京赞》。

**5月3日** 为《档案工作》杂志题诗。

【按】《档案工作》杂志是国家档案局主办的综合性档案专业刊物。月刊，国内外发行。前身为中共中央办公厅秘书处1951年开始内部编印的《材料工作通讯》，1953年改名为《档案工作》。1957年1月起公开发行，1965年年底停刊，1980年1月复刊。

本条引自张克复编著：《档案诗词选》第6页。

**5月8日** 出席北京市中小学、业余教育方面社会主义建设先进单位和先进工作者代表会议并讲话。

【按】北京市文教局局长孙国梁在会上做报告。会议选举产生了四十八位代表出席全国文教群英会。

这个讲话，编者迄今没有找到它的原文。

本条引自《北京日报》1960年5月9日第二版。

**同日** 词《公社好》在《人民日报》发表。

【按】词署名为"吴晗"。

这十六首词2009年3月收入中国人民大学出版社出

版的《吴晗全集》第十卷。

本条引自《人民日报》1960 年 5 月 8 日第

八版。

**5 月 16 日**　　《老护士》在《新观察》1960 年第十期发表。

【按】文章署名为"吴晗"。

这篇文章 1961 年 12 月收入作家出版社出版的他的

《春天集》；1979 年 12 月收入人民文学出版社出版的《吴

晗杂文选》；1988 年 3 月收入北京出版社出版的《吴晗文

集》第四卷；2009 年 3 月收入中国人民大学出版社出版的

《吴晗全集》第八卷。

本条引自《新观察》1960 年第十期。

**5 月 31 日**　　《所谓日美建交一百周年》在《人民日报》

发表。

【按】文章署名为"吴晗"。

这篇文章发表在《寄到日本去的信》栏目。

这篇文章 1961 年 12 月收入作家出版社出版的《春天

集》；2009 年 3 月收入中国人民大学出版社出版的《吴晗

全集》第八卷。

本条引自《人民日报》1960 年 5 月 31 日第

三版。

**本月**　致函郭沫若。

【按】1960 年 5 月，吴晗又给郭沫若写了一封信，提出了在武则天问题上的不同意见。郭老认为武则天出生于利州。吴晗的夫人是唐宋史专家。吴晗根据夫人袁震的研究，认为武则天生于武德七年，而武士彟任利州总督是在贞观元年之后，他肯定武则天"不可能生于利州"。

这封信是吴晗未曾结集发表的遗著之一。

本条引自论文网苏双碧：《郭沫若与吴晗的诚挚交往》。

**6 月 18 日晚**　出席北京市各民主党派联合举行的集会，热烈拥护和支持中国人民解放军福建前线部队炮击金门的反美大示威并讲话。

【按】民革北京市委员会副主任委员苏从周、民建北京市委员会主任委员浦洁修、民进北京市委员会副主任委员陈选善、农工民主党北京市委员会主任委员王人旋、九三学社北京市委员会主任委员严济慈、致公党北京市筹备委员会委员刘锦汉、台湾民盟北京市支部代表王万德等也都在会上讲了话。

本条引自《人民日报》1960 年 6 月 19 日第四版。

**6 月 19 日**　在北京市各民主党派联合举行的热烈拥护和支持中国人民解放军福建前线部队炮击金门的反美集会上的讲话在《人民日报》摘录发表。

【按】这个讲话摘录自新闻稿《北京上海各民主党派各人民团体集会拥护反美武装大示威　不把侵略者赶出台湾誓不罢休》。

这个讲话（摘录）是吴晗未曾结集发表的职务文稿之一。

本条引自《人民日报》1960 年 6 月 19 日第四版。

**本月**　《灯下集》一书由三联书店出版。

【按】《灯下集》是吴晗的第五本作品集，共收集作品三十六篇，后记一篇。

《灯下集》2009 年 3 月收入中国人民大学出版社出版的《吴晗全集》第七卷。

本条引自曹鹤龙、李雪映编：《生活·读书·新知三联书店图书总目（增订版）(1931—2003)》第 299 页。

**本月**　为《档案工作》的题诗在《档案工作》1960 年第六期发表。

【按】该诗 1989 年 10 月收入甘肃人民出版社出版、张克复编著的《档案诗词选》。

这首诗是吴晗未曾结集发表的诗稿之一。

本条引自《档案工作》1960 年第六期。

夏 邀请历史学家、戏剧家在北京市人委会议室研究讨论《海瑞》剧本。

【按】邀请的历史学家、戏剧家有王昆仑、孙方山、老舍、魏静生、王雁、李慕良等。郭星华作为吴晗的秘书，参加会议做记录。

【按】剧本《海瑞》，后来改名为《海瑞罢官》。

本条引自王宏志、闻立树主编：《怀念吴晗 百年诞辰纪念》第673页。

7月4日 诗《纸老虎歌》在《人民日报》发表。

【按】这首诗署名为"吴晗"。

全诗共六节，一、送瘟神；二、贼骨头；三、猢狲散；四、闭门羹；五、"迎送"曲；六、东风劲。

这首诗2009年3月收入中国人民大学出版社出版的《吴晗全集》第十卷。

本条引自《人民日报》1960年7月4日第八版。

7月7日 出席少年儿童读物编辑委员会举行的座谈会并发言。

【按】参会的有北京市八十多位教师、少年儿童工作者、作家，会议讨论编写少年儿童读物的问题。会上北京市副市长吴晗、市文联副主席张季纯、西城区书记韩作黎、中国作家协会严文井等发了言。

这个讲话，编者迄今没有找到它的原文。

本条引自《北京日报》1960 年 7 月 9 日第二版。

**本月**　《谈武则天》在《人民文学》七月号发表。

【按】文章署名为"吴晗"。

这篇文章是吴晗观看了郭沫若的五幕历史剧《武则天》后，"非常高兴，有话要说"而写的。文章认为，剧中的人物都是实有其人的，所涉及各个人物的故事也都是有文献根据的，做到了尽可能忠于历史，无一字无来历，无一事无出处，使武则天这个历史上的伟大政治家的形象更加强化、集中地和现代人见面了。

这篇文章 1961 年 12 月收入作家出版社出版的《春天集》；1988 年 3 月收入人民出版社出版的《吴晗史学论著选集》第三卷；1988 年 3 月收入北京出版社出版的《吴晗文集》第四卷；2009 年 3 月收入中国人民大学出版社出版的《吴晗全集》第八卷。

本条引自《人民文学》1960 年七月号。

**8 月 11 日**　出席北京市大兴县红星人民公社命名为红星中朝友好人民公社大会并讲话。

【按】大会热烈庆祝"八一五"朝鲜解放十五周年和庆祝红星中朝友好人民公社的命名。出席会议的有中朝友好协会会长李德全、农业部副部长魏震五、北京市副市长吴晗、

外交部第二亚洲司副司长李强奋、对外文委第一司副司长
鲁明、黄继光烈士的母亲邓芳芝等。吴晗在讲话中对朝鲜
贵宾的来临表示热烈的欢迎，并赞颂中朝两国人民深厚的
战斗友谊。他说，北京市人民和全国人民一道，热烈祝贺
和欢呼兄弟的朝鲜人民在社会主义革命和社会主义建设中
取得的伟大胜利。朝鲜人民的每一个胜利，都标志着我们
社会主义阵营力量的不断壮大，对于中国人民和全世界人
民都是有力的鼓舞和支持。

　　　　本条引自《人民日报》1960 年 8 月 12 日第
一版。

**8 月 12 日**　在北京市大兴县红星人民公社命名为红星中朝友
好人民公社大会上的讲话在《人民日报》摘录发表。

　【按】这个讲话摘录自新闻稿《中朝两国人民互相学习互相
鼓励　红星中朝友好公社昨命名　朝鲜贵宾参加庆祝集会
受到社员热烈欢迎》。

　　这个讲话（摘录）是吴晗未曾结集发表的职务文稿
之一。

　　　　本条引自《人民日报》1960 年 8 月 12 日第
一版。

**9 月 8 日**　《况钟和周忱》在《人民文学》1960 年第九期
发表。

　【按】文章署名为"吴晗"。

这篇文章是作为"历史小品"刊载的。

这篇文章 1961 年 12 月收入作家出版社出版的《春天集》；1979 年 12 月收入人民文学出版社出版的《吴晗杂文选》；1988 年 3 月收入人民出版社出版的《吴晗史学论著选集》第三卷；1988 年 3 月收入北京出版社出版的《吴晗文集》第四卷；2009 年 3 月收入中国人民大学出版社出版的《吴晗全集》第八卷。

本条引自《人民文学》1960 年第九期。

**本月** 致函郭沫若。

【按】50 年代末，郭沫若着手创作剧本《武则天》，要为武则天翻案。吴晗非常赞成和拥护郭沫若的这个举措，并在学术上给予大力的支持。吴晗请夫人袁震用七个月的时间写成有关武则天的长编，于 9 月送给郭老参考。送书时吴晗给郭老写了一封短信，说"因为武则天统治了四十五年，私事和国事是不可分的，特别是边疆问题方面，牵扯太多，也最费力气"。

【按】这封信是吴晗未曾结集发表的遗著之一。

本条引自论文网苏双碧：《郭沫若与吴晗的诚挚交往》。

**10 月 9 日** 词《北京好·人民大会堂》在《北京晚报》发表。

【按】这首词署名为"吴晗"。

这首词共六章。从 1960 年 5 月 8 日到 1960 年 11 月 20 日这半年多时间，吴晗填写了三十余首词，全都是采用古典词牌"忆江南"的基本格式而创新写作的。这三十余首词没有标注"忆江南"的词牌名，其中绝大部分的都创造性地将词牌名改为"北京好"。这是吴晗大胆地进行古典词牌应用的改革试验。他将古典词牌"忆江南"改称为"北京好"，沿用了"忆江南"词牌的语句格式，剔除了古典词牌束缚人们思想的所谓格律，巧妙地拿来为新时代的思想文化宣传服务，是一个古为今用，推陈出新的成功范例。

这首词是吴晗未曾结集发表的词稿之一。

本条引自《北京晚报》1960 年 10 月 9 日第三版。

**10 月 15 日**　《论历史的真实性——读〈义和团故事〉、纪念义和团运动六十周年》写作完毕。

【按】这篇文章后发表在 1960 年第十一期的《民间文学》。

本条引自《吴晗全集》第八卷第 194 页。

**10 月 16 日**　词《北京好·天安门》在《北京晚报》发表。

【按】这首词署名为"吴晗"。

这首词共四章，发表在《五色土》副刊。

这首词是吴晗未曾结集发表的词稿之一。

本条引自《北京晚报》1960 年 10 月 16 日第三版。

**10 月 27 日** 《论老当益壮》在《中国工人》1960 年第二十期发表。

【按】文章署名为"吴晗"。

吴晗在文章中举出古代姜太公、廉颇以及当代战斗在生产岗位和已经退休的老工人中出现的杰出英雄人物"老当益壮"的例子,说明了"中国人民智慧,勇敢,勤劳刻苦,是从来也不肯服老的"的事实,号召青壮年,向老英雄们学习,发挥青春活力,做出翻天覆地的事业来。

这篇文章 1961 年 12 月收入作家出版社出版的《春天集》;1979 年 12 月收入人民文学出版社出版的《吴晗杂文选》;1988 年 3 月收入北京出版社出版的《吴晗文集》第四卷;2009 年 3 月收入中国人民大学出版社出版的《吴晗全集》第八卷。

本条引自《中国工人》1960 年第二十期。

**本月** 《从历史方面来看戏》在《戏剧报》第十九、二十期(合刊)发表。

【按】文章署名为"吴晗"。

这篇文章是吴晗看了海军政治部文工团演出的《甲午海战》后写的。文章说,"这个历史题材要编成戏是很困难的",但这戏"写得好,也演得好","是近年来许多历史戏里面"较满意的一个。

这篇文章 1961 年 12 月收入作家出版社出版的《春天

集》；1988 年 3 月收入人民出版社出版的《吴晗史学论著选集》第三卷；2009 年 3 月收入中国人民大学出版社出版的《吴晗全集》第八卷。

　　本条引自《戏剧报》1960 年第十九、二十期（合刊）。

**11 月 3 日**　　《读〈甲午海战〉》在《剧本》月刊第十一期发表。

【按】文章署名为"吴晗"。

　　这篇文章 2009 年 3 月收入中国人民大学出版社出版的《吴晗全集》第九卷。

【按】《甲午海战》，话剧，中国人民解放军海军政治部文工团话剧团根据海军某部希侬、叶楠等所著电影剧本《甲午风云》改编，朱祖贻、李恍执笔。

　　本条引自《剧本》月刊 1960 年第十一期。

**11 月 7 日**　　《海瑞》在《新建设》第十、十一期（合刊）发表。

【按】文章署名为"吴晗"。

　　这篇文章 1961 年 12 月收入作家出版社出版的《春天集》；1979 年 12 月收入人民文学出版社出版的《吴晗杂文选》；2009 年 3 月收入中国人民大学出版社出版的《吴晗全集》第八卷。

　　本条引自《新建设》1960 年第十、十一期（合刊）。

**11 月 13 日**　京剧剧本《海瑞罢官》第六稿写作完毕。

【按】这一稿不是最后改订本。《海瑞罢官》是七易其稿，最后改订本于 1961 年 8 月 8 日在北戴河改订完毕。

　　　　　　本条引自《吴晗全集》第十卷第 27 页。

**同日**　词《北京好·邻里服务所》和《北京好·街道工业》在《北京晚报》发表。

【按】这两首词署名为"吴晗"。

　　这两首词发表在第三版《五色土》副刊。

　　这两首词是吴晗未曾结集发表的词稿。

　　　　　　本条引自《北京晚报》1960 年 11 月 13 日第三版。

**11 月 18 日**　《拍案而起的闻一多》写作完毕。

【按】这篇文章热情讴歌了闻一多拍案而起，横眉怒对国民党的手枪，宁可倒下去，也不愿屈服的民族的英雄气概。称赞闻一多从 1943 年到 1946 年这短短的三年多的时间里，为中国人民斗争的历史写下了光辉的一页。

　　　　　　本条引自《吴晗全集》第八卷第 32 页。

**11 月 20 日**　词《北京好·长安街大道》和《北京好·人民英雄纪念碑》在《北京晚报》发表。

【按】这两首词署名为"吴晗"。

　　这两首词发表在第三版《五色土》副刊。

　　这两首词是吴晗未曾结集发表的词稿。

　　　　本条引自《北京晚报》1960 年 11 月 20 日第

　　三版。


　　**11 月 20 日**　《关于朱自清不领美国"救济粮"》在《人民日报》发表。

　　**【按】**文章署名为"吴晗"。

　　这篇文章是吴晗重读毛泽东的《别了，司徒雷登》一文所引起的对朱自清"一身重病，宁可饿死，不领美国的'救济粮'"等往事的回忆，叙述了朱自清由一个典型的旧时代的知识分子、自由主义者或民主个人主义者，在美帝国主义者和国民党面前站起来的过程，赞扬了朱自清的骨气。

　　这篇文章 1961 年 12 月收入作家出版社出版的《春天集》；1979 年 12 月收入人民文学出版社出版的《吴晗杂文选》；1988 年 3 月收入北京出版社出版的《吴晗文集》第四卷；2009 年 3 月收入中国人民大学出版社出版的《吴晗全集》第八卷。

　　　　本条引自《人民日报》1960 年 11 月 20 日第

　　八版。


　　**11 月 23 日**　《论历史的真实性——读〈义和团故事〉、纪念义和团运动六十周年》在《民间文学》1960 年第十一期发表。

【按】文章署名为"吴晗"。

这篇文章 1961 年 12 月收入作家出版社出版的《春天集》；1988 年 3 月收入人民出版社出版的《吴晗史学论著选集》第三卷；2009 年 3 月收入中国人民大学出版社出版的《吴晗全集》第八卷。

本条引自《民间文学》1960 年第十一期。

**12 月 1 日**　《拍案而起的闻一多》在《人民日报》发表。

【按】文章署名为"吴晗"。

这篇文章 1961 年 12 月收入作家出版社出版的《春天集》；1979 年 12 月收入人民文学出版社出版的《吴晗杂文选》；1988 年 3 月收入北京出版社出版的《吴晗文集》第四卷；2009 年 3 月收入中国人民大学出版社出版的《吴晗全集》第八卷。

本条引自《人民日报》1960 年 12 月 1 日第八版。

**12 月 3 日**　《论历史的真实性——读〈义和团故事〉、纪念义和团运动六十周年》在《光明日报》发表。

【按】文章署名为"吴晗"。

这篇文章转载自《民间文学》1960 年第十一期。

本条引自《光明日报》1960 年 12 月 3 日第三版。

**12月24日** 在北京市历史学会成立会上做《一年来北京史学界的学术活动》的讲话。

【按】成立会通过了会章。确定北京市历史学会的宗旨是团结并推动北京市历史科学研究力量，在毛泽东思想的指导下，根据"百家争鸣"的方针，进行历史科学的研究和学习。中共北京市委书记邓拓在成立会上对于如何以毛泽东思想为指导，发展马克思列宁主义的革命的历史科学的问题讲了话。北京市副市长、历史学家吴晗在会上讲话，概述了一年来北京市史学界的工作。在会上发言的还有北京大学历史系教授齐思和，长辛店机车车辆厂工人代表、优秀工厂史《北方的红星》编写人之一马健群，等。参加这个会议的有北京市的历史工作者，包括高等院校和中等学校的教师两百多人。

本条引自《北京日报》1960年12月25日第二版。

**12月25日** 《谈历史剧》在《文汇报》发表。

【按】文章署名为"吴晗"。

这篇文章1961年12月收入作家出版社出版的《春天集》；1988年3月收入人民出版社出版的《吴晗史学论著选集》第三卷；2009年3月收入中国人民大学出版社出版的《吴晗全集》第八卷。

本条引自《文汇报》1960年12月25日第三版。

**12 月 31 日**　《一年来北京史学界的学术活动——1960 年 12 月 24 日在北京市历史学会成立会上的讲话》在《光明日报》发表。

【按】文章署名为"吴晗"。

这篇文章 2009 年 3 月收入中国人民大学出版社出版的《吴晗全集》第十卷。

本条引自《光明日报》1960 年 12 月 31 日第三版。

**本月**　出席中国科学院哲学社会科学部学部委员会第三次扩大会议。

【按】出席会议的有学部委员、哲学社会科学部及其所属各研究所的负责人、中国科学院各地分院哲学社会科学研究机构的负责人等共一百多人。中国科学院院长、哲学社会科学部主任郭沫若在会上致开幕词。哲学社会科学部副主任潘梓年在会上做工作报告。学部委员丁树声、千家驹、王力、王亚南、尹达、包尔汉、刘大年、吕叔湘、吕振羽、何其芳、吴晗等六十余人在会上讲话。

本条引自《学术月刊》1961 年一月号。

**年底**　历史剧《海瑞》开始彩排。

【按】历史剧《海瑞》由北京京剧团经过紧张的排练后，在北京市工人俱乐部开始彩排，文艺界、历史界、教育界的许多名人和吴晗的老朋友包括老舍先生都受邀观看。彩排之后，部分名流、学者、行家给历史剧《海瑞》提出了许多建议。主要的意见有两点：一、该剧前半段矛盾冲突尖锐，但结尾却有点虎头蛇尾；二、植物学家蔡希陶认为此剧只写了海瑞任江南巡抚半年左右的一部分作为，并非写海瑞一生的事迹，所以叫《海瑞》，显得题目大，内容少，不如改名为《海瑞罢官》，更为确切。吴晗欣然接受，就将剧名改为了《海瑞罢官》。

本条引自刘光永著：《清官梦——吴晗传》第 333 页。

## 1961 年

**1 月 7 日**　《关于历史人物评价问题》在《新建设》1961 年第一期发表。

【按】文章署名为"吴晗"。

这篇文章是吴晗在中国科学院哲学社会科学部学部委员会第三次扩大会议上的发言稿。

这期还刊载了丁树声、包尔汉、朱光潜、吕叔湘、吕振羽、金岳霖、冯友兰、吴大琨等十九位学部委员的讲话稿。

这篇文章 1988 年 3 月收入人民出版社出版的《吴晗史学论著选集》第三卷；1987 年 8 月收入光明日报出版社出版的《吴晗史论集》；1988 年 3 月收入北京出版社出版的《吴晗文集》第一卷；2009 年 3 月收入中国人民大学出版社出版的《吴晗全集》第九卷。

本条引自《新建设》1961 年第一期。

**1 月 9 日**　剧本《海瑞罢官》在《北京文艺》1961 年一月号发表。

【按】剧本署名为"吴晗"。

【按】《北京文艺》，1950 年 8 月 10 日创刊，主编是老舍。

　　　　本条引自《北京文艺》1960 年一月号。

**1 月 11 日**　　《卧薪尝胆的故事》在《光明日报》发表。

【按】文章署名为"吴晗"。

　　这篇文章刊载在第三版《东风》副刊专栏。

　　这篇文章 1961 年 12 月收入作家出版社出版的《春天集》；1979 年 12 月收入人民文学出版社出版的《吴晗杂文选》；1988 年 3 月收入人民出版社出版的《吴晗史学论著选集》第三卷；1988 年 3 月收入北京出版社出版的《吴晗文集》第四卷；2009 年 3 月收入中国人民大学出版社出版的《吴晗全集》第八卷。

　　　　本条引自《光明日报》1961 年 1 月 11 日第三版。

**同日**　　《冼夫人》写作完毕。

【按】这篇文章后发表在 1961 年 1 月 14 日的《光明日报》。

　　　　本条引自《光明日报》1961 年 1 月 14 日第三版。

**1 月 14 日**　　《冼夫人》在《光明日报》发表。

【按】文章署名为"吴晗"。

　　这篇文章 1961 年 12 月收入作家出版社出版的《春天

集》；1988 年 3 月收入人民出版社出版的《吴晗史学论著选集》第三卷；1988 年 3 月收入北京出版社出版的《吴晗文集》第四卷；2009 年 3 月收入中国人民大学出版社出版的《吴晗全集》第八卷。

> 本条引自《光明日报》1961 年 1 月 14 日第三版。

**1 月 28 日**　在中国科学院哲学社会科学部学部委员会第三次扩大会议上做《关于历史人物评价问题》的发言。

【按】出席会议的有学部委员、哲学社会科学部及其所属各研究所的负责人、中国科学院各地分院哲学社会科学研究机构的负责人共一百多人。中国科学院院长、哲学社会科学部主任郭沫若在会上致开幕词。哲学社会科学部副主任潘梓年在会上做工作报告。学部委员丁树声、千家驹、王力、王亚南、尹达、包尔汉、吕叔湘、吕振羽、何其芳、吴晗、陈翰笙、季羡林、金岳霖、马寅初、夏鼐、冯友兰、翦伯赞以及到会的学术界人士朱光潜、孙冶方、贺麟等六十余人在会上讲话。中共中央宣传部部长周扬在会上讲话。会议在总结了几年来我国哲学社会科学工作成绩和经验的基础上，讨论了我国当前哲学社会科学工作的任务和进一步贯彻"百花齐放"和"百家争鸣"的方针的问题。

【按】《吴晗全集》第九卷在这篇文章末尾标注的时间是 1961 年 1 月 28 日，但这篇文章在 1 月 7 日的《新建设》

上已经发表。个中原因，编者未知，还待继续考证。

> 本条引自《吴晗全集》第九卷第 276 页及
> 《人民日报》1961 年 1 月 12 日第四版。

**同日**　《文汇报》报道历史剧《海瑞罢官》的消息。

【按】《文汇报》第二版《文化走廊》栏目报道了吴晗创作历史剧《海瑞罢官》的消息。消息说："历史学家吴晗的剧作《海瑞罢官》新近已经脱稿，正由北京京剧团从事排练，著名京剧老生马连良演海瑞，他的对立面徐阶由名净裴盛戎扮演。作者写《海瑞罢官》，去年一年中几经修改，易稿七次。"

> 本条引自《文汇报》1961 年 1 月 28 日第
> 二版。

**1 月 30 日**　《再谈人和鬼》在《人民日报》发表。

【按】文章署名为"吴晗"。

这篇文章 1961 年 12 月收入作家出版社出版的《春天集》；1979 年 12 月收入人民文学出版社出版的《吴晗杂文选》；1988 年 3 月收入北京出版社出版的《吴晗文集》第四卷；2009 年 3 月收入中国人民大学出版社出版的《吴晗全集》第八卷。

> 本条引自《人民日报》1961 年 1 月 30 日第
> 四版。

**本月** 《海瑞罢官》在北京工人俱乐部正式公演。

【按】《海瑞罢官》经过北京京剧团几次彩排,听取了许多专家的意见,几经修改,终于在 1961 年 1 月在北京工人俱乐部正式公演。

> 本条引自宋连生著:《吴晗的后二十年》第 159 页及《当代北京》编辑部编:《当代北京大事记》第 161 页。

**2 月 11 日** 在电台发表广播讲话,坚决支持卢蒙巴－基赞加合法政府,声援刚果人民反对以美国为首的帝国主义的侵略、维护祖国独立自由的正义斗争。

【按】为响应援助刚果国际委员会关于举行"刚果周"的号召,支持卢蒙巴－基赞加合法政府,声援刚果人民反对以美国为首的帝国主义的侵略、维护祖国独立自由的正义斗争,中国亚非团结委员会、中国非洲人民友好协会和我国各人民团体的负责人,连续几天先后在中央人民广播电台发表广播讲话。这个广播讲话就是其中之一。

【按】帕特里斯·卢蒙巴(1925—1961),非洲政治家,刚果民主共和国的缔造者之一。扎伊尔民族英雄,刚果民主共和国首任总理(1960)。1958 年 10 月,卢蒙巴创建了刚果第一个全国性政党——刚果民族运动党,担任主席。同年年末,当选为全非人民大会常设委员会委员。

安托万·基赞加（1925—　），60 年代初，基赞加曾任刚果民主共和国副总理、总理。1962 年至 1965 年间被关押，此后流亡国外。

本条引自《人民日报》1961 年 2 月 13 日第二版。

**2 月 13 日**　坚决支持卢蒙巴－基赞加合法政府，声援刚果人民反对以美国为首的帝国主义的侵略、维护祖国独立自由的正义斗争的广播讲话在《人民日报》摘录发表。

【按】这个广播讲话摘录自新闻稿《坚决支持卢蒙巴－基赞加合法政府　声援刚果人民反帝爱国的正义斗争》。

这个广播讲话是吴晗未曾结集发表的职务文稿之一。

本条引自《人民日报》1961 年 2 月 13 日第二版。

**2 月 16 日**　廖沫沙以"繁星"的笔名在《北京晚报》发表了致吴晗的公开信《"史"和"戏"——贺吴晗的〈海瑞罢官〉演出》。

【按】廖沫沙信中说，吴晗开始了，历史学家，却来写戏，"总算是打破'史'和'戏'这两家的门户，从姓'史'的一家踏进姓'戏'的一家去了。这就很难得，是个创造性的工作"。接着廖沫沙又提出了一个理论问题，即历史的真实与戏剧的真实之间的关系。

这篇文章 2009 年 3 月收入中国人民大学出版社出版

的《吴晗全集》第十卷。

　　　　本条引自《北京晚报》1961 年 2 月 16 日第
　　　　三版。


**2 月 18 日**　《关于历史剧的一些问题》在《北京晚报》
发表。

【按】文章署名为"吴晗"。

　　这篇文章发表在《五色土》副刊。

　　这是吴晗回应廖沫沙《"史"和"戏"——贺吴晗的
〈海瑞罢官〉演出》的公开信。其中谈到写历史和写历史
戏的异同。

　　这篇文章 1963 年收入人民文学出版社出版的《学习
集》；1988 年 3 月收入人民出版社出版的《吴晗史学论著
选集》第三卷；2009 年 3 月收入中国人民大学出版社出版
的《吴晗全集》第八卷。

　　　　本条引自《北京晚报》1961 年 2 月 18 日第
　　　　三版。


**2 月 21 日**　《夫人城》在《光明日报》发表。

【按】文章署名为"吴晗"。

　　这篇文章发表在《东风》专栏。

　　同期专栏还发表了老舍的《吐了一口气》、秦牧的
《古战场春晓》等文章。

　　这篇文章 1961 年 12 月收入作家出版社出版的《春天

集》；2009 年 3 月收入中国人民大学出版社出版的《吴晗全集》第八卷。

本条引自《光明日报》1961 年 2 月 21 日第四版。

**2 月 25 日**　《神仙会和百家争鸣》在《光明日报》发表。

【按】文章署名为"吴晗"。

这篇文章 1961 年 12 月收入作家出版社出版的《春天集》；1979 年 12 月收入人民文学出版社出版的《吴晗杂文选》；2009 年 3 月收入中国人民大学出版社出版的《吴晗全集》第八卷。

【按】"神仙会"是在"反右倾"运动之后，知识分子很少有人敢讲话，空气非常沉闷的情况下，由全国政协出面召开了政协委员座谈会。在这个会上强调畅所欲言，不打棍子，不戴帽子，不抓辫子，因为会议开得轻松愉快，人们就称之为"神仙会"。

本条引自《光明日报》1961 年 2 月 25 日第四版。

**3 月 4 日**　《谈骨气》在《中国青年报》发表。

【按】文章署名为"吴晗"。

这篇文章 1961 年 12 月收入作家出版社出版的《春天集》；1979 年 12 月收入人民文学出版社出版的《吴晗杂文选》；1988 年 3 月收入北京出版社出版的《吴晗文集》第

四卷；1994 年选为"人教版"九年义务教育三年制初中语文第五册第一单元的第二篇课文；2009 年 3 月收入中国人民大学出版社出版的《吴晗全集》第八卷。

　　本条引自《中国青年报》1961 年 3 月 4 日第四版。

**本月上旬**　任中国历史博物馆学术委员会委员。

【按】中国历史博物馆学术委员会最初设立于 1956 年。1959 年新馆落成后，为加强对"中国通史陈列"的指导，1961 年 3 月，文化部聘请历史学界、考古学界和文物博物馆界的一流专家组成了新的学术委员会。委员会由十五人组成，他们是吴晗、夏鼐、邓拓、尹达、齐燕铭、徐平羽、王冶秋、翦伯赞、吕振羽、侯外庐、张政烺、邓广铭、王振铎、郭宝钧、贾兰坡。

【按】关于中国历史博物馆学术委员会成立的日期，所有史料上只有"1961 年 3 月"，而没有具体的日期。"3 月上旬"是本书编者依据史料上有关"3 月中旬召开了中国历史博物馆学术委员会成立后的第一次会议"而推定的。

【按】中国历史博物馆，即现在的国家博物馆的前身之一。

　　本条引自吕章申主编：《中国国家博物馆百年简史 1912—2012》第 65 页。

**3 月 12 日**　《宣文君》在《人民日报》发表。

【按】文章署名为"吴晗"。

这篇文章 1961 年 12 月收入作家出版社出版的《春天集》；1988 年 3 月收入北京出版社出版的《吴晗文集》第四卷；2009 年 3 月收入中国人民大学出版社出版的《吴晗全集》第八卷。

本条引自《人民日报》1961 年 3 月 12 日第六版。

**3 月 17 日** 出席首都学术界人士举行纪念巴黎公社建立九十周年集会并发言。

【按】会议由中共中央高级党校、中共中央马克思恩格斯列宁斯大林著作编译局、《历史研究》编辑部、北京市历史学会联合主办。范文澜主持会议。中共中央高级党校副校长艾思奇，中共中央马克思恩格斯列宁斯大林著作编译局副局长张仲实，《历史研究》主编黎澍，北京市历史学会会长吴晗，中国人民大学副校长胡锡奎、中国科学院哲学社会科学部副主任潘梓年、中国科学院历史研究所第二所副所长侯外庐等先后在会议上发言。

本条引自《人民日报》1961 年 3 月 18 日第四版。

**3 月 18 日** 在首都学术界人士举行纪念巴黎公社建立九十周年集会上的讲话在《人民日报》摘录发表。

【按】这个讲话摘录自新闻稿《永远发扬巴黎公社的革命精神 首都学术界人士集会纪念巴黎公社九十周年》。

这个讲话（摘录）是吴晗未曾结集发表的职务文稿之一。

本条引自《人民日报》1961 年 3 月 18 日第
四版。

**本月中旬** 出席中国历史博物馆第一次学术委员会会议。

【按】出席会议的领导和专家有齐燕铭、徐平羽、尹达、吴
晗、翦伯赞、吕振羽、侯外庐、夏鼐、邓广铭、张政烺、
郭宝钧、贾兰坡、王振铎、陈乔、韩寿萱等。文化部副部
长徐平羽担任会议主席。会议主要讨论了中国历史博物馆
"中国通史陈列"中的"唐与吐蕃的关系问题""关于阶
级矛盾与民族矛盾问题""有关明末农民起义的问题""关
于武则天的评价问题""唐代中外关系问题""全部陈列的
标题和文字说明"等问题，在一些疑难问题上达成共识，
为"中国通史陈列"的顺利进行和如期开放，提供了重要
的学术支撑。

本条引自吕章申主编：《中国国家博物馆百年简
史 1912—2012》第 65 页。

**3 月 21 日** 《再谈神仙会和百家争鸣——并答吴大琨同志》
在《光明日报》发表。

【按】文章署名为"吴晗"。

这篇文章 1961 年 12 月收入作家出版社出版的《春天
集》；1979 年 12 月收入人民文学出版社出版的《吴晗杂文
选》；2009 年 3 月收入中国人民大学出版社出版的《吴晗

全集》第八卷。

【按】吴大琨（1916—2007）中国著名经济学家、经济史学
家，中国人民大学经济学院资深教授。

> 本条引自《光明日报》1961年3月21日第
> 四版。

**3月27日**　《漫谈资料工作和研究工作》在《光明日报》
发表。

【按】文章署名为"吴晗"。

> 这篇文章1988年3月收入人民出版社出版的《吴晗
> 史学论著选集》第三卷；1988年3月收入北京出版社出版
> 的《吴晗文集》第一卷；2009年3月收入中国人民大学出
> 版社出版的《吴晗全集》第九卷。

> 本条引自《光明日报》1961年3月27日第
> 二版。

**同日**　出席并主持1961年北京市历史学会第二次学术讨
论会。

【按】会议讨论了明末农民战争问题。参加讨论会的有中国
科学院历史研究所、中国历史博物馆、北京师范大学、中
央民族学院、中国人民大学、北京师范学院、河北师范学
院的史学工作者五十多人。

> 本条引自《文汇报》1961年3月28日第一
> 版及《光明日报》1961年3月31日第二版。

**3 月 31 日**　《杰出的学者玄奘》写作完毕。

【**按**】玄奘（602—664），唐朝著名的三藏法师，汉传佛教史上最伟大的译经师之一，中国佛教法相唯识宗创始人。俗姓陈，名祎，出生于河南洛阳洛州缑氏县（今河南省偃师市南境）。他是中国著名古典小说《西游记》中唐僧的原型。

本条引自《吴晗全集》第八卷第 151 页。

**本月**　《漫谈资料工作和研究工作》在《新闻业务》1961 年第三期发表。

【**按**】文章署名为"吴晗"。

【**按**】《新闻业务》原名《新闻战线》，创刊于 1957 年 12 月。前期由中华全国新闻工作者协会、人民日报社、新华通讯社三家合办。自 1960 年下半年起，改由人民日报社、新华社、全国记协三家合办，刊名改称《新闻业务》，仍由人民日报社编辑出版，直至 1966 年 6 月"文革"爆发而被迫停刊。1978 年 12 月，以《新闻战线》刊名恢复出版，由人民日报社主办，起初为双月刊，1980 年改为月刊，由《新闻战线》杂志社编辑出版至今。

本条引自《新闻业务》1961 年第三期。

**4 月 11 日**　《清华杂忆——在黑暗的岁月里》写作完毕。

【**按**】这篇文章叙述了抗战胜利后从昆明回到北平清华园的

两年多里发生的故事。文章分成七个章节：一、旧西院十二号；二、评议会之争；三、收音机的故事；四、张奕老；五、奔向解放区；六、李妈；七、我也走了。

本条引自《吴晗全集》第八卷第42页。

**4月19日** 给江西医学院第一附属医院党总支回信。

【按】江西医学院第一附属医院党总支就烧香对于细菌的抑制作用香的起源、香的历史文献及用香做烟雾疗法的记载等具体问题请教吴晗。吴晗就其提出的三个问题给予回复。信的全文以"谈烧香"为题在《光明日报》发表。

本条引自《吴晗全集》第九卷第289页。

**同日** 回信刘文秀。

【按】刘文秀，时为山西太原二中语文老师。

刘文秀就课文《鸿门宴》的教学目的和思想性以及刘、项两个人物的评价问题向吴晗求教。收到吴晗的回信后，刘文秀于9月20日给《山西日报》的编辑写了一封信，请求将信公开发表，认为这"不仅可供语文教师参考，而且可供历史教师及爱好文史的同志们借鉴"。《山西日报》10月7日以"如何理解《鸿门宴》"为题，将吴晗的回信公开发表。

本条引自《山西日报》1961年10月7日第三版。

**4 月 23 日**　《清华杂忆——在黑暗的岁月里》一至四节在《光明日报》发表。

【按】文章署名为"吴晗"。

这篇文章 1961 年 12 月收入作家出版社出版的《春天集》；1979 年 12 月收入人民文学出版社出版的《吴晗杂文选》；1988 年 3 月收入北京出版社出版的《吴晗文集》第四卷；2009 年 3 月收入中国人民大学出版社出版的《吴晗全集》第八卷。

本条引自《光明日报》1961 年 4 月 23 日第二版。

**4 月 24 日**　《清华杂忆——在黑暗的岁月里》五至七节在《光明日报》发表。

【按】文章署名为"吴晗"。

这篇文章 1961 年 12 月收入作家出版社出版的《春天集》；2009 年 3 月收入中国人民大学出版社出版的《吴晗全集》第八卷。

本条引自《光明日报》1961 年 4 月 24 日第二版。

**本月**　《关于历史知识的普及问题——对武汉史学工作者和高等院校历史系同学的讲话》在《江汉学报》1961 年第四期再次发表。

【按】文章署名为"吴晗"。

这篇文章是他应武汉大学校长李达之邀，为武汉史学工作者和高等院校历史系的学生所做的演讲。1959 年 8 月曾发表在《新观察》1959 年第十五期。

【按】《江汉学报》，湖北社科院 1961 年 7 月创刊，1980 年以前为内部刊物。月刊，每逢 15 日出刊。

本条引自《江汉学报》1961 年第四期。

5 月 3 日　《再谈历史剧》在《文汇报》发表。

【按】文章署名为"吴晗"。

这篇文章 1961 年 12 月收入作家出版社出版的《春天集》；1988 年 3 月收入人民出版社出版的《吴晗史学论著选集》第三卷；2009 年 3 月收入中国人民大学出版社出版的《吴晗全集》第八卷。

本条引自《文汇报》1961 年 5 月 3 日第三版。

5 月 5 日　《献身于祖国地理调查研究工作的徐霞客》在《北京日报》发表。

【按】文章署名为"吴晗"。

这篇文章 1961 年 12 月收入作家出版社出版的《春天集》；1979 年 12 月收入人民文学出版社出版的《吴晗杂文选》；1988 年 3 月收入人民出版社出版的《吴晗史学论著选集》第三卷；1988 年 3 月收入北京出版社出版的《吴晗文集》第四卷；2009 年 3 月收入中国人民大学出版社出版

的《吴晗全集》第八卷。

　　　　本条引自《北京日报》1961 年 5 月 5 日第
　　二版。

**5 月 6 日**　　《谈烧香》在《光明日报》发表。

【按】文章署名为"吴晗"。

　　这篇文章 1988 年 3 月收入北京出版社出版的《吴晗
文集》第四卷；2009 年 3 月收入中国人民大学出版社出版
的《吴晗全集》第九卷。

　　　　本条引自《光明日报》1961 年 5 月 6 日第
　　四版。

**5 月 12 日**　　致函章彩烈。

【按】当时全国开展了一场有关历史剧的大讨论，时为上
海复旦大学历史系学生的章彩烈撰写了三篇文章，直接
寄给了吴晗，想听取他——这场历史剧大讨论的始作俑
者——的意见。吴晗立即写了这封回信，而且连同章彩
烈的文章一起，郑重其事地用航空挂号信寄还给了章
彩烈。

　　这封信是吴晗未曾结集发表的遗著之一。

　　　　本条引自东方文苑网章彩烈：《怀念与感佩
　　——与吴晗关于历史剧讨论的一次通信》。

**5 月 15 日**　　《论历史剧》写作完毕。

【按】这篇文章后发表在 1961 年第三期的《文学评论》。

> 本条引自《吴晗全集》第八卷第 127 页。

**5 月 18 日**  接受《戏剧报》记者鲁煤采访。

【按】吴晗编剧的历史剧《海瑞罢官》发表和公演后，引起了人民很大的兴趣，他又于 1960 年 12 月 25 日在《文汇报》发表了《谈历史剧》一文，也引起了热烈的讨论。为了听到吴晗对历史剧的更多的意见，《戏剧报》记者鲁煤访问了吴晗，请他就古为今用问题、历史真实与艺术真实的关系、在舞台上表现历史上统治阶级中的英雄人物和表现人民群众的作用等问题畅谈看法。

> 本条引自《吴晗全集》第九卷第 295 页。

**5 月 30 日**  《戏剧报》第九、十期（合刊）刊载了记者鲁煤的采访文章《吴晗谈历史剧》。

【按】这篇文章 2009 年 3 月在收入中国人民大学出版社出版的《吴晗全集》第九卷时，是作为《怎样看历史剧》的附录刊载的。

【按】鲁煤（1923—　），原名王夫如，话剧编剧。历任中央戏剧学院创作室、文化部艺术局创作室、中国剧协创作室编剧，《戏剧报》《剧本》月刊编辑，中国戏剧出版社副总编辑、编审。

> 本条引自《戏剧报》1961 年第九、十期（合刊）。

**5 月 31 日**　出席庆祝"六一"国际儿童节招待会并讲话。

【按】首都庆祝"六一"国际儿童节筹备委员会在中山公园音乐堂举行招待会，招待全市的保育员、教养员、小学教师、校外教育辅导员、儿童服务员代表共三千人。中国人民保卫儿童全国委员会副主席、中华人民共和国卫生部部长李德全，全国妇女联合会副主席许广平，北京市副市长吴晗，北京市妇女联合会副主任王春平，北京市卫生局副局长阎毅，出席招待会。吴晗在讲话中祝贺儿童工作者在儿童保育和教育工作中所取得的成就，并向他们表示敬意。

本条引自《人民日报》1961 年 6 月 1 日第一版及《北京日报》1961 年 6 月 1 日第一版。

**6 月 1 日**　在庆祝"六一"儿童节招待会上的讲话在《人民日报》摘录发表。

【按】这个讲话摘录自新闻稿《首都庆祝"六一"国际儿童节筹委会举行招待会　祝贺儿童工作者所取得的成就》。

这个讲话（摘录）是吴晗未曾结集发表的职务文稿之一。

本条引自《人民日报》1961 年 6 月 1 日第四版。

**6 月 7 日**　《明代民族英雄于谦》在《新建设》第六期发表。

【按】文章署名为"吴晗"。

这篇文章 1961 年 12 月收入作家出版社出版的《春天

集》；1979 年 12 月收入人民文学出版社出版的《吴晗杂文选》；1988 年 3 月收入人民出版社出版的《吴晗史学论著选集》第三卷；1988 年 3 月收入北京出版社出版的《吴晗文集》第四卷；2009 年 3 月收入中国人民大学出版社出版的《吴晗全集》第八卷。

　　　　　　本条引自《新建设》1961 年第六期。

**6 月 12 日**　　《杰出的学者玄奘》在《人民文学》第六期发表。

【按】文章署名为"吴晗"。

　　这篇文章是作为散文刊载的。

　　这篇文章 1961 年 12 月收入作家出版社出版的《春天集》；1979 年 12 月收入人民文学出版社出版的《吴晗杂文选》；1988 年 3 月收入人民出版社出版的《吴晗史学论著选集》第三卷；1988 年 3 月收入北京出版社出版的《吴晗文集》第四卷；2009 年 3 月收入中国人民大学出版社出版的《吴晗全集》第八卷。

　　　　　　本条引自《人民文学》1961 年第六期。

**6 月 14 日**　　《论历史剧》在《文学评论》第三期发表。

【按】文章署名为"吴晗"。

　　这篇文章 1961 年 12 月收入作家出版社出版的《春天集》；2009 年 3 月收入中国人民大学出版社出版的《吴晗全集》第八卷。

　　　　　　本条引自《文学评论》1961 年第三期。

**6 月 20 日**　《前线》编辑部主任萧远烈和李筠约吴晗、邓拓、廖沫沙三位写稿。邓拓提议由吴晗、邓拓、廖沫沙三个人合开一个杂文专栏，叫《三家村札记》。

【按】1958 年 11 月 25 日，中共北京市委机关刊《前线》杂志创刊，邓拓兼任主编，时任中共中央政治局委员、北京市委第一书记的彭真同志亲自题写刊名，并撰写发刊词《站在革命和建设的最前线》。

【按】萧远烈，《前线》杂志编辑部主任，协助邓拓、张文松负责总的日常编辑工作。

李筠，1958 年 11 月调《前线》杂志任编辑、文教组负责人，《三家村札记》责任编辑。

本条引自中国共产党新闻网李筠口述：《我记忆中的吴晗与"三家村"》。

**同日**　《〈春天集〉序》撰写完毕。

【按】《春天集》是吴晗的第六本作品集。主要收集的是他过去两年间写的一部分文章，附带几篇新中国成立以来写的文章。他是想在中国共产党诞生四十周年的前夕，以这本书向党献礼。

本条引自吴晗著：《春天集》第 1 页。

**6 月 27 日**　为北京市历史学会的《历史剧拟目》作序。

【按】《历史剧拟目》出版时署名为"北京史学会"。

吴晗在文章中说，《历史剧拟目》是由北京大学、中国人民大学、北京师范大学、北京师范学院、中央民族学院等院校的历史系和民族研究所的部分同志分别撰写的。这些历史故事的材料，是供戏剧界在编写历史剧时参考的。

这篇序言 2009 年 3 月收入中国人民大学出版社出版的《吴晗全集》第九卷。

本条引自《吴晗全集》第九卷第 282 页。

夏　人民教育出版社向吴晗等人征求全日制中小学历史教学大纲的意见。

【按】人民教育出版社历史室按照中央文教小组和教育部的指示，起草全日制中小学历史教学大纲，向翦伯赞、吴晗、周谷城、周予同等史学家征求意见，得到专家们的普遍称许。到 1963 年，人教社历史室完成了第四套中小学历史教科书的编写。这套十二年制中小学历史教科书于 1962 年秋开始在北京、天津几所中小学试教。这套历史教材注重基础知识，史论结合得到加强，肯定了历史人物在历史上的作用，在古今比例上注重中国历史的特点，是新中国成立以来比较成功的一套历史教科书。

本条引自人民教育出版社课程教材研究所网李伟科、李卿：《与时代同行——记述人民教育出版社中小学历史教科书六十年建设之路》。

**7 月 1 日**　主编并作序的《历史剧拟目》由中华书局出版。

【按】《历史剧拟目》是由吴晗领导的北京市历史学会组织部分高校历史工作者，编写出从春秋到抗日战争时期的历史素材五十篇。它的出版对鼓励和繁荣历史剧写作，起了一定的推动作用。

本条引自北京市历史学会编：《历史剧拟目》。

**7 月 21 日**　《光明日报·学术简报》刊载《吴晗论旧历史剧和新历史剧》。

【按】文章摘要刊登了《论历史剧》一文中对旧历史剧和新历史剧的简要论述。

本条引自《光明日报》1961 年 7 月 21 日第一版。

**7 月 24 日**　出席并主持了"外国历史小丛书"编辑委员会成立会议。

【按】这套丛书的主编为吴晗（后设立副主编为齐思和），编委有（按姓氏笔画为序）戈宝权、朱庆永、刘启戈、刘宗绪、齐思和、李纯武、杨人楩、杨生茂、吴于廑、张芝联、陈翰伯、陈翰笙、纳忠、周平、周谷城、徐景秋、黄绍湘、戚国淦、龚育之、程秋原、鄂平章、潘炳皋。助理编辑工作由北京教师进修学院历史教研室担任。

本条引自《北京日报》1961 年 7 月 27 日第二版及"外国历史小丛书"封底。

**7月30日**　《光明日报·学术简报》刊载《北京史学界编辑〈外国历史小丛书〉》。

【按】文章介绍，北京史学界正在协助商务印书馆编辑出版一套通俗的"外国历史小丛书"，现在已成立了编辑委员会，成立会由北京市历史学会会长吴晗主持。

　　　　　本条引自《光明日报》1961年7月30日第一版。

**同日**　致函李筠。

【按】这封信随信附"短文答复了"李筠送给吴晗看的"那几篇文章的中心论点"，并告知"这是个有争论的问题"，要求李筠"打清样"送邓拓、廖沫沙审阅，"看是否妥当"。

　　　　　这封信2009年3月收入中国人民大学出版社出版的《吴晗全集》第十卷。

　　　　　本条引自《吴晗全集》第十卷第210页。

**7月31日**　《〈今天我喂鸡〉序》撰写完毕。

【按】《今天我喂鸡》，北京出版社1961年9月出版。

　　　　　本条引自少年儿童读物编辑委员会编：《今天我喂鸡》及《人民日报》1961年11月15日第六版。

**8月1日**　出席北京市庆祝"八一"建军节大会并讲话。

【按】为了庆祝"八一"建军节，在举行庆祝活动的同时，北京市展开了拥军优属的活动，连续几天广泛地慰问烈属、军属和残疾军人、复员军人，许多区、县召开座谈会，征求他们对优属的意见。8 月 1 日，吴晗在有三千多名烈属、军属和复员军人等参加的庆祝"八一"建军节大会上讲话，号召他们发扬艰苦奋斗的革命传统，做出更大的成绩。

这个讲话，编者迄今没有找到它的原文。

本条引自《人民日报》1961 年 8 月 2 日第四版。

同日 《神话剧是不是宣传迷信》在《中国青年》第十五期发表。

【按】文章署名为"吴晗"。

这篇文章 1963 年 2 月收入北京出版社出版的《学习集》；2009 年 3 月收入中国人民大学出版社出版的《吴晗全集》第八卷。

本条引自《中国青年》1961 年第十五期。

**8 月 3 日** 致函胡昭静。

【按】这是一封复函。时为"中国历史小丛书"编书作者之一的胡昭静就明代"熊廷弼案"请教吴晗，吴晗就他所掌握的知识，做出了较为详尽的回复。

这封信的原件上只标注月日，没有标注年份。《吴晗全集》标注为 19××年 8 月 3 日。编者经考证推定为 1961

年 8 月 3 日。理由是胡昭静编写的《努尔哈赤》在 1962 年
9 月出版，吴晗的信是 8 月 3 日写的，胡昭静不可能在
1962 年 8 月还没弄清熊廷弼（明末著名将领、《努尔哈赤》
书中人物）的问题（吴晗也说要花一些时间把它搞清楚）。
编者认定，这只能是 1961 年 8 月 3 日，故将此条编排
于此。

这封信 2009 年 3 月收入中国人民大学出版社出版的
《吴晗全集》第十卷。

【按】胡昭静，"中国历史小丛书"编写人之一。先后于
1960 年 5 月编写出版了《李纲和宗泽》、1961 年 5 月编写
出版了《沈括和〈梦溪笔谈〉》、1962 年 9 月编写出版了
《努尔哈赤》等三种。

本条引自《吴晗全集》第十卷第 219 页。

**8 月 4 日**　《捻与捻军笔记》在《民间文学》第八期发表。

【按】文章署名为"吴晗"。

这篇文章 1963 年 2 月收入北京出版社出版的《学习
集》；1988 年 3 月收入人民出版社出版的《吴晗史学论著
选集》第三卷；2009 年 3 月收入中国人民大学出版社出版
的《吴晗全集》第八卷。

本条引自《民间文学》1961 年第八期。

**8 月 6 日**　《学习伟大祖国的历史——对〈中国青年报〉工
作人员的讲话》在《中国青年报》发表。

【按】文章署名为"吴晗"。

这篇文章 1963 年 2 月收入北京出版社出版的《学习集》；1988 年 3 月收入人民出版社出版的《吴晗史学论著选集》第三卷；2009 年 3 月收入中国人民大学出版社出版的《吴晗全集》第八卷。

本条引自《中国青年报》1961 年 8 月 6 日第四版。

**8 月 8 日**　历史剧《海瑞罢官》的剧本改订于北戴河。

【按】这个改订本，是吴晗第七次修改本，也是最后改订本。

吴晗说《海瑞罢官》七次重写的主要变化，归纳下来，大约有以下几个问题：第一是主题思想；第二是故事情节；第三是故事收场的改变。

这个改订本，于 1961 年 11 月由北京出版社出版。

本条引自《吴晗全集》第十卷第 21 页。

**同日**　《〈海瑞罢官〉序》写作完毕。

【按】吴晗在序言中说："从酝酿到第七次定稿，用了一年的时间，每重写一次都要用两三天的工夫。演出后到现在又快一年了，时间费得不少，写作也实在吃力，中间虽曾几度灰心，想洗手不干了，但事已至此，非干到底不可，也就坚持下来了。"

本条引自《吴晗全集》第十卷第 21 页。

同日 《海瑞罢官本事》写作完毕。

【按】文章有六个章节：一、明史卷二百二十六海瑞传；二、明史卷二百十三徐阶传；三、明史卷二百十三高拱传；四、王宏诲海忠介公传；五、李贽海瑞传；六、谈迁枣林杂俎和集。

本条引自吴晗著：《（历史剧）海瑞罢官》第1页。

**8月16日** 《略谈〈胆剑篇〉》在《中国青年》第十六期发表。

【按】文章署名为"吴晗"。

文章末尾标注：本刊根据作者谈话记录整理。

这篇文章1963年2月收入北京出版社出版的《学习集》；2009年3月收入中国人民大学出版社出版的《吴晗全集》第八卷。

本条引自《中国青年》1961年第十六期。

**8月17日** 《〈海瑞罢官〉序》在《光明日报》发表。

【按】文章署名为"吴晗"。

这篇文章发表在《东风》副刊。

这篇文章1963年2月收入北京出版社出版的《学习集》；1988年3月收入北京出版社出版的《吴晗文集》第四卷；2009年3月收入中国人民大学出版社出版的《吴晗

全集》第十卷。

本条引自《光明日报》1961 年 8 月 17 日第
四版。

**同日**　《历史教材和历史研究中的几个问题》在北戴河写作
完毕。

【按】这篇文章后发表在 1961 年第九期的《人民教育》。

本条引自《吴晗全集》第八卷第 454 页。

**8 月 19 日**　致函金灿然。

【按】吴晗在信中同金灿然商谈《绿野仙踪》一书的版本及
建议由谁来写序言等事宜。

这封信 2009 年 3 月收入中国人民大学出版社出版的
《吴晗全集》第十卷。

【按】金灿然，时任中华书局总经理兼总编辑。

本条引自《吴晗全集》第十卷第 211 页。

**本月下旬**　询问翦伯赞对《〈海瑞罢官〉序》的意见。

【按】张传玺在《新史学家翦伯赞》一文中叙述，"1961 年
8 月 17 日，《光明日报》发表了吴晗所写的《〈海瑞罢官〉
序》。过了几天，吴晗打电话给翦伯赞，询问意见，并说
要请翦伯赞和夫人一同看戏。翦伯赞说：'你在序中说，
你不懂戏。我看你没有必要做这样的声明。第一个写剧本
的人，写第一个剧本的人，都是不懂戏的人。勇气是你所

需要的条件，而你已经具备了这个条件。' 他还答应了吴晗关于看戏的邀请"。

本条引自张传玺著：《新史学家翦伯赞》第299页。

**9月5日** 出席欢迎日本地方自治友好代表团的招待会并讲话。

【按】当晚，北京市人民委员会举行招待会，热烈欢迎以鹈崎多一为首的日本地方自治友好代表团。出席招待会的有吴晗、乐松生、廖承志、李德全、周鲠生等。吴晗讲话说，发展中日两国人民的友谊和使两国邦交早日正常化，是两国人民的共同愿望。虽然日本政府对我国采取不友好和敌视的政策，但是我们高兴地看到，在各位日本朋友所领导的各个地方，中日友好运动有着很好的发展。

这个讲话（摘录）是吴晗未曾结集发表的职务文稿之一。

本条引自《人民日报》1961年9月6日第四版。

**9月6日** 《怎样看历史剧》在《中国青年报》发表。

【按】文章署名为"吴晗"。

这篇文章发表在《舞台与银幕》栏目。

这篇文章是《中国青年报》根据吴晗的谈话记录整

理的。

这篇文章 1988 年 3 月收入人民出版社出版的《吴晗史学论著选集》第三卷；2009 年 3 月收入中国人民大学出版社出版的《吴晗全集》第九卷。

本条引自《中国青年报》1961 年 9 月 6 日第四版。

**9 月 29 日** 《欢迎马亨德拉国王》在《人民日报》发表。

【按】文章署名为"吴晗"。

这篇文章 2009 年 3 月收入中国人民大学出版社出版的《吴晗全集》第八卷。

【按】马亨德拉国王（1920—1972），尼泊尔国王。尼泊尔杰出诗人，著有《收获诗抄》等诗集。我国有冰心和孙用合译出版的《马亨德拉诗抄》。马亨德拉国王这次来华，是来北京签署中尼两国有关边界问题的协议的。

本条引自《人民日报》1961 年 9 月 30 日第五版。

**9 月 30 日** 《忆西谛先生》在《图书馆》第三期发表。

【按】文章署名为"吴晗"。

这期还刊载有铁弦、赵万里、朱家濂等人回忆西谛先生的文章。

这篇文章 1963 年 2 月收入北京出版社出版的《学习集》；1979 年 12 月收入人民文学出版社出版的《吴晗杂文

选》；1988 年 3 月收入北京出版社出版的《吴晗文集》第四卷；2009 年 3 月收入中国人民大学出版社出版的《吴晗全集》第八卷。

　　　本条引自《图书馆》1961 年第三期。

**本月**　《历史教材和历史研究中的几个问题》在《人民教育》第九期发表。

【按】文章署名为"吴晗"。

　　　这期还刊载了翦伯赞的《对处理若干历史问题的初步意见》等文章。

　　　这篇文章 1963 年 2 月收入北京出版社出版的《学习集》；1987 年 8 月收入光明日报出版社出版的《吴晗史论集》；1988 年 3 月收入人民出版社出版的《吴晗史学论著选集》第三卷；1988 年 3 月收入北京出版社出版的《吴晗文集》第四卷；2009 年 3 月收入中国人民大学出版社出版的《吴晗全集》第八卷。

　　　本条引自《人民教育》1961 年第九期。

**本月**　作序的《今天我喂鸡》由北京出版社出版。

【按】《今天我喂鸡》是北京市第一辑少年儿童习作选，选载了北京市少年儿童孙熔的《今天我喂鸡》、马桂兰的《赛足球》、赵桂珍的《一支钢笔》等二十篇习作，还有一篇吴晗的序言和一篇编辑部的《给小读者的信》。三十二开，平装，五十五页，三万一千字。该书出版后，深受广大少年儿童的喜爱，曾先后七次重印出版。

本条引自少年儿童读物编辑委员会编：《今
天我喂鸡》。

**10 月 7 日**　信《致刘文秀》在《山西日报》发表。

【按】这封信 2009 年 3 月收入中国人民大学出版社出版的
《吴晗全集》第十卷。

本条引自《山西日报》1961 年 10 月 7 日第
三版。

**10 月 10 日**　与邓拓、廖沫沙开辟的《三家村札记》专栏开
始在《前线》杂志和读者见面。

【按】《三家村札记》专栏发表的第一篇文章是吴晗的《古
人的业余学习》；第二篇文章是廖沫沙的《从走路和摔跤
学起》。

本条引自王宏志、金若年著：《吴晗画传》
第 124 页。

**同日**　《古人的业余学习》在《前线》1961 年第十九期
发表。

【按】文章署名为"吴南星"。

这篇文章 1963 年 2 月收入北京出版社出版的《学习
集》；1979 年 9 月收入人民文学出版社出版的《三家村札
记》；1988 年 3 月收入北京出版社出版的《吴晗文集》第

四卷；2009年3月收入中国人民大学出版社出版的《吴晗全集》第八卷。

> 本条引自《前线》1961年第十九期。

**本月** 在全国纪念辛亥革命五十周年学术研讨会上报告"中国历史小丛书"和"外国历史小丛书"。

【按】严昌洪在《从"误入歧途"到兴趣盎然——历史讲座带来的转变》一文中回忆说："记得吴晗先生做报告那天，民院停电，临时将会场改在城建学院（今武汉工业大学校址）礼堂举行。几百师生徒步转移到新会场，秩序井然地聆听吴晗先生介绍他主编的"中国历史小丛书"和"外国历史小丛书"，普及历史知识的情况。他指出，那种认为只有写论文、专著才是学术研究，才是学者专家，而写通俗文章、普及读物是低一等的，不值得去搞的看法是错误的。他说，提高和普及必须两条腿走路，学术研究要为广大人民服务，如果专家、学者能就自己的论文、专著提炼一下，使之通俗化，能为广大人民所接受，则可一举两得，事半功倍。"

> 本条引自辛亥革命网严昌洪：《从"误入歧途"到兴趣盎然——历史讲座带来的转变》。

**从1961年10月到1964年7月** 《三家村札记》共发表署名"吴南星"的文章六十二篇，其中吴晗写了二十一篇。

【按】《三家村札记》栏目刊载的文章均署名"吴南星"。

这个"吴南星"是邓拓、吴晗、廖沫沙三人共同的笔名。

　　　　本条引自中国共产党新闻网李筠口述：《我
　　　　记忆中的吴晗与"三家村"》。


**11 月 5 日**　任中国历史博物馆学术委员会主任委员。

【按】文化部批准中国历史博物馆学术委员会聘请吴晗为主任委员，夏鼐为副主任委员。

　　　　本条引自吕章申主编：《中国国家博物馆百
　　　　年简史 1912—2012》第 254 页。


**11 月 15 日**　《写给少年作者——〈今天我喂鸡〉序》在《人民日报》发表。

【按】文章署名为"吴晗"。

　　　　这篇文章 1963 年 2 月收入北京出版社出版的《学习
　　　　集》；2009 年 3 月收入中国人民大学出版社出版的《吴晗
　　　　全集》第八卷。

　　　　本条引自《人民日报》1961 年 11 月 15 日第
　　　　六版。


**11 月 16 日**　出席"中国历史上的农民战争"座谈会并发言。

【按】《新建设》杂志编辑部邀请北京部分史学工作者，就中国历史上的农民战争的性质、作用和特点等问题进行座谈，座谈会由中国科学院历史研究所副所长尹达主持。出席会议并发言的有白寿彝、孙方明、魏晨旭、陈慧生、田余庆、侯外庐、王文清、赖家度、吕振羽、吴晗、王戎笙、何兹全、宁可等。

这篇发言，编者迄今没有找到它的原文。

本条引自《光明日报》1961 年 11 月 16 日第三版。

**11 月 22 日** 《史学家万斯同》在《北京晚报》发表。

【按】文章署名为"吴晗"。

这篇文章发表在第三版《五色土》副刊。

这篇文章 1963 年 2 月收入北京出版社出版的《学习集》；1988 年 3 月收入北京出版社出版的《吴晗文集》第四卷；2009 年 3 月收入中国人民大学出版社出版的《吴晗全集》第八卷。

【按】万斯同（1638—1702），字季野，号石园，门生私谥贞文先生，以布衣参与编修《明史》，前后十九年，不署衔，不受俸。《明史稿》五百卷，皆其手定。著有《历代史表》《纪元汇考》《儒林宗派》《群书辨疑》《石园诗文集》等。

本条引自《北京晚报》1961 年 11 月 22 日第三版。

**11 月 25 日** 《大家都要补课》在《前线》1961 年第二十二期发表。

【按】文章署名为"吴晗"。

这篇文章 1963 年 2 月收入北京出版社出版的《学习

集》；2009 年 3 月收入中国人民大学出版社出版的《吴晗全集》第八卷。

本条引自《前线》1961 年第二十二期。

**11 月 30 日**　在北京市历史学会做《有关历史人物评价和历史知识普及的问题》的专场演讲。

【按】这篇文章 12 月 5 日在《光明日报》发表。

本条引自《吴晗全集》第九卷第 311 页。

**本月**　《（历史剧）海瑞罢官》（改订本）由北京出版社出版。

【按】这版是最后定稿本。

这个剧本 1988 年 3 月收入人民出版社出版的《吴晗史学论著选集》第三卷；2009 年 3 月收入中国人民大学出版社出版的《吴晗全集》第十卷。

本条引自吴晗著：《（历史剧）海瑞罢官》。

**本月**　"地理小丛书"编辑委员会成立。

【按】吴晗担任丛书主编，侯仁之任副主编。编辑委员有（以姓氏笔画为序）王钧衡、白耀、成石中、任金成、刘仲夫、刘愈之、芮乔松、李慕贞、杨树珍、邹新垓、陈原、陈昌笃、林超、顾均正、高泳源、薛成业。

本条引自《地理小丛书·新疆的自然》封底。

**12 月 5 日** 《有关历史人物评价和历史知识普及的问题》在《光明日报》发表。

【按】文章署名为"吴晗"。

这篇文章 1988 年 3 月收入人民出版社出版的《吴晗史学论著选集》第三卷；2009 年 3 月收入中国人民大学出版社出版的《吴晗全集》第九卷。

本条引自《光明日报》1961 年 12 月 5 日第二版。

**12 月 7 日** 《如何评价历史人物》在《北京日报》发表。

【按】文章署名为"吴晗"。

文前有编者按："如何评价历史人物，是历史研究中的一个重要问题；同时在文学、艺术、哲学研究等许多领域中也都广泛牵涉这个问题。因此，许多人对它都很关心。北京历史学会在十一月三十日邀请史学家吴晗同志就《有关历史人物评价和历史知识普及的问题》，做了专场演讲。这里发表的是讲演记录中的一个部分。"

这篇文章 2009 年 3 月收入中国人民大学出版社出版的《吴晗全集》第九卷。

本条引自《北京日报》1961 年 12 月 7 日第四版。

**12 月 10 日** 《谈读书》在《前线》1961 年第二十三期发表。

【按】文章署名为"吴南星"。

这篇文章 1963 年 2 月收入北京出版社出版的《学习集》；1979 年 9 月收入人民文学出版社出版的《三家村札记》；1988 年 3 月收入北京出版社出版的《吴晗文集》第四卷；2009 年 3 月收入中国人民大学出版社出版的《吴晗全集》第八卷。

本条引自《前线》1961 年第二十三期。

**12 月 22 日**　出席并主持北京市历史学会 1961 年年会并做一年来北京史学界的学术活动和北京市历史学会的工作报告。

【按】参加会议的有北京市各高等院校历史系的师生、中学历史教师和有关史学工作者一千两百余人，著名历史学家范文澜、陈垣、翦伯赞、黎澍、夏鼐、郑天挺、顾颉刚、吴于廑等人也参加了开幕式。北京市历史学会副会长赵征夫致开会词，中国科学院近代史研究所副所长黎澍同志在会上做了《历史研究之成为科学》的讲话。年会提出宣读和讨论的论文近二十篇，其中有关于康熙、杜文秀、洪秀全等历史人物的评价问题，探讨中国封建社会的土地制度、中国少数民族史等问题的文章。年会就这些论文中提出的问题进行了分组讨论。年会从 22 日至 27 日举行了五天。

本条引自《光明日报》1961 年 12 月 24 日第一版。

**12 月 24 日**　在北京市历史学会 1961 年年会上所做的工作报告在《光明日报》摘录发表。

【按】这篇报告摘录自新闻稿《进一步推动史学界学术研究工作　北京市历史学会举行年会　会议将总结工作交流经验并进行专题讨论》。

这篇报告（摘录）是吴晗未曾结集发表的职务文稿之一。

本条引自《光明日报》1961 年 12 月 24 日第一版。

**12 月 26 日**　《伟大的历史学家司马迁》写作完毕。

【按】这篇文章在《人民文学》1962 年第二期发表。

本条引自《吴晗全集》第八卷第 314 页。

**12 月 27 日**　《从打基础做起》在《北京晚报》发表。

【按】文章署名为"吴晗"。

文前的编者按说："读者李素同志问读书应该怎样订计划，做笔记、写卡片。我们把她提出的问题转告了吴晗同志，并请他写了这篇文章。"

这篇文章 1963 年 2 月收入北京出版社出版的《学习集》；1988 年 3 月收入北京出版社出版的《吴晗文集》第四卷；2009 年 3 月收入中国人民大学出版社出版的《吴晗全集》第八卷。

本条引自《北京晚报》1961 年 12 月 27 日第三版。

**本月** 《春天集》一书由作家出版社出版。

【按】这本作品集署名为"吴晗"。

《春天集》是吴晗的第六本作品集。在这本作品集中共收集吴晗的各类杂文三十八篇和自序一篇。

本书中的三十九篇文章 2009 年 3 月收入中国人民大学出版社出版的《吴晗全集》第八卷。

本条引自《吴晗全集》第八卷第 2 页。

**本年** 《隋末农民领袖窦建德》在中央人民广播电台播出。

【按】1961 年，中央人民广播电台举办了《历史故事》节目，吴晗担任第一讲讲说员，演讲《隋末农民领袖窦建德》。

这篇文章 1961 年 12 月收入作家出版社出版的《春天集》；1963 年 6 月收入北京出版社出版的《历史故事（第一集）》；1988 年 3 月收入人民出版社出版的《吴晗史学论著选集》第三卷；1988 年 3 月收入北京出版社出版的《吴晗文集》第四卷；2009 年 3 月收入中国人民大学出版社出版的《吴晗全集》第八卷。

本条引自《吴晗全集》第一卷 65 页。

**本年** 担任《梁启超集》编委会召集人。

【按】当时，中华书局拟着手整理出版梁启超的著作。由吴晗、梁思成（梁启超的儿子）、翦伯赞、金灿然、杨东莼等组成《梁启超集》编辑出版委员会。后因十年动乱，工作停止。

> 本条引自王宏志、闻立树主编：《怀念吴晗 百年诞辰纪念》第 345 页。

**本年** 同翦伯赞、翁独健一起发起成立民族历史指导委员会。

【按】翦伯赞、翁独健为副主任委员，翁独健兼秘书长。委员有吕振羽等。

> 本条引自百度百科词条：翁独健。

**60 年代** 为中华书局古代史编辑组撰写《〈中国农民战争史料〉的编选原则和编辑体例》。

【按】中华书局古代史编辑组为编辑《中国农民战争史料》请教吴晗，吴晗很支持这项工作，并对编选原则和编辑体例提出了十点意见。

这篇文章 2009 年 3 月收入中国人民大学出版社出版的《吴晗全集》第九卷。

> 本条引自《吴晗全集》第九卷第 285 页。

## 1962 年

**1月1日** 《说浪》在《光明日报》发表。

【按】文章署名为"吴晗"。

文章发表在第四版《东风》副刊。

这篇文章 1963 年 2 月收入北京出版社出版的《学习集》；1979 年 12 月收入人民文学出版社出版的《吴晗杂文选》；1988 年 3 月收入北京出版社出版的《吴晗文集》第四卷；2009 年 3 月收入中国人民大学出版社出版的《吴晗全集》第八卷。

本条引自《光明日报》1962 年 1 月 1 日第四版。

**1月4日** 《如何学习历史——对北京师范学院历史系同学的讲话》在《光明日报》发表。

【按】文章署名为"吴晗"。

这篇文章 1963 年 2 月收入北京出版社出版的《学习集》；1988 年 3 月收入人民出版社出版的《吴晗史学论著选集》第三卷；2009 年 3 月收入中国人民大学出版社出版

的《吴晗全集》第八卷。

　　　　本条引自《光明日报》1962 年 1 月 4 日第二版。

**1 月 10 日**　　《谈〈三字经〉》在《前线》1962 年第一期发表。

【按】文章署名为"吴南星"。

　　这篇文章发表在《三家村札记》栏目。

　　这篇文章 1979 年 9 月收入人民文学出版社出版的《三家村札记》；1988 年 3 月收入人民出版社出版的《吴晗史学论著选集》第三卷；1988 年 3 月收入北京出版社出版的《吴晗文集》第四卷；2009 年 3 月收入中国人民大学出版社出版的《吴晗全集》第八卷。

　　　　本条引自《前线》1962 年第一期。

**1 月 17 日**　　出席北京市各界人民拥护中共中央声明，谴责美国肯尼迪政府的反共暴行的集会，并讲话。

【按】北京市各界人民一千四百多人举行集会，拥护中共中央 1 月 15 日的声明，同声谴责美国肯尼迪政府的反共暴行，坚决支持美共反迫害的正义斗争。出席会议的有中共北京市委书记处书记陈鹏，北京市总工会主席王炯、副主席彭思明，共青团北京市委副书记周世贤，民盟北京市委主任委员吴晗，等。吴晗代表各民主党派北京市组织和工商界在集会上讲话。

　　　　本条引自《人民日报》1962 年 1 月 18 日第一版。

**1月18日** 在北京市各界人民拥护中共中央声明，谴责美国肯尼迪政府反共暴行集会上的讲话在《人民日报》摘录发表。

【按】这个讲话摘录自新闻稿《北京市、河北省和天津市各界人民集会 同声谴责肯尼迪政府反共暴行》。

这个讲话（摘录）是吴晗未曾结集发表的职务文稿之一。

本条引自《人民日报》1962年1月18日第一版。

**1月21日** 《从幞头说起》在《人民日报》发表。

【按】文章署名为"吴晗"。

文章发表在《生活知识杂谈》栏目。

这篇文章1963年2月收入北京出版社出版的《学习集》；2009年3月收入中国人民大学出版社出版的《吴晗全集》第八卷。

【按】幞头，亦名折上巾，又名软裹，是一种包头的软巾。因幞头所用纱罗通常为青黑色，故也称"乌纱"，后代俗称为"乌纱帽"。

本条引自《人民日报》1962年1月21日第五版。

**1月25日** 《赵括和马谡》在《前线》1962年第二期发表。

【按】文章署名为"吴南星"。

文章发表在《三家村札记》栏目。

这篇文章 1963 年 2 月收入北京出版社出版的《学习集》；1979 年 9 月收入人民文学出版社出版的《三家村札记》；1988 年 3 月收入北京出版社出版的《吴晗文集》第四卷；2009 年 3 月收入中国人民大学出版社出版的《吴晗全集》第八卷。

本条引自《前线》1962 年第二期。

**2 月 3 日**　《谈框框》在《光明日报》发表。

【按】文章署名为"吴晗"。

文章发表在《东风》副刊。

这篇文章 1963 年 2 月收入北京出版社出版的《学习集》；1979 年 12 月收入人民文学出版社出版的《吴晗杂文选》；1988 年 3 月收入北京出版社出版的《吴晗文集》第四卷；2009 年 3 月收入中国人民大学出版社出版的《吴晗全集》第八卷。

本条引自《光明日报》1962 年 2 月 3 日第四版。

**2 月 7 日**　《爱国学者顾炎武》在《人民日报》发表。

【按】文章署名为"吴晗"。

文章发表在《历史人物》栏目。

这篇文章 1963 年 2 月收入北京出版社出版的《学习集》；1988 年 3 月收入人民出版社出版的《吴晗史学论著选集》第三卷；1988 年 3 月收入北京出版社出版的《吴晗

文集》第四卷；2009 年 3 月收入中国人民大学出版社出版的《吴晗全集》第八卷。

【按】顾炎武，明末清初著名的思想家、史学家、语言学家。

本条引自《人民日报》1962 年 2 月 7 日第三版。

**2 月 10 日**　《讨论的出发点》在《前线》1962 年第三期发表。

【按】文章署名为"吴南星"。

文章发表在《三家村札记》栏目。

这篇文章 1963 年 2 月收入北京出版社出版的《学习集》；1979 年 9 月收入人民文学出版社出版的《三家村札记》；1988 年 3 月收入北京出版社出版的《吴晗文集》第四卷；2009 年 3 月收入中国人民大学出版社出版的《吴晗全集》第八卷。

本条引自《人民日报》1962 年第三期。

**2 月 16 日**　在全国政协礼堂做《关于对历史人物评价问题》的报告。

【按】据国务院参事室《大事记　1962 年》记载："2 月 16 日，全体参事到政协礼堂听吴晗同志做《关于对历史人物评价问题》的报告。"

这篇报告 2009 年 3 月收入中国人民大学出版社出版

的《吴晗全集》第九卷。

本条引自中央文史研究馆网国务院参事室条:《大事记 1962 年》。

**本月** 《伟大的历史学家司马迁》在《人民文学》第二期发表。

【按】文章署名为"吴晗"。

文章是作为"历史小品"刊载的,其中还配发了刘继卤绘的一幅司马迁的插图。

这篇文章 1963 年 2 月收入北京出版社出版的《学习集》;1979 年 12 月收入人民文学出版社出版的《吴晗杂文选》;1988 年 3 月收入人民出版社出版的《吴晗史学论著选集》第三卷;1988 年 3 月收入北京出版社出版的《吴晗文集》第四卷;2009 年 3 月收入中国人民大学出版社出版的《吴晗全集》第八卷。

本条引自《人民文学》1962 年第二期。

**3 月 11 日** 致函郭沫若。

【按】吴晗在认真读了郭沫若的剧本《武则天》手稿之后,对个别"意见"一一签注,并对李孝逸是"高祖曾孙"提出看法,认为李孝逸是淮安王李神通之子,和高祖不同支,并在信中附了一个世系简表。

这封信是吴晗未曾结集发表的遗著之一。

本条引自论文网苏双碧:《郭沫若与吴晗的诚挚交往》。

**3 月 12 日** 致函黄裳。

【按】吴晗在信中说，"最近我在读陈子龙等人《明经世文编》，中华要影印这部大书，要我写序，好从头读起，共十四大套，才读了一半。此文完后，要重写《朱元璋传》，大概要半年时间。看来今年内不可能有时间写别的专门东西了"。

这封信 2009 年 3 月收入中国人民大学出版社出版的《吴晗全集》第十卷。

本条引自《吴晗全集》第十卷第 180 页。

**同日** 给黄裳寄去《论历史知识的普及》一稿。

【按】黄裳向吴晗索稿，吴晗只好"寄上《论历史知识的普及》一文，聊以塞责，请指教"。

本条引自《吴晗全集》第十卷第 180 页。

**3 月 20 日** 为《影印明经世文编》作序。

【按】《明经世文编》，明人文集选编，原名《皇明经世文编》。明陈子龙、徐孚远、宋徵璧等选编。成书于崇祯十一年（1638）。五百零四卷，又有补遗四卷。该书编者从松江以及全国各地搜集文集千种以上，然后从四百二十余人的文集和奏议当中，"取其关于军国济于实用者，上自洪武，下迄皇帝改元，为经世一编"。该书以人物为纲，以年代先后为次。在同一人物的文集中，又以代言、奏疏、尺牍、杂文为序排列先后。其内容十分广泛。为"囊括典实，晓畅事情"，该书收录的文集中阁臣的占十分之五，督抚大臣的占十分之四，儒臣、言官的占十分之一。从而保存了许多今已不传的史料。对研究明朝历史有很高的价值。但该书篇幅浩繁，存在着选文重复，断限不严，去取不当的缺点。尤其有关三案、东林党以及农民起义的内容，大多未收。

　　　　本条引自《吴晗全集》第一卷第 40 页。

**3 月 23 日**　《论历史人物评价》在《人民日报》发表。

【按】文章署名为"吴晗"。

　　这篇文章 1963 年 2 月收入北京出版社出版的《学习集》；1988 年 3 月收入人民出版社出版的《吴晗史学论著选集》第三卷；2009 年 3 月收入中国人民大学出版社出版的《吴晗全集》第八卷。

　　　　本条引自《人民日报》1962 年 3 月 23 日第五版。

**3 月 27 日**　《说争论》在《光明日报》发表。

【按】文章署名为"吴晗"。

　　这篇文章发表在《东风》副刊。

　　这篇文章 1963 年 2 月收入北京出版社出版的《学习集》；1988 年 3 月收入北京出版社出版的《吴晗文集》第四卷；2009 年 3 月收入中国人民大学出版社出版的《吴晗全集》第八卷。

　　　　本条引自《光明日报》1962 年 3 月 27 日第四版。

**同日** 《论历史知识的普及》在《文汇报》发表。

【**按**】文章署名为"吴晗"。

这篇文章 1963 年 2 月收入北京出版社出版的《学习集》；1987 年 8 月收入光明日报出版社出版的《吴晗史论集》；1988 年 3 月收入人民出版社出版的《吴晗史学论著选集》第三卷；1988 年 3 月收入北京出版社出版的《吴晗文集》第四卷；2009 年 3 月收入中国人民大学出版社出版的《吴晗全集》第八卷。

本条引自《文汇报》1962 年 3 月 27 日第三版。

**本月** 《怎么学古文》收入福建人民教育出版社出版的《古汉语的学习和教学》一书。

【**按**】《古汉语的学习和教学》是教学参考书。该书三十二开，七十八页，五万七千字，收录了王力、吴晗、常林炎、王克仲等九人以及人民教育出版社中学语文组的十二篇有关古汉语学习和教学的研究文章。

这篇文章 2009 年 3 月收入中国人民大学出版社出版的《吴晗全集》第九卷。

本条引自福建人民教育出版社：《古汉语的学习和教学》。

**4 月 1 日** 《葬花诗和〈白头吟〉》在《人民日报》发表。

【**按**】文章署名为"燕明"。

这篇文章 1963 年 2 月收入北京出版社出版的《学习

集》；1988 年 3 月收入北京出版社出版的《吴晗文集》第四卷；2009 年 3 月收入中国人民大学出版社出版的《吴晗全集》第八卷。

本条引自《人民日报》1962 年第 4 月 1 日第五版。

**4 月 5 日**　《影印明经世文编序》在《光明日报》发表。

【按】文章署名为"吴晗"。

文章发表在《东风》副刊。

这篇文章 1963 年 2 月收入北京出版社出版的《学习集》；1987 年 8 月收入光明日报出版社出版的《吴晗史论集》；1988 年 3 月收入人民出版社出版的《吴晗史学论著选集》第三卷；1988 年 3 月收入北京出版社出版的《吴晗文集》第一卷；2009 年 3 月收入中国人民大学出版社出版的《吴晗全集》第八卷。

本条引自《光明日报》1962 年 4 月 5 日第四版。

**4 月 7 日**　致函黄裳。

【按】信中谈及与李希凡的笔战和对明代人物张居正的评价等问题。

这封信 2009 年 3 月收入中国人民大学出版社出版的《吴晗全集》第十卷。

本条引自《吴晗全集》第十卷第 181 页。

**同日** 李希凡《答吴晗同志——〈说论争〉读后》在《光明日报》发表。

【按】这是李希凡读了吴晗《说论争》一文后，针对吴晗未指名的批评而做的公开答复，以期说明事实真相，求得争论的进一步展开。

【按】李希凡（1927—　　），原名李锡范，字畤九。研究员，著名红学家，中国艺术研究院原常务副院长。1953 年毕业于山东大学中文系。1954 年，针对红楼梦研究中的若干问题，他与蓝翎合写了《关于〈红楼梦简论〉及其他》一文，发表在山大《文史哲》杂志 1954 年第九期。毛泽东读到了这篇文章，十分重视，于是就有了后来关于"小人物"的故事。

本条引自《光明日报》1962 年 4 月 7 日第二版。

**4 月 10 日** 《论开会》在《前线》1962 年第七期发表。

【按】文章署名为"吴南星"。

这篇文章 1979 年 9 月收入人民文学出版社出版的《三家村札记》；1988 年 3 月收入北京出版社出版的《吴晗文集》第四卷；2009 年 3 月收入中国人民大学出版社出版的《吴晗全集》第八卷。

本条引自《前线》1962 年第七期。

**4 月 28 日** 《并非争论的"争论"》在《光明日报》发表。

【按】文章署名为"吴晗"。

这篇文章是应对李希凡《答吴晗同志——〈说论争〉读后》而写的，发表在《东风》副刊。

这篇文章 1988 年 3 月收入人民出版社出版的《吴晗史学论著选集》第三卷；2009 年 3 月收入中国人民大学出版社出版的《吴晗全集》第九卷。

本条引自《光明日报》1962 年 4 月 28 日第四版。

**本月** 《〈海瑞的故事〉再版题记》写作完毕。

【按】这篇文章是为他的"中国历史小丛书"《海瑞的故事》一书 1963 年 7 月再版重印而写的。

这篇文章发表在 1963 年 7 月再版重印的"中国历史小丛书"《海瑞的故事》一书中；2009 年 3 月收入中国人民大学出版社出版的《吴晗全集》第四卷。

本条引自《吴晗全集》第四卷第 340 页。

**本月** 《论学习》在《中国妇女》1962 年第四期发表。

【按】文章署名为"吴晗"。

这篇文章 1963 年 2 月收入北京出版社出版的《学习集》；1988 年 3 月收入北京出版社出版的《吴晗文集》第四卷；2009 年 3 月收入中国人民大学出版社出版的《吴晗全集》第八卷。

本条引自《中国妇女》1962 年第四期。

**本月** "外国历史小丛书"陆续出版。

【按】"外国历史小丛书"是继"中国历史小丛书"后,由吴晗主编、商务印书馆出版的另一套通俗历史知识读物。自1962年问世以来,到1966年上半年四年多的光景,共出版了五十九种,累计印数逾二百万册,深受我国广大青少年读者的欢迎。在普及世界史知识、宣传历史唯物主义和无产阶级国际主义方面起了很好的作用。

1962年4月,开始出版的"外国历史小丛书"有陈之骅编写的《车尔尼雪夫斯基》、王立达编写的《朝鲜三一运动》、刘宗绪编写的《巴黎公社》、杨穆编写的《巴黎和会和凡尔赛和约》等。

本条引自孔夫子旧书网图片。

**5月4日** 《人民日报》副刊开辟杂文专栏《长短录》。

【按】专栏的主要作者有夏衍(笔名黄似)、吴晗(笔名章白)、孟超(笔名陈波)、廖沫沙(笔名文益谦)、唐弢(笔名万一羽)等五位。专栏主持人是《人民日报》文艺部主任陈笑雨。至12月8日结束,专栏共发表三十七篇文章。邓小平看了《长短录》专栏刊登的一些文章后说:"可以这样搞,那篇秦琼打关公蛮有味道。"

专栏发表的第一篇文章是文益谦(廖沫沙)的《"长短相较"说》,文章最后说:"这个专栏名之曰'长短录',就有'长短相较'的意思。同时,也还有取人之长,补己之短的意思。取长补短，那就不但是作者自己，而且还要请读者群众来帮助作者，以大家之长，来补作者之短。"

本条引自《人民日报》1962 年 5 月 4 日第六版。

**5 月 9 日** 为中国人民大学历史系和历史档案系的同学做《关于研究历史的几个问题》的讲话。

【按】这个讲话共分三个部分：一、关于学习方法；二、对待历史文献的态度问题；三、理论联系实际。

本条引自《吴晗全集》第八卷第 425 页。

**同日** 《争鸣的风度》在《人民日报》发表。

【按】文章署名为"章白"。

文章发表在《长短录》栏目。

这篇文章 1963 年 2 月收入北京出版社出版的《学习集》；1980 年 2 月收入人民文学出版社出版的《长短录》；1988 年 3 月收入北京出版社出版的《吴晗文集》第四卷；2009 年 3 月收入中国人民大学出版社出版的《吴晗全集》第八卷。

本条引自《人民日报》1962 年 5 月 9 日第六版。

**同日** 《致竺柏岳》和《竺柏岳致吴晗》以及《致杨春和》和《杨春和致吴晗》在《文汇报》同时发表。

【按】《论历史知识的普及》3 月 27 日在《文汇报》发表后，浙江嵊县师范学校的竺柏岳和江苏太仓师范学校的杨春和分别致信提出了一些问题，托《文汇报》转请吴晗解答，1962 年 5 月 9 日，《文汇报》将两位的来信和吴晗的复信全文刊登在《读者·作者·编者》栏目。

这封信 2009 年 3 月收入中国人民大学出版社出版的《吴晗全集》第十卷。

本条引自《文汇报》1962 年 5 月 9 日第三版。

**5 月 15 日**　《谈写文章》在《人民日报》发表。

【按】文章署名为"章白"。

文章刊载在《长短录》栏目。

这篇文章 1963 年 2 月收入北京出版社出版的《学习集》；1980 年 2 月收入人民文学出版社出版的《长短录》；1988 年 3 月收入北京出版社出版的《吴晗文集》第四卷；2009 年 3 月收入中国人民大学出版社出版的《吴晗全集》第八卷。

本条引自《人民日报》1962 年 5 月 15 日第六版。

**5 月 22 日**　《论不同学科的协作》在《人民日报》发表。

【按】文章署名为"章白"。

这篇文章刊载在《长短录》栏目。

这篇文章 1980 年 2 月收入人民文学出版社出版的《长短录》；1988 年 3 月收入北京出版社出版的《吴晗文集》第四卷；2009 年 3 月收入中国人民大学出版社出版的《吴晗全集》第八卷。

本条引自《人民日报》1962 年 5 月 22 日第六版。

**5 月 29 日**　　《谈历史故事（未完）》在《光明日报》发表。

【按】文章署名为"吴晗"。

这篇文章 1963 年 2 月收入北京出版社出版的《学习集》；1988 年 3 月收入人民出版社出版的《吴晗史学论著选集》第三卷；2009 年 3 月收入中国人民大学出版社出版的《吴晗全集》第八卷。

本条引自《光明日报》1962 年 5 月 29 日第二版。

**同日**　　《戚继光练兵》在《人民日报》发表。

【按】文章署名为"章白"。

这篇文章发表在《长短录》栏目。

这篇文章 1963 年 2 月收入北京出版社出版的《学习集》；1980 年 2 月收入人民文学出版社出版的《长短录》；2009 年 3 月收入中国人民大学出版社出版的《吴晗全集》第八卷。

本条引自《人民日报》1962 年 5 月 29 日第六版。

**5 月 30 日**　《谈历史故事（续完）》在《光明日报》发表。

【按】文章署名为"吴晗"。

这篇文章 1963 年 2 月收入北京出版社出版的《学习集》；1988 年 3 月收入人民出版社出版的《吴晗史学论著选集》第三卷；2009 年 3 月收入中国人民大学出版社出版的《吴晗全集》第八卷。

本条引自《光明日报》1962 年 5 月 30 日第二版。

**本月**　读了八本为儿童们写的书。

【按】吴晗在《谈历史故事》一文中说，"六一"儿童节快到了，孩子们都盼望能够得到有趣的礼物，我也心犹在，花了几天时间，读了八本为儿童们写的书，高兴得很。

吴晗认为，普及文化科学知识，首先要"从娃娃抓起"。他还说："为少年儿童写书，这是一件大事，也是一件很不容易的事。"为此，吴晗身体力行，为出版更多更好的少儿读物做了不少的工作。

吴晗读的这八本书是《李广智退匈奴兵》《深山画虎》《海瑞报恩》《曹操巡夜》《女娟救父》《春秋故事》《李密和瓦岗军》《英雄城》。

本条引自刘光永著：《清官梦——吴晗传》第 293 页。

**本月**　担任主编的"地理小丛书"开始出版。

【按】这套丛书分为中国地理、外国地理和一般地理三个方面，在写法上要求生动活泼、通俗易懂；内容又要具体准确。适合中学地理教师选作学生课外读物。从1962年5月开始由中国青年出版社出版，到1966年共出版了三十种，第一批选题计划中的一百余种还没有来得及出版，就被林彪"四人帮"扼杀了。1962年5月出版的有侯仁之编写的《历史上的北京城》、刘仲大编写的《中国的季风》、陈静生编写的《新疆的自然》、汪安详编写的《多瑙河》等。

本条引自孔夫子旧书网图片。

**本月**　《说道德》在《前线》杂志1962年第十期发表。

【按】文章署名为"吴南星"。

这篇文章1979年9月收入人民文学出版社出版的《三家村札记》；1988年3月收入人民出版社出版的《吴晗史学论著选集》第三卷；1988年3月收入北京出版社出版的《吴晗文集》第四卷；2009年3月收入中国人民大学出版社出版的《吴晗全集》第八卷。

本条引自《前线》1962年第十期。

**本月底**　第三次，也是最后一次应邀去南开大学讲学。

【按】魏宏运在《吴晗南开讲学的故事》一文中叙述说："1962年，贯彻高教六十条之时，学校教学秩序走向正常，为活跃学术，5 月底，吴晗第三次，也是最后一次应邀来南开讲学，地点在大礼堂，讲题和 1959 年来校时一样，仍是关于历史人物的评价问题。"

本条引自南开大学校史网魏宏运：《吴晗南开讲学的故事》。

**6 月 4 日**　《关于研究历史的几个问题》在《教学与研究》第三期发表。

【按】文章署名为"吴晗"。

文前编者按说："本文系吴晗同志五月九日向中国人民大学历史系和历史档案系同志们做的报告，由陈祖甲、叶桂生等同志记录。发表前，曾经由吴晗同志审阅和改定。"

这篇文章 1963 年 2 月收入北京出版社出版的《学习集》；1987 年 8 月收入光明日报出版社出版的《吴晗史论集》；1988 年 3 月收入人民出版社出版的《吴晗史学论著选集》第三卷；2009 年 3 月收入中国人民大学出版社出版的《吴晗全集》第八卷。

【按】《教学与研究》是教育部委托中国人民大学主办的一家综合性学术理论刊物，1953 年创刊，由于该刊曾组织并刊发了一系列产生重大学术影响和社会影响的学术论文，如关于"逻辑"问题的大讨论等，曾引起了毛泽东的高度重视和赞赏。由于特殊的政治原因，该刊在 1964 年至 1978 年被迫停刊，1979 年复刊。

本条引自《教学与研究》1962 年第三期。

**6 月 17 日**　《人民日报》刊载了汪原、袁定中、王思治的文章《关于历史人物评价的意见——同吴晗同志商榷一个问题》。

【按】文章就阶级和阶级斗争以及"阶级道德标准"对历史人物的支配作用同吴晗商榷。

【按】袁定中（1923—1991），历史学家，1951 年 8 月考入中国人民大学中国历史教研室办的研究生班，毕业后留校任教。曾参与创建中国人民大学清史研究小组和清史研究所的工作，并先后担任过中国历史教研室副主任、清史研究小组副组长、组长及清史研究所党总支书记、副所长等职。

王思治（1929—2012），历史学家。1953 年考入中国人民大学中国历史教研室研究生班。1956 年 2 月毕业后留校任教，为中国人民大学清史研究所教授、国家重点学科中国古代史学术带头人。

本条引自《人民日报》1962 年 6 月 17 日第五版。

**6 月 18 日**　《历史剧是艺术，也是历史》在《戏剧报》1962 年第六期发表。

【按】文章署名为"吴晗"。

这篇文章 1963 年 2 月收入北京出版社出版的《学习集》时，改为《历史剧是艺术，但是和历史有联系》，并有吴晗的一段注释："这篇文章原来的题目是《历史剧是艺术，也是历史》。《文学评论》1962 年第五期发表了朱寨同志《关于历史剧问题的争论》，指出我这样提法是不科学的，自相矛盾的。朱寨同志的批判是正确的，我接受他的意见，把题目改了，文章内个别地方也做了相应的改动。"

这篇文章 1988 年 3 月收入人民出版社出版的《吴晗史学论著选集》第三卷；2009 年 3 月收入中国人民大学出版社出版的《吴晗全集》第八卷。

本条引自《戏剧报》1962 年第六期。

**同日**　《戏剧报》第六期发表李希凡的文章《"历史知识"及其他——再答吴晗同志》。

【按】这是李希凡看了吴晗 4 月 28 日发表在《光明日报》的《并非争论的"争论"》一文后，再一次写出文章在媒体上公开讨论。

本条引自《戏剧报》1962 年第六期。

**6 月 26 日**　吴晗的《反对"花法"》在《人民日报》发表。

【按】文章署名为"章白"。

文章刊载在《长短录》栏目。

这篇文章 1963 年 2 月收入北京出版社出版的《学习集》；1980 年 2 月收入人民文学出版社出版的《长短录》；1988 年 3 月收入北京出版社出版的《吴晗文集》第四卷；2009 年 3 月收入中国人民大学出版社出版的《吴晗全集》

第八卷。

【按】花法，就是"耍花枪"，拿今天的话来说就是搞"花架子"和"作秀"。

> 本条引自《人民日报》1962 年 6 月 26 日第六版。

**6 月 30 日** 《多写一点杂文》在《文汇报》发表。

【按】文章署名为"韩武"。

这篇文章 1963 年 2 月收入北京出版社出版的《学习集》；1979 年 12 月收入人民文学出版社出版的《吴晗杂文选》；1988 年 3 月收入北京出版社出版的《吴晗文集》第四卷；2009 年 3 月收入中国人民大学出版社出版的《吴晗全集》第八卷。

> 本条引自《文汇报》1962 年 6 月 30 日第四版。

**本月** 为其写序的《影印明经世文编》一书由中华书局出版。

【按】吴晗 1962 年 3 月 20 日为该书撰写了《影印明经世文编序》，并在 1962 年 4 月 5 日的《光明日报》发表。

> 本条引自中华书局出版：《明经世文编》。

**7 月 5 日** 《他们走到了它的反面——朱自清颂》写作完毕。

【按】该文后发表在 1962 年 8 月 12 日的《光明日报》。

本条引自《吴晗全集》第八卷第 344 页。

**7 月 6 日**　《汪辉祖论做州县官——读书札记》在《文汇报》发表。

【按】文章署名为"韩武"。

这篇文章 1963 年 2 月收入北京出版社出版的《学习集》；1988 年 3 月收入北京出版社出版的《吴晗文集》第四卷；2009 年 3 月收入中国人民大学出版社出版的《吴晗全集》第八卷。

【按】汪辉祖（1731—1807），字焕曾，号龙庄。绍兴师爷在清朝声名卓著的一个人，是乾、嘉年间的汪辉祖。以"一代名幕"而誉满天下，汪一生所解疑难杂案甚多，深得百姓爱戴，他的《佐治药言》一书，至今仍是政府工作人员办公的重要参考书。

本条引自《文汇报》1962 年 7 月 6 日第四版。

**7 月 8 日**　接受《北京日报》有关历史研究问题的采访。

【按】《北京日报》记者杨德华奉北京日报社社长范瑾之命，对吴晗进行了采访。事先向吴晗提出了几个问题：一、怎么培养对历史的兴趣；二、如何持之以恒；三、如何下笨功夫，练基本功；四、专和博的关系；五、材料与观点的问题。

本条引自《吴晗全集》第九卷第 333 页。

**7 月 19 日**　《史可法诞辰三百六十周年纪念》一诗在《光明日报》发表。

【按】这首诗署名为"吴晗"。

这首诗发表在《东风》副刊。

这首诗 2009 年 3 月收入中国人民大学出版社出版的《吴晗全集》第十卷。

【按】史可法（1602—1645），明末政治家，军事家。字宪之，号道邻，东汉溧阳侯史崇第四十九世裔孙，其师为左光斗。明南京兵部尚书东阁大学士，因抗清被俘，不屈而死，南明朝廷谥之忠靖，清高宗追谥忠正。其后人收其著作，编为《史忠正公集》。

本条引自《光明日报》1962 年 7 月 19 日第四版。

**7 月 26 日**　《〈敕勒歌〉歌唱者家族的命运》写作完毕。

【按】《敕勒歌》的作者相传是北齐高祖高欢的部将斛律金，也有相传作者是宋朝的郭茂倩。

本条引自《吴晗全集》第八卷第 319 页。

**本月**　《说谦虚》在《前线》杂志 1962 年第十三期发表。

【按】文章署名为"吴南星"。

这篇文章 1963 年 2 月收入北京出版社出版的《学习集》；1979 年 9 月收入人民文学出版社出版的《三家村札

记》；1988 年 3 月收入北京出版社出版的《吴晗文集》第
四卷；2009 年 3 月收入中国人民大学出版社出版的《吴晗
全集》第八卷。

　　　本条引自《前线》1962 年第十三期。

　　**本月**　《学习历史知识的几个问题——在中华全国新闻工作
者协会举办的报告会上的讲话》在《新闻业务》1962 年第七期
发表。

　　【**按**】文章署名为"吴晗"。

　　　这篇文章 1963 年 2 月收入北京出版社出版的《学习
集》；1988 年 3 月收入人民出版社出版的《吴晗史学论著
选集》第三卷；1988 年 3 月收入北京出版社出版的《吴晗
文集》第一卷；2009 年 3 月收入中国人民大学出版社出版
的《吴晗全集》第八卷。

　　　本条引自《新闻业务》1962 年第七期。

　　**8 月 5 日**　《古人的坐、跪、拜》在《人民日报》发表。

　　【**按**】文章署名为"吴晗"。

　　　这篇文章 1963 年 2 月收入北京出版社出版的《学习
集》；1988 年 3 月收入北京出版社出版的《吴晗文集》第
四卷；2009 年 3 月收入中国人民大学出版社出版的《吴晗
全集》第八卷。

　　　本条引自《人民日报》1962 年 8 月 5 日第六版。

同日  在中国革命博物馆礼堂主讲"武则天"。

【按】下午3点，北京市历史学会和中国历史博物馆、中国
革命博物馆联合举办的历史知识讲座在中国革命博物馆礼
堂举行，由吴晗主讲《武则天》。历史知识讲座拟订每月
一次，之后的几讲是《北京的历史》《唐太宗》《非洲的
历史》《有关太平天国的一些问题》等。在讲座上还有郑
天挺讲《康熙》、侯仁之讲《北京城的成长和北京的水》、
杨人楩讲《欧洲人在非洲贩卖奴隶的始末》、贾兰坡讲
《中国猿人》、胡华讲《陈独秀右倾机会主义者从投降主义
到取消主义的演变》。讲座一开始就深受广大群众的欢迎，
听众非常广泛，有工人、农民、市民、解放军、画家、艺
术家以及宗教人士等。有的听众从百里以外的邢台、保
定、天津等地赶来听讲。

这个演讲，编者迄今没有找到它的原文。

本条引自《北京日报》1962年8月7日第
二版。

8月7日  《光明日报》发表了《吴晗谈武则天》。

【按】第一版《学术简报》专栏发表了简讯《吴晗谈武则
天》，报道了历史知识讲座的情况。

本条引自《光明日报》1962年8月7日第
一版。

同日  《北京日报》发表通讯《吴晗谈对武则天的评价》。

【**按**】文章认为武则天是封建统治者中的杰出人物，在历史上起了进步作用，但也不是十全十美的人物。

> 本条引自《北京日报》1962 年 8 月 7 日第二版。

**8 月 8 日**　接受《北京日报》有关历史研究问题的补充采访。

【**按**】《北京日报》记者杨德华后将他的记录稿整理成《史家谈论史》一文，发表在 1962 年 8 月 31 日的《北京日报》。

> 本条引自《吴晗全集》第九卷第 333 页。

**8 月 10 日**　《工人应当学点中国近代革命史》在《工人日报》发表。

【**按**】文章署名为"吴晗"。

文前有编者按："北京市总工会为进行中国近代革命史教育试点工作的干部举办了一次报告会，这是吴晗同志所做报告的一部分，经商得吴晗同志同意，发表如下。文末标注有"流文整理"的字样。

这篇文章 2009 年 3 月收入中国人民大学出版社出版的《吴晗全集》第九卷。

> 本条引自《工人日报》1962 年 8 月 10 日第二版。

**8 月 12 日**　《他们走到了它的反面——朱自清颂》在《光

明日报》发表。

【按】文章署名为"吴晗"。

这篇文章 1963 年 2 月收入北京出版社出版的《学习集》；1979 年 12 月收入人民文学出版社出版的《吴晗杂文选》；1988 年 3 月收入北京出版社出版的《吴晗文集》第四卷；2009 年 3 月收入中国人民大学出版社出版的《吴晗全集》第八卷。

本条引自《光明日报》1962 年 8 月 12 日第二版。

**8 月 31 日** 采访吴晗的《史家谈论史》在《北京日报》发表。

【按】后来，《北京日报》记者杨德华重新整理，增加了文内小标题，改题目为"谈研究历史"，作为吴晗的遗著 2009 年 3 月收入中国人民大学出版社出版的《吴晗全集》第九卷。

本条引自《吴晗全集》第九卷第 333 页。

**本月** 致函中华书局总经理兼总编辑金灿然。

【按】黑龙江省佳木斯市有一位姓曾的青年想写一本历史小说《海瑞》，写信向吴晗求教，并说明了他研究海瑞的一些情况。吴晗把这位青年的信转给金灿然，并且说："这个青年很有培养前途，值得注意。他要写海瑞的历史小说，我已复信鼓励。他要的海瑞的资料，我手头没有。《海瑞集》大概应该出版了吧，如已出书，请你处直接寄给他一部，说明是我送给他的，书价由我出。"

这封信，编者迄今没有找到它的全文。

> 本条引自王宏志、闻立树主编：《怀念吴晗 百年诞辰纪念》第 345 页。

**本月** 《再说道德》在《前线》杂志 1962 年第十六期发表。

【**按**】文章署名为"吴南星"。

这篇文章 1963 年 2 月收入北京出版社出版的《学习集》；1988 年 3 月收入人民出版社出版的《吴晗史学论著选集》第三卷；1988 年 3 月收入北京出版社出版的《吴晗文集》第四卷；2009 年 3 月收入中国人民大学出版社出版的《吴晗全集》第八卷。

【**按**】吴晗的《说道德》一文发表于 1962 年 5 月的中共北京市委理论刊物《前线》杂志 1962 年第十期。

> 本条引自《前线》1962 年第十六期。

**9 月 3 日** 为《学习集》作的《自序》撰写完毕。

【**按**】《学习集》是吴晗的第七本作品集，收杂文四十九篇，自序一篇，1963 年 2 月由北京出版社出版。

> 本条引自《吴晗全集》第八卷第 279 页。

**9 月 4 日** 《文天祥的骨气》在《中国青年报》发表。

【按】文章署名为"吴晗"。

这篇文章 1963 年 2 月收入北京出版社出版的《学习集》；1979 年 12 月收入人民文学出版社出版的《吴晗杂文选》；1988 年 3 月收入北京出版社出版的《吴晗文集》第四卷；2009 年 3 月收入中国人民大学出版社出版的《吴晗全集》第八卷。

本条引自《中国青年报》1962 年 9 月 4 日第四版。

**9 月 12 日**　就我国击落美制国民党军队 U－2 型飞机发表谈话。

【按】中国民主同盟北京市委员会主任委员吴晗、中国国民党革命委员会北京市委员会主任委员蒋光鼐、中国民主促进会北京市委员会主任委员顾均正、九三学社北京分社主任委员严济慈等，就我国击落美制国民党军队 U－2 型飞机发表谈话。

【按】U－2 型飞机是美国情报机关特制的高空侦察机，重量轻，滑翔性能好，飞行高度可达两万余米，续航时间可达八九个小时。从 1962 年 1 月至 6 月，国民党空军 U－2 型飞机共出动十一架次进入大陆侦察，活动范围除新疆、西藏外，遍及全国各地。1962 年 9 月 9 日上午 8 点 32 分，人民空军地空导弹第二营发射三枚导弹，当即将一架 U－2 型飞机击毁，飞机残骸坠于南昌东南十五千米罗家集附近，国民党空军少校飞行员陈怀身丧生。从此到 1967 年 9

月止，人民解放军空军共击落 U-2 型飞机五架。从 1968 年起，国民党空军被迫停止派遣该型高空侦察机进入大陆纵深活动。

本条引自《人民日报》1962 年 9 月 13 日第一版。

**9 月 13 日**　《人民日报》发表师宁的文章《有关历史人物评价的两个问题——与吴晗、汪原等同志商榷》。

【按】《人民日报》曾于 3 月 23 日和 6 月 17 日分别发表了吴晗的《论历史人物评价》和汪原、袁定中、王思治三人的《关于历史人物评价的意见——同吴晗同志商榷一个问题》一文。9 月 13 日，又发表了师宁的《有关历史人物评价的两个问题——与吴晗、汪原等同志商榷》。师宁在文章中说：读过这两篇文章，获得不少启发，也感到有些问题还可以做些商榷。这里仅就历史人物受什么支配或决定，评价历史人物的"标准"以及原则和方法这两个问题提出一些意见。

本条引自《人民日报》1962 年 9 月 13 日第五版。

**同日**　《论民族英雄》写作完毕。

【按】这篇文章后发表在 1962 年 9 月 30 日的《解放军报》。

本条引自《吴晗全集》第八卷第 337 页。

**9 月 17 日** 出席北京广播函授学校开学典礼并讲话。

【按】开学典礼在中山公园音乐堂举行。校务委员会主任委员吴晗，北京市团委副书记周世贤，北京市教育局副局长薛成业、谭元坤、阎伯铭以及各区分校负责人和学校全体教师参加了典礼。吴晗在讲话中祝贺这所学校的成立，祝贺学生们开始了新的学习生活。

【按】北京广播函授学校是由北京市教育局、团市委、北京人民广播电台、市文化局、市青联、市工会、市妇联和市科协等八个单位联合举办的。学校还在东城、西城、崇文、宣武、海淀和丰台等区设立了七个分校，负责各区的组织辅导和批改作业的工作。

> 本条引自《北京日报》1962 年 9 月 18 日第二版。

**9 月 18 日** 在北京广播函授学校开学典礼上的讲话在《北京日报》摘录发表。

【按】这个讲话摘录自新闻稿《广播函授学校昨天开学　校委会主任委员吴晗勉励学生努力学习》。

> 这个讲话（摘录）是吴晗未曾结集发表的职务文稿之一。

> 本条引自《北京日报》1962 年 9 月 18 日第二版。

**9 月 30 日** 《论民族英雄》在《解放军报》发表。

【按】文章署名为"吴晗"。

这篇文章 1963 年 2 月收入北京出版社出版的《学习集》；1988 年 3 月收入人民出版社出版的《吴晗史学论著选集》第三卷；1988 年 3 月收入北京出版社出版的《吴晗文集》第一卷；2009 年 3 月收入中国人民大学出版社出版的《吴晗全集》第八卷。

本条引自《解放军报》1962 年 9 月 30 日第四版。

**本月**　《〈敕勒歌〉歌唱者家族的命运》在《人民文学》1962 年第九期发表。

【按】文章署名为"吴晗"。

这篇文章 1963 年 2 月收入北京出版社出版的《学习集》；1988 年 3 月收入人民出版社出版的《吴晗史学论著选集》第三卷；1988 年 3 月收入北京出版社出版的《吴晗文集》第四卷；2009 年 3 月收入中国人民大学出版社出版的《吴晗全集》第八卷。

本条引自《人民文学》1962 年第九期。

**本月**　《谈火葬》在《前线》杂志 1962 年第十九期发表。

【按】文章署名为"吴南星"。

这篇文章 1963 年 2 月收入北京出版社出版的《学习集》；1979 年 9 月收入人民文学出版社出版的《三家村札记》；1988 年 3 月收入北京出版社出版的《吴晗文集》第

四卷；2009 年 3 月收入中国人民大学出版社出版的《吴晗全集》第八卷。

本条引自《前线》1962 年第十九期。

**10 月 3 日**　《怎么学古文——吴晗同志答本刊记者问》在《新闻业务》1962 年第十期发表。

【按】这篇文章 2009 年 3 月收入中国人民大学出版社出版的《吴晗全集》第九卷时，题目改为"怎么学古文——答〈新闻业务〉记者问"。

本条引自《新闻业务》1962 年第十期。

**10 月 4 日**　出席庆祝我国和尼泊尔王国边界条约签订一周年酒会并讲话。

【按】为了解决中国和尼泊尔两国的边界争端，中尼两国于 1961 年 10 月 5 日签订了《中华人民共和国和尼泊尔王国边界条约》。1962 年 10 月 4 日下午，时值中尼两国签订边界条约一周年之际，中国尼泊尔友好协会举行庆祝酒会。此时，国家组织的中尼友协代表团准备 10 月中旬赴尼泊尔进行友好访问，吴晗将出任该代表团团长。

本条引自《人民日报》1962 年 10 月 5 日第一版。

**10 月 5 日**　在中国尼泊尔友好协会举行的庆祝我国和尼泊尔

王国边界条约签订一周年酒会上的讲话在《人民日报》摘录发表。

【按】这个讲话摘录自新闻稿《庆祝中国尼泊尔边界条约签订一周年　中尼友好协会举行酒会　陈毅副总理和首都各方面人士同在京的尼泊尔朋友欢聚一堂　同祝两国人民传统友谊日益发展》。

这个讲话（摘录）是吴晗未曾结集发表的职务文稿之一。

本条引自《人民日报》1962 年 10 月 5 日第一版

**10 月 14 日**　《〈我和小淘气〉序》撰写完毕。

【按】这篇文章 1962 年 11 月 29 日在《北京晚报》发表。

本条引自少年儿童读物编辑委员会编：《我和小淘气》。

**10 月 21 日**　从缅甸致电万里。

【按】电报全文如下："北京市委万里同志：敌大举向我进攻，代表团奉令暂停缅馆候命。知念，特告。并请告袁震、罗文。吴晗 10 月 21 日。"

这份电报是吴晗未曾结集发表的遗著之一。

【按】吴晗率领的中尼友协代表团原准备经缅甸、印度转道去尼泊尔，正好遇上中印边界冲突事件，故有吴晗电文中的"敌大举向我进攻"一说。

本条引自北京市档案馆 002 - 020 - 00891 号档案。

**本月**  致函《中国历史常识》编辑部。

【按】据陈复在《吴晗同志与〈中国历史常识〉》一文中回忆说："《中国历史常识》的整个编辑过程，包括编辑方案的制订，试稿和征求意见稿的审阅讨论，编辑加工过的稿件的审定，等，他几乎都一一地过问和参加了。1962 年 10 月，他在审阅厚厚的一本征求意见稿以后，给编辑部写信说：'花了一个礼拜的时间，白天黑夜赶，总算看完了。'不但看完了，还提了许多具体意见。"

这封信，编者迄今没有找到它的全文。

本条引自王宏志、闻立树主编：《怀念吴晗  百年诞辰纪念》第 339 页。

**11 月 7 日**  致函黄裳。

【按】吴晗在信中说，"一星期后又要出国，去伊拉克，得 1 月左右回国，回来后准备用两三个月时间改写《朱元璋传》，这稿子在 1954 年已经改写，油印了一百多份，书店等了多年，再不改写出版，对书店、读者都交代不过去了……小丛书决定再搞大一些，每样出千种以上。这些天正在准备再搞一套'语文小丛书'。不怕事多，到处挂帅，头发白了，却不大肯服老。朋友们都以我为怪，其实我倒不怎样怪，他们有能力，却不肯为孩子们做一点事，那才真怪呢……小文章想写，要写，但不是现在。等《朱元璋传》改写完后，就自由了，那时候可能搞出一些东西来"。

这封信 2009 年 3 月收入中国人民大学出版社出版的《吴晗全集》第十卷。

本条引自《吴晗全集》第十卷第 182 页。

**11 月 13 日、16 日、17 日、18 日**　应中共中央高级党校邀请，连续做了四次关于明史的讲演。

【按】据吴晗的研究生张显清在《难忘的四年——缅怀吴晗先生》一文中回忆说："1962 年 12 月至 1963 年 1 月，先生应中共中央高级党校之邀，连续做了三次关于明史的讲演。这三次讲演分为四讲：第一讲'明太祖建国'；第二讲'明成祖迁都北京''南倭北虏'；第三讲'东林党争''建州女真'；第四讲'郑和下西洋''资本主义萌芽'……1979 年，《北京师院学报》连载的《明史讲座》（吴晗遗稿）就是这个演讲稿本。"

在张显清先生记忆中，吴晗为中共中央高级党校上课的时间是"1962 年 12 月至 1963 年 1 月"，但本书编者在查找史料中，发现了一本 1964 年 7 月中共中央高级党校历史教研组编印的《明史中的几个问题》的内部印刷的书，扉页的说明清楚地写明这是"吴晗同志在一九六二年十一月十三日、十六日、十七日、十八日给我校一九六一年度学员讲课的记录稿"，故此，编者认为，这个铅印的史料要比张显清先生几十年后凭记忆写的日期要准确，故采用了这条史料的时间。

这个演讲稿 2009 年 3 月收入中国人民大学出版社出版的《吴晗全集》时更名为《明史简述》。

本条引自王宏志、闻立树主编：《怀念吴晗 百年诞辰纪念》第 472 页及中共中央高级党校历史教研组 1964 年 7 月编印：《明史中的几个问题》。

**11 月 29 日** 《〈我和小淘气〉序》在《北京晚报》发表。

【按】文章署名为"吴晗"。

文章发表在《五色土》副刊。

这篇文章 2009 年 3 月收入中国人民大学出版社出版的《吴晗全集》第九卷。

本条引自《北京晚报》1962 年 11 月 29 日第三版。

**12 月** 中华书局出版的《海瑞集》采用《论海瑞》一文做序。

【按】《海瑞集》，中华书局陈义钟（程毅中的笔名）编纂。当时程毅中还是一个参加工作不久的新手。中华书局的总编金灿然指示，为了避免该书出现一些错误的影响，以个人名义署名，可以减轻编辑部的责任。故编校者采用程毅中个人署名，编辑部主任徐调孚先生替程毅中起了个"陈义钟"的笔名。

这篇文章 2009 年 3 月收入中国人民大学出版社出版

的《吴晗全集》第七卷。

> 本条引自光明新闻网程毅中：《编校〈海瑞集〉追记》。

**本月** 作序的《我和小淘气》一书由北京出版社出版。

【按】《我和小淘气》一书是北京市少年儿童习作集第二辑。三十二开，四十六页，两万三千字，选载了北京市少年儿童童天齐的《雨》、刘钟的《高兴的一天》、邹旦倪的《我和小淘气》等二十篇文章，另有一篇吴晗的序言以及一篇编辑部的《给小读者的信》。该书出版后也深受广大少年儿童的喜爱，曾多次再版和重印。

> 本条引自少年儿童读物编辑委员会编：《我和小淘气》。

## 1963 年

**年初**　致函弟弟吴春曦。

【按】这是一封复函。

年初，吴春曦写信给吴晗，说已经摘掉了右派分子的帽子。吴晗当即回信，说"这是家里多年来最大的一件喜事，值得全家欢悦，我向你们祝贺"。

这封信，编者迄今没有找到它的全文。

本条引自宋连生：《吴晗的后二十年》第18页。

**2 月 10 日**　《论修清史》在《前线》杂志 1963 年第三期发表。

【按】文章署名为"吴南星"。

文章发表在《三家村札记》栏目。

这篇文章 1979 年 9 月收入人民文学出版社出版的《三家村札记》；1988 年 3 月收入人民出版社出版的《吴晗史学论著选集》第三卷；1988 年 3 月收入北京出版社出版的《吴晗文集》第四卷；2009 年 3 月收入中国人民大学出

版社出版的《吴晗全集》第八卷。

【按】《清史稿》是中华民国初年由北洋政府设馆编修的记载清朝历史的正史《清史》的未定稿。《清史稿》编修工作历时十余年，至 1927 年，主编赵尔巽见全稿已初步成形，担心时局多变及自己时日无多，遂决定以《清史稿》之名将各卷刊印出版，以示其为未定本。20 世纪 50 年代，董必武向中央建议编纂一部正式的清史，得到毛泽东和周恩来的首肯。1958 年，周恩来委托吴晗负责这项工作。正当吴晗着手筹办纂修清史的工作不久，我国遭遇了三年困难时期，纂修清史的工作也不得不中止了。到了 1963 年，毛泽东邀请范文澜、吴晗等历史学家谈话，再次提到编纂清史的问题。毛泽东说："我退居二线后，管的事情少了，想读一点清史的书。"在这种特殊的历史背景下，吴晗撰写了这篇《论修清史》。

本条引自《前线》1963 年第三期。

**2 月 17 日**　出席庆祝尼泊尔王国民主日招待会并讲话。

【按】当晚，中国尼泊尔友好协会在新侨饭店举行招待会，出席招待会的有丁西林、朱光、周叔迦、胡愈之、周而复及中国驻尼泊尔大使张世杰等。

本条引自《人民日报》1963 年 2 月 18 日第一版。

**2 月 18 日**　在中国尼泊尔友好协会庆祝尼泊尔王国民主日招

待会上的讲话在《人民日报》摘录发表。

【按】这个讲话摘录自新闻稿《中国尼泊尔友好协会举行招待会 热烈庆祝尼泊尔民主日十二周年》。

这个讲话（摘录）是吴晗未曾结集发表的职务文稿之一。

本条引自《人民日报》1963 年 2 月 18 日第一版。

**2 月 24 日** 出席北京市历史学会第二届年会开幕会并讲话。

【按】北京市的历史工作者以极大的热情参加了这次年会，提供给年会的论文达四十八篇，比上一届年会的论文增加了一倍。

这个讲话，编者迄今没有找到它的原文。

本条引自《北京日报》1963 年 3 月 11 日第二版。

**本月** 《学习集》由北京出版社出版。

【按】这本作品集署名为"吴晗"。

这本书 2009 年 3 月收入中国人民大学出版社出版的《吴晗全集》第八卷。

本条引自《吴晗全集》第八卷第 276 页。

**3 月 10 日** 再次当选为北京市历史学会会长。

【按】北京市历史学会 1963 年年会历时两周。年会期间，北京市历史学会召开了会员代表会议，改选了新的理事会。吴晗再次当选为北京市历史学会会长，邵循正当选为副会长。

　　本条引自《文汇报》1963 年 3 月 12 日第二版。

**3 月 25 日**　《谈北京城》在《前线》杂志 1963 年第六期发表。

【按】文章署名为"吴南星"。

　　文章发表在《三家村札记》栏目。

　　这篇文章 1979 年 9 月收入人民文学出版社出版的《三家村札记》；1988 年 3 月收入人民出版社出版的《吴晗史学论著选集》第三卷；1988 年 3 月收入北京出版社出版的《吴晗文集》第四卷；2009 年 3 月收入中国人民大学出版社出版的《吴晗全集》第八卷。

　　本条引自《前线》1963 年第六期。

**3 月 30 日**　《普及历史知识的一套好书——〈历史故事〉序》在《文汇报》发表。

【按】文章署名为"吴晗"。

　　这篇文章 2009 年 3 月收入中国人民大学出版社出版的《吴晗全集》第九卷。

【按】《历史故事》，中央人民广播电台文教科学编辑部根据该台广播过的讲稿选辑成书，第一批选辑了六本，请吴晗撰写总序，1963 年 6 月至 1964 年 6 月由北京出版社陆续出版。《历史故事》第一集收入九个有关农民起义的故事；第二集收入十个有关都城和名胜的故事；第三集收入九个有关古代历史文化名人的故事；第四集收入十个有关古代发明的故事；第五集收入十个有关古代政治家的故事；第六集收入九个有关近代重要历史事件的故事。

本条引自《文汇报》1963 年 3 月 30 日第三版。

**4 月 15 日** 在中国戏曲研究院做《谈封建道德问题》的报告。

【按】这篇报告是在文化部中国戏曲研究院戏曲编剧讲习会上做的。共讲了四个问题：一、什么是道德；二、封建道德的发展变化；三、道德的继承问题；四、戏曲与道德。

这篇文章 2009 年 3 月收入中国人民大学出版社出版的《吴晗全集》第九卷。

本条引自王宏志、闻立树主编：《怀念吴晗 百年诞辰纪念》第 473 页。

**4 月 17 日** 《〈中国历史常识〉序言》写作完毕。

【按】为了向青少年介绍中国历史，吴晗于 1963 年至 1965 年间组织了一批专家学者，包括著名历史学家汪篯、白寿彝、邓广铭、郑天挺、翁独健、胡厚宣、阴法鲁、何兹全、戴逸等人编写了《中国历史常识》，全书共八册，从北京猿人一直写到北伐战争，几乎囊括了中国历史上所有的重要事件和文史常识、典章制度，是学习中国历史和传统文化的经典读物。该书由吴晗作序。

这篇文章 2009 年 3 月收入中国人民大学出版社出版的《吴晗全集》第九卷。

本条引自《吴晗全集》第九卷第 371 页。

**5 月**　《天安门赞歌》入选人民教育出版社编的初级中学语文课本第五册。

【按】这篇文章是课本的第一篇。第二篇是杨朔的《泰山极顶》。

这篇文章 2009 年 3 月收入中国人民大学出版社出版的《吴晗全集》第八卷。

本条引自王宏志、闻立树主编：《怀念吴晗　百年诞辰纪念》第 91 页。

**本月**　《论学风》在《前线》杂志 1963 年第九期发表。

【按】文章署名为"吴南星"。

文章发表在《三家村札记》栏目。

这篇文章 1979 年 9 月收入人民文学出版社出版的《三家村札记》；2009 年 3 月收入中国人民大学出版社出版的《吴晗全集》第八卷。

本条引自《前线》1963 年第九期。

**6月1日**　参加首都上万名"红领巾"在工人体育馆欢度儿童节的联欢会并讲话。

【按】联欢会还邀请了邓颖超、李德全、叶圣陶、李达、马纯古、李琦涛、万里等人。各国驻华使馆人员、在京的外国朋友、外国小朋友、优秀教师、少先队辅导员、保育人员，以及解放军"五好"战士、志愿军战斗英雄、工农业劳动模范、作家、艺术家，也应邀来和小朋友一起过节。吴晗在会上讲话，希望小朋友永远继承党的光荣的革命传统；永远同情和支持各国小朋友，关心世界革命。他还希望小朋友们更加用功读书，经常锻炼身体，更加热爱劳动，从小树立伟大的革命理想，为共产主义事业而时刻准备着。

据胡良骥在《又逢"六一"想吴晗》一文中回忆说："1963年'六一'，首都上万名'红领巾'在工人体育馆欢度儿童节，许多文艺界、体育界的名人和少先队员一起联欢。会上，我听到大会主持人，两个月后与我一起考入北京二中的赵寅同学宣布：'下面请北京市副市长吴晗同志讲话。'那是我第一次离得那么近地听一位高级领导人讲话，字字句句充满着对少年儿童的关怀、激励和鼓舞，至今记忆犹新。"

这个讲话（摘录）是吴晗未曾结集发表的职务文稿之一。

本条引自《人民日报》1963年6月2日第一版及新浪博客胡良骥：《又逢"六一"想吴晗》。

**6 月 25 日**　《论戏剧改革》在《前线》杂志 1963 年第十二期发表。

【按】文章署名为"吴南星"。

文章发表在《三家村札记》栏目。

这篇文章 1979 年 9 月收入人民文学出版社出版的《三家村札记》；1988 年 3 月收入北京出版社出版的《吴晗文集》第四卷；2009 年 3 月收入中国人民大学出版社出版的《吴晗全集》第八卷。

本条引自《前线》1963 年第十二期。

**6 月 27 日**　《论夷陵之战》在《北京日报》发表。

【按】文章署名为"吴晗"。

文章发表在《文化生活》栏目。

这篇文章 1988 年 3 月收入北京出版社出版的《吴晗文集》第四卷；2009 年 3 月收入中国人民大学出版社出版的《吴晗全集》第三卷。

【按】夷陵之战又称彝陵之战、猇亭之战，是三国时期蜀汉君主刘备对东吴发动的战役，也是三国时期发生的三大著名战役——官渡之战、赤壁之战和夷陵之战，史称三国时期的"三大战役"的最后一个战役。

本条引自《北京日报》1963 年 6 月 27 日第三版。

同日　《谈甲午海战》写作完毕。

【按】这篇文章 1963 年 7 月 19 日在《北京晚报》发表。

本条引自《吴晗全集》第九卷第 376 页。

**7 月 5 日**　参加北京市历史学会举办的以"阶级观点、历史主义及论史结合的问题"为中心议题的座谈会并发言。

【按】参加这次会议的有北京市各高等院校的教师和历史工作者五十多人。在这次座谈会上发言的有吴晗、邵循正、白寿彝、何兹全、王思治、周一良、张芝联、杨钊、李书兰等。

本条引自《吴晗全集》第九卷第 377 页。

**7 月 8 日**　致信小林文男。

【按】这封信是因小林文男和另一位日本友人、著名学者佐久间重男一起准备将吴晗的一些文章翻译成日文出版，特写信给吴晗。这封信是吴晗的回信。

这封信 1988 年 3 月收入人民出版社出版的《吴晗史学论著选集》第三卷；2009 年 3 月收入中国人民大学出版社出版的《吴晗全集》第十卷。

【按】小林文男，日本友人、著名学者。

本条引自刘光永著：《清官梦——吴晗传》第 292 页。

**7 月 19 日**　《谈甲午海战》在《北京晚报》发表。

【按】文章署名为"吴晗"。

这篇文章 2009 年 3 月收入中国人民大学出版社出版的《吴晗全集》第九卷。

本条引自《北京晚报》1963 年 7 月 19 日第三版。

**7 月 31 日** 《阶级观点、历史主义及论史结合的问题——1963 年 7 月 5 日在北京市历史学会座谈会上的发言（摘录）》在《光明日报》发表。

【按】文章署名为"吴晗"。

《光明日报》发表的原文是北京市历史学会秘书苏双碧整理的座谈纪要稿。吴晗的发言只是其中的一节。纪要里还有白寿彝、何兹全、李文海、王思治、周一良、张芝联、齐思和、杨钊、郑昌淦、李书兰、袁良义等的发言。

这篇文章 2009 年 3 月收入中国人民大学出版社出版的《吴晗全集》第九卷。

本条引自《光明日报》1963 年 7 月 31 日第四版。

**同日** 出席北京市庆祝"八一"建军节拥军优属联欢会并讲话。

【按】吴晗在联欢会上勉励大家发扬革命传统，在阶级斗争中站稳立场，为社会主义建设积极贡献力量。

这个讲话，编者迄今没有找到它的原文。

本条引自《人民日报》1963 年 8 月 3 日第二版。

**本月**　"中国历史小丛书"《海瑞的故事》再版印刷出版。

【按】吴晗曾于 1962 年 4 月为此写过《〈海瑞的故事〉再版题记》。

本条引自吴晗著：《海瑞的故事》。

**本月**　《中国历史常识》第一册由中国青年出版社出版。

【按】这一册介绍了"中国猿人""有巢氏　燧人氏　伏羲氏""神农氏""仰韶文化　龙山文化"等历史常识。

本条引自中国青年出版社：《中国历史常识》第一册。

**本月**　《中国历史常识》第二册由中国青年出版社出版。

【按】这一册介绍了"秦灭六国完成统一是在哪年？统一对中国有什么好处？""我国历史上第一个称'皇帝'的是谁？他为什么要推行'书同文、车同轨'的政策，又为什么要采用'焚书坑儒'的手段""秦朝兴建的灵渠在什么地方？它在水利工程上有什么价值？""秦为什么筑长城？孟姜女哭长城的故事为什么能够广泛流传？"等历史常识。

本条引自中国青年出版社：《中国历史常识》第二册。

**本月** 《中国历史常识》第三册由中国青年出版社出版。

【按】这一册介绍了"隋朝是怎样建立起来的？隋初统治者采取了哪些有利于农业生产的措施？""隋朝的统治为什么很快由兴盛走向崩溃？""隋末农民起义军著名的有哪几支？起义经过怎样？""什么叫贞观之治？"等历史常识。

本条引自中国青年出版社：《中国历史常识》第三册。

**8 月初** 出席并主持北京市历史学会的学术讨论会并讲话。

【按】8 月初，北京市历史学会连续举行了两次学术讨论会，讨论了怎样用阶级方法研究历史。参加这次讨论会的有首都各高等学校历史系的教师，中国科学院历史研究所、近代史研究所的研究人员，还有从上海、武汉、兰州等地来的历史研究工作者。讨论会由吴晗主持，人民大学副教授戴逸、北京师范学院讲师谢承仁、历史博物馆的王宏钧、北京大学的张芝联等先后在会上发言。

本条引自《北京晚报》1963 年 8 月 4 日第二版。

**8 月 10 日** 《谈学术研究（一）》在《前线》杂志 1963 年第十五期发表。

【按】文章署名为"吴南星"。

文章发表在《三家村札记》栏目。

这篇文章 1979 年 9 月收入人民文学出版社出版的《三家村札记》；1988 年 3 月收入北京出版社出版的《吴晗文集》第四卷；2009 年 3 月收入中国人民大学出版社出版的《吴晗全集》第八卷。

本条引自《前线》1963 年第十五期。

**8 月 19 日**　《三说道德——敬答许启贤同志》在《光明日报》发表。

【按】文章署名为"吴晗"。

1963 年 8 月 15 日，许启贤在《光明日报》发表了《关于道德的阶级性与继承性的一些问题——与吴晗同志商榷》。文中说，《说道德》和《再说道德》两篇短文"有些观点我认为是错误的，我愿提出来和吴晗同志商榷，并求教于吴晗同志"。

这篇文章 1988 年 3 月收入人民出版社出版的《吴晗史学论著选集》第三卷；2009 年 3 月收入中国人民大学出版社出版的《吴晗全集》第九卷。

【按】许启贤，我国著名伦理学家，马克思主义理论教育家，中国伦理学会原常务副会长，中国人民大学马克思主义学院教授、博士生导师。

本条引自《光明日报》1963 年 8 月 19 日第二版。

**本月**　《中国历史常识》第四册由中国青年出版社出版。

【按】这一册介绍了"元朝是怎样建立的？在建立元朝的过程中，忽必烈起了什么作用？""文天祥怎样坚持抗元斗争的？""元曲的主要作家有哪些？他们各有什么著名作品？""郭守敬在天文历算和水利工程方面有哪些突出成就？"等历史常识。

本条引自中国青年出版社：《中国历史常识》第四册。

9 月 18 日　致函作铭。

【按】作铭，即夏鼐的字。

夏鼐在医院住院，吴晗去看望，送给他一本《学习集》。夏鼐看后，发现有一处引文有问题，就写信给吴晗。吴晗回信说："得信知已在疗养中，不日痊愈，甚为喜慰。承指出'背上着箭'指的是野兽而非飞鸟，甚是……出院后，请你吃一次馆子，吹吹牛，如何？"不久，夏鼐出院，恢复上班，吴晗还真的请夏鼐吃了一次馆子。

这封信 2009 年 3 月收入中国人民大学出版社出版的《吴晗全集》第十卷。

本条引自《吴晗全集》第十卷第 206 页。

9 月 25 日　《谈兴趣》在《前线》杂志第十八期发表。

【按】文章署名为"吴南星"。

文章发表在《三家村札记》栏目。

这篇文章 1979 年 9 月收入人民文学出版社出版的

《三家村札记》；1988 年 3 月收入北京出版社出版的《吴晗文集》第四卷；2009 年 3 月收入中国人民大学出版社出版的《吴晗全集》第八卷。

本条引自《前线》1963 年第十八期。

**本月** 致函马少波。

【按】吴晗看了马少波的剧作《正气歌》初稿后，非常赞许，说"生祭一场尤为感人"。"生祭"一场系描写南宋诗人汪元量衔江南百姓之命，进大都土牢生祭文天祥的故事。

这封信，编者迄今没有找到它的全文。

【按】马少波（1918—2009），原名马志远，笔名苏扬、红石等。中国语言艺术家、剧作家、戏曲理论家。历任中国艺术语言研究会会长、中国戏曲学会副会长、中国京剧艺术基金会副会长、文化部振兴指导委员会副主任、中国戏曲学院名誉教授、中国京剧院副院长。

本条引自北京市历史学会编：《吴晗纪念文集》第 208 页。

**本月** 《中国历史常识》第五册由中国青年出版社出版。

【按】这一册介绍了"我国有文字记载的历史有多少年？正式纪年开始于何时？""我国历史上经历了哪些主要朝代？各有多少年？""在我国多民族的大家庭里，总共有多少个民族？其中人口较多的民族有哪些？它们在历史上叫过什

么名字?""北京在历史上做过哪些朝代的首都?"等历史
常识。

> 本条引自中国青年出版社:《中国历史常识》
> 第五册。

**10 月 11 日至 12 日** 参加中共北京市委召开的剧本创作座谈
会并发言。

【按】会议由中共北京市委宣传部部长李琪主持,邓拓出席
并讲话,吴晗、老舍、曹禺、张梦庚、焦菊隐等都在座谈
会上发言。

这篇发言,编者迄今没有找到它的原文。

> 本条引自当代北京编辑部编:《当代北京大
> 事记》第 188 页。

**11 月 26 日** 出席并主持北京市历史学会第三届年会。

【按】北京市历史学会的会员、北京市各高等院校历史系师
生及有关单位的历史工作者一千三百余人出席会议。北京
和外地的历史学家也应邀出席。中共华北局宣传部副部长
杨述,中共北京市委统战部部长廖沫沙和宣传部副部长张
大中参会。中共北京市委书记处书记邓拓在会上做了重要
报告,宦乡做了当前国际形势的报告。

> 本条引自《文汇报》1963 年 12 月 10 日第
> 二版。

本月　《谈写村史》在《前线》杂志 1963 年第二十二期发表。

【按】文章署名为"吴南星"。

文章发表在《三家村札记》栏目。

这篇文章 1979 年 9 月收入人民文学出版社出版的《三家村札记》；2009 年 3 月收入中国人民大学出版社出版的《吴晗全集》第八卷。

本条引自《前线》1963 年第二十二期。

**12 月 4 日**　出席并主持北京市历史学会第三届年会闭幕式。

【按】会议讨论了历史科学当前的任务，号召广大史学工作者重新学习马列主义、毛泽东思想，反对现代修正主义，加强近代史、现代史研究，认真总结革命经验。学会还组织了有关编写村史、家史、社史的座谈会。

本条引自《文汇报》1963 年 12 月 10 日第二版。

**本年**　到山西讲学，在太原做关于武则天及其他问题的学术演讲。

【按】受山西省政协、民盟省委、山西大学等五家单位邀请，吴晗到山西讲学，分别在山西太谷农学院讲了武则天，在大同市委做反修问题报告。报告结束后，还到呼和浩特和包头参观考察。山西省分管文教的副省长王中青陪同。

这两个演讲，编者迄今没有找到它的原文。

本条引自王宏志、闻立树主编：《怀念吴
晗　百年诞辰纪念》第 122～123 页。

**本年**　诗赠晋南蒲剧团。

【按】晋南蒲剧团进京汇报演出新编古代戏《港口驿》和
《白沟河》。演出非常成功，一时轰动京城。特别是他们还
在国务院小礼堂为中央领导做了专场汇报演出，全体演员
受到周恩来总理、董必武副主席、郭沫若副委员长、徐向
前元帅等中央领导人的亲切接见并合影留念。

不久，首都史学界、戏剧界知名人士吴晗、翦伯赞、
郭沫若、田汉、张庚等撰文向全国观众隆重推荐了这两出
新编古代戏。吴晗、翦伯赞特意题诗赞咏。

诗中"白沟港口"，即指蒲剧新编古代戏《白沟河》
和《港口驿》。《白沟河》，蒲剧梆子剧目，取材于《宋
史》及《杨家将演义》。《港口驿》，蒲剧梆子剧目，取材
于吴晗的《海瑞的故事》一书。

吴晗的这首诗歌是吴晗未曾结集发表的诗稿之一。

本条引自中国戏曲志编辑委员会编：《中国
戏曲志·山西卷》第 170 页。

**本年**　致函梁方仲。

【按】这封信的内容有关《清史稿》。吴晗告诉梁方仲，他
已把《清史稿》中有关部院大臣年表按章录了下来，又查

了《清史列传》，注上籍贯，列了一个单子寄给梁方仲。

这封信是吴晗的侄儿吴昆提供给编者的复印件，原件残缺，只有前一部分，没有落款及写作时间。编者依据吴晗1963年2月10日在《前线》1963年第三期发表的《论修清史》推测该信可能写于1963年。

本条引自吴昆提供的信函复印件。

# 1964 年

**1月4日**　出席北京市三里河中古友谊小学命名会议并讲话。

【按】为庆祝古巴解放五周年，北京市三里河第二小学被命名为北京市三里河中古友谊小学。以古斯塔沃·马索拉为首的古巴友好代表团、古巴驻中国大使馆商务参赞艾杜阿尔多·桑托斯、北京市副市长吴晗、中国古巴友好协会总干事任映仑等参加大会。大会举行前，在掌声和锣鼓声中，吴晗和校长白智把一块崭新的"北京市三里河中古友谊小学"牌子挂在大门边。庆祝会开始，吴晗首先讲话。古斯塔沃·马索拉也在热烈的掌声中讲了话。

本条引自《人民日报》1964年1月5日第四版及《北京日报》1964年1月5日第三版。

**1月5日**　在北京市三里河二小命名为北京市三里河中古友谊小学会议上的讲话在《光明日报》摘录发表。

【按】这个讲话摘录自新闻稿《北京市三里河第二小学命名为北京市三里河中古友谊小学》。

这个讲话（摘录）是吴晗未曾结集发表的职务文稿

之一。

　　　　本条引自《人民日报》1964 年 1 月 5 日第四版及《北京日报》1964 年 1 月 5 日第三版。

**1 月 13 日**　主持召开编写村史座谈会。

【按】吴晗以北京市历史学会的名义主持召开了座谈会，对编写村史、家史、社史的意义、方法、内容、体例等若干问题进行讨论。中共北京市委书记处书记邓拓，市委统战部部长廖沫沙，历史学家翦伯赞、邵循正、胡华、林耀华，作家艾芜、骆宾基等三十余人出席了会议。

　　　　本条引自《北京日报》1964 年 1 月 18 日第三版。

**1 月 23 日**　致信黄裳。

【按】吴晗在信中和黄裳交换了对黄裳新著的具体意见，并表示"这些小疵，稍加改削便可以了，提出来只是供你参考"，"我很喜欢，希望能早日杀青"。

　　　　这封信 2009 年 3 月收入中国人民大学出版社出版的《吴晗全集》第十卷。

　　　　本条引自《吴晗全集》第十卷第 184 页。

**1 月 25 日**　《再谈编写村史》在《前线》杂志 1964 年第二期发表。

【按】文章署名为"吴南星"。

文章发表在《三家村札记》栏目。

这篇文章 1979 年 9 月收入人民文学出版社出版的《三家村札记》; 2009 年 3 月收入中国人民大学出版社出版的《吴晗全集》第八卷。

本条引自《前线》1964 年第二期。

**1 月 30 日**　致函黄裳。

【按】这封信继 1 月 23 日的信后再次谈对黄裳新著的具体细节的意见。

这封信 2009 年 3 月收入中国人民大学出版社出版的《吴晗全集》第十卷。

本条引自《吴晗全集》第十卷第 186 页。

**2 月**　在北京动物园内的畅观楼病休期间第四次改写《朱元璋传》。

【按】第四次改写《朱元璋传》，即对《朱元璋传》第三个油印本子（即 1955 年本，未正式出版）进行修改。

【按】北京动物园畅观楼建成于清光绪三十四年（1908）初，为清末皇室郊外行宫，位于农事试验场（北京动物园前身）西北部。畅观楼建筑为欧式风格，七楹两层，正门处有珐琅镶嵌匾额书"畅观楼"。楼墙体为土红色，有七十五厘米高灰色砖砌筑的基座。楼的东西两侧不对称，东边为圆柱形的三层，楼顶为一圆形平台，有一圈紫铜制作的欧式花饰栏杆，在此可俯瞰远处。

　　　　　　　本条引自王宏志、金若年著：《吴晗画传》
第 122 页。

**3 月 10 日**　　《谈写作》在《前线》杂志 1964 年第五期发表。

【按】文章署名为"吴南星"。

　　文章发表在《三家村札记》栏目。

　　这篇文章 1979 年 9 月收入人民文学出版社出版的
《三家村札记》；2009 年 3 月收入中国人民大学出版社出版
的《吴晗全集》第八卷。

　　　　　　　本条引自《前线》1964 年第五期。

**同日**　　出席北京市保育工作者关心热爱孩子运动发奖大会并
讲话。

【按】大会在天桥剧场举行。吴晗出席并讲话。他预祝大家
今后在培育革命接班人的工作中做出更大的成绩。北京市
妇联副主任王春平也在会上讲了话。七一幼儿园教养员王
德霞等在会上介绍了工作经验。

　　这个讲话是吴晗未曾结集发表的职务文稿之一。

　　　　　　　本条引自《北京日报》1964 年 3 月 11 日第
一版及北京市档案馆 025 - 001 - 00045 号
档案。

**本月**　　"语文小丛书"开始由北京出版社陆续出版。

【按】"语文小丛书"是中共北京市委第二书记刘仁倡议，由吴晗具体组织的。"语文小丛书"编委会由吴晗任主编，王力、陈哲文任副主编，朱德熙、冰心、吕叔湘、唐弢、廖沫沙等任编委。

本月出版的"语文小丛书"有叶圣陶编写的《评改两篇作文》、陆宗达编写的《训诂浅谈》、徐世荣编写的《容易读错的字》、徐仲华编写的《容易写错的字》等。

本条引自北京出版志编纂委员会编：《北京出版史志》第十五辑第 58 页。

**4 月 7 日**　《〈朱元璋传〉(1965 年本) 自序》写作完毕。

【按】吴晗在《自序》中说，"趁着病后半休养的机会，作第四次的改写。从今年二月初开始，每天写一点，经过了两个月，总算写完了"。

吴晗的《朱元璋传》(1965 年本) 1965 年 2 月由生活·读书·新知三联书店出版。

本条引自《吴晗全集》第六卷第 211 页。

**4 月 26 日**　《朱元璋的队伍和政权的性质》在《人民日报》发表。

【按】文章署名为"吴晗"。

这篇文章 1988 年 3 月收入人民出版社出版的《吴晗史学论著选集》第三卷；1988 年 3 月收入北京出版社出版的《吴晗文集》第一卷；2009 年 3 月收入中国人民大学出

版社出版的《吴晗全集》第二卷。

  本条引自《人民日报》1964 年 4 月 26 日第
五版。

**4 月 29 日**　　《明初统治阶级内部的斗争》在《人民日报》
发表。

  【按】文章署名为"吴晗"。

  文章发表在《学术研究》专栏。

  这篇文章 1988 年 3 月收入人民出版社出版的《吴晗
史学论著选集》第三卷；1988 年 3 月收入北京出版社出版
的《吴晗文集》第一卷；2009 年 3 月收入中国人民大学出
版社出版的《吴晗全集》第二卷。

  本条引自《人民日报》1964 年 4 月 29 日第
五版。

**本月**　　《谈演戏》在《前线》杂志 1964 年第八期发表。

  【按】文章署名为"吴南星"。

  文章发表在《三家村札记》栏目。

  这篇文章 1979 年 9 月收入人民文学出版社出版的
《三家村札记》；1988 年 3 月收入北京出版社出版的《吴晗
文集》第四卷；2009 年 3 月收入中国人民大学出版社出版
的《吴晗全集》第八卷。

  本条引自《前线》1964 年第八期。

**5 月 4 日**　会见并宴请日本东京和平委员会代表团全体成员并致辞。

【按】下午，中国人民保卫世界和平委员会北京市分会副主席吴晗会见以阿部行藏为首的日本东京和平委员会代表团全体成员，同他们进行了友好谈话。会见后，吴晗设宴招待日本客人。宴会前吴晗做了热情洋溢的致辞。参加会见和宴会的有舒舍予、廖沫沙、崔月犁、区棠亮、辛毅等人士。

这个讲话是吴晗未曾结集发表的职务文稿之一。

本条引自《人民日报》1964 年 5 月 5 日第五版。

**本月**　《中国历史常识》第六册由中国青年出版社出版。

【按】这一册介绍了"中国近代史从什么时候开始？""鸦片战争是怎样发生的？""林则徐是怎样和外国侵略者进行斗争的？'虎门销烟'是怎么一回事？""鸦片战争中著名的爱国将领关天培、陈化成是怎样壮烈牺牲的？"等历史常识。

本条引自中国青年出版社：《中国历史常识》第六册。

**本月**　《论历史人物评价》收入《北京市历史学会第一第二届年会论文选集（1961 年·1962 年)》一书。

【按】《北京市历史学会第一第二届年会论文选集（1961 年·

1962 年)》，1964 年 5 月由北京出版社出版，三十二开，四百二十三页，二十五万七千字。书中收录了邓拓的《毛泽东思想开辟了中国历史科学发展的道路》、翦伯赞的《对处理若干历史问题的初步意见》、吴晗的《论历史人物评价》，以及张恒寿、胡如雷、邓广铭、郑昌淦、宁可、袁良义、邵循正、苑书义、荣天琳、刘家和、周一良、赵恒烈、孙恭恂等十六篇论文。

　　　　本条引自北京出版社：《北京市历史学会第一第二届年会论文选集（1961 年·1962 年)》。

**6 月 1 日**　出席首都"六一"国际儿童节联欢会并讲话。

【按】全国人民代表大会常务委员会副委员长郭沫若，教育部副部长林砺儒，中国人民保卫儿童全国委员会副主席李德全，全国妇联副主席史良、康克清和书记处书记曹孟君，共青团中央书记处书记杨海波、李琦涛，以及北京市人民团体、教育部门的负责人，一些优秀教师、少先队辅导员、保育人员、工农业劳动模范、人民解放军战斗英雄等，参加了联欢会。吴晗在会上讲话，向全市少年儿童祝贺节日快乐，身体健康，学习进步。

　　　　本条引自《人民日报》1964 年 6 月 2 日第二版。

**同日**　出席北京儿童工作者招待会并讲话。

【按】北京市人民政府在中山公园音乐堂举行招待会。吴晗代表北京市人民政府出席并讲话，他对全市小学教师，少先队辅导员，学生校外辅导员，保育教养人员，工厂、企业少年之家的辅导员代表们致以节日的慰问，祝他们在为培养共产主义接班人的岗位上做出更大的贡献。

这个讲话（摘录）是吴晗未曾结集发表的职务文稿之一。

本条引自《人民日报》1964 年 6 月 1 日第一版。

**6 月 2 日**　在首都"六一"国际儿童节联欢会上的讲话在《光明日报》摘录发表。

【按】这个讲话摘录自新闻稿《各地少年儿童欢度"六一"国际儿童节》。

这个讲话（摘录）是吴晗未曾结集发表的职务文稿之一。

本条引自《光明日报》1964 年 6 月 2 日第一版。

**6 月 10 日**　《谈学术研究（二）》在《前线》杂志 1964 年第十一期发表。

【按】文章署名为"吴南星"。

文章发表在《三家村札记》栏目。

这篇文章 1979 年 9 月收入人民文学出版社出版的《三家村札记》；1988 年 3 月收入北京出版社出版的《吴晗

文集》第四卷；2009 年 3 月收入中国人民大学出版社出版
的《吴晗全集》第八卷。

本条引自《前线》1964 年第十一期。

**6 月 17 日** 《〈试论封建社会的"清官"、"好官"〉读后》
在《光明日报》发表。

【按】文章署名为"吴晗"。

文章刊载在《史学》双周刊第二百八十七期。这期还
刊载了署名"史泽"的文章《论太平天国革命政权》。

《试论封建社会的"清官"、"好官"》是王思治发表
在 1964 年 6 月 3 日《光明日报》上的一篇文章。吴晗看了
王思治这篇文章和 1964 年 5 月 29 日《人民日报·学术研
究》上的《论"清官"》后写了本文。

这篇文章 1988 年 3 月收入人民出版社出版的《吴晗
史学论著选集》第三卷；2009 年 3 月收入中国人民大学出
版社出版的《吴晗全集》第二卷。

本条引自《光明日报》1964 年 6 月 17 日第
四版。

**本月** 致函邓拓、廖沫沙。

【按】据宋连生《邓拓的后十年》一书记述，1964 年夏季
开始，大批判从文艺界扩展到哲学、经济学、历史学、教
育学等各个学术领域。邓拓、吴晗、廖沫沙等"三家村"
成员预感到学术文化活动无法正常开展。于是，吴晗给邓

拓、廖沫沙写信说，题目不好选，工作也忙，专栏暂告一段落吧。其实，真正的原因尽在不言中。邓、廖二位表示同意。于是，1964 年 7 月《三家村札记》戛然而止。

这封信，编者迄今没有找到它的原文。

本条引自宋连生著：《邓拓的后十年》第177 页。

**本月** 《中国历史常识》第七册由中国青年出版社出版。

【按】这一册介绍了"为什么中国的无产阶级比资产阶级出生得早？""什么叫'洋务运动'？""为什么说中国民族资产阶级的软弱性是从'娘肚子里带出来的老毛病'？"等历史常识。

本条引自中国青年出版社：《中国历史常识》第七册。

**7 月** 在中共中央高级党校的演讲被该校编印成《明史中的几个问题》。

【按】中共中央高级党校历史教研室将吴晗 1962 年 11 月 13日、16 日、17 日、18 日为该校 1961 年学员讲授的明史课讲演整理后编印成书，作为该校的内部参考读物，并且在扉页说明"未经本人审阅，请勿外传"。

本条引自中共中央高级党校历史教研室 1964年 7 月编印：《明史中的几个问题》。

**8 月 31 日** 参加北京电视大学 1964—1965 学年度开学典礼并讲话。

【按】晚 7 点 30 分，开学典礼在广播电视大厦音乐厅举行。在主席台就座的有北京市副市长兼电大校长吴晗、北京市教育局副局长兼电大副校长魏明、北京市教育局副局长兼电大副校长薛成业、电视大学办公室主任接维城、北师大副教务长张刚、北京广播电视台副台长汪小为等。

据接维城回忆说，当时有六百余名教师和学员代表参加，分布在全市各学习单位的学员收看了大会实况。这时参加电大学习的学员已经占到全市业余大学学员总数的百分之四十。

这个讲话是吴晗未曾结集发表的职务文稿之一。

本条引自王宏志、闻立树主编：《怀念吴晗 百年诞辰纪念》第 431 页。

**9 月 21 日晚** 在北京电视大学首届毕业典礼上致开会词。

【按】高教部部长杨秀峰、北京市副市长吴晗、电视大学领导小组成员孟启予，以及北京市有关部门和各办学单位的负责人、首届毕业生共二百零二人出席了大会。吴晗在会上致开会词。会上还由杨秀峰和吴晗向毕业生颁发毕业证书。

这个讲话是吴晗未曾结集发表的职务文稿之一。

本条引自《北京日报》1964 年 9 月 22 日第一版及北京市档案馆 025 - 001 - 00045 号档案。

**11 月 11 日**　出席北京市农村业余教育先进单位积极分子代表大会并讲话。

【按】大会由北京市教育局、北京市农林局、共青团北京市委、北京市妇联联合召开，一百多人参加了会议。吴晗代表北京市人民委员会在会上讲话，他对代表们在农村业余教育战线上付出的艰苦劳动表示感谢，勉励他们在工作中取得更大的成绩。

这个讲话是吴晗未曾结集发表的职务文稿之一。

本条引自欧阳璋主编：《成人教育大事记》第 265 页。

**11 月 17 日下午**　出席北京市各界人民欢迎马晴山、陈觉光荣起义返回祖国大陆集会并讲话。

【按】北京市各界人民一千五百多人在政协礼堂集会，热烈欢迎中国台湾参加东京奥运会射击运动员马晴山和"体育考察团"团员陈觉光荣起义返回祖国大陆。欢迎大会由政协北京市委员会副主席廖沫沙主持。吴晗在会上发表了讲话。蔡廷锴代表国家体育运动委员会发给马晴山、陈觉奖金各一万元和证明书。出席欢迎大会的还有交通部副部长萧民，教育部副部长林砺儒，政协北京市委员会副主席蒋光鼐，梁思成、余心清、凌其峻，北京市各民主党派、各人民团体的负责人，北京市的工人、学生、机关干部、体育工作者和运动员等。

本条引自《人民日报》1964 年 11 月 18 日第二版。

**11月18日**　在北京市各界人民欢迎马晴山、陈觉光荣起义返回祖国大陆集会上的讲话在《人民日报》摘录发表。

【按】这个讲话摘录自新闻稿《北京市各界人民集会　欢迎马晴山陈觉光荣起义返回祖国大陆　陪同他们前来的日本朋友和东京华侨总会代表参加了集会》。

这个讲话（摘录）是吴晗未曾结集发表的职务文稿之一。

本条引自《人民日报》1964年11月18日第二版。

**本年**　诗赠山西汾酒厂。

【按】吴晗对汾酒厂进行考察，考察中曾赋诗赞美杏花村汾酒。吴晗的这首五言古诗于平淡中寓深情，从直白中出妙趣，不愧为大家手笔。诗曰：

"汾酒世所珍，芳香扑鼻闻。水纯工艺巧，争说杏花村。"

【按】这首诗是吴晗未曾结集发表的诗稿之一。

本条引自《经理日报》李长清、程然：《汾酒博物馆纵览记（九）》。

# 1965 年

**2 月 1 日** 致函刘大年。

【按】吴晗将周总理要求把吐蕃、朵甘、乌斯藏、西藏等几个名词的起源弄清楚的指示告知刘大年，请刘大年协助将这几个名词的汉藏及其他论文的有关资料抄录一份给他，并告知总理要得很急，请刘大年在十日之内给他。

这封信是吴晗未曾结集发表的遗著之一。

【按】刘大年，我国著名历史学家，博士生导师。历任中国科学院近代史研究所研究员、编译局副局长、近代史研究所副所长、哲学社会科学部学部委员，中国社会科学院近代史研究所所长、研究生院教授等职。

本条引自王玉璞、朱薇编：《刘大年来往书信选》第 252 页。

**2 月 12 日** 致函侄儿吴昆。

【按】吴昆是吴晗的二侄儿，吴晗弟弟吴春曦的二儿子。当时，党组织准备吸纳吴昆加入中国共产党，吴昆就写信给他的伯伯吴晗，要吴晗为他写一份家庭成分情况的证明材

料上交单位党支部。这封信就是吴晗给吴昆的回信。随信
还附上了吴昆的祖父、祖母、父亲、母亲等人的家庭成分
情况的证明材料。

这封信是吴昆提供的复印件。原件上没有标注写作年
份，但编者仔细辨认出山西太原邮局的邮戳日期是 1965 年
2 月 22 日，故确认该信写作的年份是 1965 年。

本条引自吴昆提供给编者的该信函的复
印件。

**本月中旬**　《关于吐蕃、朵甘、乌斯藏、西藏的几个名词的
资料》一文写作完毕。

【按】这篇文章是 1979 年 8 月，中共北京市委有关方面为
吴晗家属落实政策而归还的吴晗被查抄的三篇文稿之一。
史料中没有本文撰写的年月日，编者依据吴晗 2 月 1 日给
刘大年的信函中有关"总理要得很急，能在十日内给我
否"的话，推测本文应在 2 月中旬写就，故将此条安排
于此。

这篇文章 2009 年 3 月收入中国人民大学出版社出版
的《吴晗全集》第四卷。

【按】西藏的名称，在我国历史上的不同时期有不同的称谓，
唐、宋时称"吐蕃"，元、明时称"乌斯藏"，清代始称今
名"西藏"。朵甘思，又名朵甘、多康等，元代藏族地区名。
朵甘思的意思是汇合的区域，近代一般简称"康"。

本条引自《吴晗全集》第四卷第 250 页。

**本月**　《朱元璋传》第四次修改版由生活·读书·新知三联书店出版。

【按】《朱元璋传》第四次修改版，通常又说是 1965 年版，是吴晗生前内地出版的最后一本著作。

吴晗的《朱元璋传》第四次修改版 2009 年 3 月收入中国人民大学出版社出版的《吴晗全集》第六卷。

本条引自王宏志、金若年著：《吴晗画传》第 122 页。

**3 月 10 日**　在马里的锡加索市为谌介国题诗。

【按】吴晗随代表团在马里共和国锡加索市参观茶园。当时受中央对外经委和农业部派遣去马里共和国执行中马科技合作协议，从事茶树的试种和茶叶生产指导工作的谌介国同志向代表团做了有关在马里种植情况的汇报。听完汇报后，吴晗兴高采烈地对谌介国说："专家，拿笔墨来，给你题词留念。"然后，吴晗就在一张十六开的白纸上写下了："参观马里锡加裟茶园留赠谌介国同志　新从中国植名茶，斩荆除棘育幼芽。中马一家情谊重，逢人乐道锡加裟。　吴晗　一九六五年三月十日"。此处的锡加裟是吴晗将锡加索（SiKasso）译为锡加裟了。

这首诗是吴晗未曾结集发表的遗著之一。

本条引自《茶叶通讯》1993 年第一期。

**4 月 27 日下午**　出席中国尼泊尔友好协会举行的庆祝中国和尼泊尔王国和平友好条约签订五周年的招待会并讲话。

【按】郭沫若副委员长以及有关方面负责人姬鹏飞、楚图南、谢怀德、吴晗等，同尼泊尔大使馆临时代办巴斯尼亚特以及使馆其他人员和尼泊尔留学生亲切交谈，互祝两国友好关系不断发展。吴晗在招待会上发表讲话。

本条引自《人民日报》1965 年 4 月 28 日第五版。

**本月**　《中国历史常识》第八册由中国青年出版社出版。

【按】这一册介绍了"清末的'新政'和'预备立宪'是怎么回事？""中国从什么时候开始派留学生到外国留学？以后怎样逐渐发展？""日俄战争是怎样发生的？这次战争为什么在中国的领土上进行？""1904 年西藏人民怎样英勇地抗击英国侵略者？"等历史常识。

本条引自中国青年出版社：《中国历史常识》第八册。

**6 月 1 日**　出席首都少年儿童庆祝"六一"国际儿童节联欢会并讲话。

【按】朱德和夫人康克清，郭沫若和夫人于立群，蔡畅，万里等一起参加了联欢会。吴晗在会上讲话，向少年儿童表示节日的祝贺。

本条引自《人民日报》1965 年 6 月 2 日第一版。

**6 月 2 日** 在首都少年儿童庆祝"六一"国际儿童节联欢会上的讲话在《人民日报》摘录发表。

【按】这个讲话摘录自新闻稿《听毛主席的话做毛主席的好孩子 全国少年儿童欢庆"六一"节 朱委员长、阿鲁季议长、威廉斯主席、利佩书记等同首都一万五千名少年儿童一起联欢》。

这个讲话（摘录）是吴晗未曾结集发表的职务文稿之一。

本条引自《人民日报》1965 年 6 月 2 日第一版。

**7 月 30 日** 出席北京市人民委员会举办的拥军优属联欢会并讲话。

【按】当晚，首都驻京部队、民兵、军属、烈属、革命残废军人和复员退伍军人代表等二千五百多人参加了联欢会，庆祝中国人民解放军建军三十八周年。中共北京市委书记处书记郑天翔、赵凡，北京市副市长吴晗、崔月犁、乐松生和北京市政协副主席余心清、王源兴，北京部队政治部副主任张正光，北京卫戍区司令员李家益、副司令员李钟奇、政治部主任张益三等参加了联欢会。吴晗代表北京市人民委员会向到会的代表们热烈祝贺节日并且表示亲切慰问。会上，北京京剧团演出了京剧《沙家浜》。

本条引自《人民日报》1965 年 7 月 31 日第一版。

**7月31日**　在北京市人民委员会举办的拥军优属联欢会上的讲话在《人民日报》摘录发表。

【按】这个讲话摘录自新闻稿《庆祝中国人民解放军建军三十八周年首都举行拥军优属联欢会》。

这个讲话（摘录）是吴晗未曾结集发表的职务文稿之一。

本条引自《人民日报》1965年7月31日第一版。

**8月11日**　出席北京电视大学第二届毕业、附中第一届结业典礼大会并讲话。

【按】这次北京电视大学有数学系、物理系和中文系的四千余名学员毕业。这部分学员分布在全市十七个区（县）两千多家单位。会上吴晗和时任高等教育部部长的杨秀峰等领导一起，为毕业生颁发了由他签署的北京电视大学毕业证书。

这个讲话是吴晗未曾结集发表的职务文稿之一。

本条引自北京市档案馆015－001－00126号档案及王宏志、闻立树主编：《怀念吴晗百年诞辰纪念》第431页。

**9月1日**　出席西藏自治区第一届人民代表大会第一次会议开幕式并致祝词。

【按】会议在拉萨开幕。中央代表团团长谢富治、副团长张经武和代表团全体团员出席开幕式。谢富治、萧向荣、桑吉悦希（藏族）、吴晗、张天民等在大会上致祝词。吴晗代表北京市人民委员会和北京市各族人民，向西藏各族人民致以衷心的热烈的祝贺。他赞扬了西藏人民在革命和建设事业中取得的成就，并且祝西藏人民今后在社会主义革命和社会主义建设中不断取得更加伟大的胜利。

这个祝词，编者迄今没有找到它的原文。

本条引自《人民日报》1965 年 9 月 2 日第一版。

**10 月 4 日下午**　在中山公园中山堂做《西藏见闻》的报告。

【按】这场报告会有北京市政协委员及其他方面人士六百八十多人出席。

这篇报告，编者迄今没有找到它的原文。

本条引自北京市档案馆 127 - 001 - 00165 号档案。

**10 月 13 日**　参加北京电视大学系主任会议，并在会上讲话。

【按】出席会议的有魏明、王力、段学复、冯钟泰、张森等近二十人。会上谈到教师坐班制问题，吴晗说"知识分子有知识分子的特点和习惯"，主张取消电大教师坐班制。

这个讲话，编者迄今没有找到它的原文。

> 本条引自王宏志、闻立树主编：《怀念吴
> 晗　百年诞辰纪念》第 429 页。

**11 月 5 日**　参观中国书店举办的古籍装订修补技术展览会并题词祝贺。

【按】吴晗和邓拓一同参观展览会并分别题词，邓拓的题词："寻书忘岁月，人莫笑蹉跎。但满邺侯架，宁辞辛苦多。壬寅冬日戏改邵康节诗一绝以谢中国书店诸同志之辛勤劳动。"吴晗的题词："救活破旧书，使古为今用。"

这个题词的影印件后收入王宏志、闻立树主编的《怀念吴晗　百年诞辰纪念》一书。

【按】中国书店成立于 1952 年 11 月 4 日，是全国首家集收购、发行、出版、拍卖为一体的知名文化企业，是经营古旧书刊、文献的国营商业企业。主要业务范围是收售古旧书刊、碑帖拓片，经销新印古籍，复制出版中国古籍文献，并为读者补配残书和单年单卷的报刊。

> 本条引自王宏志、闻立树主编：《怀念吴
> 晗　百年诞辰纪念》第 287 页。

**12 月 13 日**　致函庐生。

【按】庐生，即萧庐生。时在江西省吉安县直属机关工作。

1965 年 11 月 10 日，姚文元在《文汇报》抛出了《评新编历史剧〈海瑞罢官〉》一文，萧庐生看后愤愤不平。

当大家在一块议论姚文元的文章时，他公开赞扬吴晗的《海瑞罢官》，11 月底报上陆续开展了对《海瑞罢官》的讨论，他也意欲参加讨论，于是，便给吴晗写了一封信。本信是吴晗的复信。吴晗在信中说："来信收到，《海瑞罢官》一剧是我前几年写的，该剧上演后反映也较好，现在有人提出种种责难我不以为然，是非自有公论。现在看来，该剧也是有缺点的，值得讨论。我手头没有了这个剧本，北京书店也没有卖。最近《文汇报》重新发表了该剧，请你去看一看，欢迎你参加讨论并提出批评。"

这封信最早出自 2004 年 8 月《吉安文史资料》（第一辑）萧庐生撰写的《我和吴晗的一次通信》。

这封信是吴晗未曾结集发表的遗著之一。

本条引自《吉安文史资料》2004 年 8 月（第一辑）。

**12 月 14 日** 致函邓拓、范瑾。

【按】吴晗在信中检讨他写的《论海瑞》和《海瑞罢官》缺乏阶级分析，过分美化海瑞。邓拓和范瑾根据彭真的意见，给吴晗回了信说："你的思想问题，恐怕主要还是对历史唯物主义的根本问题还没真正弄清楚。"这一意见，同毛泽东 1948 年 11 月读了吴晗的《朱元璋传》后的看法"先生似未完全接受历史唯物主义作为观察历史的方法论"是一致的。

【按】邓拓，时任中共北京市委书记处书记、《前线》杂志主编。

范瑾，时任中共北京市委常委、北京市副市长、北京日报社社长。

本条引自《彭真传》第三卷第 1193～1194 页。

**12 月 24 日**　《关于〈海瑞罢官〉的自我批评》写作完毕。

【按】吴晗在文章中，首先声明自己对学术讨论和批评表示欢迎，然后列出事实，说明当初研究海瑞并非影射庐山会议，对一些学术问题做了说明和解释。

本条引自《吴晗全集》第九卷第 416 页。

**12 月 27 日**　《关于〈海瑞罢官〉的自我批评》在《北京日报》发表。

【按】12 月 30 日《人民日报》也转载了这篇文章。《北京日报》和《人民日报》试图通过公开发表吴晗的文章，把对《海瑞罢官》的政治批判拉回学术研究领域。

这篇文章 2009 年 3 月收入中国人民大学出版社出版的《吴晗全集》第九卷。

本条引自《北京日报》1965 年 12 月 27 日第二、三版。

**12 月 30 日**　《人民日报》转载《关于〈海瑞罢官〉的自我批评》。

【按】《人民日报》在转载时加编者按说："吴晗同志对于

他的剧本《海瑞罢官》以及其他有关海瑞的著作，写了一篇自我批评的文章。吴晗同志在这篇文章中说，他这个自我批评'还只是初步的，不深入的'。我们希望读者认真地看看这篇文章，看看吴晗同志的自我批评在哪些方面是不深入的，是否谈到了问题的本质，是否触及了要害。对于《海瑞罢官》这个剧本，究竟在政治上和学术上应当作怎样的分析，应当作怎样的评价，我们希望进一步地展开辩论。"

本条引自《人民日报》1965 年 12 月 30 日第五版。

**年底** 致函侄儿吴宣。

【按】吴宣，吴晗弟弟吴春曦的大儿子。

1965 年年底，吴宣供职的公司有同事出差到北京，便托其给吴晗捎了一筐蜜橘，吴晗收到后给吴宣写信。信中说，"蜜橘收到"，"我正在写检查"，"请家里人也来帮助我认识错误"。

这封信，编者迄今没有找到它的原文。

本条引自王宏志、闻立树主编：《怀念吴晗 百年诞辰纪念》第 502 页。

# 1966 年

**1 月 10 日** 《是革命，还是继承？——关于道德讨论的自我批评》在《前线》杂志 1966 年第一期发表。

【按】这篇文章是继《海瑞罢官》的自我批评以后，又对道德问题的自我批评。

这期还刊载了署名"严问"的文章《评吴晗同志关于道德问题的"自我批评"》。

这篇文章 2009 年 3 月收入中国人民大学出版社出版的《吴晗全集》第九卷。

本条引自《前线》1966 年第一期。

**1 月 12 日** 《是革命，还是继承？——关于道德讨论的自我批评》在《北京日报》转载发表。

【按】这版发表的文章还有中国人民大学学生吴贞顺的《吴晗同志提倡的"义气"把人们引向哪里？》、邓莲的《海瑞的形象是怎么膨胀起来的》和五篇有关《海瑞罢官》问题讨论文摘。

本条引自《北京日报》1966 年 1 月 12 日第三版。

**2 月 23 日**  致函阿昆。

【按】阿昆，即吴昆，当时在山西太原煤炭科学院太原研究所工作。

在此之前，吴晗收到吴昆的一封来信，因为当时正在做检查，所以隔了很久才回信。信中主要谈了他对当前开展的对新编历史剧《海瑞罢官》的大批判的看法，并向吴昆介绍了写的"关于《海瑞罢官》自我批评的批判"的主要内容。吴晗在信中说："我的问题是学术问题，也是政治问题。在《海瑞罢官》和其他有关历史人物、历史人物评价的文章中充分表现了我的资产阶级世界观和历史观有复古主义、主观主义的东西，全端出来了，错误是一贯性的，即使不批判《海瑞罢官》，我的资产阶级历史观也要批判的。"

这封信的原件上没有写作的年份，编者依据信上所述内容，确认它是 1966 年写的。

这封信是吴晗未曾结集发表的遗著之一。

本条引自吴昆提供的该信函的复印件。

**3 月**  出席光明日报社组织的有关"让步政策"问题座谈会。

【按】1965 年 11 月 20 日，曾任中国科学院历史研究所实验研究员的孙达人在《光明日报》上发表了《怎样估价让步政策》。虽然当时应者寥寥，但毛泽东同志赞同了他的观点，因此在史学界引起轰动。1966 年 3 月，《光明日报》就"让步政策"问题组织了一次学术座谈会。当时北京史学界的名流翦伯赞、吴晗、侯外庐等都参加了会议。

【按】让步政策，即"让步政策"论，是我国著名历史学家翦伯赞先生提出的一个史学观点。他认为：每一次大暴动都或多或少推动了中国封建社会的发展。因为在每一次大暴动之后，新的统治者为了恢复封建秩序，必须对农民做某种程度的让步，这就是说，必须或多或少减轻对农民的剥削和压迫，这样就减轻了封建生产关系对生产力的拘束，使得封建社会的生产力又有继续发展的可能，这样就推动了中国历史的前进，因而可以说中国历史上的每一次农民暴动或农民战争，都是中国封建社会向前发展的里程碑。

本条引自共识网孟祥才：《我所知道的戚本禹》。

**5 月**　吴南星著的《三家村札记》由生活·读书·新知三联书店出版。

【按】该书当时为内部发行读物，收录的六十七篇文章是邓拓、吴晗、廖沫沙三人 1961 年 10 月至 1964 年 7 月在《前线》杂志上发表的，按发表时间顺序编排。

本条引自曹鹤龙、李雪映编：《生活·读书·新知三联书店图书总目（增订版）（1932—2007）》第 257 页。

**10 月**　香港存真印书馆出版的杂文选编《长短录》收入吴晗的五篇文章。

【**按**】该书收录了邓拓、吴晗、廖沫沙、夏衍、唐弢等五位杂文作家 1962 年 5 月 4 日至 12 月 8 日在《人民日报》发表的三十六篇文章。吴晗的《争鸣的风度》《谈写文章》《论不同学科的协作》《戚继光练兵》《反对"花法"》等五篇文章收录其中。这本《长短录》比 1980 年 2 月人民日报出版社出版的《长短录》早十三年又四个月，且当时的内地正处在一片声势浩大的批判吴晗的批斗声中。

本条引自香港存真印书馆出版、吴晗著：《长短录》。

## 1967 年

**1 月** 香港存真印书馆出版许冠三作序的《吴晗文集》（第一卷）。

【按】这本作品集三十二开，一百六十八页，平装本。该书延请了当时港台著名历史学家许冠三为其作了一篇长篇序言——《吴晗的路》。本书收录的是吴晗 1930 年至 1948 年的文章，包括吴晗致胡适的信函、《论锦衣卫与东西厂》等文章。但香港存真印书馆选编的《吴晗文集》是否有续本，目前尚没有找到显示的资料。迄本《年谱》截稿，该书是吴晗生前出版的最后一本作品集，也是吴晗生前唯一非自己选编出版的作品集。

【按】许冠三（1924—2011），港台历史学家。任职于台湾大学，1974 年移席香港中文大学历史系，执教至 20 世纪 80 年代后期。许冠三自 20 世纪 50 年代致力史学研究，对史学史与史学理论、史学方法的研究尤为深入，自封"新史学殿军"，1986 年退休，晚年居于美国。

本条引自香港存真印书馆出版、吴晗著：《吴晗文集》。

**本月**　香港南天书业公司出版《金瓶梅与王世贞　其著作时代及其社会背景》。

【按】这本吴晗的单行本著作分报纸本、道林纸本和精装本三种版本。香港南天书业公司编辑部在该书的首页有一段文字说明："本书作者吴晗曾任中共前北京市副市长，因为写了《海瑞骂皇帝》《海瑞罢官》《三家村札记》等文章而大遭清算、一下成了政治风暴中的知名人物，其本来的史学家身份反而多为世人所忽略。要知道吴晗本来的学者面貌及其学术功力的，本书正是一本适切的代表作品。本书讨论的是'天下第一奇书'《金瓶梅》的作者问题，在吴晗有力考证下，说明了《金瓶梅》何以不是历来相传的'王世贞图报父仇之作'，行文明白晓畅，不仅富于学术价值，同时也饶有一般清遣趣味。"

编者认为这本书应该是吴晗生前最后出版的单行本著作了，也是吴晗生前唯一非自己选编出版的单行本著作。

本条引自香港南天书业公司出版、吴晗著：《金瓶梅与王世贞　其著作时代及其社会背景》。

# 1973 年

**本年** 香港明报月刊社出版李又宁博士的《吴晗传》。

【按】李又宁博士的《吴晗传》一百一十三页，十万字，印刷一千册，分为平装本和精装本两种。

【按】香港《明报月刊》由金庸于 1966 年创办，专注探讨文化学术、社会及知识等问题，并载有世界各地杰出学者及专家所发表的精彩文章，是一本针对全球华人和知识分子的综合文化期刊。创办之初，金庸自任月刊总编，历经查良镛（金庸）、胡菊人、董桥等八位主编，在文化界、知识界、读者中产生了深远的影响。

【按】李又宁，英文名贝纳黛特·李。出生于中国并在大陆接受小学和中学教育，后移居台湾，考入台湾大学历史系，获文学学士学位，是吴相湘教授的得意门生之一。后赴美深造，获哥伦比亚大学历史学博士学位。现任纽约市圣若望大学历史学兼亚洲学及亚美学教授。李教授课余勤于著述及编辑工作，主编与出版"华族留美史"丛书，已出版了《留美八十年》《当代留美中学生》《华族留美史：150 年的学习与成就》等书。她编著颇丰，主要中文编著

有《近代中国女权运动史料》《近代中华妇女自叙诗文选》
《胡适与民主人士》《胡适与他的朋友》《吴晗传》《华美
族与911浩劫》《庆祝吴教授相湘先生九十华诞论文集》
等多种。

　　本条引自香港明报月刊社出版、〔香港〕李
又宁著:《吴晗传》。

## 1979 年

**3 月**　中华书局第五次重印出版《海瑞的故事》。

【按】该书最初出版于 1959 年 12 月，1963 年 7 月再版重印。本书是依据 1963 年 7 月版第五次重印的。印数为五万二千册。

> 本条引自中华书局出版、吴晗著：《海瑞的故事》。

**本月**　北京出版社再版重印《海瑞罢官》。

【按】该书最初出版于 1961 年 11 月，七十三页，四万四千字，此次为新一版一印。北京出版社在《再版前言》中说："再版《海瑞罢官》，还有更多的意义。一曰辩诬昭雪；二曰伸张正义；三曰吸取教训。"

> 本条引自北京出版社出版、吴晗著：《海瑞罢官》。

**4 月**　生活·读书·新知三联书店 1965 年 2 月版《朱元璋传》第三次重印。

【按】本次印刷量为五万册。

　　本条引自生活·读书·新知三联书店出版、吴晗著：《朱元璋传》。

**8 月**　《吴晗和〈海瑞罢官〉》由人民出版社出版。

【按】本书二百零四页，十三万三千字。该书刊登了费孝通、吴浦月等人回忆吴晗的文章以及新编历史剧《海瑞罢官》的剧本。

　　本条引自人民出版社：《吴晗和〈海瑞罢官〉》。

**9 月**　人民文学出版社出版《三家村札记》。

【按】该书二百四十四页，十六万字，硬精装，一版一印，印数为一千册。署名为"吴南星"，时任文化部副部长的林默涵为之作序。该书共收入署名"吴南星"的文章六十二篇，其中吴晗二十一篇。

　　本条引自中国版本图书馆编：《1979 全国总书目》。

**12 月**　《吴晗杂文选》由人民文学出版社出版。

【按】该书三百四十二页，二十二万二千字，选编收录吴晗的杂文五十九篇。

　　本条引自人民文学出版社出版、吴晗著：《吴晗杂文选》。

**本年** 《北京师范学院学报》连续专题刊印《明史讲座》。

【按】该书九十三页，六万一千字，是吴晗1962年在中央高级党校讲课时的记录稿。《北京师范学院学报》1979年第二、三、四期以"明史讲座"为题连续刊载了它的记录稿，并出版了单行本。《明史讲座》1980年9月由中华书局正式出版，改名为《明史简述》。

　　　　本条引自《北京师范学院学报》出版、吴晗著:《明史讲座》。

**本年** 香港学风出版社出版吴晗、费孝通等合著的《皇权与绅权》。

【按】本书三十二开，一百七十七页，平装，系香港位于铜锣湾书馆街368号的学风出版社出版。

　　　　本条引自孔夫子旧书网图片。

# 1980 年

**1 月**　北京出版社重排出版《学习集》。

【按】该书二百七十九页，此次重排出版时增加了两张照片插页。

　　　　　　本条引自北京出版社出版、吴晗著：《学习集》
　　　　　　及中国版本图书馆编：《1979 全国总书目》。

**2 月**　《长短录》由人民日报出版社出版。

【按】该书一百页，六万五千字，收录了夏衍（笔名黄似）、吴晗（笔名章白）、廖沫沙（笔名文益谦）、孟超（笔名陈波）、唐弢（笔名万一羽）的杂文共计三十七篇，其中吴晗的文章五篇。这些文章 1962 年 4 月至 12 月发表在《人民日报》的《长短录》栏目。

　　　　　　本条引自人民日报出版社：《长短录》。

**3 月**　生活·读书·新知三联书店 1965 年版《朱元璋传》第四次重印。

【按】本次印数为十五万册。

> 本条引自生活·读书·新知三联书店出版、吴
> 晗著：《朱元璋传》。

**本月**　《朝鲜李朝实录中的中国史料》（十二册）由中华书局出版。

【按】全套五千三百一十三页，三百四十八万六千字，一版一印，印数四千四百五十套。

> 本条引自中华书局出版、吴晗著：《朝鲜李朝实录中的中国史料》。

**8 月**　《哭一多》收入生活·读书·新知三联书店出版的《闻一多纪念文集》。

【按】该书四百七十八页，三十六万三千字。该书收集了董必武、吴玉章、郭沫若、吴晗、朱自清、叶圣陶、楚图南、卞之琳、高真（闻一多夫人）等人的纪念文章，其中吴晗的文章一篇。

> 本条引自生活·读书·新知三联书店：《闻一多纪念文集》。

**9 月**　《明史简述》由中华书局出版。

【按】《明史简述》原为《明史讲座》。该书九十五页，六万一千字，一版一印，印数为两万一千五百册。

> 本条引自中华书局出版、吴晗著：《明史简述》。

**本年**　香港传记文学社出版《朱元璋传》。

【按】该书三十二开，二百五十页，平装。

本条引自香港传记文学社出版、吴晗著：《朱元璋传》。

# 1981 年

**1 月**　中华书局出版《江浙藏书家史略》。

【**按**】该书署名为"吴晗"。二百三十四页，十四万字，一版一印，印数为八千六百册。该书是将吴晗的《两浙藏书家史略》和《江苏藏书家史略》合并而成的。

本条引自中华书局出版、吴晗著：《江浙藏书家史略》。

# 1982 年

**5 月**　文史哲出版社出版《江浙藏书家史略》。

【按】该书署名为"吴辰伯"。

【按】文史哲出版社是台湾的家庭式私人出版社，社长、出版人为彭正雄，到 2013 年止，该社已出版文史哲学术著作六百多种。

> 本条引自文史哲出版社出版、吴晗著：《江浙藏书家史略》。

# 1984 年

**8 月**  北京出版社出版苏双碧、王宏志合著的《吴晗传》。

【按】该书由时任全国人大常务委员会委员长的彭真题写书名，三百六十八页，二十六万六千字，一版一印，印数为两万两千册。

本条引自苏双碧、王宏志著：《吴晗传》。

**9 月**  人民出版社出版《吴晗史学论著选集》第一卷。

【按】该书由北京市历史学会主编，六百六十四页，五十万六千字，一版一印，印数为九千一百册，由周谷城题写书名，其中收录吴晗的史学论著二十九篇。

本条引自人民出版社出版、吴晗著：《吴晗史学论著选集》（第一卷）。

**12 月**  文化艺术出版社出版吴晗、郑振铎等人合著的《论金瓶梅》。

【按】该书由胡文彬、张庆善选编，四百七十四页，三十三万六千字，一版一印，印数为一万册。书中收录了吴晗的

《〈金瓶梅〉的著作时代及其社会背景》、郑振铎的《谈〈金瓶梅词话〉》、鲁迅的《论〈金瓶梅〉》、李希凡的《〈水浒〉和〈金瓶梅〉在我国现实主义文学发展中的地位》等二十八位作者的三十三篇文章。

本条引自文化艺术出版社：《论金瓶梅》。

**本年** 生活·读书·新知三联书店重印《读史劄记》。

【按】本书曾于 1956 年 2 月由生活·读书·新知三联书店出版。该书三十二开，三百五十八页，二十六万字，收录吴晗的史学论著十一篇和后记一篇。

本条引自曹鹤龙、李雪映编：《生活·读书·新知三联书店图书总目（增订版）（1932—2007）》第 295 页。

## 1985 年

**10 月** 人民出版社出版《朱元璋传》。

【按】这版依据生活·读书·新知三联书店 1965 年 2 月版，一版一印。出版了平装本和硬精装本两种版本，印数为硬精装本五千册，平装本数量未知。

本条引自人民出版社出版、吴晗著：《朱元璋传》。

# 1986 年

**1 月**　人民出版社出版《吴晗史学论著选集》第二卷。

【按】该书由北京市历史学会主编，六百七十八页，五十一万三千字，一版一印，印数为八千四百五十册。由周谷城题写书名。其中收录吴晗的史学论著三十七篇。

本条引自人民出版社出版、吴晗著：《吴晗史学论著选集》（第二卷）。

# 1987 年

**5 月**　人民出版社出版王宏志著的《吴晗》。

【按】这本吴晗的传记是人民出版社"祖国丛书"中的一本。这套丛书由人民出版社、中国青年出版社和上海人民出版社三家共同出版。该书一百九十五页，十一万五千字，一版一印，印数六千九百册。

　　　　本条引自王宏志著：《吴晗》。

**6 月**　人民出版社出版的《朱元璋传》第一次重印。

【按】该书是依据生活·读书·新知三联书店 1965 年版重印的，印数为一万零五十册。

　　　　本条引自人民出版社出版、吴晗著：《朱元璋传》。

**8 月**　光明日报出版社出版《吴晗史论集》。

【按】该书系光明日报出版社的"中国当代史学家丛书"之一，由吴泽主编，李华、苏双碧选编，四百六十八页，三十八万字，收集吴晗的史学论著三十二篇。

　　　　本条引自吴泽主编，李华、苏双碧选编，吴晗著：《吴晗史论集》

# 1988 年

**3 月** 人民出版社出版《吴晗史学论著选集》第三卷。

【按】该书由北京市历史学会主编，五百八十八页，四十四万五千字，一版一印，印数为两千七百册。由周谷城题写书名。其中收录吴晗的史学论著七十篇。

> 本条引自人民出版社出版、吴晗著：《吴晗史学论著选集》（第三卷）。

**3 月至 4 月** 北京出版社出版《吴晗文集》（四卷本）。

【按】《吴晗文集》第一、二卷为历史卷，主编为李华、杨钊、张习孔；第三卷为杂文卷，主编为张守常、常润华；第四卷为杂文戏剧卷，主编为苏双碧、陈梧桐。四卷共两千一百七十八页，一百五十二万七千字，一版一印，印数为一千二百三十套，收集吴晗遗著二百一十五篇，剧本一部，《朱元璋传》1955 年、1965 年两个版本。

> 本条引自北京出版社出版、吴晗著：《吴晗文集》。

**5 月** 天津人民出版社出版《吴晗选集》。

【按】该书四百六十八页，三十三万七千字，一版一印，印数为三千一百册，精装本。苏双碧为其作序，共收入吴晗的遗著二十七篇。

> 本条引自天津人民出版社出版、吴晗著：《吴晗选集》。

**6 月** 人民出版社出版《吴晗史学论著选集》第四卷。

【按】该书由北京市历史学会主编，五百页，三十七万四千字，一版一印，印数为两千五百二十册。由周谷城题写书名。其中收录吴晗的一篇史学论著、两个版本的《朱元璋传》。

> 本条引自人民出版社出版、吴晗著：《吴晗史学论著选集》（第四卷）。

**10 月** 天津人民出版社出版吴晗、费孝通等合著的《皇权与绅权》。

【按】该书一百五十页，十万七千字，一版一印，印数为三千册。该书依据1948年版重印，但出版社认为有两篇文章与论述"皇权与绅权"无关，故重印时没有收入。

> 本条引自天津人民出版社出版：《皇权与绅权》。

# 1989 年

**10 月**　上海书店出版的《民国丛书·第一编·第八十三册》收录《朱元璋传》。

【按】本卷中收入了三本传记：吴晗的《朱元璋传》、朱东润的《张居正大传》和容肇祖的《李卓吾评传》。《朱元璋传》是根据 1949 年的生活·读书·新知三联书店版影印的。

本条引自上海书店出版、吴晗著：《朱元璋传》。

# 1991 年

**12 月** 人民出版社出版的《朱元璋传》第二次重印。

【按】该书是生活·读书·新知三联书店 1965 年 2 月版，印数为一万一千册。

本条引自人民出版社出版、吴晗著：《朱元璋传》。

**本年** 远流出版事业股份有限公司出版《朱元璋大传》。

本条引自远流出版事业股份有限公司出版、吴晗著：《朱元璋大传》。

**本年** 上海书店影印吴晗、费孝通合著的《〈乡土重建〉〈乡土中国〉〈皇权与绅权〉》。

【按】该书是"民国丛书"第三编第十四册，依据上海观察社 1949 年版影印。其中《乡土重建》《乡土中国》是费孝通所著，《皇权与绅权》是吴晗、费孝通等合著。

本条引自上海书店出版：《〈乡土重建〉〈乡土中国〉〈皇权与绅权〉》。

# 1993 年

**7 月** 海南国际新闻出版中心出版《朱元璋传》。

【按】该书依据生活·读书·新知三联书店 1948 年版，二百三十一页，十七万五千字，一版一印，版权页没有标注印数。

　　　　本条引自海南国际新闻出版中心出版、吴晗著：《朱元璋传》。

**12 月** 中国人事出版社出版苏双碧主编的《吴晗自传书信文集》。

【按】该书由苏双碧主编，方孜行、方竟成副主编，二百五十页，十八万字，一版一印，印数为五千册。该书汇集了吴晗生前的一批文稿，其中有从未发表过的吴晗自传，对研究、探讨吴晗的人生轨迹和学术观点的形成，具有很好的参考价值。

　　　　本条引自中国人事出版社出版、苏双碧主编：《吴晗自传书信文集》。

## 1994 年

**2 月**　人民出版社出版的《朱元璋传》第三次重印。

【按】印数两万零五百册。

> 本条引自人民出版社出版、吴晗著：《朱元璋传》。

**6 月**　海南国际新闻出版中心出版的《朱元璋传》第二次重印。

【按】本书依据该中心 1993 年 7 月第一版重印。版权页没有注明印数。

> 本条引自海南国际新闻出版中心出版、吴晗著：《朱元璋传》。

**10 月**　海南国际新闻出版中心出版的《朱元璋传》第三次重印。

【按】本书依据该中心 1993 年 7 月第一版重印。版权页没有注明印数。

> 本条引自海南国际新闻出版中心出版、吴晗著：《朱元璋传》。

**本年**　香港凤凰出版社出版《皇权与绅权》。

【**按**】本书系该社"人文科学丛书"之二，依据上海观察社1948 年版重印。书前还收录了孙隆基、甄燊港合著的《费孝通论》一文。该书的版权页上没有注明出版时间、印数、字数等内容。

【**按**】香港凤凰出版社地处香港湾仔轩尼诗道 319 号九楼A 座。

　　　　本条引自凤凰出版社：《皇权与绅权》。

## 1995 年

**11 月**　人民出版社出版的《朱元璋传》第四次重印。

【按】本次依据 1985 年 10 月一版重印，印数为五千册。

　　　　本条引自人民出版社出版、吴晗著：《朱元璋传》。

# 1996 年

**4 月**　中国社会科学出版社出版〔美〕马紫梅著的《时代之子吴晗》。

【按】本书是美国学者马紫梅女士撰写的吴晗传记。该书由著名诗人、学者、民主斗士闻一多先生的胞弟闻家驷先生题写书名，著名社会学家费孝通题词。该书四百九十一页，三十七万四千字，一版一印，印数为六千册。

本条引自〔美〕马紫梅著：《时代之子吴晗》。

**8 月**　人民出版社出版的《朱元璋传》重印。

本条引自人民出版社出版、吴晗著：《朱元璋传》。

## 1998 年

**8 月**　浙江人民出版社出版《史镜管窥》。

【按】该书二百四十八页，十五万三千字，一版一印，印数为八千册，收录吴晗的遗著四十七篇，书前有苏双碧、王宏志撰写的《卷首语》。

> 本条引自浙江人民出版社出版、吴晗著：《史镜管窥》。

**11 月**　上海人民出版社出版《吴晗传》。

【按】本书与北京出版社 1984 年出版的《吴晗传》是一个版本，只是加了一篇前言和部分图片。该书有平装本和精装本两种，四百五十八页，三十四万六千字，一版一印，平装本印数为一万册，精装本印数为五百本。

> 本条引自上海人民出版社：《吴晗传》。

# 1999 年

**2 月**　知识出版社出版《论说谎政治》。

【按】该书三百四十页，二十四万字，一版一印，印数为五千册，采用了《投枪集》的序言作为该书的代序。

本条引自知识出版社出版、吴晗著：《论说谎政治》。

# 2000 年

**8 月** 生活·读书·新知三联书店再版《朱元璋传》。

【按】本书依据 1965 年版，三十二开，三百零二页，二十四万字。

> 本条引自生活·读书·新知三联书店出版、吴晗著：《朱元璋传》。

**本月** 百花文艺出版社出版《朱元璋传》。

【按】本书依据生活·读书·新知三联书店 1965 年版，三百三十八页，二十四万字，一版一印，印数为四千册。该书由苏双碧校订，书前有苏双碧写的《吴晗和〈朱元璋传〉》一文。

> 本条引自百花文艺出版社出版、吴晗著：《朱元璋传》。

**11 月** 百花文艺出版社出版的《朱元璋传》第三次重印。

【按】印数为六千册。

> 本条引自百花文艺出版社出版、吴晗著：《朱元璋传》。

**12 月**　河北教育出版社出版《朱元璋传》。

【**按**】本书依据生活·读书·新知三联书店 1965 年版。河北教育出版社将其列入该社"二十世纪中国史学名著"丛书，五百一十五页，三十七万五千字，一版一印，书前有苏双碧写的《前言》。

本条引自河北教育出版社出版、吴晗著：《朱元璋传》。

## 2001 年

**3 月** 百花义艺出版社出版的《朱元璋传》第四次重印。

【按】印数为五千册。

> 本条引自百花文艺出版社出版、吴晗著：《朱元璋传》。

**5 月** 河北教育出版社出版的《朱元璋传》第二次重印。

> 本条引自河北教育出版社出版、吴晗著：《朱元璋传》。

**7 月** 百花文艺出版社出版的《朱元璋传》第五次重印。

【按】印数为三万册。

> 本条引自百花文艺出版社出版、吴晗著：《朱元璋传》。

**10 月** 海南出版社出版的《朱元璋传》第三次重印。

【按】该书三百一十一页，三十万字，版权页没有标注印数。该书是海南出版社"名人名传丛书"第一辑中的一部。

本条引自海南出版社出版、吴晗著：《朱元璋传》。

## 2002 年

**7 月**　东方出版中心出版的《中国百年传记经典·第三卷》收录《朱元璋传》。

> 本条引自东方出版中心出版、吴晗著：《朱元璋传》。

# 2003 年

**9 月**　人民出版社出版的《朱元璋传》再次重印。

　　　　本条引自人民出版社出版、吴晗著：《朱元璋传》。

2004 年

**3 月**　人民出版社出版的《朱元璋传》再次重印。

　　　　本条引自人民出版社出版、吴晗著:《朱元璋传》。

**7 月**　人民出版社出版《朱元璋传》(1955 年版)。

　【按】本书是"中国文库"丛书之一,是《朱元璋传》1955 年的版本,该版本以前只油印过一百本征求意见,没有正式付梓出版,后经吴晗修改,成为生活·读书·新知三联书店 1965 年版。新一版一印,印数为五百册。

　　　　本条引自人民出版社出版、吴晗著:《朱元璋传》。

**10 月**　团结出版社出版王宏志、金若年合著的《吴晗画传》。

　【按】这是一本吴晗的传记,是该社"画传"丛书之一,该书一百八十二页,十一万字,图片二百多幅,一版一印,印数为六千册。

　　　　本条引自王宏志、金若年著:《吴晗画传》。

# 2005 年

**3 月**　杭州出版社出版刘光永著的《清官梦——吴晗传》。

【**按**】这是一本吴晗的传记，是"浙江文化名人传记丛书"中的一本，该书四百一十六页，三十万字，一版一印，版权页没有标注印数。

　　本条引自刘光永著：《清官梦——吴晗传》。

**7 月**　中华书局出版《明史简述》。

【**按**】该书九十三页，九万六千字，新一版一印，印数为八千册。

　　本条引自中华书局出版、吴晗著：《明史简述》。

# 2006 年

**9 月**　生活·读书·新知三联书店出版《灯下集》。

【按】该书 1960 年 6 月第一版，2006 年 9 月第二版，第八
次印刷，三百零二页，十五万二千字，印数为五千册。

本条引自生活·读书·新知三联书店出版、

吴晗著：《灯下集》及曹鹤龙、李雪映编：

《生活·读书·新知三联书店图书总目（增

订版）（1932—2007）》第 480 页。

# 2007 年

**3 月**　人民出版社出版的《朱元璋传》第九次重印。

【**按**】该书三百零二页，平装，印数为五万册。

本条引自人民出版社出版、吴晗著：《朱元璋传》。

## 2008 年

**5 月**　人民出版社出版《朱元璋传》。

【按】本书是"人民文库"丛书之一，选用 1955 年的版本，一版一印，印数为三千册。

> 本条引自人民出版社出版、吴晗著：《朱元璋传》。

**6 月**　九州出版社出版《历史的镜子——吴晗讲历史》。

【按】本书借用吴晗《历史的镜子》一书书名作为主书名，副书名为"吴晗讲历史"，选辑了吴晗各个历史时期发表的有代表性的历史论著共四十篇，分为三个部分。三百五十四页，二十三万字，一版一印，版权页没有标注印数。

> 本条引自九州出版社出版、吴晗著：《历史的镜子——吴晗讲历史》。

**8 月**　生活·读书·新知三联书店再次重印《朱元璋传》。

> 本条引自生活·读书·新知三联书店出版、吴晗著：《朱元璋传》。

**9 月**　百花文艺出版社出版的《朱元璋传》再版印刷。

【按】本书版次为 2008 年 9 月第二版，印数为四千册。

　　　　本条引自百花文艺出版社出版、吴晗著：
《朱元璋传》。

**本月**　陕西师范大学出版社出版《朱元璋传》。

【按】该书二百五十六页，二十六万字，为该社编辑出版的
"20 世纪四大传记"（梁启超的《李鸿章传》、林语堂的
《苏东坡传》、朱东润的《张居正大传》、吴晗的《朱元璋
传》）之一，章立凡为之作重版序言，一版一印，版权页
上未注明印数。

　　　　本条引自陕西师范大学出版社出版、吴晗
著：《朱元璋传》。

# 2009 年

**1 月**　湖北人民出版社出版宋连生著的《吴晗的后二十年》。

【按】这是一本吴晗的传记，主要撰写的是吴晗从新中国成立到含冤去世的二十年——他一生中最活跃、最重要、最具悲剧色彩的人生旅途。该书二百五十六页，二十八万二千字，一版一印，印数为六千册。

本条引自宋连生著：《吴晗的后二十年》。

**3 月**　中国人民大学出版社出版常君实编的《吴晗全集》（一至十卷）。

【按】该书共十卷，其中历史卷六卷，杂文卷两卷，杂文集外集一卷，诗歌、信函、剧作、工作报告译著等一卷，共四千七百页，四百二十三万四千字，共收录吴晗的遗著五百四十七篇，一版一印，版权页没有标注印数。

本条引自吴晗著、常君实编：《吴晗全集》。

**本月** 百花文艺出版社出版的《朱元璋传》重印。

> 本条引自百花文艺出版社出版、吴晗著：《朱元璋传》。

**本月** 北方文艺出版社出版《朱元璋传》。

【按】本书二百五十七页，十五万二千字，印数为一千册。

> 本条引自北方文艺出版社出版、吴晗著：《朱元璋传》。

**4 月** 生活·读书·新知三联书店 1965 年 2 月版《朱元璋传》第三次重印。

> 本条引自生活·读书·新知三联书店出版、吴晗著：《朱元璋传》。

**本月** 陕西师范大学出版社出版的《朱元璋传》重印。

> 本条引自陕西师范大学出版社出版、吴晗著：《朱元璋传》。

## 2010 年

**6 月**　中华书局（香港）有限公司出版《朱元璋传》。

【按】该书依据 1948 年的版本再版印刷。正文前增加了潘星辉的《吴晗的朱元璋像》的导读文章和章立凡的《〈朱元璋传〉重版序言》。

　　　　本条引自中华书局（香港）有限公司出版、吴晗著：《朱元璋传》。

**9 月**　中国三峡出版社出版《朱元璋传》。

【按】本书依据生活·读书·新知三联书店 1949 年版，并参照了陕西师范大学出版社 2008 年和北方文艺出版社 2009 年的版本。二百一十八页，十九万字，一版一印，版权页没有标注印数。

　　　　本条引自中国三峡出版社出版、吴晗著：《朱元璋传》。

**10 月**　国际文化出版公司出版《朱元璋传》。

【按】该书二百八十一页，十九万字，一版一印，版权页没有标注印数。

　　本条引自国际文化出版公司出版、吴晗著：《朱元璋传》。

**本月**　陕西师范大学出版社出版《明朝大历史》。

　　【按】这本书是《明史简述》《读史劄记》《历史的镜子》三部专著的精要集成，分为"明史简述""明朝政治军事与社会""明代人物"三个部分。四百四十页，四十万字。

　　本条引自陕西师范大学出版社出版、吴晗著：《明朝大历史》。

# 2011 年

**4 月**　湘潭大学出版社出版《朱元璋传　洪武开国》。

【按】该书二百八十四页，二十一万四千字，依据 1949 年的版本出版。

　　　　　　本条引自湘潭大学出版社出版、吴晗著：《朱元璋传　洪武开国》。

**9 月**　国际文化出版公司出版《历史的群像——吴晗点评历史人物》。

【按】该书三百一十页，三十万字，一版一印，收录了吴晗的历史论著三十九篇。

　　　　　　本条引自国际文化出版公司出版、吴晗著：《历史的群像——吴晗点评历史人物》。

**11 月**　国际文化出版公司出版《明朝三百年》。

【按】该书三百七十五页，四十七万字，一版一印，版权页没有标注印数。全书共分三个部分：一、明朝历史的基本情况（七篇）；二、明代统治与社会（十五篇）；三、明代历史与文化（三篇），另外附加了吴晗的自传。

本条引自国际文化出版公司出版、吴晗著：《明朝三百年》。

**12 月**　《古人读书不易》被《读书文摘》2011 年第十二期转载。

【按】这篇文章选自生活·读书·新知三联书店出版的《灯下集》。

本条引自《读书文摘》2011 年第十二期。

## 2012 年

**1 月**　岳麓书社出版吴晗、费孝通等合著的《皇权与绅权》。

【按】该书一百五十七页，印数为五千册，依据 1948 年 12 月初版印刷。

> 本条引自岳麓书社出版，吴晗、费孝通等著：《皇权与绅权》。

**本月**　陕西师范大学出版社再版《朱元璋传》。

【按】该书的第一版是 2008 年 9 月，第二版是 2010 年 4 月，本次是二版二印，版权页上没有标注印数。

> 本条引自陕西师范大学出版社出版、吴晗著：《朱元璋传》。

**2 月**　华东师范大学出版社出版《吴晗说明史》。

【按】该书三百一十四页，三十五万字，一版一印，版权页没有标注印数。全书分为七个章节：第一章，《元帝国之崩溃与明太祖之建国》；第二章，《朱元璋的统治术》；第三章，《明初的恐怖政治》；第四章，《靖难之役与迁都北京》；第五章，《南洋之拓殖》；第六章，《明代的军兵》；
第七章，《明代的新仕宦阶级》。

本条引自华东师范大学出版社出版、吴晗
著：《吴晗说明史》。

**3 月**　岳麓书社出版《史事与人物》。

【按】该书一百二十二页，一版一印，印数为五千册，是该
社"民国学术文化名著"第八辑之一。本辑中收录了吴晗
的《史事与人物》《朱元璋传》《皇权与绅权》。本书依据
1948 年 7 月版，改繁体为简体，改竖排为横排，改正刻印
错误，标点符号符合现行规范，其余均保持底本原貌。

本条引自岳麓书社出版、吴晗著：《史事与人物》。

**本月**　岳麓书社出版《朱元璋传》。

【按】该书二百二十八页，一版一印，印数为五千册，系
1949 年的版本。

本条引自岳麓书社出版、吴晗著：《朱元
璋传》。

**4 月**　长江文艺出版社出版《朱元璋传》。

【按】该书二百四十一页，十七万字，一版一印，版权页没
有标注印数，为该社"20 世纪四大传记"之一。

本条引自长江文艺出版社出版、吴晗著：
《朱元璋传》。

**5 月**　武汉出版社出版《朱元璋传》。

     本条引自武汉出版社出版、吴晗著：《朱元

     璋传》。

**6 月**　生活·读书·新知三联书店出版《朱元璋传》（硬精装本）。

 【**按**】该书三百一十五页，十四万七千字，一版一印，印数

  为三千册，系 1949 年 8 月的版本。

     本条引自生活·读书·新知三联书店出版、吴

     晗著：《朱元璋传》。

**本月**　生活·读书·新知三联书店出版《历史的镜子》。

 【**按**】该书二百零二页，九万三千字，一版一印，印数为三

  千册，依据 1945 年 11 月重庆生生出版社的版本。

     本条引自生活·读书·新知三联书店出版、

     吴晗著：《历史的镜子》。

**9 月**　陕西师范大学出版社出版的《朱元璋传》第二次重印。

 【**按**】印数为五千册。

     本条引自陕西师范大学出版社出版、吴晗

     著：《朱元璋传》。

# 2013 年

**1 月**　武汉出版社出版《吴晗论明史》。

【按】全书共分为四个部分：一、政治大势；二、制度变迁；三、世情百态；四、风云人物。收录吴晗有关明史的论著三十九篇，五百五十四页，五十八万字，一版一印。

本条引自武汉出版社出版、吴晗著：《吴晗论明史》。

**本月**　武汉出版社出版《朱元璋传》。

【按】该书二百八十页，系依据 1948 年版出版，平装，版权页上未标注印数。

本条引自武汉出版社出版、吴晗著：《朱元璋传》。

**7 月**　湖南人民出版社出版的《中国最美的历史散文》收录《明代的锦衣卫和东西厂》。

【按】这本散文集收录了鲁迅、吴晗、张承志、郑振铎、林语堂、翦伯赞等四十二位作者的散文。该书由林非主编，三百零八页，二十二万四千字。

> 本条引自湖南人民出版社：《中国最美的历
> 史散文》。

**9 月**　《皇权与绅权》由生活・读书・新知三联书店出版。

【按】该书印数为八千册。

> 本条引自生活・读书・新知三联书店出版，
> 吴晗、费孝通等著：《皇权与绅权》。

**本月**　湖南人民出版社出版《朱元璋传》。

【按】该书二百七十页，二十五万三千字，一版一印，版权
页未标注印数。依据1948 年版出版，书前有章立凡的重版
序言。

> 本条引自湖南人民出版社出版、吴晗著：
> 《朱元璋传》。

**12 月**　群言出版社出版习之编著的《吴晗年谱・外事篇》。

【按】这是一本年谱类作品，是该社"民盟历史文献"丛书
之一，四百八十四页，三十二万字，一版一印，版权页没
有标注印数。

> 本条引自习之编著：《吴晗年谱・外事篇》。

## 2014 年

**1 月**　华东师范大学出版社出版《历史的镜子》（增补本）。

【按】该书二百七十四页，二十二万字，一版一印，版权页上未标注印数。

> 本条引自华东师范大学出版社出版、吴晗著：《历史的镜子（增补本)》。

**本月**　华东师范大学出版社出版《朱元璋传》。

【按】该书二百零一页，十八万字，依据 1948 年版出版，一版一印，版权页未标注印数。

> 本条引自华东师范大学出版社出版、吴晗著：《朱元璋传》。

**本月**　湖南人民出版社出版的《朱元璋传》第二次重印。

【按】版权页没有标注印数。

> 本条引自湖南人民出版社出版、吴晗著：《朱元璋传》。

**11 月**　群言出版社出版习之编著的《吴晗年谱·政务篇》。

【按】这是一本年谱类作品，是该社"民盟历史文献"丛书之一，该书六百一十八页，四十万八千字，一版一印，版权页没有标注印数。

　　　　本条引自习之编著：《吴晗年谱·政务篇》。

## 2015 年

**1 月**　江苏人民出版社出版《吴晗论明史》。

【按】该书五百五十四页，五十八万字，一版一印。为最新校订的典藏本。

> 本条引自江苏人民出版社出版、吴晗著：《吴晗论明史》。

**本月**　《皇权与绅权》（增补本）由华东师范大学出版社出版。

【按】该书一百八十页，十八万字。为了让读者深入了解专制皇权的运作及传统社会对皇权的制约，还收入了《朱元璋的统治术》和《历史上的君权的限制》两篇文章。

> 本条引自华东师范大学出版社出版，吴晗、费孝通等著：《皇权与绅权（增补本）》。

**本月**　《明史简述》（增补本）由华东师范大学出版社出版。

【按】该书二百六十页，二十六万字。

> 本条引自华东师范大学出版社出版、吴晗著：《明史简述（增补本）》。

**2 月**　湖南人民出版社出版的《朱元璋传》重印。

> 本条引自湖南人民出版社出版、吴晗著：
> 《朱元璋传》。

**7 月**　江苏人民出版社出版《朱元璋传》。

【按】该书依据 1948 年的版本出版。二百七十五页，十八万字，一版一印，版权页没有标注印数。

> 本条引自江苏人民出版社出版、吴晗著：
> 《朱元璋传》。

**11 月**　天津人民出版社出版《吴晗说明史》。

> 本条引自天津人民出版社出版、吴晗著：
> 《吴晗说明史》。

**本月**　北京联合出版公司出版《朱元璋传》。

> 本条引自北京联合出版公司出版、吴晗著：
> 《朱元璋传》。

**本年**　湘潭大学出版社出版《朱元璋传》。

> 本条引自湘潭大学出版社出版、吴晗著：
> 《朱元璋传》。

# 参考资料

## 一、报纸

《燕京大学图书馆报》1931 年第一期至 1939 年第一百三十四期。

《大公报》1934 年 10 月 19 日、1934 年 10 月 26 日、1934 年 11 月 23 日、1934 年 12 月 14 日。

《益世报》（天津）1935 年 4 月 30 日至 1937 年 5 月 30 日。

《中央日报》1936 年 3 月 19 日至 1939 年 10 月 24 日。

《新华日报》1945 年 2 月 12 日。

《人民日报》（中共晋冀鲁豫中央局机关报）1946 年 6 月 19 日至 1948 年 6 月 14 日。

《人民日报》1948 年 6 月 15 日至 1965 年 9 月 2 日。

《燕京新闻》1946 年 11 月 18 日第十三卷第一期至 1948 年 5 月 3 日第十四卷第二十六期。

《民主新闻》（暹罗）1947 年 7 月 13 日、1947 年 7 月 19 日。

《光明报》（香港）1949 年 2 月 1 日。

《光明日报》1950 年 2 月 23 日至 1964 年 6 月 2 日。

《北京日报》1952 年 11 月 8 日至 1966 年 5 月 7 日。

## 二、专著

吴晗著：《由僧钵到皇权》，重庆在创出版社。

吴晗著：《明太祖》，重庆胜利出版社。

吴晗、费孝通等著：《皇权与绅权》，生活·读书·新知三联书店。

吴晗、费孝通等著：《皇权与绅权》，华东师范大学出版社。

吴晗著：《皇权与绅权》，岳麓书社。

吴晗著：《朱元璋传》，生活·读书·新知上海联合发行所。

吴晗著：《历史的镜子》，东方学出版社。

吴晗著：《历史的镜子》，生活·读书·新知三联书店。

吴晗著：《史事与人物》，上海生活书店。

吴晗著：《史事与人物》，岳麓书社。

吴晗著：《投枪集》，作家出版社。

吴晗著：《读史劄记》，生活·读书·新知三联书店。

吴晗著：《春天集》，作家出版社。

吴晗著：《学习集》，人民文学出版社。

吴晗著：《灯下集》，生活·读书·新知三联书店。

吴晗著：《海瑞的故事》，中华书局。

吴晗著：《海瑞罢官》，北京出版社。

吴晗、费孝通等著：《皇权与绅权》，天津人民出版社。

吴晗著：《皇权与绅权》，香港凤凰出版社。

吴晗著：《朝鲜李朝实录中的中国史料》（第一至第十二册），中华书局。

吴晗著：《明史讲座》，《北京师范学院学报》。

吴晗著：《明史简述》，中华书局。

吴晗著：《明史简述》，华东师范大学出版社。

吴晗著：《江浙藏书家史略》，中华书局。

吴晗著：《江浙藏书家史略》，文史哲出版社。

吴晗著：《金瓶梅与王世贞　其著作时代及其社会背景》，香港南天书业公司。

吴晗著：《朱元璋传》，香港传记文学出版社。

吴晗著：《朱元璋传》，人民出版社。

吴晗著：《朱元璋传》，上海书店。

吴晗著：《朱元璋传》，中华书局（香港）有限公司。

吴晗著：《朱元璋大传》，远流出版事业公司。

吴晗著：《朱元璋传》，海南国际新闻出版中心。

吴晗著：《朱元璋传》，百花文艺出版社。

吴晗著：《朱元璋传》，北方文艺出版社。

吴晗著：《朱元璋传》，河北教育出版社。

吴晗著：《朱元璋传》，东方出版中心。

吴晗著：《朱元璋传》，陕西师范大学出版社。

吴晗著：《朱元璋传》，中国三峡出版社。

吴晗著：《朱元璋传》，国际文化出版公司。

吴晗著：《朱元璋传》，岳麓书社。

吴晗著：《朱元璋传》，湖南人民出版社。

吴晗著：《朱元璋传》，长江文艺出版社。

吴晗著：《朱元璋传》，武汉出版社。

吴晗著：《朱元璋传　洪武开国》，湘潭大学出版社。

吴晗著：《朱元璋传》，新世界出版社。

吴晗著：《朱元璋传》，华东师范大学出版社。

苏双碧主编、吴晗著：《吴晗自传书信文集》，中国人事出版社。

吴晗著：《吴晗史学论著选集》（第一卷至第四卷），人民出版社。

吴晗著：《吴晗史论集》，光明日报出版社。

吴晗著：《吴晗杂文选》，人民文学出版社。

李华、杨钊、张习孔选编，吴晗著：《吴晗文集》第一卷，北京出版社。

李华、杨钊、张习孔选编，吴晗著：《吴晗文集》第二卷，北京出版社。

张守常、常润华选编，吴晗著：《吴晗文集》第三卷，北京出版社。

苏双碧、陈梧桐选编，吴晗著：《吴晗文集》第四卷，北京出版社。

吴晗著：《吴晗选集》，天津人民出版社。

吴晗著：《吴晗文集》，香港存真印书馆。

吴晗著：《论说谎政治》，知识出版社。

吴晗著：《历史的镜子——吴晗讲历史》，九州出版社。

吴晗著：《历史的镜子》（增补本），华东师范大学出版社。

吴晗著：《历史的群像——吴晗点评历史人物》，国际文化出版公司。

吴晗著：《明朝大历史》，陕西师范大学出版社。

吴晗著：《吴晗说明史》，华东师范大学出版社。

吴晗著：《吴晗论明史》，武汉出版社。

吴晗著：《吴晗论明史》，江苏人民出版社。

吴晗著：《明朝三百年》，国际文化出版公司。

常君实主编：《吴晗全集》，中国人民大学出版社。

邓拓、吴晗、廖沫沙等著：《长短录》，香港存真印书馆。

邓拓、吴晗、廖沫沙等著：《长短录》，人民日报出版社。

吴晗、郑振铎等著：《论金瓶梅》，文化艺术出版社。

吴晗著：《史镜管窥》，浙江人民出版社。

《吴晗和〈海瑞罢官〉》，人民出版社。

苏双碧、王宏志著：《吴晗传》，北京出版社。

王宏志、金若年著：《吴晗画传》，团结出版社。

王宏志著：《吴晗》，人民出版社。

［香港］李又宁著：《吴晗传》，香港明报月刊社。

［美］马紫梅著：《时代之子吴晗》，中国社会科学出版社。

刘光永著：《清官梦——吴晗传》，杭州出版社。

宋连生著：《吴晗的后二十年》，湖北人民出版社。

习之编著：《吴晗年谱·外事篇》，群言出版社。

习之编著：《吴晗年谱·政务篇》，群言出版社。

王宏志、闻立树主编：《怀念吴晗  百年诞辰纪念》，中国社会科学出版社。

罗尔纲著：《师门五年记·胡适琐记》，生活·读书·新知三联书店。

夏鼐著：《夏鼐日记》，华东师范大学出版社。

姜建著：《大地足印——朱自清传记》，江苏教育出版社。

桑逢康著：《胡适人际关系》，文汇出版社。

顾潮编著：《顾颉刚年谱（增订本）》，中华书局。

汤象龙研究室编：《中国经济史学科主要奠基人　汤象龙先生百年诞辰文集》，西南财经大学出版社。

顾颉刚著：《顾颉刚日记》第四卷，中华书局出版。

王煦华编：《顾颉刚先生学行录》，中华书局。

李埏、李伯重著：《良史与良帅　学生眼中的八位著名学者》，清华大学出版社。

王汎森、杜正胜编：《傅斯年文物资料选辑》（台湾），傅斯年先生百龄纪念筹备会。

［美］陈润成、［美］李欣荣编：《天才的史学家　追忆张荫麟》，清华大学出版社。

北京图书馆编：《民国时期总书目（1911—1949）　历史·传记·考古·地理（下）》，书目文献出版社。

闻黎明著：《闻一多》，群言出版社。

黄延复著：《清华的学子们》，中国经济出版社。

闻立树、闻立欣编撰：　《拍案颂：闻一多纪念与研究图文录》，北京图书馆出版社。

周忱编选：《张荫麟先生纪念文集》，汉语大词典出版社。

华北新华书店编辑部编：《蒋记〈宪法〉的真面目》（缩微胶片），华北新华书店。

范泉著：《文海硝烟》，黑龙江人民出版社。

孙玉蓉编纂：《俞平伯年谱（1900—1990）》，天津人民出版社。

吴世勇编：《沈从文年谱（1902—1988）》，天津人民出版社。

刘培育主编：《金岳霖的回忆与回忆金岳霖》，四川教育出版社。

北京市人大常委会办公厅等编：《北京市人民代表大会文献资料汇编（1949—1993）》，北京出版社。

中国人民政治协商会议北京市委员会文史资料研究委员会编：《北京的黎明》，北京出版社。

陈世崇主编：《北京市文学艺术界联合会50年》。

中共北京市委党史研究室、北京市档案馆编：《北京市重要文献选编　1950》，中国档案出版社。

中共北京市委党史研究室、北京市档案馆编：《北京市重要文献选编　1952》，中国档案出版社。

彦奇主编：《中国各民主党派史人物传》，华夏出版社。

《当代北京》编辑部编：《当代北京大事记》，当代中国出版社。

崔振华主编：《北京天文馆文集（1957—1997）》，北京科学技术出版社。

王康久主编：《北京卫生大事记》，北京科学技术出版社。

欧阳璋主编：《成人教育大事记》，北京出版社。

陈智超编注：《陈垣来往书信集》，生活·读书·新知三联书店。

蒋星煜著：《文坛艺林备忘录续集》，上海远东出版社。

张克复编注：《档案诗词选》，甘肃人民出版社。

吕章申主编：《中国国家博物馆百年简史（1912—2012）》，中华书局。

北京史学会编：《历史剧拟目》，中华书局。

北京市历史学会编：《吴晗纪念文集》，北京出版社。

北京市少年儿童读物编辑委员会编：《今天我喂鸡》，北京出版社。

北京市少年儿童读物编辑委员会编：《我和小淘气》，北京出版社。

张传玺著：《新史学家翦伯赞》，北京大学出版社。

中国戏曲志编辑委员会编：《中国戏曲志·山西卷》，文化艺术出版社。

北京出版志编纂委员会编：《北京出版史志》第十五辑，北京出版社。

宋连生著：《邓拓的后十年》，湖北人民出版社。

王玉璞、朱薇编：《刘大年来往书信选》，中央文献出版社。

冯书亮、何卓新、闵克主编：《北京市民主党派工商联史料选编 上》，北京出版社。

一二·一运动史编写组编：《一二·一运动史料选编》，云南人民出版社。

王子光、王康著：《闻一多纪念文集》，生活·读书·新知三联书店。

鲁迅、吴晗、张承志等著：《中国最美的历史散文》，湖南人民出版社。

《影印明经世文编》，中华书局出版。

顾良飞主编：《清华大学档案精品集》，清华大学出版社。

### 三、期刊

《现代学生》1931 年 2 月第一卷第五期。

《清华周刊》1932 年 1 月 16 日第三十六卷第十一期。

《清华周刊》1932 年 3 月 26 日第三十七卷第五期。

《清华周刊》1934 年 4 月 16 日第四十一卷第三、四期（合刊）。

《清华周刊》1936 年 11 月 1 日第四十五卷第一期。

《清华周刊》1936 年 11 月 22 日第四十五卷第四期。

《清华周刊》1936 年 11 月 29 日第四十五卷第五期。

《清华周刊》1936 年 12 月 6 日第四十五卷第六期。

《清华周刊》1936 年 12 月 21 日第四十五卷第八期。

《清华周刊》1936 年 12 月 30 日第四十五卷第九期。

《清华学报》1934 年 1 月第九卷第一期。

《清华学报》1936 年 1 月第十一卷第一期。

《文学月刊》1932 年 5 月第三卷第一期。

《图书馆季刊》1934 年 3 月第八卷第一期。

《图书馆季刊》1934 年 6 月第八卷第二期。

《人文月刊》1934 年 8 月 15 日第五卷第六期。

《人文月刊》1934 年 9 月 15 日第五卷第七期。

《燕京学报》1935 年 6 月第十七期。

《禹贡》1935 年 3 月 1 日第五卷第一期。

《禹贡》1936 年 5 月 17 日第五卷第七期。

《新动向》1939 年 1 月 15 日第二卷第一期。

《云南大学学报》1939 年 4 月第一类第一期。

《云南大学学报》1942 年 7 月第一类第二期。

《中国社会经济史集刊》1939 年 6 月第六卷第一期。

《中国社会经济史集刊》1939 年 12 月第六卷第二期。

《中国社会经济史集刊》1944 年 6 月第七卷第一期。

《中国社会经济史集刊》1946 年 7 月第七卷第二期。

《文史杂志》1941 年 5 月 16 日第一卷第十一期。

《文史杂志》1941 年 12 月 15 日第一卷第十二期。

《文史杂志》1942 年 1 月 15 日第二卷第一期。

《文史杂志》1942 年 2 月 15 日第二卷第二期。

《郭沫若学刊》1987 年第二期。

《郭沫若学刊》1989 年第一期。

《自由论坛两周年纪念专号》1945 年 3 月 20 日。

《时代评论》1945 年 11 月 15 日第三期。

《时代评论》1946 年 4 月 5 日第二十期。

《文萃》1946 年 7 月 18 日第三十九期。

《时与文》1948 年 3 月 5 日第二卷第二十一期。

《时与文》1948 年 4 月 16 日第三卷第一期。

《时与文》1948 年 6 月 11 日第三卷第九期。

《知识与生活》1948 年 5 月 16 日第二十七期。

《中建》1948 年 8 月 5 日第三卷第五期。

《北京盟讯》1950 年第十五期。

《北京盟讯》1954 年第二期。

《北京盟讯》1954 年第三期。

《北京盟讯》1954 年第六期。

《北京盟讯》1955 年第五期。

《北京盟讯》1955 年第七期。

《北京盟讯》1955 年第八期。

《北京档案史料》1997 年第一期。

《北京档案史料》2003 年第二期。

《北京档案史料》2007 年第三期。

《北京文史资料》1952 年第五十八辑。

《新建设》1955 年第三期。

《新建设》1955 年第五期。

《新建设》1959 年第三期。

《新观察》1959 年第十八期。

《艺术报》1959 年第二十期。

《读书》1997 年第五期。

《历史学家茶座》2010 年第二期。

《教学与研究》1962 年第三期。

《茶叶通讯》1993 年第一期。

《前线》1959 年第十二期至 1966 年第一期。

《炎黄春秋》2011 年第八期。

《美术研究》2005 年第一期。

《吉安文史资料》2004 年 8 月第一辑。

《文史哲》2005 年第三期。

**四、档案**

北京市档案馆 001 - 006 - 00036 号档案。

北京市档案馆 001 - 006 - 00131 号档案。

北京市档案馆 001 - 006 - 00960 号档案。

北京市档案馆 002 - 001 - 00136 号档案。

北京市档案馆 002 - 003 - 00234 号档案。

北京市档案馆 002 - 003 - 00255 号档案。

北京市档案馆 002 - 004 - 00107 号档案。

北京市档案馆 002 - 004 - 00112 号档案。

北京市档案馆 002 - 004 - 00190 号档案。

北京市档案馆 002 - 005 - 00160 号档案。

北京市档案馆 002 - 006 - 00202 号档案。

北京市档案馆 002 - 006 - 00215 号档案。

北京市档案馆 002 - 006 - 00235 号档案。

北京市档案馆 002 - 006 - 00274 号档案。

北京市档案馆 002 - 006 - 00331 号档案。

北京市档案馆 002 - 007 - 00018 号档案。

北京市档案馆 002 - 008 - 00068 号档案。

北京市档案馆 002 - 009 - 00160 号档案。

北京市档案馆 002 - 009 - 00169 号档案。

北京市档案馆 002 - 009 - 00223 号档案。

北京市档案馆 002 - 011 - 00008 号档案。

北京市档案馆 002 - 020 - 00891 号档案。

北京市档案馆 004 - 004 - 00005 号档案。

北京市档案馆 004 - 004 - 00041 号档案。

北京市档案馆 010 - 006 - 00033 号档案。

北京市档案馆 011 - 001 - 00016 号档案。

北京市档案馆 011 - 001 - 00032 号档案。

北京市档案馆 011 - 001 - 00035 号档案。

北京市档案馆 011 - 001 - 00038 号档案。

北京市档案馆 011 - 001 - 00077 号档案。

北京市档案馆 011 - 001 - 00100 号档案。

北京市档案馆 011 - 001 - 00106 号档案。

北京市档案馆 011 - 001 - 00111 号档案。

北京市档案馆 011 - 001 - 00136 号档案。

北京市档案馆 015 - 001 - 00126 号档案。

北京市档案馆 025 - 001 - 00045 号档案。

北京市档案馆 027 - 001 - 00089 号档案。

北京市档案馆 127 - 001 - 00005 号档案。

北京市档案馆 127 - 001 - 00165 号档案。

北京市档案馆 135 - 001 - 00079 号档案。

北京市档案馆 152 - 001 - 00105 号档案。

北京市档案馆 152 - 001 - 00149 号档案。

北京市档案馆 152 - 001 - 00161 号档案。

北京市档案馆 152 - 001 - 00328 号档案。

北京市档案馆 152 - 004 - 02486 号档案。

## 五、网络文章

百度贴吧再仲:《父亲的藏品》。

百度文库李小文、孙俊:《十二位史学家的〈中国历史参考图谱〉题词手稿》。

百年潮网吉伟青：《我所了解的〈新建设〉》。

北京青联网：《青联代表大会介绍》。

东方文苑网章彩烈：《怀念与感佩——与吴晗关于历史剧讨论的一次通信》。

豆丁网：《晚清及民国时期的报纸杂志》。

共识网孟祥才：《我所知道的戚本禹》。

《光明日报》网上报史馆：《光明日报社六十年大事记》。

光明网：《与新中国历史学同行——写在〈"历史研究"五十年论文选〉出版之际》。

光明新闻网程毅中：《编校〈海瑞集〉追记》。

互动百科词条：《时与文》。。

科技百科网：《北京教学植物园》。

孔夫子旧书网：著名历史学家吴晗——信札一页（图片）。

孔夫子旧书网图片。

论文网苏双碧：《郭沫若与吴晗的诚挚交往》。

毛佩琦新浪博客：《安徽绩溪惊现吴晗致尚钺的信》。

《南昌广播电视报》：《吴晗、袁震的忠贞爱情》。

南开大学校史网魏宏运：《吴晗南开讲学的故事》。

盘龙历史网：《中国民主同盟在云南（1941—1945 年）》。

首都科技网：《科技历史　1952》。

首都科技网：《科技历史　1954》。

天涯博客"爱纸敬书斋"文泉清：《吴晗、汪曾祺致黄裳（附黄裳小记）》。

辛亥革命网严昌洪：《从"误入歧途"到兴趣盎然——历史

讲座带来的转变》。

新浪博客胡良骥:《又逢"六一"想吴晗》。

炎黄春秋网章立凡:《〈朱元璋传〉重版序言》。

央视网:《〈那一场风花雪月的往事Ⅱ〉之"两情永随"——袁震与吴晗》。

中国干部学习网:《陈寅恪、傅斯年之关系及其他》。

中国共产党新闻网李筠口述:《我记忆中的吴晗与"三家村"》。

中国收藏网:《西南联大师生致容琬诗文册》图片。

中国义乌网:《大事记》。

中华网:《北京少年宫建成始末》。

中央文史研究馆网国务院参事室条:《大事记　1962 年》。

跋

1. 这本《吴晗年谱·著述篇》（以下简称《年谱》）编纂的是吴晗的著述活动，其他活动（如外事活动、政务活动、党派活动、交游活动等）均未收录其中，故年谱中部分时间跨度较大。

2. 本《年谱》中吴晗的著述原作，绝大部分均可在常君实先生主编的《吴晗全集》（以下简称《全集》）中找到。但还有近三百篇是本书编者在收集相关史料文献时新近发现（包括著述原文或原文摘要），《全集》中尚未收录的。限于篇幅，编者仅在本《年谱》中给予简单介绍和注明，读者如有兴趣阅读全文，可俟《未曾结集出版的吴晗学术文稿汇编》（暂名）和《未曾结集出版的吴晗职务文稿汇编》（暂名）二书出版后检阅。

3. 本《年谱》中介绍的吴晗著述收录、出版情况，原则上只限于吴晗逝世之前。吴晗逝世后，因出版版本众多，仅选择著名出版社或影响较大的版本予以介绍。

4. 本《年谱》中介绍了吴晗各著述的发表时间及媒体名称。《全集》中共收录吴晗的著述原作五百四十七篇，其中有九十八篇缺少发表时间或媒体名称。编者在收集相关史料文献时补充了五十九篇，仍有三十九篇欠缺。这其中包括 1945 年 11 月出版的

《历史的镜子》中的三篇"旧史新谈"的短文、十八篇"史话"的短文以及其他十篇史学论文，1948 年 7 月出版的《史事与人物》中的四篇史学论文，等等。

5. 吴晗一生中使用过的笔名近三十个。由于上一条提到的原因等，仍有一些著述无法了解发表时的署名情况。

6. 本《年谱》按语中标注"□"之处，均为笔者查阅的史料文献原件中字迹无法辨认者。每一处"□"代表一个汉字。

7. 本《年谱》由于成书时间较短，收集的资料可能尚存缺漏。在编者继续进行的《吴晗年谱》编纂过程中，还可能收集到更多资料，待再版时予以增补。